昔阳年鉴

2019

昔阳县史志研究室 编

方志出版社
Publishing House of Local Records

图书在版编目(CIP)数据

昔阳年鉴.2019 / 昔阳县史志研究室编. -- 北京：方志出版社, 2019.12

ISBN 978-7-5144-4099-7

Ⅰ.①昔… Ⅱ.①昔… Ⅲ.①昔阳县—2019—年鉴 Ⅳ.①Z522.54

中国版本图书馆CIP数据核字(2020)第001957号

昔阳年鉴(2019)

编　　者：昔阳县史志研究室
责任编辑：冯　松

出 版 人：冀祥德
出 版 者：方志出版社
　　地址　北京市朝阳区潘家园东里9号(国家方志馆4层)
　　邮编　100021
　　网址　http://www.fzph.org
发　　行：方志出版社图书经销中心
　　电话　(010)67110500
经　　销：各地新华书店
印　　刷：山西省史志印刷厂

开　　本：889×1194　1/16
印　　张：25
字　　数：434千字
版　　次：2019年12月第1版　2019年12月第1次印刷
印　　数：0001～1000册

ISBN 978-7-5144-4099-7　定价：180.00元

《昔阳年鉴》编纂委员会

主　　任　许利伟　侯文亮

副 主 任　郭丰慧　李显鸣　李　军　郭春林　李怀仁
　　　　　赵海斌　张扣生　张月清　陈建鹏　李丽萍

委　　员　乔新军　裴素青　宋以明　李越胜　王世红
　　　　　李永青　乔斌录　张胜利　李秀军　王拥军
　　　　　翟世青　王业伟　张东峰　赵贵文　陈乃平
　　　　　任秀萍　任立斌

《昔阳年鉴》编审人员

主　　编　任立斌

副 主 编　刘利国　张文娟

编　　辑　赵银平　宋志锋　闫丽丽　侯建英　闫瑞芳
　　　　　李　彤　张凯丽　任　倩

校　　对　王　羽　苏春艳　郑玉洁

摄　　影　武卫红

工作人员　张怀民

昔阳县行政区划图

沾尚镇
乐平镇
西寨乡
李家庄乡
大寨镇
三都乡
张庄镇
锁簧镇
沾尚
乐平
西寨乡
寨
镇
平
寿
阳
县
和
顺
县
毛家大院
石马寺
平武生态园
城区图
昭民公园
县委
县政府
乐平镇政府
松溪公园
河东
河西
北关
北

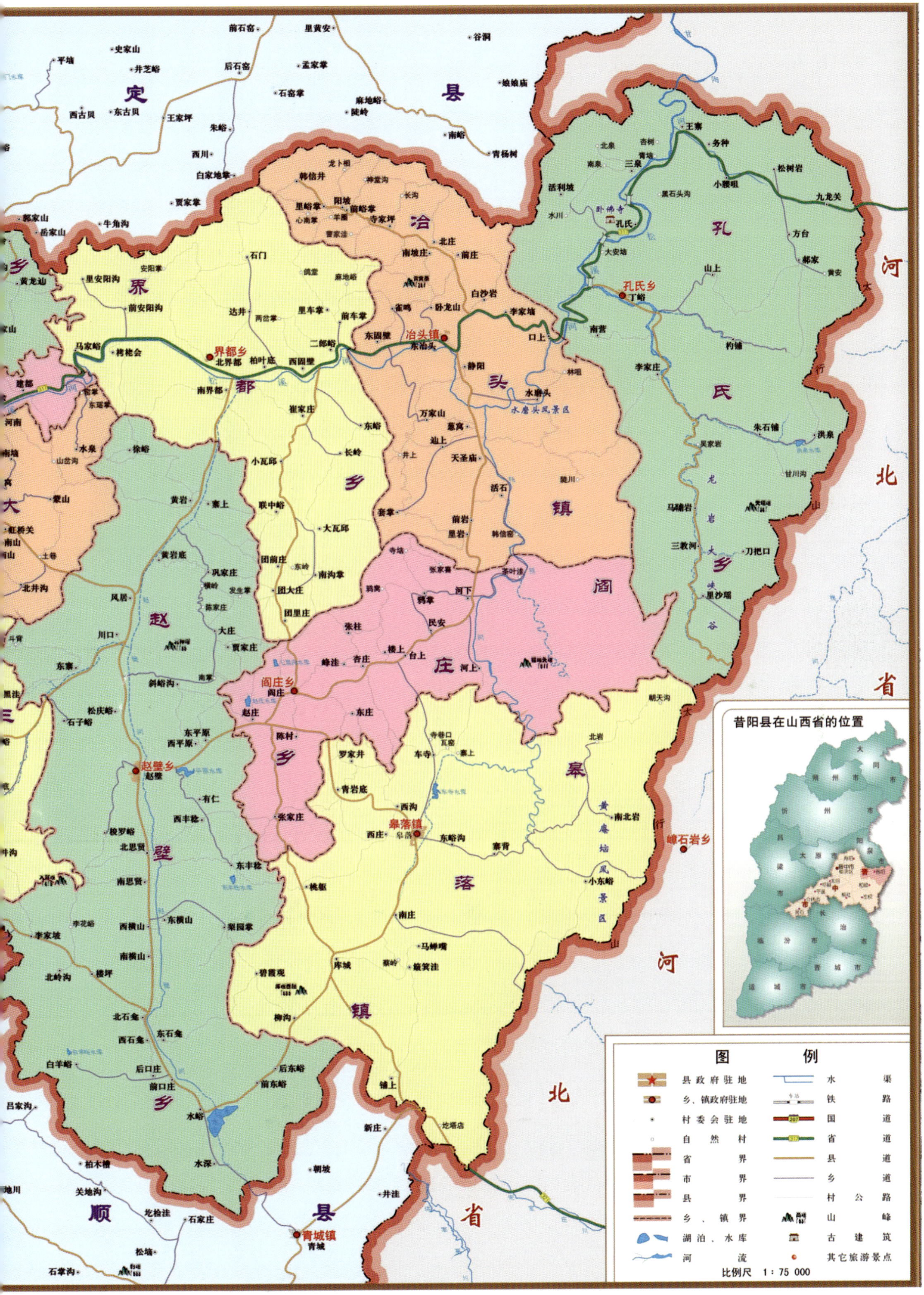

审图号：晋S（2017）034号

2018年3月21日，山西省委扶贫督导组到昔阳县调研

2018年4月9日，全国政协港澳台侨委员会副主任焦焕成到昔阳县调研

2018年4月17日，山西省副省长曲孝丽到昔阳县调研

2018年9月5日，山西省副省长张复明到昔阳调研

一峰独秀

古寺新貌

三都井沟

山间红叶

清泉石上流

龙岩大峡谷

翁山冰挂

西峪团结洞

新建大寨桥

政府广场

松溪湿地公园

春意盎然

颐民公园

旧县衙

大寨红旗广场

大寨金秋

画廊

古钟越千年

古寨山人

碾（年）轮

古村前车掌

旧时院落

里沙瑶村

峡谷人家

南郝峪

潘掌村

南营稻香园

西峪村

三教河

柿子红了

太行崖柏博物馆

老宅

化工园区

热电联供安平电厂

风电场

牧归

丰收

阳光洒满扶贫路

2018年7月24日，昔阳县总工会慰问环卫工人

2018年12月，郑军、边文均被评为晋中市“最美工匠”

大寨镇2018年迎新春文艺汇演

关怀老人

洪水村人居环境改善

“七一”党课

清明祭扫英烈

公安审批服务“一网通一次办”平台宣传

昔阳交警开展安全教育活动

昔阳县首届农民丰收节

春山新庄

安家沟肉鸡养殖

龙岩大峡谷农家乐

水泉村绿色生态养鸡

深圳文旅推介会现场昔阳专场

昔阳县春节联欢晚会

昔阳“安顺杯”昔阳·大寨全国汽车场地越野公开赛

中央广播电视总台央广中国之声《中国改革现场——新时代 新大寨》在大寨现场直播

电影《岭上花开》首映仪式

2018中国大寨国际山地马拉松赛

2018年9月16日昔阳县第五届红叶文化旅游节启动仪式

中国旅游日昔阳主题活动

徒步行

愚公移山

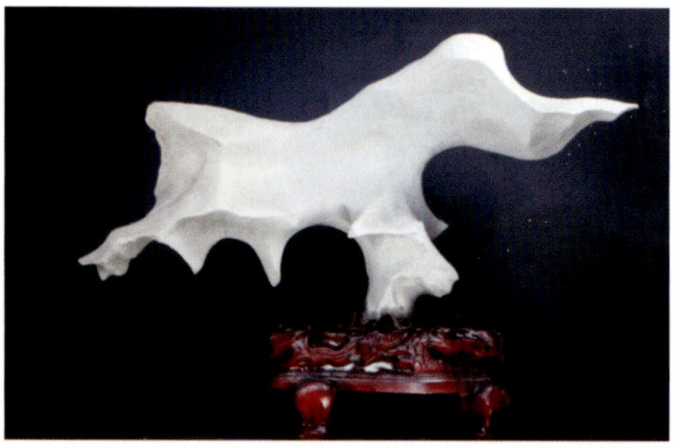

大鹏展翅

凤求凰

秦淮河畔

驼铃声声

烈马

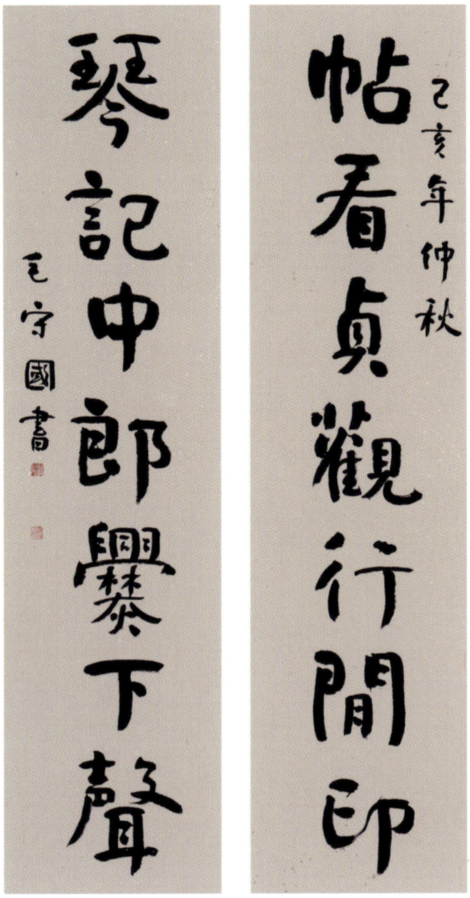

毛守国书法作品

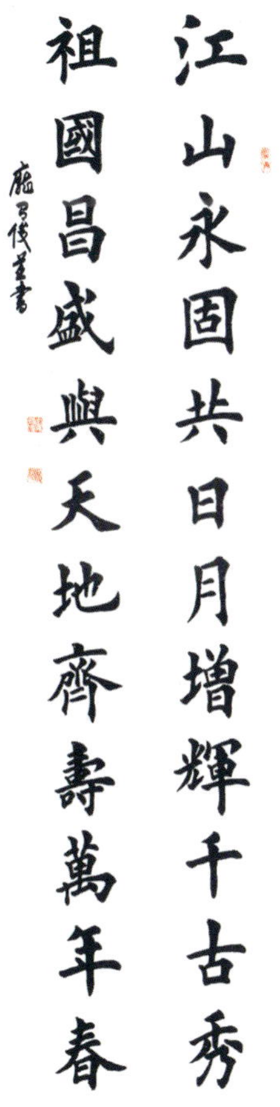

庞有俊书法作品

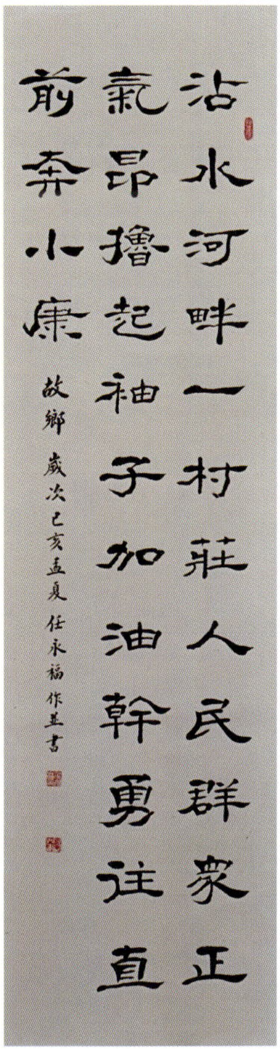

任永福隶书作品

李燕芳彩铅画《连年有余》

王振生年画《家乡脚马戏》

庞有俊画作
《松漳雪景》

翟三满油画《夏》

张维柱油画《昔阳红》

大寨杂粮

双孢菇

脱水蔬菜

西寨酸菜

昔阳大核桃

长岭高筋粉

昔阳压饼

编 纂 说 明

一、《昔阳年鉴（2019）》坚持以马克思列宁主义、毛泽东思想、邓小平理论、“三个代表”重要思想、科学发展观和习近平新时代中国特色社会主义思想为指导，坚持辩证唯物主义和历史唯物主义的立场、观点、方法，翔实记述境内2018年政治、经济、文化和社会等各方面的发展变化。

二、《昔阳年鉴（2019）》是一部系统记述昔阳县自然、政治、经济、文化、社会等方面情况的年度资料性文献。为广大读者了解昔阳、认识昔阳、研究昔阳、投资昔阳、建设昔阳提供帮助。

三、《昔阳年鉴（2019）》是依照国务院《地方志工作条例》和《山西省地方志工作条例》，根据中国地方志指导小组办公室《地方综合年鉴编纂出版规定（试行）》和山西省地方志办公室《山西省综合年鉴编纂规范（试行）》，编纂出版的地方综合年鉴。全书记述时限为2018年1月1日至2018年12月31日。

四、《昔阳年鉴（2019）》采用分类编排法，以类目、分目、条目组成框架结构的主体部分，在部分分目中增加了次分目。全书共设25个类目，即特载、大事记、县情概览、中国共产党昔阳县委员会、昔阳县人民代表大会、昔阳县人民政府、中国人民政治协商会议昔阳县委员会、社会团体、军事、法治、经济管理与监督、农业、工业、交通·邮电、城乡建设·环境保护、财政·税务、金融、商贸、卫生、社会生活、教育·科技、文化·体育·旅游、乡镇（社区）、昔阳美食、附录等，全书总字数约43万字。

五、《昔阳年鉴（2019）》资料来自全县各部门、单位、乡镇（城区）。经济和社会发展统计资料来源于昔阳县统计局。资料可靠、数据权威。由于部门统计口径不同，如有数据出入，一律以昔阳县统计局发布的统计数据为准。根据地方习惯，全文土地计量单位除面积较大用公顷外，其他统一用“亩”。

目 录

MU LU

特 载

大事记

县情概览

中国共产党昔阳县委员会

昔阳县人民代表大会

昔阳县人民政府

中国人民政治协商会议
昔阳县委员会

社会团体

军　事

法 治

经济管理与监督

农　业

水　利

工　业

交通　邮电

城乡建设 环境保护

财政 税务

金　融

商 贸

卫 生

社会生活

教育　科技

文化　体育　旅游

乡镇（社区）

昔阳美食

附　录

争当奋进奔跑者　携手追梦新时代
为全面开创昔阳高质量发展新局面而努力奋斗

——2019 年 2 月 13 日在全县三级干部大会上的讲话

中共昔阳县委书记　许利伟

一、回眸看发展，充实而难忘，奋斗成果真不易

2018 年，是我们昔阳攻坚克难、砥砺奋进，全面拓展新局面的一年。一年来，我们始终坚持以习近平新时代中国特色社会主义思想为指引，在省委、市委的坚强领导下，团结带领全县广大干部群众，攻克了一道道难关，打胜了一场场硬仗，赢得了一次次胜利，为小康昔阳建设奠定了更加坚实的基础。回顾 2018，我们过得很充实，走得很坚定。

一年的奋斗，改革创新在激发活力中全面深化。我们坚持“四个亲自”抓改革，7 大领域 50 项改革风生水起，“四梁八柱”的改革框架基本形成。我们突出重点、攻坚难点、深化试点，农村集体产权制度改革、中小学校长职级制改革走在了省市前列，省级慢性病综合防控示范区和乐平镇国家卫生乡镇创建顺利通过评估验收。我们坚持问题导向，抓住关键环节，以点上创新带动面上突破，县乡医疗卫生机构一体化改革，解决了群众看病远、看病难、看病贵的问题，县域内就诊率达 71.8%，提高了 3 个百分点。我们创新思路、先行先试，三大土地开发模式、“十集中”城市管理和“智慧食药”双向监管，创出了昔阳经验，推动了新时代改革走得更稳、行得更远。

一年的奋斗，转型发展在动能转换中步伐加快。我们从配套工业废物利用到尚太锂离子电池负极材料的落地实施，从蓄光新材料到多能互补集成优化示范项目的签约引进，以平均每月一个大项目的招引力度，全年签约转型项目 12 个，签约总投资达 147.1 亿元。我们抢抓“转型项目建设年”有利契机，大力实施转型项目 46 个，投资规模、项目质量创历史之最，不仅稳住了“量”的基础，更实现了“质”的突破。更可喜的是，我们构建运营平台，优化营商环境，“九通一平”基础功能更加完备，污水处理、地下管廊、服务中心等 6 个配套设施项目全面建设，总投资 43 亿元的 10 个转型项目快速推进。可以说，我们步入了产业转型“快车道”，挺进了高质量发展“决赛圈”。

一年的奋斗，乡村振兴在示范引领中快速推进。我们以创建“乡村振兴示范县”为抓手，编制了乡村振兴总体规划，出台了实施意见和行动计划，率先推动乐平、大寨、赵壁 3 个乡镇、60 个示范村、15 个重点村先行先试、树立标杆。我们紧扣 20 字方针，实施六个“万字号工程”，建立“四园三基地”现代农业体系，组建种养加合作社 314 个，推进污水、垃圾、厕所“三大革命”，改造无害化厕所 3500 户，培育精神文明先进典型 191 个。我们激活农村资源，建设高标准农田 9.8 万亩，实施土地开发 5000 亩，完成城乡建设用地增减挂钩 1500 亩，林业扩规增效和水资源开发利用年度任务超额完成，乡村振兴迎来新天地、焕发新活力。

一年的奋斗，三大攻坚在靶向施策中成效显著。下足绣花功夫，决胜脱贫攻坚。五年减贫 4.21 万人，151 个贫困村全部退出，昔阳成为全省首批、全市首个脱贫摘帽县，我们在全面脱贫奔小康的伟大征程中迈出了决定性步伐。注重标本兼治，严守生态底线。持续开展蓝天、碧水、净土行动，空气质量优良天数全市第二，$PM_{2.5}$、PM_{10}、SO_2 三项指标全市领先，国考、省考和市考 3 个断面水质达到“I”类标准，天蓝、地绿、水净成为亮丽名片。加强超前预判，有效化解风险，财政运行保持在合理区间，扫黑除恶、信访维稳、应急管理、安全生产统筹推进，社会大局和谐稳定，人民群众安全感和满意度继续稳居省市前列。

一年的奋斗，幸福指数在民生改善中不断攀升。坚持民生优先更注重投入。全年投入民生资金 16 亿元，占财政总支出的 83.3%。特别是“十大免费”全面巩固，新增免费公交 10 辆，县城区群众免费出行服务实现全覆盖；“十大民生实事”件件落地，“两桥、两路、两馆、两楼、两河”按期竣工，投资 890 万元的县城引水专线管道铺设全面完成，日供水量达 1.5 万立方米，社会优质服务供给更加充足。坚持普惠共享更倾斜农村。农村老年日间照料中心、金融网点、物流配送中心等服务设施更加完善，投资 2410 万元完成了 19.4 千米的赵壁河河道治理，县域内 14 条河流全面落实河长制，有线电视网络新增 3.4 万户，互联网覆盖率达 99.4%，行政村垃圾市场化清洁覆盖率提升 20 个百分点，实施“四好农村路”项目 38 个，昔阳县再次被国家三部委联合命名为“四好农村路”

全国示范县。坚持满足需求更回应期待。全县城乡居民人均可支配收入达到14460元，增幅排名全市第二，居民储蓄存款突破110亿元；教育、医疗、社会三大保障体系更加完善，资助困难学生1万余人次，发放民政救助资金4916万元，4万群众享受到了医疗帮扶补偿。

一年的奋斗，党的建设在从严从实中全面加强。扎实推进“三基建设”。基层党组织战斗堡垒作用充分发挥，投资1500万元改造乡镇机关办公场所11个，177个行政村集体经济达5万元以上，20个行政村撤并任务圆满完成，大寨干部学院培训学员6000余人次，为弘扬大寨精神、宣传推介昔阳、培养高素质干部队伍作出了积极贡献。牢牢把握意识形态。建立健全了信息发布和政策解读机制，主动回应社会关切，国家公共文化服务体系示范区创建顺利通过文化部最终评审，创建省市级精神文明先进典型70个，党内风清气正，社会风气上扬。持之以恒正风肃纪。在全市首家实行派驻纪检监察组集中统一办公，全面强化县乡巡察，科学运用“四种形态”，深入开展“清风进万家”“一案一警示”等系列活动，全县清风扑面、正气充盈的干事氛围越来越浓。

一年的实践充分证明，我们必须践行“两个维护”，坚持转型主线，才能为高质量发展提供有力保障；必须把握发展规律，统筹各种优势，才能团结奋进走好小康征程；必须加强预期引导，增强发展信心，才能凝聚力量开辟崭新境界。幸福都是奋斗出来的。这些成绩的取得，得益于县委、县政府的坚强领导，得益于历届班子奠定的坚实基础，得益于各位老领导、老干部和社会各界的倾力相助，得益于全县广大党员干部群众的拼搏实干。在此，我代表县委、县政府向奋战在各条战线上的广大党员干部群众，向老领导、老干部以及所有关心支持昔阳经济社会发展的各界朋友表示衷心的感谢！

在肯定成绩的同时，应当清醒地看到，我们思想解放的程度还不高，改革创新、敢行敢试的闯劲韧劲仍需进一步提升；转型发展任重道远，实现工业“结构反转”任务依然艰巨；脱贫成效仍需巩固，乡村振兴刚刚起步，示范带动、攻坚突破的力度还需进一步加大；生态环境还比较脆弱，治理修复的脚步还需进一步加快；干部作风仍需改进，破解难题、担当作为的意识有待进一步增强，等等。对此，我们必须高度重视，变压力为动力、化挑战为机遇，自觉肩负起既要“赶路”又要“转型”的时代使命，以在路上的坚韧执着、再出发的奋斗姿态，苦干实干、争先争上，全面开创新时代昔阳高质量发展崭新局面。

二、奋进新时代，任重而道远，携手追梦须努力

2019年是中华人民共和国成立70周年，是决胜全面建成小康昔阳的关键之年，是实现昔阳县高质量发展的奋进之年，做好今年工作意义重大。我们要秉天时、聚地利、谋人和，审时度势、乘势再上，全面拓展全县党的建设和各项事业新局面。

准确把握宏观政策，抢占发展先机。我们既要在“我国发展仍处于并将长期处于重要战略机遇期”这个长期向好的大势中，紧抓利好时局，加快战略布局，又要在中央“稳就业、稳金融、稳外贸、稳外资、稳投资、稳预期”的要求中，警惕多变因素，增强风险意识。特别是要看到，国家扎实推进“一带一路”、加快京津冀协同发展，将为我们加快经济结构优化升级、提升科技创新能力、全面深化改革开放、积极推动绿色发展、构建有效治理体系提供有利的宏观背景。只要我们把准政策导向，抓住发展机遇，争取更多、更广、更深层次地融入中央省市发展大盘子，就一定能够奋斗新一年，干出好成绩。

坚决贯彻省市部署，主动担当作为。全省经济社会实现“两转”，山西与京津冀地区协作联动发展上升为国家战略，转型综改示范区、山西农谷建设、太原都市区三大省级战略深入实施，特别是市委、市政府聚焦“四大目标”，持续激发创新驱动、改革开放、市场主体“三个动力”，实施山西中部盆地城市群一体化战略，为我们依托资源禀赋，放大区位优势，走出“东大门”，融入“京津冀”，建设向东辐射的煤炭、电力、煤层气能源基地提供了有利条件。我们要始终紧跟省市决策部署，努力把省市大战略转化为昔阳的转型思路、项目实体、民生福祉。

充分挖掘县域优势，争创一流业绩。从自身看，我们有举世闻名的大寨品牌优势，有种类多、储量大、极具开发价值的资源禀赋，有交会于环渤海经济圈和大太原经济圈的区位优势，有庞大的在外昔阳籍人脉资源。特别是这几年，我们上下一心团结干事，成功创建了国家级园林城市、国家级卫生县城、国家级现代农业示范区、“四好农村路”全国示范县、全国避暑休闲百佳县等重大荣誉，形成了务实担当、拼搏奋进的干事氛围，营造了政通人和、风清气正的政治生态，这些都是我们攻坚克难的奋斗积累，更是未来发展的优势叠加，必将进一步激励全县人民的斗争精神，形成推动昔阳高质量发展的磅礴力量。

基于以上分析判断，我们有机遇也有挑战，有基础更有底气，昔阳前程似锦，小康好景在望，我们要一起拼搏、一起奋斗。2019年昔阳县经济社会发展的总体要求是：以习近平新时代中国特色社会主义思想为指引，全面贯彻党的十九大精神和习近平总书记视察山西重要讲话精神，按照中央、省市重大决策部署，进一步加强和改进党对经济工作的领导，坚持稳中求进工作总基调，坚持新发展理念，坚持推动高质量发展，认真落实市委“三个三”工作思路举措，大力弘扬“自力更生、艰苦奋斗”大寨精神，切实用好“改革创新、奋发有为”讨论成果，聚焦聚力“乡村振兴示范县、转型综改主阵地、对外开放桥头堡、宜居宜业明星城”四大目标，突出抓好“深化改革、转型发展、乡村振兴、三大攻坚、民生共享”五个重点，不断提升昔阳发展的“含金量”“含新量”“含绿量”，不断增强人民群众获得感、幸福感、安全感，全市争上游，东山创一流，全面开创新时代昔阳高质量发展崭新局面，以优异成绩迎接中华人民共和国成立70周年。

这一思路是县委在认真总结过去经验，深入分析发展形势，立足昔阳实际，反复研究推敲的基础上，审慎作出的决定。其中，“乡村振兴示范县、转型综改主阵地、对外开放桥头堡、宜居宜业明星城”四大目标，是全县“十三五”期间发展的总方向、大方略，是贯穿当前乃至今后一段时期工作的总基调、大盘子，必须坚持始终、贯彻到底。这既体现了县委战略思想的稳定性和延续性，又充满了决胜全面小康的坚定性和战斗性。“深化改革、转型发展、乡村振兴、三大攻坚、民生共享”五个重点，是中央大政方针和省市委决策部署在昔阳的具体化、实践化，契合时代要求，符合县情实际。深化改革是力量源泉，转型发展是方法路径，乡村振兴是动力牵引，三大攻坚是发展底线，民生共享是根本目的，“五个重点”既是全局与重点的辩证统一，又是当前与长远的有机结合，共同构成了决定昔阳未来高质量发展的“四梁八柱”。今年昔阳县经济社会发展的主要预期目标是：地区生产总值增长6.5%以上；规模以上工业增加值增长6%以上；固定资产投资增长6.5%；一般公共预算收入增长8.5%；社会消费品零售总额增长7.5%；城镇常住居民人均可支配收入增长6.5%；农村常住居民人均可支配收入增长10%，居民消费价格涨幅控制在3%左右，城镇新增就业3100人，城镇调查失业率、城镇登记失业率控制在6.5%、4.2%以内。各项约束性指标不折不扣完成市定目标。

（一）把握主线，在改革创新上迈出新步伐，提升高质量发展的驱动力

习近平总书记在庆祝改革开放四十周年大会上的讲话，发出了新时代改革开放再出发的动员令。我们要把改革作为推进高质量发展的“关键一招”，以改革“一子落”带动转型“满盘活”。

一要拓展经济领域改革的广度。深化供给侧结构性改革，把提高供给体系质量作为主攻方向，重点推进煤矿减量重组，提高全要素生产率，推动经济发展质量变革、效率变革、动力变革；深化开发区“三化三制”改革，全面推行企业投资项目承诺制，适时启动核准类企业投资项目审批，吸引一批高科技高品位项目落地开发区；深化农村集体产权制度改革，完善农村承包地“三权分置”，探索创新现代农业经营体系和城乡融合发展机制，发展生态庄园经济，为加快推进农业农村现代化提供强大动力。

二要延伸民生领域改革的深度。以“一竿子插到底”的精神推动改革惠民，大力发展文化、旅游、教育、医疗、康养“五大幸福产业”。积极推动文旅融合，提档升级“双百双千”工程，完成好350千米的健身步道建设；优先发展教育事业，全面推行“县管校聘”改革，充分调动中小学校长、教师工作积极性；进一步深化县乡医疗卫生机构一体化改革，建立医疗、

预防、养老融合性健康服务体系；大力推进融媒体改革，探索完善融媒体中心运行机制，着力打造全新媒体平台。

三要加大全面深化改革的力度。坚持“一跟进、两聚焦”的总体思路，按照市委“七个紧紧抓住”工作要求，充分发挥县委全面深化改革领导小组统揽全局、牵头抓总作用，做到改革事项、牵头领导、责任主体、完成时限“四个明确”；县四套班子领导要按照职责分工，主动领题，抓方案制定、抓任务部署、抓工作推进、抓督查落实；各级各部门主要负责同志要站在改革创新一线，当好“施工队长”，在加快供给侧结构性改革、深化财税体制改革、“放管服效接”改革中创造新经验，在深化医疗卫生一体化改革、“智慧城市”创建、“智慧食药”建设上培育新亮点，在推进党政机构改革、农业农村改革、教育领域综合改革上激发新活力，力争再有一批改革事项挺进省市第一方阵。

（二）聚焦重点，在转型发展上迈出新步伐，提升高质量发展的支撑力

习近平总书记视察山西，明确指出了推动山西转型发展的四条路径，成为我们推动高质量发展的根本遵循。我们要进一步聚焦项目建设，促进民企发展，壮大实体经济，真正走出一条产业优、质量高、效益好、可持续的转型发展新路。

一要让经济开发区集聚效应持续释放。优化空间布局。进一步完善基础设施，集聚资源要素，培育新兴产业，构建科学合理、权责清晰、精简高效的管理体制机制，全面提升开发区承载能力和运营水平，继续加大开发区申报力度，力争年内获批。加快项目建设。积极推进总投资162.3亿元的智慧农业科技园、增量配网业务试点、氢氧化锂、生物质循环经济产业园等17个转型项目建设，推动先进生产要素向开发区集聚、新兴产业在开发区成长。推进产城融合。把产业培育与城镇化建设结合起来，启动实施开发区小镇一期工程，规划建设产学研中心、金融服务中心等，推动人口聚集和空间聚集，真正把开发区建成县域经济发展的主引擎、转型发展的主战场和创新驱动的新平台。扩大招商引资。积极开展以商招商、产业链招商、部门联动招商、融合式招商、第三方平台招商，加大精准招商引资力度，加快引进更多转型升级优质项目，坚决完成市委、市政府下达的年度招商任务。各级各部门“一把手”要亲自找项目、跑资金、抓落地，加强沟通对接，积极寻求商机，始终保持年度引资额超120亿元的强劲态势，争取更多基础设施项目、重大民生项目、转型标杆项目布局落地。

二要让三大产业集群牵引效应尽快形成。今年是省委确定的“深化转型项目建设年”，我们要实施好总投资341.3亿元的55项重点工程，重点打造新材料、新化工、新能源三个产业集群。新材料要实施好10万吨锂离子电池负极材料、1.25万吨氧化锌、万吨氢氧化锂、5000吨新型蓄光材料等项目，力争年内产值达到20亿元。新化工要加快推进阳煤22万吨烧碱、20

万吨特种树脂、10万吨普通树脂、40万吨电石、1.5万吨三氯甲基碳酸酯、智慧农业百万吨甲醇等项目，力争当年产值实现30亿元以上。新能源要坚决走好煤炭“减、优、绿”之路，加快“火、风、光伏、瓦斯、生物质”等电力多元开发，推进煤层气“增”“储”技改步伐，力争当年产值突破80亿元。我们的目标是通过三年的不懈努力，形成50亿元新化工、100亿元新材料、100亿元新能源“三大产业集群”，发挥牵引效应，实现工业“结构性反转”。

三要让民营经济支撑效应充分彰显。坚决贯彻落实习近平总书记民营企业座谈会重要讲话精神，全面落实省30条、市25条、县20条政策措施，实施“十强百企千户”工程，力争用3年左右时间打造十强行业标杆企业，扶持百户重点企业，培育千户小微企业，拉动1万人实现就业。要真心真意为民营企业减负输血。在落实好国家、省市减税降费利好政策的基础上，设立1000万元的民营企业发展基金、1000万元“助保贷”政府风险金和5000万元“周转贷”资金，用“真金白银”全力扶持民营企业发展。要全心全意为民营企业排忧解难。各级各部门要牢记“民营企业和民营企业家是我们自己人”，推行县级领导联系企业制度，探索建立服务民营企业双向选择帮扶对接机制，千方百计帮助民营企业破解土地、环保、资金、人才、市场等难题，推动生产要素向民营企业集聚，真正让大企业顶天立地、小企业铺天盖地、新企业改天换地。今年要新增规上企业8户，总数达25户，全力推动实体经济良性发展。要一心一意建强民营企业家队伍。大力弘扬企业家精神，设立民营企业家功勋奖，对年营业收入首次达亿元和年纳税首次达1000万元的民营企业给予企业法人50万元奖励。不断提高民营企业家政治待遇、社会地位，组织民营企业家外出考察，开阔视野、解放思想、拓展思路，打造一支有信念、有实力、有信誉、有情怀的企业家队伍。全力构建“亲”“清”政商关系，未经批准，不得对民营企业开展不必要的检查、督导和考核，严肃查处“吃拿卡要”等问题，依法保护企业家人身和财产安全，让民营企业家安心经营、放心创业。

（三）创优争先，在乡村振兴上迈出新步伐，提升高质量发展的竞争力

实施乡村振兴战略，是新时代做好“三农”工作的总抓手。我们要推动脱贫提升和乡村振兴深度衔接，补齐短板和打造亮点双向发力，树好乡村振兴的“昔阳样板”。

一要推动产业提质增效。壮大特色产业。持续做好“菜果猪菌药”五大产业规模化发展，积极打造松曲至马道岭万亩玉米、大寨至凤居千亩葵花、凤居赵壁闫庄千亩新品种示范、台上至河下5千米果菜间作、东冶头至界都万亩连翘、西庄至安阳岭3000亩秋葵等“六大产业长廊”，引进优良品种，扩大耕种面积，强化有机旱作农业集成技术示范推广，努力在有机旱作农业发展上趟出新路。培育龙头企业。

继续支持晋粮农牧、山西新大象、东合丰牧、厚基伟业、四通润农、金谷阳光、华源药业、德兴隆酒业等八大农业龙头企业发展，鼓励与上下游各类市场主体组建产业联盟，与农户建立紧密的利益联结机制，加快产业链、价值链、利益链重构，积极探索农业农村全产业链新模式。创优农业品牌。深入实施农业标准化战略，继续做大“大寨品牌”，年内注册商标要达到730余件，打造地理标志特色产品4件，推动昔阳小米、双孢菇、压饼、香核桃、鸟接茶等农特产品提升品质，扩大市场，走出山西、走向全国。

二要加快资源有效激活。盘活人力资源。推进全民能力提升，实施农村人才回归工程，培育一批“思路清、肯奉献、敢担当”的农村干部队伍，壮大一批“爱农业、懂技术、善经营”的新型职业农民，培养一批“有知识、有经验、接地气”的农业技术人才，引领乡村发展。激活生产要素。紧盯土地综合整治、水资源开发利用、林业扩规增效三大重点，不断深化“激活农村资源、促进乡村振兴”攻坚行动，完成土地开发3000亩、高标准农田3.5万亩、增减挂钩拆旧复垦3000亩、水土流失治理7万亩、荒山造林3.96万亩，实现资源整合、升级增效，培育“三农”发展新动能。壮大集体经济。不断巩固拓展以“六条路径”为核心的农村集体经济多元发展模式，力争年内村集体经济5万元以上的村占比达70%以上，10万元以上的村占比达30%以上。此外，“大棚房”问题整治也要加紧推进，3月底前务必整改到位。

三要建设美丽宜居乡村。开展示范创建。深入学习浙江“千村示范、万村整治工程”经验，突出抓好垃圾污水处理、厕所革命、村容村貌提升三大重点，持续开展乡村户三级示范，打造3个示范乡镇、60个美丽宜居示范村和1000个示范户。打造特色亮点。立足村情实际，发挥比较优势，吸引各类资源“上山下乡”，打造一批以长岭、东寨、三教河为代表的传统古村落，以崇家岭、潘掌、井沟为代表的康养旅游基地，以南营、郭庄、东冶头为代表的田园综合体。发展美丽经济。继续拓宽“体育+”“文化+”新路子，全力办好汽车赛、红叶节、古庙会，加快构建文旅、体旅融合新业态，提升昔阳县在全省太行、长城旅游板块的影响力，力争全县旅游接待人数突破390万人次，综合收入达34亿元。

四要提升乡村治理水平。建立健全自治、法治、德治相结合的乡村治理体系，筑牢乡村治理根基。全面落实《农村基层组织工作条例》，不断引深农村“三基建设”，年内全县基层党组织标准化率达70%。持续加强村民自治组织规范化、制度化建设，进一步强化村级服务功能，健全村级议事协商制度，推进村务、事务、财务公开。不断提高基层群众法律意识、法治观念，严厉查处发生在群众身边的不正之风和腐败问题，促进农村社会公平正义。弘扬和践行社会主义核心价值观，推动文明乡村创建，倡导新乡贤文化，引导村民崇德向善。

（四）抓住关键，在三大攻坚上迈出新步伐，提升高质量发展的承载力

打好“三大攻坚战”既是防风险、补短板、强弱项的迫切要求，更是高质量发展必须跨越的重大关口。我们必须拿出百折不挠的决心和勇气，不遗余力打赢这场硬仗。

一要巩固提升脱贫成效。完成年度减贫任务。坚持摘帽不摘责任、不摘政策、不摘帮扶、不摘监管，继续在扶贫产业、基础设施、公共服务等方面加大力度，做好消费扶贫，探索“一网三超”社会扶贫模式，完成14个农产品“三品一标”认证，让“有身份证的农产品”成为贫困群众的增收亮点，全力以赴完成500人的减贫任务。筑牢防止返贫“堤坝”。高度关注年老体弱、就业能力差的扶贫对象，结合实际实施社会保障、资产性收益、产业利益联结等帮扶措施，建立健全以农业保险、养老保险、医疗保险、返贫保险为主体的扶贫保险体系，坚决确保贫困户真脱贫、不返贫。坚决杜绝责任“真空”。强化驻村帮扶制度落实，做好151个村帮扶力量轮换的后续工作，保持工作衔接，压实帮扶责任。继续抓好易地扶贫搬迁后续工作，实现安置点扶贫车间脱贫产业入驻，加强利益联结，抓紧做好拆除复垦、生态修复、土地增减挂钩等工作，确保搬迁群众搬得出、稳得住、能致富。

二要坚决守住碧水蓝天。要重治理。牢固树立和践行“绿水青山就是金山银山”的理念，大力实施水、气、土“全覆盖、全链条、全区域”治理，重点抓好“散乱污”整治、煤矸石治理、露天矿生态恢复等主要任务，坚决打赢污染防治攻坚战。要植绿色。坚持生态修复与产业开发、山上治本与身边增绿、规模发展与提质增效、资源保护与开发利用“四结合”，通过规划扩绿、植树种绿、拆墙透绿，年内全县森林覆盖率达到23.5%。要见长效。持续抓好中央生态环保督察组“回头看”后续整改工作；严格落实常态督察、联合执法、考核问责等机制，建立健全信息共享、监管执法、应急处置、矛盾调处联防联控制度，用制度把“绿水青山”量化为“金山银山”，让美丽“颜值”变成经济产值。

三要有效化解重大风险。提高风险鉴别预警和管控能力，全面排查意识形态、经济、社会、外部环境等各领域存在的隐患，完善防控机制，永葆斗争精神。加大财政合理调配力度，加强债券资金管理，坚决守住不发生区域性风险的底线，做到坚定、可控、有序、适度。保持打击非法集资的高压态势，按照“一企一策”原则，灵活有效化解各类金融风险。

（五）夯实根本，在民生共享上迈出新步伐，提升高质量发展的保障力

坚持以人民为中心的发展思想，着力解决人民群众最关心、最直接、最现实的利益问题，不断提升全县人民的幸福感、获得感、安全感。

一要建设品质县城，提升群众幸福感。

今年，我们要全面开展“精准规划、精致建设、精细管理”城市品质提升三大行动，让我们的县城更美更好，更有品位。以先进的理念精准规划。按照上城注重历史文化、下城体现舒适宜居、新城突出商务办公的城市定位，优化功能分区，挖掘城市内涵，使其既能彰显现代气息和时代风采，又能凸显历史底蕴和特色文化；发挥城市在区域发展中的引领辐射带动作用，推动城市空间南北延伸、东西拓展，县城中心城区规划区面积达到10平方千米，构建大县城发展新格局。以更高的标准精致建设。统筹上城、下城、新城三城同建，贯通沾岭路、打通学府街、建设绿游园，全面升级水电气暖讯等基础设施功能；全力实施县城水系生态提标工程，实现“三水环城”新美景；启动影视文化中心建设，打造城市文化新地标，提升县城形象美誉度。以创新的思维精细管理。深入推进“三勤合一”改革，全方位整合市政、电网、城管、水务、食药等各类数字平台，打造“智慧城市”，形成多元共治、良性互动的城市治理模式，构筑共建共治共享城市治理新体系。

二要发展社会事业，提升群众获得感。大投入建设。全力实施投资近200亿元的27个基础设施类项目，为增强经济发展后劲、补齐基础设施短板、带动就业和改善民生提供有力支撑。重点建设太行山板块库城至马岭关段、闫庄河下至皋落旅游路，实施25千米窄路基路面改造、90千米公路养护提质，争取投资108亿元的晋衡高速昔阳段早日开工建设。大力度提质。实施教育“双创”工程，完成昔阳中学教学综合楼、新城初中和东冶头镇中心幼儿园建设任务，创建现代化学校40所，全面提升教育教学质量，推动昔阳县义务教育由基本均衡向优质均衡跨越；为慢病、重病、大病建档立卡贫困患者落实“三个一批行动”计划，进一步提高医疗保障水平。大保障兜底。加快农村社区养老服务普及，到2020年，养老服务设施覆盖率达60%以上；扎实做好农村低保兜底保障工作，确保兜底保障率达20%以上；切实做好困难群体就业工作，加大城乡社会救助力度，坚决把民生底线兜住兜牢。

三要强化本质安全，提升群众安全感。保障生产安全。牢固树立安全生产红线意识、底线思维，严格落实“党政同责、一岗双责、失职追责”安全生产责任制，突出抓好交通、非煤矿山、危险化学品、消防和人员密集场所、建筑施工等重点行业领域安全生产隐患排查专项整治工作。提高公共安全。把突发事件应急处置与源头防范化解风险结合起来、与加强舆论引导结合起来，大力加强应急管理体系建设，有效提升应急处突能力，最大限度降低自然灾害、事故灾难、公共卫生和社会安全事件发生。确保“舌尖上的安全”。继续推进“智慧食药”建设，积极开展“示范超市”创建，建设县综合检验检测中心，进一步加大对食品、药品监管力度，积极争创国家级食品安全示范县。同时，要高度关注网络安全，牢牢把握意识形态主动权。

三、实干勇担当，神圣而光荣，重整行装再出发

征途如虹、重任在肩。昔阳未来的“成色”，要靠激情奔跑与追梦拼搏来“打磨”。我们要继续推动习近平新时代中国特色社会主义思想往深里走、往心里走、往实里走，驰而不息、敬终如始，努力把美好愿景变成新时代昔阳高质量发展的生动实践。

一要提高站位、看齐追随，把坚持党的领导作为最高原则。“东西南北中，党政军民学，党是领导一切的”。实践证明，加强党的领导既是政治原则，也是工作方法。要抓好关键少数。党员领导干部作为“关键少数”，要发挥关键作用，自觉在思想上政治上行动上同以习近平同志为核心的党中央保持高度一致，自觉在县委领导下站位，自觉在发展大局中定位，自觉在争创一流中进位，以实际行动坚决贯彻落实中央和省市县委决策部署。要坚持以上率下。县四套班子要在干事创业中当先锋、作表率；各级各部门要相互支持不掣肘，相互补台不拆台，发挥优势，合作共赢；各级党员干部要心往一处想，劲往一处使，一盘棋、一个调，甩开膀子，干出样子，一级做给一级看、一级带着一级干，形成“一切工作讲担当，大家都来抓落实”的浓厚氛围。要提升决策水平。对重要事项、重点工作、重大决策都要充分调研、充分预判、民主决策。前不久，县委重新修订了《十五届县委常委会工作规则》《十五届县委书记专题会议工作规则》，目的就是要按规矩办事、按程序行事、按制度做事，确保不失误、零差错。

二要拉高标杆、守正创新，把对标一流作为价值追求。县委确定的各项目标任务，是刚性要求、硬性任务，必须成为大家的共同意志、共同方向和共同追求。要有“钉钉子”的劲头。要找准坐标，锚定目标，一张蓝图绘到底，一任接着一任干、一棒接着一棒跑、一锤接着一锤敲，久久为功、精益求精地推动高质量发展，确保各项工作任务落准落细落地。要有“善成事”的本领。抓好党政机关干部、企业人才、乡村干部学习培训，丰富专业知识，提升专业能力，锤炼专业作风，形成攻城拔寨、闯关夺隘的斗争精神，营造清正廉洁、务实高效的干事环境，以过硬的本领争做谋事的“帅才”、攻坚的“闯将”、转型的“尖兵”。要有“站前列”的业绩。各级各部门要高位对标，争先创优，在深化改革上抢先机、在转型发展上站前列、在乡村振兴上立标杆、在三大攻坚上争位次、在民生共享上提品质，真正让“对标一流、追求卓越”成为昔阳高质量发展的鲜明底色。

三要马上就办、只争朝夕，把真抓实干作为成事基础。今天会议确定的“五个重点”，事事关乎发展，件件关乎全局，我们必须以“开局就是决战，起步就是冲刺”的劲头，立说立行，善作善成。要用“大寨精神”鼓劲实干。大寨精神与太行精神、吕梁精神、晋商精神、右玉精神一脉相承，都是山西人民创造的宝贵精神财富，始终是我们加快发展的不竭动力和力量源泉。

我们要大力弘扬践行大寨精神，激励全县干部群众，拿出当年大寨人攻坚克难、战天斗地的气势和干劲，全力推动昔阳实现大繁荣、大发展。要用“三个清单”推进落实。各级各部门要继续把“三个三”工作思路和举措贯穿到工作各方面和全过程。县委办、县政府办要对“三个清单”工作抓紧作出具体安排；县委“三个清单”办公室要做好对上沟通，并收集整理汇总全县本年度清单任务，2月底前上报市委审核。县级清单出台后，所有落实清单任务的单位要按照“基础工作要做实、重点工作要突出、亮点工作要一流”的要求，细化目标任务、层层分解责任，确保任务落细落实，责任到岗到人，工作有力有效。要用“一线工作法”破题攻坚。要坚持眼睛向下，主动沉到基层，深入农村一线、工程一线、企业一线，动真碰硬解决问题，果敢坚决推动改革，以“赶考”的状态“赶路”，以“奋进”的姿态“奋斗”，努力交出新答卷，交出好成绩。

四要奋发有为、涵养正气，把激励担当作为第一导向。有多大担当才能干多大事业，尽多大责任才会有多大成就。要突出正向激励。这次党政机构改革，县委将旗帜鲜明地树立“重实干、重实绩、重担当”的用人导向，把敢不敢扛事、愿不愿做事、能不能干事作为识别干部、评判优劣、奖惩升降的重要标准，把干部干了什么事、干了多少事、干的事组织和群众认不认可，作为选拔干部的根本依据，真正让吃苦者吃香、让有为者有位、让出力者出彩。要强化督查考核。用好督查考核“指挥棒”，县委组织部要对今年考核工作提前谋划，3月底前拿出切实可行、实实在在的考核体系和具体办法，加大重点工作和亮点工作赋分比重，真正考出压力、考出动力、考出活力。要严格追责问效。对在推动改革发展中涌现出的奔跑者、实干家，要大张旗鼓表彰；对失职、渎职，造成工作被动、影响全县大局的，我们要严肃追责问责；要落实好市委容错纠错、能上能下、四个区别对待等制度办法，把容错纠错界限划出来，真正让实干家专心谋事、让探路者放开手脚、让开拓者奋勇前行。

五要凝心聚力、激浊扬清，把创优环境作为根本保障。环境就是竞争力、环境就是生产力。要营造宽松的营商环境。全面深化“放管服效接”改革，完善政府部门权力清单和责任清单，加强事中事后监管，实现“双随机一公开”监管全覆盖。全面深化项目承诺制实行无审批管理，大力提升联审代办服务水平，强化重点项目建设“一站式”审批和“生母式”服务，全力营造“六最”营商环境。全面深化“互联网+政务服务”，大力推行“一窗受理、集成服务”模式，全力做到“只进一扇门，最多跑一次”。要构建公平的法治环境。全面深化依法行政、全面开展全民普法，促使行政权力依法运行，各种利益依法调节，矛盾问题依法解决，坚决维护法律权威，持续推动“法治昔阳”建设。要创设和谐的社会环境。要健全完善重大决策社会风险评估和社会矛盾排查化解机制，高度重视群众利益，认真解决群众诉求，加大信访积案化解力度，确保全县信访形势持续好转。要扎实推进“平安昔阳”建设，深入开展扫黑除恶专项斗争和社会治安综合治理，依法严厉打击各类犯罪活动，确保全县社会大局和谐稳定。

新时代是奋斗者的时代，我们都是追梦人。让我们更加紧密地团结在以习近平同志为核心的党中央周围，在省委、市委、县委的坚强领导下，改革创新、奋发有为，努力奔跑、携手追梦，以坚如磐石的信心、只争朝夕的劲头、坚韧不拔的毅力，全面开创新时代昔阳经济社会高质量发展崭新局面，以优异成绩迎接中华人民共和国成立70周年！

名词注解：

1.“三大土地开发模式”：即民间资本自主化开发、专业公司合作化开发、集体土地区域化开发。

2.“十集中”市场管理模式：即小吃集中、熟食集中、果蔬集中、汽修集中、废品集中、寄递物流集中、电商集中、汽配物流集中、农机交易集中、建材集中。

3.“智慧食药”：即应用物联网、云计算、大数据、智能终端等新一代互联网技术，构建“政府主导、公众参与、社会共治”三位一体的“创新、协作、共治、共享”监管体系，实现对监管人员与经营主体的“双向监管”。

4.“九通一平”：其中“九通”为通市政道路、雨水、污水、自来水、天然气、电力、电信、热力及有线电视管线；“一平”为土地自然、地貌平整。

5. 六个“万字号工程”：即万亩连翘种植、万亩板栗种植、万亩沙棘改造、3万亩生态建设、4万亩核桃干果提质增效、百万平方米食用菌振兴。

6.“四园三基地”：“四园”即南渡海特色水果采摘园、北圪梁现代农业产业园、北亩村中药材标准化示范园、谷兴沟羊肚菌产业示范园；“三基地”即旱地辣椒基地、大棚西红柿基地、枸杞种植基地。

7.“十大免费”：即免费公交、免费电影院、免费展览馆、免费活动室、免费阅览室、免费停车场、免费公厕、免费俱乐部、住校生免费蛋奶、高中生免费教育十大免费工程。

8.“十大民生实事”：即2018年实施的健康暖心、网络覆盖、文化惠民、厕所提标、供暖扩容、扶贫保障、城乡增绿、基础提质、河道治理、乡村清洁十大民生工程。

9.“两桥、两路、两馆、两楼、两河”：即大寨桥、万家山桥，胡窝路、崔家庄至长岭旅游路，农业学大寨博物馆、宋金文化博物馆，消防应急指挥中心大楼、新城幼儿园教学楼，赵壁河、思乐河治理工程。

10. 市委“三个三”工作思路举措：即坚持目标导向、问题导向、结果导向“三个导向”；落实基础工作清单、重点工作清单、亮点工作清单“三个清单”；提升政治能力、创新能力、执行能力“三个能力”。

11.“三化三制”改革：“三化”即加快建立专业化、市场化、国际化的开发区管理运行机制；“三制”即领导班子任期制、全员岗位聘任制、绩效工资制等制度。

12.“三权分置”：即农村的土地集体所有权、农户的承包权、土地的经营权这“三权”分置并行。

13.“双百双千”工程：即按照“一核、一圈、三区、四线、多环”的空间布局结构，投资1000多万元精心打造了以“百线走百村、千里带千家”为主要内容的“双百双千”工程。

14.“县管校聘”改革：即全体公办义务教育学校教师和校长全部实行县级政府统一管理。

15.“一跟进、两聚焦”：即持续跟进中央、省市委部署，持续聚焦影响经济社会健康发展的突出矛盾，聚焦影响人民群众切身利益的突出问题。

16.“七个紧紧抓住”：即紧紧抓住改革事项确定、紧紧抓住改革方案制定、紧紧抓住领导亲自施工、紧紧抓住改革任务推进、紧紧抓住改革督察督办、紧紧抓住改革工作成效、紧紧抓住改革经验推广。

17.“放管服效接”改革：“放”即简政放权，降低准入门槛；“管”即公正监管，促进公平竞争；“服”即高效服务，营造便利环境；“效”即提升效能，建设高效政府；“接”即做好承接，更加方便群众。

18.“十强百企千户”工程：即打造十强行业标杆企业，力争主营业务收入总量年均增长10%以上，扶持百户重点企业，力争主营业务收入总量年均增长6%以上；培育千户小微企业，力争拉动1万人就业。

19.“一网三超”社会扶贫模式：即以社会扶贫网为依托，集爱心超市、项目超市、消费扶贫超市模式于一体的社会扶贫综合体。

20.“三品一标”认证：“三品”指无公害农产品、绿色食品、有机农产品；“一标”指农产品地理标志。

21.“三勤合一”改革：即在城市执法工作中，创新实行城管、交警、巡警“三勤合一”的城市管理行政综合执法新模式。

22.“三个一批行动计划”：即组织对患有大病和长期慢性病的贫困人口，实行大病集中救治一批、慢病签约服务管理一批、重病兜底保障一批。

23.“双随机一公开”：即随机抽取检查对象，随机选派执法检查人员，抽查情况及查处结果及时公开。

24.“一窗受理、集成服务”：即按照“前台综合受理、后台分类审批、统一窗口出件”模式，依托政务服务网等方式进行资料共享和传送，进一步优化业务流程、精简申请材料，实现集成高效审批。

昔阳县人民代表大会常务委员会工作报告

——2019年3月2日在昔阳县第十七届人民代表大会第四次会议上

昔阳县人大常委会主任 李显鸣

过去一年的主要工作

2018年，县人大常委会在中共昔阳县委的坚强领导下，高举习近平新时代中国特色社会主义思想的伟大旗帜，全面贯彻落实党的十九大精神，坚持党的领导、人民当家作主、依法治国有机统一，紧紧围绕县委确定的“全市争上游，东山创一流，奋力开创新时代昔阳经济社会振兴崛起崭新局面”的重大决策部署，认真履行宪法和法律赋予的职责，圆满完成县十七届人大三次会议确定的目标任务，常委会各项工作取得了新的进展。

一、坚持党的领导，始终不忘初心，在坚定正确政治方向上保持定力

坚定不移站稳政治立场。常委会旗帜鲜明讲政治，坚持把学习贯彻习近平新时代中国特色社会主义思想和党的十九大精神作为首要政治任务，通过召开常委会党组会议、主任会议，领导干部讲党课、作辅导、专题培训等形式，强化政治理论培训，用新思想武装新头脑、引领新方向、指导新实践，收到良好效果。常委会组成人员和全体机关干部，进一步树立“四个意识”，切实增强“四个自信”，坚决做到“两个维护”，始终在政治立场、政治方向、政治原则、政治道路上同以习近平同志为核心的党中央保持高度一致，“听党话、跟党走”的政治自觉、思想自觉、行动自觉更加坚定。

毫不动摇坚持党的领导。常委会党组坚决维护县委总揽全局、协调各方的领导地位，自觉把人大工作置于县委的领导之下，在指导思想上、工作部署上，坚决维护县委权威，不折不扣执行县委决定，在贯彻落实县委重大决策部署，监督工作、代表工作、人事任免、重大活动、重要会议等方面，都体现了与县委思想同心、政治同向、行动同步。把对党负责和对人民负责有机结合起来，自觉增强党的观念，讲政治、守纪律、顾大局，保证党的主张依法转化为人民意志，努力实现党的领导和依法办事的统一，使人大工作始终沿着正确的政治方向前进。

主动融入谋划人大工作。常委会始终坚持把人大工作摆位到全县工作大局中去思考和谋划，紧紧围绕年初全县经济工作会议确定的各项目标任务，以及贯彻依法治国方略和全面深化改革的要求跟进监督措施，增强人大工作针对性、实效性。全年共召开常委会会议8次、听取审议“一府两院”专项工作报告15项，组织开展执法检查5次，组织代表集中视察2次，坚持党管干部的原则与依法任免有机统一，任免县“一府一委两院”国家机关工作人员18人，有效地发挥了地方国家权力机关的职能作用。

二、围绕中心工作，立足职能定位，在服务全县发展大局上积极作为

依法决定经济社会发展重大事项。人大讨论决定重大事项和政府重大决策出台前向本级人大及其常委会报告，是贯彻落实依法治国方略的重大制度安排，是深化政治体制改革的必然要求。常委会本着结合实际、便于操作、依法依规的原则，制定了《昔阳县人大常委会关于健全人大讨论决定重大事项制度》和《昔阳县县乡两级政府重大决策出台前向本级人大报告的实施办法》，将在广泛征求各方面意见的基础上，经县人大常委会会议通过后正式施行。这两个文件的出台将进一步明确各类重大事项范围及决策程序，提高行使重大事项决定权的科学化、民主化、法治化水平。一年来，常委会先后围绕昔阳经济开发区工业污水处理、地下综合管廊建设、省道317改线三个PPP项目，以及西李家庄村和黄岩底村撤村并居、财政大额资金使用和政府债务限额等具有长远性、全局性的事项，适时作出决议、决定，有力保障了全县经济社会持续快速健康发展。

努力提升经济运行监督水平。常委会听取审议了全县上半年国民经济和社会发展计划执行情况的报告，建议政府坚持“以人民为中心”的新发展理念，围绕推进供给侧结构性改革，抢抓经济逐步向好的有利机遇，不断破除体制机制障碍，做大做强实体经济，推动全县经济社会发展主要目标和重大任务顺利完成，引起了政府的高度重视。常委会听取审议了财政决算报告、预算执行报告、审计工作报告，两次审查批准了预算调整方案。针对常委会组成人员的审议意见，政府全力做好组织收入，不断规范预算决算编制管理，提高财政转移支付及科技、水利、教育等重点领域财政资金的使用绩效，预算执行审计查出的6个问题得到了全面整改，规范透明、标准科学、约束有力的预算监督机制日趋完善。常委会听取审议了全县重点工程项目建设情况的报告，就进一步加大招商引资力度、加强项目储备、优化审批流程，建立多元融资渠道、完善基础设施配套等提出意见建议，政府积极采纳、持续发力，全县51项重点工程项目进展顺利。常委会围绕优化全县“六最”营商环境，通过市、县两级人大联动协作，全面调研、深入座谈、理性剖析、建言献策，促进问题解决，有力推动了全县营商环境不断改善。

聚焦打赢“三大攻坚战”履职尽责。常委会聚焦打赢乡村振兴攻坚战，组织开展专题调研，听取审议全县乡村振兴战略实施情况的报告，针对战略实施的规划、路径、措施、重点、机制和组织管理等问题，提出意见建议，全力推动全县乡村振兴战略顺利实施。常委会聚焦打赢脱贫巩固提升攻坚战，持续组织各级人大代表积极开展结对帮扶、监督问效、集言纳谏、示范引领“四大行动”，不断引深和拓展活动新成果，在脱贫巩固提升攻坚战中站前列、树标杆、作贡献。常委会聚焦打赢扫黑除恶攻坚战，听取县公安局关于扫黑除恶工作专题汇报。同时，注重发挥人大代表联系人民群众的“桥梁”“纽带”作用，向全县各级人大代表发出倡议，引领和动员全社会各方面力量广泛参与，紧紧依靠人民群众，积极提供和举报案件线索，最大限度挤压黑恶势力的生存空间，铲除黑恶势力的滋生土壤，助力扫黑除恶专项斗争深入开展。

三、突出民生重点，践行为民宗旨，在维护群众根本利益上勇于担当

着力保障和改善民生。实施“十件实事”是县政府在县十七届人大三次会议上向全县人民作出的庄严承诺，是推进发展红利普惠于民的实际行动。一年来，常委会对承诺事项落实情况的监督，倾注了大量的精力，通过跟踪监督、组织代表视察、听取审议专项工作报告等方式，推动民生实事落地见效，“十件实事”全部兑现承诺，人民群众的获得感、幸福感、满意度进一步增强。教育事业发展和居民区物业管理工作涉及千家万户的切身利益。常委会听取审议全面深化教师队伍建设情况报告、《山西省物业管理条例》贯彻实施情况报告，并进行了满意度测评。督促政府加快推进教师管理制度改革、加大财政投入、优化资源配置，推进中小学教师的内涵发展、特色发展、优质发展。加大物业管理法规宣传力度、落实扶持引导措施、完善工作制度、形成工作合力，推动昔阳县物业管理工作再上新台阶。全域旅游业的兴起推动了地方经济发展、拓宽了农民的增收渠道。常委会组织开展全域旅游工作专题调研，就加强政策配套、理顺体制机制、完善服务体系、加快市场监管等方面向政府提出意见建议11条，为促进全域旅游事业的健康发展发挥了积极的作用。

着力推动生态环境保护治理。常委会积极回应人民群众对良好生态环境的热切期待，听取审议了全县环境保护目标任务完成情况的报告，并进行了满意度测评；配合市人大常委会开展“两法一条例”执法检查暨晋中环保行活动，坚持边行边查边改，把新闻媒体舆论监督的过程变为解决问题的过程，让治理污染、保护环境成为全社会的共同行动，取得了明显成效。针对检查中发现的问题，环保部门及时下达限期整改督办通知书，促进了一批突出环保问题的解决。常委会积极践行“绿水青山就是金山银山”的理念，组织开展了《山西省永久性生态公益林保护条例》和《山西省汾河流域生态修复与保护条例》执法检查，针对生态补偿机制不健全、重造轻管等问题，建议政府探索完善多元生态投入机制和建管并重管理机制，实现生态效益与经济效益的协调统一，促进了两个条例在昔阳县的贯彻实施。

着力加强执法工作监督。切实解决执行难问题和推进司法体制改革是维护社会公平正义的现实要求。常委会听取审议了县人民法院关于执行工作情况报告和县人民检察院关于落实司法改革工作情况报告，“两院”认真落实审议意见，全力做好整改工作，取得了明显成效。县人民法院积极开展专项执行活动，持续推进集中执行工作常态化，全年受理各类执行案件229件，结案133件，实际执行到位金额2095.5万元，执行质效26项指标综合考核全市名列前茅。县人民检察院牢牢把握司法改革正确方向，坚持顶层设计和实践探索相结合，协调推进各项重点改革工作，检察监督的质量效率和公信力持续提升。常委会全力支持县监察委员会依法行使职权，县监委自觉接受人大监督，班子成员坚持列席县人大常委会会议、参加常委会组织的视察调研等活动，实现了监督和支持的有机统一。常委会高度重视信访工作，全年共受理人民群众来信来访22人次，跟踪督办省、市人大转办交办案件5起，常委会领导亲自协调督办，一抓到底，促进了一批信访案件的解决，维护了人民群众的合法权益和社会的和谐稳定。

四、创新活动载体，丰富活动内容，在落实“两化四有”要求上彰显活力

强化代表履职服务保障。常委会坚持把代表的学习培训作为开展代表工作、发挥代表作用的基础性工作摆在首位，通过抓政治理论学习培训、抓人大基础知识学习培训、抓履职针对性学习培训，不断提高代表履职能力和水平。坚持为代表订阅《中国人大》杂志和《人民代表报》，利用人大微信公众平台，发布人大工作信息，使代表及时了解和掌握各级、各地人大工作动态，拓宽代表知情知政渠道。严格按照《中华人民共和国人民代表大会和地方各级人民代表大会代表法》规定，足额落实了县乡人大代表活动经费和无固定收入的农民、工人代表履职补贴，激发了代表依法履职的热情。

夯实代表履职工作基础。常委会坚持邀请代表列席常委会会议、参加专题调研、集中视察、执法检查、案件庭审等活动，及时掌握经济社会发展动态，找准履职工作着力点。一年来，先后有62名代表列席常委会会议，列席代表人数占到本级人大代表人数的三分之一以上，代表参加常委会组织的调研活动40人次，参加监督、评议、征求意见和座谈等活动36人次，参加法院案件庭审6次，代表的履职能力在实践中得到了提升。常委会积极组织开展“代表之家”活动，全县15个代表小组共联系代表260余人次，组织培训代表402人，接待选民310人次，开展视察活动11次，收集基层群众意见建议50余条。常委会高度重视代表履职的宣传报道工作，在昔阳电视台开辟《代表之声》栏目，采访制作播出节目15期，在全社会引起强烈反响。去年5月，常委会组织筹备了全国十二区县人大常委会联席会议，围绕“贯彻落实党的十九大精神，探索新时代如何更好发挥人大代表作用”这一主题开展工作交流，促进了新时期代表工作的创新发展。

激活代表履职内生动力。县十七届人大三次会议期间，人大代表认真履行神圣职责，围绕推进昔阳经济社会振兴崛起及保障和改善民生等重大问题，提出意见建议 105 件，合并重复内容，共需办理 88 件。常委会高度重视代表意见建议的办理工作，在继续坚持和不断完善已有的“一提前、两把关、三督查”等制度的基础上，积极探索创新，以“代表之家”为平台，代表与承办单位构建办理前、办理中、办理后的“面对面三沟通办理机制”，代表全程参与办理工作，进一步提高了意见建议的办理质量和代表的满意度。截至目前，建议所提问题已经解决或基本解决的 61 件，正在办理或已列入工作计划的 21 件，暂时不能办理、以后积极创造条件逐步办理的 6 件。特别值得一提的是一批人民群众高度关注的热点、难点建议，如关于尽快修复库城至铺上公路、昔阳电视台节目实现农村全覆盖、推进农村改厕、加大河道治理等建议，得到有效解决。投资 5000 万元的库城至马岭关旅游路（含库城至铺上段），正在按计划顺利推进；3.4 万农户实现了有线电视网络全覆盖；4000 座农村无害化厕所改造超额完成；投资 3000 万元的赵壁河 19.4 千米河道治理和投资 900 万元的松溪河、城西河、城北河、思乐河污水管网改造工程如期完工。

五、压实主体责任，坚持问题导向，在推进“两个机关”建设上再谱新篇

党建工作深入开展。坚持以建立健全党内民主政治生活为抓手，全年共修订完善党建工作制度 6 项，召开机关党员会议 13 次，机关支部会议 6 次，召开专题民主生活会 2 次。坚持以创建基层党组织标准化建设为目标，严格按照党建阵地“六有”标准建设党员活动室 1 个，充分满足了全体党员参加学习、开展组织生活的需要，机关党组织的创造力、凝聚力和战斗力明显增强。

廉政建设不断加强。制定并落实全面从严治党主体责任清单，强化“一岗双责”，以签订党风廉政建设责任书为抓手，推动工作压力层层传导、主体责任层层落实。紧盯重要时间节点，分类分层分步对党员干部开展党规党纪教育和廉政提醒，促使党员干部时刻紧绷廉政之弦，筑牢纪律防线。通过开展主题党日活动和接受廉政警示教育，引导党员干部提高廉洁自律、抵御风险的意识和能力，机关干部的政治意识和责任意识进一步增强，精神面貌有了很大改观，工作作风有了明显转变。健全和完善相关工作制度，力求在组织会议、执法检查、视察调研、机关管理等各个方面和各个环节充分体现中央“八项规定”精神。积极支持县纪委派驻纪检组开展工作，机关党风廉政建设不断向纵深推进。

作风建设持续深化。常委会认真贯彻习近平总书记和山西省委关于坚决整治形式主义、官僚主义的一系列重要讲话和批示精神，建立“四个清单”工作台账，细化分解为 4 项整改任务、7 条具体整改措施，对整改目标、整改要求、整改时限，责任领导和责任人都作了明确规定，确保事事有人抓、件件有着落。同时，注重举一反三，坚持解决具体问题与普遍性问题相结合，解决显性问题与隐性问题相结合，解决当前问题与长远问题相结合；坚持边整改边完善边提高，把行之有效的做法固化为制度，推动从源头上防范和解决问题，不断扩大整改工作成果，持续推动作风建设取得新成效。

2018年县人大常委会工作成绩的取得，是在中共昔阳县委的正确领导下，全体常委会组成人员和人大代表共同努力的结果，也是县“一府一委两院”及社会各界大力支持与积极配合的结果。在此，我谨代表县人大常委会，向各位代表及所有关心、支持人大工作的各位领导和社会各界人士，表示崇高的敬意和衷心的感谢！

回顾一年来的工作，我们也清醒地认识到，常委会工作与新形势新任务要求相比，与各位代表和人民群众期望相比，还存在不少差距，主要是：监督工作的面还不宽，针对性还不强，经济发展及民生保障中的一些“短板”还没有纳入监督议题，督促整改成效还不明显；讨论决定重大事项的制度有待完善；代表工作还需改进，在运用现代信息手段促进代表履职、畅通民意表达上还有差距。我们将自觉接受人大代表和人民群众的监督，虚心听取各方面意见，认真研究新情况新问题，把常委会工作做得更好。

今年的主要工作

2019年是新中国成立70周年，是决胜全面建成小康社会第一个百年奋斗目标的关键之年。县人大常委会工作的总体思路是：高举习近平新时代中国特色社会主义思想伟大旗帜，全面贯彻落实党的十九大精神，坚持党的领导、人民当家作主、依法治国有机统一，紧紧围绕省委、市委、县委决策部署，依法履行宪法和法律赋予的职责，统筹推进监督、决定、任免和代表工作，狠抓常委会自身建设，努力提高人大工作的质量和水平，为全面开创新时代昔阳经济社会高质量发展崭新局面做出新的更大的贡献。

一、提高政治站位，在强化使命担当上要有新作为

毫不动摇地坚持党的领导，一丝不苟地体现党的领导，是常委会始终不渝遵循的重大政治原则。当前，昔阳经济社会发展站在了一个新的历史起点，机构改革、经济发展、社会稳定的各项任务十分繁重，面对新形势、新任务、新要求，常委会要始终坚持在县委领导下开展工作，紧紧围绕县委的重大决策部署超前谋划、主动作为，坚决执行重大事项、重要会议、重点活动及时向县委请示报告制度，监督工作要紧贴县委中心工作，重大决定要体现县委决策意图，人事任免要坚持党管干部原则。要紧密联系实际，更加科学有效地监督支持“一府一委两院”依法开展工作，力求在促进发展、服务民生、保障稳定中发挥促进作用，在凝聚人心、形成合力中发挥纽带作用，在弘扬主旋律、传播正能量中发挥模范作用，使党的主张通过法定程序成为全县人民意志和自觉行动，不折不扣地推动县委重大决策部署的贯彻落实。

二、拓展监督领域，在增强监督实效上要有新作为

坚持正确监督、有效监督，综合运用听取和审议专项工作报告、执法检查、专项工作评议、视察和调研等手段，督促支持“一府一委两院”依法行政、公正司法。以推动全县经济高质量发展为目标，听取和审议国民经济和社会发展计划、财政预算的执行情况报告、审计报告和审计查出问题整改情况报告；听取和审议全县重点项目建设情况报告；听取和审议全县民营经济发展情况报告。以促进全县生态环境质量改善为目标，听取和审议全县环境状况和环境保护目标完成情况报告，配合市人大开展环保法律法规执法检查和晋中环保行活动。以推动社会事业发展为目标，听取和审议农村环境“三大革命”推进情况的报告；听取和审议《昔阳县人大常委会关于加强集中式饮用水水源地保护决定》执行情况的报告；听取和审议全民健身活动开展情况的报告；听取和审议城乡规划实施情况及县城公共设施运行维护情况的报告；听取和审议政府承诺“十件实事”落实情况的报告，并组织代表进行集中视察；组织开展《城市管理综合执法条例》执法检查。以推动法律法规的宣传教育与贯彻执行为目标，听取和审议县人民法院民商事审判工作情况的报告；听取和审议县人民检察院关于公益诉讼工作情况的报告；组织代表集中视察公检法“扫黑除恶”专项斗争开展情况；加强宪法宣传教育，大力弘扬宪法精神，切实维护宪法尊严和法制统一。以推进县委中心工作的贯彻落实为目标，听取和审议部分政府组成部门主要负责人履职报告，并进行满意度测评。

三、创新代表工作，在发挥代表作用上要有新作为

继续发挥“人大代表之家”的平台作用，在坚持和完善已有代表活动机制的基础上，集中力量、下大力气围绕“用好代表之家、倾听代表之声、探索代表之路、做实代表工作”开展工作。拓展联系代表群众的渠道和机制。坚持和完善常委会组成人员联系代表和代表联系群众的“两联系一发挥”机制。探索开发应用代表履职服务信息系统，深化信息化手段在代表履职中的应用，为方便代表履职创造更好条件。加强代表履职培训和服务保障。有计划有步骤地做好人大代表培训工作，提升代表履职能力和水平；精心组织开展代表主题活动，坚持邀请代表列席常委会会议及常委会组织的调研、视察等活动，并根据县委阶段性重点任务及时调整活动内容，更好地服务全县经济社会发展大局。提高代表意见建议办理的质量和水平。进一步健全代表意见建议督办机制，强化建议办理，落实跟踪监督，着力提高意见建议办结率和代表满意率，使代表意见建议转化为推动经济社会发展和民主法治建设成果。

四、加强自身建设，在提高工作水平上要有新作为

认真践行习近平总书记关于坚持和完善人民代表制度的重要思想，按照“十个坚持”的要求，不断加强政治建设、思想建设、组织建设、作风建设、纪律建设，进一步夯实履职基础。贯彻落实全面从严治党要求，严肃党内政治生活，严守政治纪律和政治规矩，充分发挥常委会党组在人大工作中把方向、管大局、保落实的领导核心作用。按照中央、省委、市委、县委部署，扎实开展“不忘初心、牢记使命”主题教育和“改革创新、奋发有为”大讨论活动。加强机关干部和常委会组成人员的教育培养，强化能力提升，不断掌握新知识、开拓新视野、增强新本领，推动人大工作与时俱进创新发展。加强对乡镇人大的联系指导，密切工作协调，开展工作交流，进一步提升全县人大工作整体水平。优化人大机构设置，完善人大工作制度，重视发挥专门委员会和工作机构的职能作用，努力使人大常委会成为全面担负起宪法法律赋予的各项职责的工作机关，成为同人民群众保持密切联系的代表机关。

新时代承载新使命，新任务要有新担当。让我们紧密团结在以习近平同志为核心的党中央周围，在中共昔阳县委的坚强领导下，不忘初心、牢记使命、锐意进取、扎实工作，为全面开创新时代昔阳经济社会高质量发展崭新局面而努力奋斗！

名词注解：

1.“四个意识”：政治意识、大局意识、核心意识、看齐意识。

2.“四个自信”：中国特色社会主义道路自信、理论自信、制度自信、文化自信。

3.“两个维护”：坚决维护习近平总书记在党中央的核心、全党的核心地位，坚决维护党中央权威和集中统一领导。

4.“PPP”：又称“PPP”模式，鼓励私营企业、民营资本与政府进行合作，参与公共基础设施的建设。

5.“六最”营商环境：全力营造审批最少、流程最优、体制最顺、机制最活、效率最高、服务最好的营商环境。

6. 2018年十件民生实事：健康暖心工程、网络覆盖工程、文化惠民工程、厕所提标工程、供暖扩容工程、扶贫保障工程、城乡增绿工程、基础提质工程、河道治理工程、乡村清洁工程。

7.“一提前、两把关、三督查”：即在人代会召开前一个月，要求代表要完成意见建议的收集整理工作，各乡镇人大主席进行把关后交大会议案组，会议期间大会议案组要进行二次把关，会后交“一府两院”办理；对办理工作要实行年初、年中、年末的定期督查，对重要意见建议要进行专项督查，对因主观因素导致不能及时办理的意见建议进行重点督查，必要时对督查情况进行通报。

8.“两法一条例”：《中华人民共和国大气污染防治法》《中华人民共和国水污染防治法》《山西省城乡环境综合治理条例》。

9.“两化四有”：内容规范化、形式多样化，有工作平台、有处理机制、有履职管理、有保障措施。

10.“两个机关”：党的十九大报告指出，使各级人大及其常委会成为全面担负起宪法法律赋予的各项职责的工作机关，成为同人民群众保持密切联系的代表机关。

11. 党建阵地“六有”标准：有场所、有设施、有标志、有党旗、有书报、有制度。

12. 农村环境“三大革命”：农村垃圾、污水、厕所革命。

13. “十个坚持”：坚持中国共产党的领导、坚持走中国特色社会主义政治发展道路、坚持和完善人民代表大会制度、坚持人民当家作主、坚持全面依法治国、坚持民主集中制、坚持全面贯彻实施宪法、坚持以良法促进发展、保障善治，坚持正确监督、有效监督，坚持民有所呼、我有所应。

昔阳县政府工作报告

——2019 年 3 月 1 日在昔阳县第十七届人民代表大会第四次会议上

昔阳县人民政府县长　侯文亮

一、2018 年工作回顾

2018 年是改革开放 40 周年，是全面贯彻党的十九大精神开局之年。在市委、市政府和县委正确领导下，在县人大、县政协监督支持下，县政府坚持以习近平新时代中国特色社会主义思想为指引，全面贯彻落实习近平总书记视察山西重要讲话精神和省市县一系列大政方针、决策部署，按照市委“三个三”工作思路和举措，聚焦聚力“四大目标”，抓重点、攻难点、补短板、强弱项，实施了一系列开创性举措，取得了一系列标志性成果，促成了一系列转折性变化，经济运行更加稳健，综合实力提升进位，“全市争上游、东山创一流”取得了实质性成效。地区生产总值完成 84.6 亿元，增长 7%；规模以上工业增加值完成 40.9 亿元，增长 8.1%；全社会固定资产投资完成 47.6 亿元，增长 10.1%；社会消费品零售总额完成 29.1 亿元，增长 8%；一般公共预算收入完成 63578 万元，增长 11.5%；城、乡常住居民人均可支配收入分别完成 25770 元、9704 元，增长 6.6%、13%。

过去一年，我们率先摘帽强巩固，脱贫成果稳步提升。2018 年 9 月 7 日，省政府宣布昔阳县退出贫困县，成为全市首家、全省首批脱贫摘帽县。我们不停顿、不松劲，全力抓巩固、持续抓提升。181 个产业项目带动 8354 户增收，扶贫车间、扶贫工厂等吸纳 4000 多名贫困劳动力转移就业；107 个基础设施项目基本补齐贫困村历史欠账；18652 人享受健康扶贫、教育扶贫、社会兜底等政策；建档立卡贫困人口意外伤害险、住院津贴险和返贫责任险全覆盖，2480 人次获得保险理赔 203 万元；2145 人易地搬迁入住新居；全年又有 650 名贫困人口稳定脱贫，剩余 5 个贫困村全部退出，贫困发生率降至 0.4%以下，交出了昔阳脱贫攻坚巩固提升的厚实答卷。

过去一年，我们三措并举促升级，产业转型迈出可喜步伐。致力在拉长、调强、做优上下功夫。依托良好生态优势拉长服务业产业链。承办了大寨国际山地马拉松赛、全国汽车场地越野公开赛，举办了红叶文化旅游节、石马寺古庙会、首届农民丰收节，建设了潘掌、崇家岭、中山等一批生态庄园和康养基地，服务业增加值同比提高 2.9 亿元，增长 7.2%，形成了休闲度假、体育赛事、康养体验等现代服务业态多元发展新态势。全年接待游客 318 万人次，综合收入 27.8 亿元。积极新上项目调强工业结构。引进、上马锂离子电池负极材料、新型蓄光材料等一批新材料产业项目，金寨风电一期、寺家庄瓦斯发电、招能风电、生物质发电等一批新能源产业项目和20万吨特种树脂、氧化锌等一批化工产业项目，逐步形成“煤电气化新”五大产业支撑的工业格局。锂离子电池负极材料项目刷新了当年开工、当年投产的“昔阳速度”。山西碧洲科技有限公司通过国家高新技术企业认定，实现了高新企业的零突破。采取硬实举措优化营商环境。推行网上登记全程电子化和证照分离，大大提高了行政审批效能，企业开办时间压缩到3天。认真落实习总书记民营企业座谈会重要讲话精神，制定了支持民营经济发展20条政策措施，设立了1000万元民营企业发展专项资金，培育“小升规”企业6个，全县规上企业达到25个。

过去一年，我们完善功能提品质，昔阳县城更加宜居宜业。投资15.7亿元实施了路网建设、景观绿化、河道治理、住房安居等工程，改造了大寨桥，拓宽了胡窑路，延伸了沾岭路，“一环四横六纵”的路网格局形成；铺设改造供水、供气、供热、污水管网124千米，“三供”普及率分别达到100%、90.2%、88.3%，污水处理率达到96.5%；建成沾岭公园，绿化了朝阳街、城壕街、沾岭路，县城内拥有七大公园50余个小游园，人均公园绿地面积14.6平方米，绿地率41.5%，绿化覆盖率45.3%；推进清华苑、书香门第等住房安居和棚户区改造，可新增住房面积36万平方米；实施上城街立面改造，新建下城和新城20多处水景观，完成2.4万平方米道路硬化，县城形象魅力进一步提升。

过去一年，我们精准布局抓示范，乡村振兴良好起步。致力做好产业发展、环境改善、文化繁荣、乡村治理、资源激活五篇文章。做大做强特色产业。积极实施连翘、板栗、沙棘、核桃、食用菌、生态林等六个“万字号”工程，推动农业规模化发展。新上东合丰牧肉牛加工、张家庄有机肥加工等一批项目，促进了种养产业延伸。昔阳小米亮相全国农产品地理标志品牌推介会。持续改善人居环境。改造无害化厕所3500户，70%的行政村实现垃圾市场化清运。打造美丽宜居示范村15个，乐平镇有望成为继大寨镇之后又一个国家卫生乡镇。精心培育良好乡风民风。创建精神文明先进典型191个，打造社会主义核心价值观示范点32个。韩会林家庭被评为“中国最美家庭”，乔海军兄弟候选“中国好人”、被评为省道德模范。创新推进乡村治理。培训储备农村干部1200余人，128名本土人才回村任职，151个工作队、5000余名党员干部真帮实扶，32个软弱涣散基层党组织得到整顿，177个村集体经济收入达到5万元以上。有效激活农村资源。新造耕地5200亩，新建高标准农田9.8万亩，土地开发、高标准农田建设、林业扩规增效、水资源开发利用4项工作名列全市前茅。

过去一年，我们改革创新求突破，发展内生动力多点释放。7大类50项改革全面突破，“放管服效接”改革纵深推进。城市管理“十集中”全市推广。深化行政执法体制改革，实现“三勤合一”。农村土地承包经营权确权登记工作通过省市验收，证书颁发率和档案整理工作位居全省前列。创新推出民间资本自主化、专业公司合作化、集体土地区域化“三化”土地开发模式。探索林场管理社会化服务新机制，通过政府采购、公开招标，委托第三方开展森林管护、造林绿化等业务，妥善安置国有林场合同工，实现“事企分开”，得到省市认可。校长职级制改革受到省市高度评价，旅游执法体制改革走在全市前列。

过去一年，我们重拳治污广增绿，守住了昔阳的蓝天碧水。全县优良天数达到246天，全市排名第二，SO_2、$PM_{2.5}$、PM_{10}浓度三项指标位居全市前列。国考、省考和市考3个断面水质全部达到Ⅰ类。投资4亿元的安平发电厂超低排放改造、三都露天矿生态恢复治理、白羊岭煤矸石治理等环保项目大力度推进，涉煤“小散乱污”企业彻底治理，大型化工企业水治理和固废治理深度推进，立案查处违法企业60家，105起环保问题整改99起；中央环保督察“回头看”21批次30件信访问题全部办结，环境质量不断改善。造林绿化10余万亩，集中连片打造了沾岭山森林生态系统工程，全市秋季造林现场会在昔阳县召开。

过去一年，我们倾心倾力惠民生，人民群众有了更多获得感。全年民生支出16亿元，占财政总支出的83.3%。政府承诺办好的十件实事全面兑现；高考一本、二本达线率分别排名全市第二和第一，昔阳中学文科考生姜寒高考成绩名列全市第一、全省第六；国家公共文化服务体系示范区通过验收；城乡基本养老保险、基本医疗保险、居民大病保险和城乡基层医疗卫生服务体系实现全覆盖，成功创建省级慢性病综合防控示范区；铺设关山水库至安平段县城给水专线直供管道，承办全市农村道路交通安全现场推进会，获评“四好农村路全国示范县”；县城14个公共区域实现无线网络覆盖，五乡镇实现有线电视覆盖；城镇新增就业3024人，农村劳动力转移就业3751人，城镇登记失业率控制在2.1%；城乡2.8万人次享受救助保障4916万元；全县安全生产继续保持平稳态势，信访稳定、扫黑除恶深入推进，全省社会治安综合治理满意度测评昔阳县继续保持省市前列。

过去一年，我们优化服务提效能，政府履职能力显著增强。围绕建设人民满意政府不懈努力。强化政治建设，树牢“四个意识”，坚定“四个自信”，忠诚践行“两个维护”。强化依法行政，认真执行县人大及其常委会各项决议决定，积极支持人民政协履行职能，办理人大代表建议105件、政协委员提案129件。强化廉政建设，严格落实全面从严治党主体责任和领导干部“一岗双责”，严格执行中央八项规定精神，源头遏制“四风”问题，彻底肃清腐败流毒影响，切实做到“五个过硬”。强化高效服务，“双随机、一公开”“13710”督办机制全面施行，“三个三”工作思路和举措全面落实，“六最”营商环境不断优化，政府公信力、执行力全面提高。

过去一年，民族宗教、外事侨务、审计统计、档案史志、文物保护、粮食供销、防震减灾等取得喜人成绩，妇女儿童、老龄慈善、残联事业、红十字会等工作又有新进步，人民防空、双拥工作、国防后备力量建设等扎实推进。

幸福都是奋斗出来的。昔阳振兴崛起的潜能充分激发，争先进位的势能快速积蓄，转型升级的动能不断汇聚。这是习近平新时代中国特色社会主义思想科学指引的结果，是市委、市政府和县委坚强领导的结果，是县人大、县政协和社会各界监督支持的结果，是全县广大干部群众弘扬大寨精神，坚持改革创新，团结进取、奋力拼搏的结果。在此，我代表县人民政府，向全县人民，向各民主党派、工商联和无党派人士，向各位人大代表、政协委员，向武警官兵、公安民警，向离退休老领导、老同志，向所有关心支持昔阳改革发展的各界朋友，致以崇高的敬意！表示衷心的感谢！

回顾一年的奋斗历程，我们深刻体会到，办好昔阳的事情，必须以政治建设为统领，忠诚践行“两个维护”；必须聚力全面建成小康昔阳，始终坚持高质量发展；必须树牢以人民为中心的发展理念，顺应人民美好期盼；必须弘扬改革创新精神，担当作为对标一流；必须敢于直面困难问题，永保攻坚奋进姿态。

在肯定成绩的同时，我们也清醒地认识到，煤炭占比依然较大，发展质量还不够高，做强做大县域经济体量依然任重道远；脱贫攻坚巩固提升仍需持续发力，乡村振兴精准施策、精准求效更需久久为功；城镇化率提高尚有空间；营商环境的比较优势还没有全面显现；民营经济发展还不充分。我们高度重视以上问题和差距，不遗余力采取措施加以解决，变短板为强项，补差距为优势。

二、2019 年主要工作

2019 年是中华人民共和国成立 70 周年，是全面建成小康昔阳决战之年，是创建乡村振兴示范县推进之年，是产业转型升级突破之年。全省正处在“两转”基础上拓展新局面的关键期，全市正处在“全面挺进第一方阵”的决胜期，昔阳县发展机遇优势叠加，干事创业氛围浓厚，我们要坚定不移走好昔阳高质量转型发展之路。今年政府工作的总体要求是：以习近平新时代中国特色社会主义思想为指引，全面贯彻党的十九大精神和习近平总书记视察山西重要讲话精神，按照中央和省市县一系列重大决策部署，坚持稳中求进工作总基调，坚持新发展理念，坚持推动高质量发展，认真落实市委“三个三”工作思路和举措，大力弘扬“自力更生、艰苦奋斗”大寨精神，切实用好“改革创新、奋发有为”讨论成果，聚焦聚力“乡村振兴示范县、转型综改主阵地、对外开放桥头堡、宜居宜业明星城”四大目标，突出抓好深化改革、转型发展、乡村振兴、三大攻坚、民生共享五个重点，不断提升昔阳发展的

“含金量”“含新量”“含绿量”，不断增强人民群众获得感、幸福感、安全感，全市争上游，东山创一流，全面开创新时代昔阳高质量发展崭新局面，以优异成绩迎接中华人民共和国成立70周年。

综合考虑发展所需，建议全县经济社会发展主要预期目标为：地区生产总值增长6.5%以上；规模以上工业增加值增长7.5%；全社会固定资产投资增长7.5%；一般公共预算收入增长8.5%；社会消费品零售总额增长7.5%；城镇常住居民人均可支配收入增长6.5%；农村常住居民人均可支配收入增长10%，居民消费价格涨幅控制在3%左右，城镇新增就业3100人，城镇调查失业率、城镇登记失业率控制在6.5%、4.2%以内。资源节约、环境质量和民生改善方面的各项约束性指标不折不扣完成市下达任务。

聚力实现“全市争上游、东山创一流”奋斗目标，圆满完成今年各项指标任务，我们必须做好“加减乘除”。“加”就是衡量综合经济实力的关键指标全面增长；民营企业的数量、体量和民营经济的比重以及企业家队伍快速突破；城市聚集人口规模和城镇化水平进一步提升；非煤产业占比做足增量；支柱产业、产业集群、产业链条同步做好加法；持续推进生态建设，森林覆盖率大幅度提高；为全市乃至全省贡献的“昔阳模式”和“昔阳经验”不断增加；全县人民获得感幸福感不断增强。“减”就是煤炭经济总量稳步提升的基础上，在县域经济中的占比明显降低；各项能耗和环境减量硬指标持续地减下去。“乘”就是招商引资的成效、解放思想的效果、改革创新的活力、大寨精神的弘扬要以乘数效应，几何级释放。“除”就是破难有招，解难有效，制约发展的各种瓶颈、困难、问题全力排除。

具体抓好八方面工作：

（一）致力转型，抓实项目，打牢高质量发展基础

全力推动开发区建设，加快工业转型、项目建设、旅游发展、招商引资，加速释放经济增长新动能，不断增强转型发展新动力。

一是以三大产业集群为支撑，推动工业转型。聚焦提档升级，致力打造百亿能源产业集群。加快用先进技术、先进工艺提升改造煤炭主导产业，煤炭产量稳定在1300万吨左右，入洗率超过50%，年产值超过70亿元。推进煤层气热电联产、大唐风电项目达产达效，加快金寨风电、寺家庄瓦斯发电、斯能二期项目建设，确保总装机容量突破1100兆瓦，电力总产值达到11亿元。同时，加快推动招能风电、生物质发电、久鼎新能源分布式煤层气发电等项目落地开工。支持漾泉蓝焰、瑞阳等企业强化技术攻关，提高煤层气产量，年产值突破1亿元。依托资源禀赋，继续做强化工产业集群。加快22万吨烧碱、20万吨特种树脂、40万吨电石、1.5万吨三氯甲基碳酸酯等项目达产达效，推动阳煤10万吨普通树脂项目投产，力争智慧农业百万吨甲醇项目开工，通过强链、补链、延

链，确保化工总产值达到30亿元。外引内联并重，倾力培育新材料产业集群。推动10万吨锂离子电池负极材料项目一期3月份投产、二期9月份开工，全面达产达效后产值60亿元。加快推进氧化锌、新型蓄光材料等项目建设，形成7亿元产值。通过几年努力，强力推动两大优势产业产值突破50亿元、100亿元。

二是以优化要素保障为要务，抓实重点项目。深入开展"深化转型项目建设年"活动，抓好总投资341亿元、年度投资70亿元的55项重点工程项目。要做实项目前期。立项、规划、土地、环评等前期手续3月底前全部办结，为项目开工创造条件。要加速项目建设。继续实行县四套班子领导包项目责任制，全面推行企业投资项目承诺制，解决好用地、用水、用电等各类困难问题，为项目加速推进清障护航。今年省、市政府工作报告强调要加快阳大铁路建设，开工昔阳至榆次高速，我们要积极配合，全力保障。要强化项目监管。每一个工程项目都要盯紧落地开工、实施建设、竣工达产各个环节，按照节点开展督查，确保年度任务圆满完成。

三是以大寨旅游为龙头，创建全域旅游县。抓住山西打造"三大旅游板块"契机，跟紧全市创建全域旅游示范市步伐，扬起大寨红色旅游龙头，坚持景区城区联动、人文自然并重、文化旅游融合，创建全域旅游县。放大大寨旅游品牌效应。启动大寨AAAAA景区创建，抓好景区、线路、产业链"三个完善"，推进森林公园、农耕文化园、现代农业园、汽车主题公园"四个提升"，以分布全县的350千米健身步道为纽带，形成游大寨、逛红旗一条街、看昔阳博物馆、观南垴梯田、登李家庄渡槽、走西水东调工程、进刀把口、赴白羊峪等大寨红色游。提升旅游景点特色魅力。培育以西峪、广阳、三烈为代表的红色旅游示范村，以井沟、潘掌、崇家岭为代表的康养旅游示范村，以长岭、西南沟、南李家庄为代表的历史文化旅游示范村，以三教河、马鞍岩、水磨头为代表的田园风光示范村，走出差异化路径。叫响"山水昔阳户外天堂"。做好旅游与文体、康养、扶贫、电商等融合文章，举办好农民丰收节、红叶文化旅游节、石马寺古庙会等活动，承办好汽车场地越野、汽车山地越野、山地马拉松越野等赛事，完成50家"乡村客栈"标准化建设，竣工太行一号昔阳段旅游专线，贯通300千米旅游环线，把昔阳县打造成红色旅游胜地、休闲康养乐园、户外运动天堂，全年接待游客390万人次，旅游综合收入34亿元。

四是以招商引资为抓手，积蓄发展动能。围绕120亿元年度招商引资任务，在"四个一"上精准发力。"绘好一张图"。紧盯京津冀、雄安、长三角、珠三角等地项目转移，绘好招商地图，实施精准招商，力争引进一批投资体量大、科技含量高、带动能力强的大项目、好项目。"打造一条链"。围绕昔阳县能源、化工、新材料三大产业集群，针对性寻找项目信息，制定招商方案，沿着产业链各环节的关联企业搞好对接，并加强与国家部委、省市部门沟通联系，寻求支持，争取更多大项目落地昔阳。“开好一个会”。赴长三角开好昔阳招商引资推介会，力争招成一个、牵引一串、落户一片。“完善一机制”。要全面落实县领导招商引资工作制度，加大招商引资在年度目标责任考核中的权重，确保签约总额、项目落地、项目开工、资金到位率四个指标全面完成。

转型崛起、高质量发展关键靠项目。我们要始终把推动项目建设作为第一抓手，持之以恒、久久为功，筑牢硬支撑。

（二）提升摆位，倾力扶持，锲而不舍抓好民营经济

要把习总书记在民营企业座谈会上的重要讲话精神转化为昔阳具体行动，用足用好省市优惠政策，用心用力优化营商环境，真金白银扶持民营企业，真情实招打造企业家队伍，让民营经济成为全县高质量发展的生力军。

一要全面优化营商环境。继续深化商事制度改革，大力推行“一窗通办”服务，让群众“只进一扇门”“最多跑一次”。县财政专列1000万元民营企业发展资金，重点用于支持民营企业风险担保、奖励补助、培训提升、品牌创优、市场营销。落实领导干部联系民营企业制度，为民营企业发展营造良好氛围，通过坚持不懈努力，使昔阳如同江浙一带，既能为中小企业铺天盖地发展提供最适宜的环境，也能为优势企业顶天立地成长提供最肥美的沃土。

二要全力破解发展难题。坚决贯彻落实省30条、市25条、县20条政策措施，着力解决民营企业发展中的困难和问题。推动金融机构扩大对民营企业的信贷投放，筹集并发挥好1000万元助保贷风险金、5000万元周转贷应急金、5000万元担保贷资本金的作用，解决“融资难”。落实好土地供给政策，盘活城乡存量土地资源，运用市场手段启动中小企业创业园区和标准化厂房建设，支持民营企业改建扩容，解决“用地难”。从政策、资金上加大对企业人才引进的支持力度，缓解“用人难”。每年设立不少于50万元的营销资金，帮助企业分析研判市场、开展宣传推介，解决“销售难”。今年，新增规上企业6户，总数达到31户。

三要倾心打造企业家队伍。民营企业发展最关键的是企业家队伍建设。要坚持本土培育和外部引进“两手抓”，逐步建立一支人数可观、结构合理、梯次发展的高素质民营企业家队伍。要鼓励企业家不断做强做大，设立民营企业家功勋奖，对年营业收入首次达亿元和年纳税首次达1000万元的，给予50万元奖励，树牢激励民营企业争先发展的导向。实施“十强百企千户”工程，力争用3年左右时间打造十强标杆企业、扶持百户重点企业、培育千户小微企业，拉动10000人就业。要实施企业家素质提升工程，财政专列培训经费，通过走出去考察学习、请进来传经送宝，帮助企业家开阔思路、拓展视野，对标先进、创新创业。要让企业家更有尊严更受尊重，全力构建“亲”“清”政商关系，

大力宣传报道优秀企业家先进事迹，让大家深切感受到为社会创造财富无尚光荣，为国家做出贡献最有成就感。

昔阳的发展民营经济功不可没。我们要把民营企业家当自己人，毫不动摇鼓励支持引导民营经济发展；也希望企业家把握大势，抢抓机遇，把产品做精做细，把企业做大做强，更好地奉献昔阳百姓，体现人生价值。

（三）巩固成果，提升水平，建设更具魅力的明星县城

实施总投资19亿元的十大工程，进一步完善城市功能，提升城市品位。

抓巩固。一是实施城市管理创新工程。做实“三勤合一”，探索“多勤合一”，组建工商、食药、环保、城建等多部门参与的城市管理联勤办公室，破解城市管理难题。二是实施资源整合优化工程。整合智慧食药、智慧水务、智慧市政、数字城管等平台，建设“智慧城市”平台，提高城市管理水平。成立综合检验检测中心，共享水利、环保、农业等资源，实现检验检测工作集约化、专业化。

强功能。一是实施县城住房安居工程。上马总投资15亿元的秋树沟、城中三区、学府名苑等8个安居项目，可容纳4700户1.5万人，进一步增强县城集聚度。其中棚户区改造项目4个，涉及拆迁505户7.7万平方米。二是实施城市路网完善工程。投资2900万元完成沾岭路三标段建设，形成县城东部沾岭路、大寨景观路、松溪大道、厚庄路循环网；投资3500万元打通学府路，形成县城西部学府路、迎宾西街、新建路、新西街循环网。西延东扩拉大城市路网框架。三是实施市政管网建设工程。投资3200万元铺设赵家沟至城西河城北河交汇处供热管网，满足城区西部居民供热需求；投资960万元接通秦山水库至县城段供水管网，增强第二水源地供水能力；投资2800万元实施县城污水设施提标改造和县城周边村庄污水管网改造；投资350万元建设寺家庄至县城段第二气源管网，提升县城承载能力。四是实施宜游县城打造工程。充分利用红旗一条街、旧县衙、崇教寺、宋金文化博物馆、县博物馆、颐民公园等优势资源，由点及面，串珠成链，释放县城宜游功能，构建景区城区联动旅游大格局。

提品质。一是实施城市水景提升工程。投资2.2亿元对松溪河、城西河、城北河进行提标改造，新建水面7万平方米的团结湖生态公园；投资500万元加大县城水景观建设，三水环城、水在城中。二是实施便民惠民提升工程。投资2500万元，新增绿化面积5万平方米，启动步行街“三小”市场改造，城内高标准厕所达到36座，提升居民生活品质。三是实施健康步道提升工程。在原有3千米松溪河健康步道基础上，建设“松溪河—澳垴山—颐民公园”10千米闭环式健康走廊，满足城市居民康体需求。四是实施文明素质提升工程。继续实施好人评选、志愿服务、主题教育、家风家训、公益宣传“五大行动”，全面提升市民文明素质和城市文明水平。

同时，启动省级森林城市创建，重点打造“一环三廊多园”生态体系，以点带面，广增绿量，一半森林一半城。

（四）典型引领，统筹推进，乡村振兴示范县迈出实质性步伐

坚持农业农村优先发展，全力实施“四大行动”，发挥好乡村振兴主抓手作用。

一是“千万工程”推广行动。把浙江“千村示范、万村整治”经验具体化、昔阳化，坚持多元投入、分类推进、动态管理，打造一批标杆村、创建一批示范村、盘活一批空心村、扶持一批推进村。在全县选树15个生产、生活、生态、文化、党建多要素领先的标杆村，大力开展垃圾、污水、厕所、庭院“四大革命”，逐步打造成为全面振兴的样板；创建45个产业型、文化型、生态型、法治型、富裕型等特色鲜明的示范村，发挥好典型带动作用；搬迁拆除12个工矿区、地质灾害沉陷区以及边远山区等空心村，采用易地搬迁、引进资本等方式，让“沉睡”的农村资源“觉醒”；其余村作为推进村，重点开展清垃圾、清河道、清畜禽粪污“三清治理”，发展增收产业，壮大集体经济，梯次巩固提升。

二是特色产业提升行动。振兴菌业、提质果业、调优蔬菜、做精药材、壮大牧业、发展加工业。全力解决菌业发展难题，加大扶持力度，强化指导服务，稳住双孢菇大头，推动平菇、香菇、羊肚菌等食用菌多元化发展，力争全县菌业规模再度突破100万平方米。新发展优质苹果、玉露香梨5000亩，改造中低产果园1万亩，提质增效干果经济林4万亩。稳步发展2.5万亩露地茴子白，新发展旱地西红柿5000亩、辣椒5000亩。集中连片、立体种植中药材5万亩。稳猪鸡、增牛羊，年内生猪、肉鸡养殖稳定在50万头、500万只。加速形成小杂粮、果蔬、畜禽、食用菌、中药材、功能食品等六条农特产品链，提高产业附加值，持之以恒用心用力，把全县的产业先振兴起来。

三是有机旱作示范行动。全力推动有机旱作农业示范片区建设，精心打造松曲至马道岭万亩玉米地膜覆盖长廊、大寨至凤居千亩葵花长廊、凤居—赵壁—闫庄千亩粮食新品种示范长廊、台上至河下5千米果菜间作长廊、东冶头至界都万亩连翘长廊和西李家庄至安阳岭千亩秋葵长廊，依托“六条精品长廊”，辐射带动全县有机旱作农业规模化、标准化发展。全面加强与山西农谷的深度合作，建平台、拓市场、引技术、接项目，加快现代农业产业园建设。

四是农村资源激活行动。完成3000亩增减挂钩拆旧区复垦，保障项目用地；完成土地开发3000亩，建设高标准农田3.5万亩，增加土地收益；坚守政策红线，彻底清理整治“大棚房”，3月底前整改到位。投资1980万元在沾尚镇广阳至猛彪段集中连片造林4万亩，创建大寨国家级森林公园。上马杨家坡水库除险加固工程，争取河上水库立项，继续推进农村安全饮水巩固提升，有效治理水土流失7万亩。

（五）咬定目标，持续用力，毫不松懈抓好脱贫攻坚巩固提升

摘帽不等于交账，我们要严格落实“四不摘”要求，抓好巩固、稳促提升。

一要强抓产业夯实增收支撑。要提高脱贫人口的组织化程度。大力引进和培育壮大农业龙头企业，不断提升对脱贫人口的覆盖面和带动力。通过合作社吸纳或龙头企业带动把脱贫人口组织起来，由单打独斗变为抱团发展，尽力减小市场波动、产业风险对持续增收的影响，使全县70%以上的脱贫人口都能靠龙头企业带动和专业合作社吸纳发展产业，实现就业。要强化产业就业的治本作用。在巩固完善已有扶贫产业基础上，今年要全面完成147项续建项目，实施好总投资1.4亿元的86个新建项目；稳定发挥仿真花、服装制衣等扶贫车间、扶贫工厂的吸纳就业作用，再引进一批无污染、有市场、前景好的劳动密集型企业，吸纳更多脱贫劳力就地就近就业。要持续抓好易地扶贫搬迁后续产业就业，为搬迁群众“稳得住、能致富”提供厚实支撑。要确保项目的精准度实效性。花好每一笔扶贫资金，实施好每一个扶贫项目，保证每一个项目都能稳定持续发挥作用，短期提升脱贫成果，长远助力乡村振兴。

二要筑牢特殊群体保障防线。对因病、残、灾、年老等因素导致家庭主要劳动力失能的脱贫人口，要持续筑牢政策保障防线。要建立脱贫户返贫预警机制，落实好“双签约”“三保险三救助”、义务教育“两免一补”等政策。要围绕“两不愁、三保障”，推动政策、资金、项目等向未脱贫户倾斜，高质量完成500名贫困人口减贫任务。要高度关注边缘非贫困人口，探索区别化、差异化支持政策和保障措施，在政策框架内扩大农村低保、社会救助覆盖面，使符合条件的应纳尽纳；对无劳动能力的要通过入股分红、困难救助等形式，开辟政策兜底之外的收入渠道。

三要力推内生动力培育提升。创新落实好中央、省市关于开展扶贫扶志的行动意见，开展“两示范一标兵”评选活动，发挥大寨精神的激励作用，注重身边典型的示范效应，使脱贫人口“有志想做”；扩大特色产业覆盖面，稳定拓宽就业渠道，鼓励企业吸纳脱贫人口就业，乡村两级提供更多公益岗位，使脱贫人口“有事可做”；开展各类技能培训，增强增收致富能力，使脱贫人口“有技会做”；用足用好各种产业扶持政策和扶贫小额贷款，使脱贫人口“有钱能做”；大力引导支持村两委成员、新兴经营主体、外出能人返乡创业，打造一支会发展、敢担当、愿奉献、强引领的创业致富带头人队伍，使脱贫人口“有人领做”。

四要确保脱贫攻坚合力不减。进一步压实乡村主体责任，扎实推进“三基建设”，大力推广“党建带工建、同心促脱贫”模式，提升对外出务工人员的服务水平。严格落实“一村一队、一队三人”和“五天四夜”驻村制度，继续强化帮扶干部的培训和管理，切实发挥好帮扶单位和驻

村干部的作用。创新推动消费扶贫，全面推广“一网三超”社会扶贫模式，巩固全社会关心扶贫、参与扶贫的良好局面。

我们昔阳脱贫攻坚已经交出了一份厚实答卷，但必须清醒知道，这份答卷还需通过今明两年的持续巩固提升，进一步增厚度、提成色。我们要树牢2020年交总账意识，继续在精准施策、精准求效上创出昔阳特色，为乡村振兴打牢基础。

（六）深化改革，创新机制，充分激发高质量发展内生动力

切实把改革作为实现昔阳高质量发展的“关键一招”，以改革再深化激活发展新优势。

一是完成机构改革。积极推进县级机构改革，深度优化部门机构设置，构建职能完备、科学规范、运行高效的政府治理体系，全面提升治理能力和服务效能。深入推进经营类事业单位改革，按照分类分步的原则，年底前基本完成转企改制工作，建立现代企业制度，提高国有资产运营效益。

二是深化农村改革。完善农村承包地“三权分置”改革，有序引导土地经营权流转和适度规模经营，全面完成农村集体产权制度改革清产核资和成员身份确认，组建村级经济合作社和股份经济合作社，实现集体资源优化配置和资产保值增值，进一步壮大农村集体经济。

三是推进重点领域改革。加大申报省级开发区力度，争取早日获批。加快转型项目建设和新兴产业集聚，引导开发区特色化发展。继续深化校长职级制改革，深入推进中小学教师“县管校聘”改革，完善教师定期轮流走教机制，加快学区管理向中心校管理转变。深化县乡医疗卫生机构一体化改革，在薪酬制度落实、绩效考核应用、信息化推进等方面取得突破。深入推进“放管服效接”改革，在综合执法、国企国资、财税金融等重点领域和关键环节改革上取得突破，推动高质量发展。

（七）铁腕治污，高压防控，持续提升生态环境质量

继续保持优良天数和SO_2、$PM_{2.5}$、PM_{10}浓度三项指标位居全市前列，继续巩固国考、省考和市考3个断面Ⅰ类水质，着力建设绿色生态家园。

一要控风险。全面强化工业企业环境风险管控，严防突发性污染事故发生。保持对隐形小化工、无资质危化品存储点的高压态势，露头就打，杜绝反弹。坚决防止因污染事件引发社会问题。高度重视中央、省环保督察反馈的生态环境突出问题，压实责任，强化整改，同时要举一反三，以良好的整改成效确保环境质量持续稳步向好。

二要强治理。继续把三都露天矿生态恢复治理作为重大任务，在去年投资9000万元完成治理1700亩的基础上，进一步加大投资力度，高标准完成2900亩年度治理任务。继续加强矸石山动态监测，全面完成白羊岭煤矿矸石山和乐平镇无主矸石山治理任务，积极推进开发区污水处理厂项目建设。

三要抓源头。严把环保审批关，严禁高污染、高耗能及不符合国家产业政策的项目落地建设。坚持宜电则电、宜气则气、宜煤则煤，积极推进散煤污染管控和煤炭消费减量替代，实现清洁取暖。

生态环境是最宝贵的财富，必须像保护眼睛一样精心呵护。我们要坚持机制不变、力度不减，“火眼金睛”强化监管，坚决打赢污染防治攻坚战，让昔阳的天更蓝、地更绿、水更清！

（八）改善民生，增进福祉，让昔阳人民在共享改革发展成果中更有优越感

以持续满足人民群众对美好生活的向往为目标，切实保障改善民生。

一要优先抓好教育医疗。进一步优化城内学校布局，投资1.3亿元，新建新城初中、留庄小学，续建昔阳中学教学楼；持续推进义务教育优质均衡发展，全面提升教育教学质量。完成皋落镇、东冶头镇医养中心建设，推进医养资源互补，不断满足养老需求，不断增强人民群众获得感。

二要扎实抓好社会事业。帮助解决高校毕业生、贫困劳力、退役军人等群体就业，鼓励支持自主创业，以创业带动就业，转移就业3100人。深化社会保险改革，继续推进机关事业单位养老保险入轨并行，全面推行生育和医疗保险合并实施。

三要持续抓好安全稳定。牢固树立大安全、大应急理念，严格落实“党政同责、一岗双责、失职追责”，全面推进10项安全生产改革，持续加快安全生产标准化和双重预防机制建设，筑牢安全生产防线。认真落实《地方党政领导干部食品安全责任制》规定，切实保障人民群众“舌尖上的安全”；开展拉网式、无缝隙、全覆盖、常态化安全生产巡查，加大煤矿矿山、道路交通、建筑施工、消防燃气、公共场所等重点行业和关键领域安全生产专项整治和隐患清零行动力度，坚决遏制事故发生，牢牢稳住安全生产基本盘。实施最严格的问责办法，对工作不力导致事故发生或造成严重影响的，依法依规严肃问责。扎实推进信访法治化，健全公共服务体系，提高突发事件预防预警和应急处置能力，突出问题及时调处，信访积案有效化解。深化“平安昔阳”建设，开展好“七五”普法教育，健全完善社会治安防控体系，纵深推动扫黑除恶专项斗争，确保人民群众安全感满意度双提升。同时要持续发展妇女儿童、老龄、慈善和红十字会等事业。不断增强做好民族宗教、外事、侨务、对台等工作的意识。积极支持国防建设，加强双拥工作，做好退役军人事务工作，开展好第四次全国经济普查。

办好民生实事是政府最大的责任。我们在广泛征集民意的基础上，今年要办好十件民生实事。一是农村有线电视再接通2.8万户，实现全县农村全覆盖；千人以上建制村物流节点实现全覆盖。二是实施县城老旧片区供水管网改造；集中供热面积再接入20万平方米。三是投资2000万元完成农村电网改造升级。四是在东关和赵家沟建设2个集中农贸市场；改造提升城区廉租摊位。五是继续为建档立卡贫困人

口购买返贫责任险、住院津贴险、意外伤害险；为全县肉牛养殖户购买养殖保险。六是继续为全县农村妇女提供免费“两癌”检查服务；为怀孕妇女提供免费产前筛查与诊断服务；残疾预防重点干预和残疾儿童抢救性康复项目帮助对象由 271 名增加到 310 名。七是县城内增加 100 个停车位；农村厕所改造 3000 户。八是完成全民技能提升培训 3510 人；培养基层中医实用技术人才 80 名。九是对经济困难的高龄老人和失能老年人实施关爱行动；提高 148 个已建成农村老年人日间照料中心运营水平，再新建 5 个日间照料中心。十是免费送戏送电影下乡 3954 场；免费开展法律咨询便民服务。

民心是最大的政治。我们将聚焦群众需求，开门办民生，坚持“百姓点菜”和“政府配餐”相结合，全力以赴，善作善成，真正将民生实事办到老百姓的心坎上！

三、全面加强政府自身建设

坚持以政治建设为统领，树牢“四个意识”，坚定“四个自信”，忠诚践行“两个维护”，扎实开展“不忘初心、牢记使命”主题教育，认真贯彻市委“三个三”工作思路和举措，按照县委“十个不”要求锤炼过硬作风，甘做自力更生、艰苦奋斗的“老黄牛”，勇当改革创新、奋发有为的“拓荒牛”，努力建设人民满意政府。

自力更生，艰苦奋斗。习总书记在 2019 年新年贺词中两次讲到要自力更生、艰苦奋斗，今年中央 1 号文件特别强调要弘扬自力更生、艰苦奋斗精神。昔阳是大寨精神的发源地，自力更生、艰苦奋斗是大寨精神的核心。在脱贫攻坚率先摘帽的实践中，全县人民大力弘扬了自力更生、艰苦奋斗的大寨精神，这一伟大精神更需在决战全面建成小康昔阳、经济社会振兴崛起中继续弘扬，确保脱贫攻坚巩固提升、乡村振兴纵深推进、转型升级快速突破、民营经济异军突起、城市建设提标提质。

改革创新，奋发有为。我们要聚焦“六个破除”“六个着力”“六个坚持”，持续深入开展大讨论，从大讨论中顺应民意凝聚发展共识，从大讨论中集思广益寻求改革办法，从大讨论中集中民智探索创新举措。要提升革新革命、开拓开放的过硬本领。通过学习、思想、工作三大革命，推动理念、本领、作风三大提升，以更加开阔的视野、开放的胸襟、开拓的举措看待发展、谋求发展、推动发展。要确保破难有招、解难见效的良好效果。发扬敢于直面困难问题的斗争精神，在解决发展困难上多动脑筋、下实功夫，在破解发展难题上亮出实招、使好硬招，争当清障护航的卫士。要营造激励担当、支持创新的浓厚氛围。切实把开展大讨论作为推动昔阳发展的重大机遇，真正形成勇于改革者占主导、善于创新者有舞台、敢于担当者受尊重、争当前列者得认可的活力四射、动力十足的生动局面。要强化转型升级、振兴崛起的硬实举措。抓好现有企业产业壮大提升与引进大项目发展大产业并重，扶持本土民营企业和招商引资引项并重，巩固城乡发展成果与提升融合发展水平并重，全力推动昔阳经济社会大发展、快发展和高质量发展。

接续奋进，勇创一流。确立“全市争上游、东山创一流”的目标，顺应了全省全市发展大势，回应了人民对美好生活的向往，也是我们对全县人民作出的庄严承诺。要切实巩固来之不易的发展成果。历届县委、县政府带领全县人民一心一意谋发展、同心协力干实事，开创了昔阳发展的良好局面，奠定了高质量发展基础。我们要带着责任和感情，接好接力棒，总结传承好经验，巩固好现有成果，维护好大好局面。要切实增强居安思危的忧患意识。纵观全市，我们与居于第一方阵的县（市区）差距还不小，争上游的压力很大；放眼东山，和顺、左权与我们的差距逐渐缩小，保一流的压力也很大。压力越大，动力越强，我们要以前所未有的紧迫感、责任感、使命感，推动高质量发展。要切实坚定对标超标的争先决心。在东山，就是要远远领先于追兵；在全市，就是要对标第一方阵，以“跳起来摘桃子”的勇气、追梦奔跑的劲头争先发展。

落细落小，抓紧盯紧。万丈高楼起平地，再宏大的目标也必须从细小环节的落实抓起。我们要按照清单管理、节点推进、交账销号的要求抓好落实。落实要从小处着眼、细节着手。每个岗位尽到责，每个部门履好职，每件事情有头有尾，每项任务善作善成，积小胜为大胜。落实要强化结果导向、交账意识。细化任务，责任到人，精力聚焦，包保落实，抓好每一个项目，抓实每一件事情，坚决克服有安排无结果、有部署不落实的不严谨、不求实作风，敲定的任务必须完成，说下的事情必须办好。落实要做到抓紧盯紧、不留空档。要抓紧分内工作，盯紧国家政策，以抓不住机遇用不好政策就对不起昔阳人民的高度负责精神，抓住并利用一切有利于昔阳发展的政策和机遇，从政策中找机遇、找项目、找资金，最大限度将政策机遇转化为实实在在的生产力。

依法行政，倾力为民。我们要牢固树立正确的政绩观、权力观和法治观，认真办理人大代表建议和政协委员提案，自觉接受人大及其常委会法律监督、政协民主监督和社会舆论监督，全面加强政府法治建设，强化行政决策的权限意识、程序意识和责任意识，用好人民赋予的权力。坚持以人民为中心的发展理念，甘于吃苦、倾力奉献，着力解决人民群众最关心最直接最现实的问题，不断把人民群众对美好生活的向往变为现实，不断增强人民群众的获得感幸福感。

扛牢责任，廉洁勤政。我们要严格落实全面从严治党主体责任，切实履行“一岗双责”，加强政府系统党风廉政建设和反腐败工作，做到党风廉政建设与经济社会发展同部署、同落实、同考核。始终绷紧廉洁自律这根弦，坚决把纪律和规矩挺在前面，筑牢拒腐防变的思想防线，严格执行中央八项规定精神，坚决抵制“四风”问题，大力整治不敬畏、不在乎、喊口号、装样子等形式主义和官僚主义，以实干带正气、以廉洁树形象。政府工作人员要守土有责、守土尽责，干净干事、砥砺前行，做组织信赖、群众认可的人民公仆。

争当奋进奔跑者，携手追梦新时代！让我们更加紧密地团结在以习近平同志为核心的党中央周围，高举习近平新时代中国特色社会主义思想伟大旗帜，在市委、市政府和县委的坚强领导下，以再出发的使命担当，以争上游的进取精神，以创一流的竞先意识，全面开创昔阳高质量发展崭新局面，以优异成绩迎接中华人民共和国成立70周年！

名词注解：

1. 三个三：坚持目标导向、问题导向、结果导向“三个导向”；落实基础工作、重点工作、亮点工作“三个清单”；提升政治能力、创新能力、执行能力“三个能力”。

2. 四大目标：乡村振兴示范县、转型综改主阵地、对外开放桥头堡、宜居宜业明星城。

3. “放管服效接”改革：“放”即简政放权，降低准入门槛；“管”即公正监管，促进公平竞争；“服”即高效服务，营造便利环境；“效”即提升效能，建设高效政府；“接”即做好承接，更加方便群众。

4. “十集中”市场管理模式：小吃集中、熟食集中、果蔬集中、汽修集中、汽配物流集中、废品集中、寄递物流集中、农机交易集中、电商集中、建材集中。

5. 三勤合一：指城管、交警、巡警联合执法。

6. 五个过硬：信念过硬、政治过硬、责任过硬、能力过硬、作风过硬。

7. 双随机、一公开：随机抽取检查对象，随机选派执法检查人员，抽查情况及查处结果及时公开。

8. “13710”：“1”是重大事项1天研究部署；“3”是3天内反馈办理情况；“7”是一般性问题7天内落实；“1”是重大问题包括一些复杂问题1个月内解决，确实解决不了的，拿出解决的时间节点和方案；“0”是所有事项都要跟踪到底、销号清“0”，做到事事有着落，件件有结果。

9. “六最”营商环境：审批最少、流程最优、体制最顺、机制最活、效率最高、服务最好。

10. 三大旅游板块：黄河、长城、太行三大旅游板块。

11. “三小”市场：小作坊、小餐饮、小摊点市场。

12. “一环三廊多园”生态体系：“一环”就是升级县城周边莲花山、凤凰山、老岭山、陀雁岭、三里沟、澳垴山、张家山、虎头山、万梁咀、白石龙、神堂洼、大西岭等环城闭合生态林带；“三廊”就是完善207国道、317省道和阳涉铁路三条主干道县城段绿化带、护路林生态景观长廊；“多园”就是提升大寨森林公园、石马寺森林公园、澳垴山森林公园、滨河公园、颐民公园、松溪公园、杏坛公园、陶乐公园等功能，以点带面，形成辐射，打造绿色昔阳。

13. 四不摘：不摘责任、不摘政策、不摘帮扶、不摘监管。

14. 两示范一标兵：脱贫争先示范户、孝心之家示范户、卫生家庭标兵。

15. 一网三超：社会扶贫网、爱心扶贫超市、项目扶贫超市、消费扶贫超市。

16. 十个不：发展不松懈、创新不停步、矛盾不回避、担当不推诿、心境不浮躁、决策不盲目、遇事不糊涂、实干不务虚、谦逊不骄傲、动真不做作。

17. “六个破除”“六个着力”“六个坚持”：破除僵化保守，着力解决改革意识不强问题，坚持以改革破解发展难题；破除因循守旧，着力解决创新精神不足问题，坚持以创新激发动力活力；破除封闭狭隘，着力解决扩大开放不够问题，坚持以开放促改革促发展；破除资源依赖，着力解决市场理念不浓问题，坚持以市场打开发展新通途；破除随遇而安，着力解决工作标杆不高问题，坚持以一流标准创造一流业绩；破除慵懒散漫，着力解决作风不实问题，坚持以过硬作风彰显担当作为。

中国人民政治协商会议昔阳县委员会常务委员会工作报告

——2019年2月28日在政协第九届昔阳县委员会第四次会议上

九届三次会议以来工作回顾

一年来，在中共昔阳县委的坚强领导下，县政协及其常委会坚持以习近平新时代中国特色社会主义思想和党的十九大精神为指引，团结带领政协各参加单位和广大委员，紧紧围绕党政工作中心，认真落实“三个三”工作思路和举措，在建言资政和凝聚共识两方面双向发力，在服务大局中主动融入，在推动发展中积极作为，在促进和谐中发挥优势，为全县经济社会发展做出了应有贡献，人民政协工作呈现出党委更加重视、政府更加支持、政协更加有为、各方更加配合、社会更加认同的良好发展态势。

这一年，我们把凝聚共识作为“主轴”，思想政治基础不断巩固。县政协常委会始终把思想政治建设放在首位，自觉以中央大政方针和省市县委决策部署统一思想，汇聚力量，引领事业。

在坚定政治方向中凝聚共识。常委会坚持把学习贯彻习近平新时代中国特色社会主义思想和党的十九大精神作为首要政治任务，全面贯彻落实习近平总书记视察山西重要讲话精神以及中央、省市县委重要会议精神，深入开展习近平总书记关于加强和改进人民政协工作重要思想学习研讨活动，强化“四个意识”，坚定“四个自信”，提升政治站位，增强政治定力，引导广大委员进一步增进对中国共产党和中国特色社会主义的政治认同、思想认同、理论认同、情感认同，切实同以习近平同志为核心的中共中央保持高度一致。自觉把履行职责与维护县委领导、支持政府工作结合起来，自觉把中央和省市县委的重大决策部署贯彻到政协工作中去，为民生改善建言献策、为改革发展鼓劲加油，做到了在思想上同心、政治上同向、工作上同步。

在落实县委部署中凝聚共识。自觉坚持县委领导，第一时间传达学习县委重要会议精神，坚定不移贯彻落实县委重大决策部署，重要工作主动向县委请示，重大活动积极邀请政领导参加，协商成果及时向县委政府报送，县委、县政府领导批示认真抓好督导落实，努力将县委的决策部署转化为政协各参加单位的共同意志，将发展蓝图转化为全体委员的行动目标，团结带领政协各参加单位和广大政协委员积极参与到打造“乡村振兴示范县、转型综改主阵地、对外开放桥头堡、宜居宜业明星城”的生动实践中。

在强化党组作用中凝聚共识。县政协党组牢固树立“四个意识”，特别是核心意识、看齐意识，严格执行《中国共产党党组工作条例》，旗帜鲜明、立场坚定地把握方向、总揽全局、抓好班子、带好队伍，为高起点、高质量履职提供坚强政治保证。全面履行从严治党政治责任，认真落实党风廉政建设主体责任，切实把全面从严治党要求落实到政协工作的各方面、全过程，打造了廉洁高效的干部队伍，营造了风清气正的政治生态，汇聚了共享伟业的智慧力量。

这一年，我们把服务中心作为“主线”，协商议政成效更加明显常委会聚焦全县改革发展重大问题，按照“谋党政之所需、呼群众之所盼、解委员之所求、尽政协之所能”的理念，深入调查研究，积极建言献策，有效协商议政。精心组织议政协商。始终把落实县委、县政府重大决策部署作为政协工作的重中之重，主动参政议政，提出真知灼见。九届三次会议期间，组织委员听取和讨论政府工作报告，与党政领导面对面协商，紧扣“示范县、主阵地、桥头堡、明星城”发展战略，进行分组讨论，广泛协商议政，为县委政府科学决策、全面推进工作提供了有益参考。按照大格局、小切入、能议透、可落实的原则，精选煤层气产业综合开发和利用、新型职业农民培育、农村改厕等课题，在组织委员深入调研的基础上，通过常委会议专题协商、主席会议重点协商、专委会对口协商等，提出意见建议 80 余条，形成调研报告 8 份，专题建议案 2 个，得到了有关部门的重视和采纳，为县委、县政府科学决策提供了广泛的民意基础和智力支持。特别是就全县农村改厕工作，县政协组织 12 乡镇、城区社区、相关部门负责人、部分政协委员到介休市进行学习考察，并对我县改厕重点村进行视察调研，结合昔阳实际，借鉴先进经验，在常委会议上进行专题协商，积极建言献策，为我县全面完成农村改厕任务起到了积极的推动作用。此外，组织召开促进民营经济发展座谈会、民主党派协商座谈会、企业委员座谈会、社会组织协商座谈会等，真诚沟通、坦诚协商，共商改革大计、共谋发展良策，切实做到县委政府工作推进到哪里，政协工作就跟进到哪里，服务就扩展到哪里，作用就发挥到哪里。

广泛深入监督问效。常委会按照“监督就是支持，监督就是服务”的理念，积极探索民主监督的新形式，充分运用调研、视察、提案等方式，全方位、多角度地开展民主监督工作。围绕社会关注、群众关心的扫黑除恶、“散乱污”企业治理、安全生产等课题，深入开展监督问效，在政协常委会上专题听取县公安局、环保局、安监局、爱卫办工作汇报，面对面深度交流，共同提出解决问题的对策建议，为改进部门工作发挥积极作用，切实做到了在监督中支持、支持中助推、助推中参与。组织委员积极参与公检法开放日、旁听法院庭审活动，拓宽民主监督领域，丰富民主监督内容，促进司法公平公正，既加强了部门与政协委员、社会各界的联系沟通，又激发了委员履职尽责的积极性和协商建言的主动性。通过列席县委常委会、政府党组会参与党政重大决策部署，并提出意见建议，为县委政府破解发展难题提供参考，真正在服务发展中找准政协位置、发挥政协作用、体现政协价值。

真情投身助力帮扶。按照县委统一部署，县政协积极参与脱贫巩固提升、乡村振兴等中心工作，主席班子成员坚持经常性深入包联乡镇、村，入户走访，询情况、送关怀，与干部群众共谋脱贫巩固提升之策，共话乡村振兴之计，组织部分乡镇、相关部门到平定、巨鹿、赞皇等地就连翘茶、金银花、樱桃种植进行实地考察，推动了所包联乡镇的产业发展，把帮扶责任落实到了具体行动之中，彰显了政协组织的责任担当。积极支持第一书记、帮扶责任人驻村工作，制定帮扶计划，筹措帮扶资金，落实帮扶措施，带去致富信息，拓宽增收渠道。动员和组织广大政协委员开展一系列为群众办好事、解难事活动，捐资助学、免费义诊、慈善救助、产业扶持、义卖捐赠，向困难群众、弱势群体送温暖、献爱心，受到了广大群众的一致好评，充分展现了人民政协为人民的良好社会形象。

这一年，我们把资政建言作为“主责”，履行职能渠道有效拓展常委会综合运用调研视察、委员提案、社情民意信息等多种渠道反映群众诉求、助力政策实施，充分发挥政协作为党和政府联系人民群众的桥梁纽带作用，努力实现党政决策与群众期待有效对接，以实际成效彰显政协价值。

视察调研务实有力。开展调查研究是政协履行职能的重要手段，也是提高人民政协协商实效的重要基础。按照“求精品、重实效”的要求，选择推进基层政协协商民主建设、制约山区乡村振兴战略因素、提升城市社区治理工作水平等课题，先后组织委员120余人次，联合民主党派、社会团体，邀请党政有关部门和专家学者，组成由“委员、部门、专家”相结合的调研队伍，充分发挥委员熟悉民情民意，部门掌握政策，专家视野开阔、思路多维的优势，深入田间地头、工矿企业、项目一线，采取听、看、访、议等形式开展调研，做到情况在基层掌握、问题在基层发现、对策在基层寻找，在广泛征求委员和各方意见建议基础上形成具有“可行性、前瞻性”的调研成果。其中，《制约山区乡村振兴战略的几个问题值得重视》在省政协常委会上进行了书面交流，《对基层政协推进协商民主建设的思考》在市政协习近平总书记关于加强和改进人民政协工作重要思想学习研讨活动理论研讨会上进行了发言。

提案办理扎实有序。一年来，常委会坚持把提高提案质量和办理质量作为做好提案工作的重点，健全工作机制，优化运转流程，拓宽办理渠道，不断提高提案工作科学化、制度化、规范化水平。九届三次会议期间，委员们共提交提案143件，立案交办141件，内容涉及经济社会各个方面，既有全局性、前瞻性的建议，也有解决群众切身利益的具体意见，得到了县委、县政府高度重视。其中14件提案被确定为重点提案，由县委、县政府分管领导和县政协班子成员挂案督办，高位推动了提案办理工作，相关意见建议被吸纳并落实到工作规划和决策中。我们坚持把提案督办与调研、协商、座谈等工作有机结合，将提案“一次性办理”转化为“跟踪式办理”，强化办前提前协商、办中跟踪协商、办后运用协商，在政协提案协商会上，听取县委办、政府办、交警队等11个重点提案承办部门工作汇报，开展面对面协商交流，对提案办理情况进行民主评议，进一步增强了提案办理工作的推动力、执行力，一大批事关发展、事关民生的提案得到了落实。政协提案办理的过程已成为政协委员关注民生、反映民意的过程，成为县委、县政府及其部门倾听群众意见、回应群众呼声的过程，成为社会各界围绕发展集思广益、凝聚共识的过程。

反映民意切实有效。县政协把反映社情民意作为贴近群众、贴近现实、贴近生活的一项经常性工作抓在手上，先后聘请了50余名社情民意特聘信息员，实现了行业全覆盖，构建了“横向到边，纵向到底”的社情民意反映网络。借助政协大讲堂平台，邀请省政协信息处马海燕处长作专题讲座，组织信息员队伍赴山东、长治、襄垣等先进地区学习考察，帮助特聘信息员拓宽思路、掌握要领，提升写作水平。主动加强与省市政协信息部门的联系与沟通，积极为委员捕捉信息课题，研究选题方向，精准建言献策创造条件。定期举行社情民意信息培训会、座谈会、季度报送研判会，拓展信息广度，挖掘信息深度，对社情民意信息稿件“评头论足”，为打造精品信息提供支撑。制定出台了《昔阳县政协反映社情民意信息工作考评办法》《昔阳县政协社情民意信息员考核管理办法》等规章制度，对信息员报送信息、参加会议、交流发言等情况进行量化考核，健全和完善的制度机制，保障社情民意信息工作有章可循、有序推进。2018年，共收集社情民意信息455条，向上级政协报送信息132条，被全国、省、市政协采用60余篇。社情民意信息工作考核位列全省第十四名，晋中市第四名。

这一年，我们把汇集力量作为“主旨”，团结民主氛围日益浓厚事成于和睦，力生于团结。常委会充分发挥政协爱国统一战线组织作用，广泛团结各党派团体和各族各界人士，始终把汇集各方力量、维护社会稳定摆在重要位置，搭建履职载体，打造聚力平台，彰显工作成效，政协大团结大联合的组织特征和优势作用得到充分体现。

深化合作共事。以政协会议为平台、调研视察为载体、界别活动为纽带，加强与民主党派、工商联和无党派人士的团结合作，营造合作共事的良好氛围。加强民族和宗教工作，走访看望宗教界别委员，围绕“以社会主义核心价值观为引领，坚持我国宗教中国化方向，积极引导宗教与社会主义社会相适应”课题开展专题调研，进行对口协商，分析全县宗教工作现状和存在的问题，提出意见建议，为维护全县民族团结、宗教和顺良好局面发挥了积极作用。利用根在昔阳微信公众平台，加强与在外昔阳人联络联谊，举办根在昔阳“足迹”征文大赛，召开“归燕行动”项目推介会、北京企业昔阳行座谈会、政协委员企业春季就业洽谈会等，搭建沟通桥梁，提供服务平台，引导支持在外成功人士返乡创业，为促进家乡发展贡献政协力量。与杏花岭区政协联合举办“三春晖——白莲·张永乾回乡中国画展”，与省图书馆联合举办“多彩昔阳·翰墨之乡”书画摄影展，与县纪委监委、县委宣传部联合举办“传承好家风、写好中国字、育好清廉苗”中小学生书法大赛，与邯郸学院结成战略合作伙伴。热情接待安徽、河南、河北、甘肃等兄弟县市政协来昔学习考察，就区域经济、扶贫项目、文旅产业等进行沟通交流，充分展现我县改革发展成果，扩大政协工作影响力，提升昔阳对外形象。

彰显文史特色。坚持政协文史工作的统战性质和地方特色，积极拓宽文史资料征集渠道，坚持亲闻、亲见、亲历的“三亲”原则，发展、传承、挖掘、整理地方历史文化。继嘉靖、乾隆版《昔阳县志》后，又整理出版了民国四年版《昔阳县志》，对丰富昔阳历史文化，增进乡土文化意识和爱国爱乡情怀，具有重要的现实意义和深远的历史意义。对六、七十年代新闻媒体上有关大寨的报道进行搜集整理，编辑整理出版《人民日报上的大寨》，为社会各界全面了解“农业学大寨”提供了一本更直观的教科书。《昔西抗战历史记述》《乔庄简公文集》《昔阳廉吏传略》进入终校阶段。记述我县南下福建老干部的《丰碑—南下福建》一书正在收集整理。这些文史资料的编辑出版，将在丰富史料库藏、繁荣昔阳文化、扩大昔阳对外宣传等方面产生积极而深远的影响。在县委、县政府的高度重视和县直有关部门的大力支持下，昔阳政协文史馆主体工程已竣工，这是昔阳政协发展史上的一件大事、一个重要里程碑。届时，文史馆将成为彰显昔阳特色，讲好政协故事，展示委员履职风采的一张文化新名片。

激发履职热情。尊重和保障各界人士发表意见、参与活动的权利，努力把合作共事精神贯彻到政协工作的各个环节，全年共组织委员280余人次参加政协各种履职活动，在全委会、常委会、研讨会上委员专题发言60余人次，形成会议发言材料50余份，充分调动了委员参政议政的积极性。积极为委员知情明政、建言献策创造条件，组织委员视察重点工程、举办“扫黑除恶”专题讲座、听取县直部门工作通报等，努力营造融洽、和谐、民主的政治氛围，最大范围地凝聚发展共识，形成同频共振大合唱、齐心协力促发展的强大合力。积极协助县委、政府做好协调关系、理顺情绪、化解矛盾、增进共识的工作，落实走访联系制度，主席、副主席带头走访委员，走进委员企业，协调解决困难问题，号召委员积极参与脱贫巩固提升、乡村振兴、扫黑除恶等重点工作，激发委员履职热情，彰显政协工作活力。

这一年，我们把从严要求作为“主调”，自身建设水平全面提升坚持把加强队伍建设作为提升履职效果、彰显政协形象的基础来对待，严字当头、实字托底，着力建设高素质的政协委员和机关干部队伍。

“塔尖”效应更加凸显。认真贯彻新时代党的建设总要求，充分发挥政协党组在政协常委会和政协机关的领导核心作用，不断加强党对人民政协工作的全面领导。严格落实全面从严治党各项要求，强化纪律和规矩的执行力度，架起政治纪律“高压线”，念好管党治党“紧箍咒”，树起以上率下“排头兵”，引导机关党员干部和广大政协委员自觉守纪律、讲规矩，切实强化党员干部和广大委员的纪律规矩意识。召开彻底肃清腐败流毒影响专题民主生活会，深入开展形式主义、官僚主义集中整治活动，认真查摆问题，制定整改措施，推动县政协党风政风持续好转。以“七学”模式扎实开展习近平总书记关于加强和改进人民政协工作重要思想学习研讨活动，邀请专家辅导，组织集体学习，开展座谈交流，召开理论研讨会。党组成员带头领学，带头撰写理论研讨文章，带头查摆问题，制订整改措施，走在前、学在前、做在前、改在前，切实把学习成效体现在政治担当上，体现在服务大局上，体现在政协工作的提质增效上，开辟了人民政协工作的新境界。

委员管理更加规范。按照“懂政协、会协商、善议政”和“守纪律、讲规矩、重品行”要求，扎实开展委员学习培训工作，邀请省委党校刘丽瑛教授就“贯彻十九大精神，做好人民政协工作”作专题辅导，集中观看原冬平教授“学习习近平总书记关于加强和改进人民政协工作重要思想”专题讲座，帮助委员准确把握新时代人民政协性质地位、职能作用和工作规律。注重加强对党员委员的教育和管理，发挥党员委员的先锋模范作用，向党员委员致公开信，组织党员委员深入晋祥养老院开展“颂党恩、跟党走”主题慰问演出，进一步提高了党员委员的党性修养，增强了政协组织的凝聚力和战斗力。做好委员“履职规范年”文章，修订《昔阳县政协委员百分制履职管理考核办法》，完善激励约束机制，规范委员履职行为。开展委员“三贴近、走基层”履职实践活动，引导委员关注民生，关爱弱势群体，积极开展送温暖、送真情、送健康等公益活动。鼓励委员在政协工作中履职尽责，在本职岗位上建功立业，在界别群众中示范引领，展现政协委员的使命担当，树立以实干促发展的良好形象，影响和带动身边群众投身于全面建设小康昔阳的实践中。

机关建设更加有力。以县级文明单位创建为载体，以打造“学习型、服务型、创新型”机关为目标，牢牢把握服务这个重点，不断改进服务方式、丰富服务内容、提升服务水平。加强政协机关支部建设，开展基层党组织标准化建设示范型党支部创建活动，认真落实党风廉政建设主体责任，严格执行“三会一课”、组织生活会、双周集体学习等制度，严格遵守中央八项规定精神及其实施细则，加强对机关党员干部的教育管理。在三都乡西峪村开展

“缅怀革命先烈，重温入党誓词”主题党日活动，激励广大党员干部增强党性意识，永葆共产党员政治本色。“七一”期间，将“暖心帮扶在行动”主题党日活动搬到了所包贫困村，讲党课，慰问老党员，帮助贫困户清理环境卫生，融洽了党群干群关系，提高了党组织的凝聚力和向心力。修订完善政协各项规章制度，努力形成用制度管人、管事的管理机制，强练内功，锤炼队伍，办公室在“办”上提升，专委会在“专”上出彩，信息中心在“研”上着力，机关办文办会办事更加规范，干事氛围空前浓厚，与时俱进、开拓创新的良好局面正在形成。

成绩来之不易，经验弥足珍贵。这些成绩的取得，是县委坚强领导、关心厚爱的结果，是县人大、县政府和社会各界鼎力支持、热情帮助的结果，也是全体政协委员团结协作、共同努力的结果。在此，我代表县政协常委会，向关心、支持政协工作的各级领导和社会各界人士，表示衷心的感谢！向辛勤奋战在各条战线，为人民政协事业无私奉献的广大政协委员，表示崇高的敬意!

总结过去一年的工作，我们深切体会到，做好新时代人民政协工作，必须牢牢把握以下四个方面：一是必须把讲政治作为第一要求。讲政治是政协工作的根本保证和立身之本。必须把政治建设摆在首要位置，贯穿于政协工作全过程、各方面，始终坚定政治立场、严守政治规矩、把牢政治方向，确保政协事业行稳致远。二是必须把讲担当作为第一责任。讲担当是政协工作的优良品格和动力之源。必须把准性质定位，认清责任使命，坚持观大势、谋全局、干实事，始终在助推大局中发挥优势、展现作为，在履职实践中体现担当、彰显价值。三是必须把讲服务作为第一任务。讲服务是政协工作的重要内容和履职之要。必须急党政之所急，忧群众之所忧，尽政协之所能，坚持议政议到点子上、监督监到关键处，确保到位不越位、帮忙不添乱。

四是必须把讲实效作为第一标准。讲实效是政协工作的不懈追求和成事之基。必须深入基层、深入群众，坚持干字为要、效字为求，真正做到摸实情、出实招、求实效。

凡是过去皆为序章。在肯定成绩的同时，我们也清醒地认识到，面对时代的发展、县委的要求、群众的期待，政协工作还存在诸多差距和不足，主要表现在：协商建言的成果转化还需进一步推动，民主监督的机制方式还需进一步创新，团结联谊的范围对象还需进一步扩大，委员履职的管理服务还需进一步提升等等，这些问题将在今后工作中切实加以改进。

2019 年工作部署

2019 年是中华人民共和国成立 70 周年，是决胜全面建成小康昔阳的关键之年，是实现我县高质量发展的奋进之年，人民政协也将迎来 70 周年华诞。我们要牢牢把握新的历史方位、锚定使命任务，树立

"一线"思维，强化"一线"意识，以新的思路理念、新的探索实践、新的精神风貌、新的担当作为，努力推动新时代人民政协工作高质量发展。

2019年县政协工作的总体思路是：以习近平新时代中国特色社会主义思想为指引，全面贯彻落实党的十九大精神和习近平总书记视察山西重要讲话精神，深入学习贯彻习近平总书记关于加强和改进人民政协工作重要思想，在中共昔阳县委的坚强领导下，认真落实"三个三"工作思路举措，切实用好"改革创新、奋发有为"大讨论成果，紧紧围绕县委"四大目标"、"五个重点"战略任务，同心协力搞好政治协商，积极稳妥推进民主监督，扎实有效开展参政议政，不断推进人民政协工作提质增效，为全面开创新时代昔阳高质量发展崭新局面做出更大贡献，以优异成绩迎接中华人民共和国成立70周年、人民政协成立70周年。

一、牢牢把握正确政治方向，贯彻新思想，在夯实思想政治基础上提升新境界

始终把习近平新时代中国特色社会主义思想和党的十九大精神作为统揽政协工作的总纲，坚持以习近平总书记关于加强和改进人民政协工作重要思想指引政协实践，切实贯穿于谋划工作的全过程，体现在协商议政的各方面。认真学习关于统一战线、人民政协的新思想新要求，加强委员政治理论和履职能力提升培训，着力在学懂弄通做实上下功夫，不断增强政治认同、思想认同、理论认同、情感认同，进一步筑牢信仰之基、补足精神之钙、把稳思想之舵，夯实团结奋斗的共同思想政治基础。把坚决维护习近平总书记党中央的核心、全党的核心地位，坚决维护党中央权威和集中统一领导作为最高政治原则和根本政治规矩，牢固树立"四个意识"，坚定"四个自信"，推动参加政协的各党派团体和各族各界人士自觉接受中国共产党的领导，确保政协事业正确的政治方向。自觉接受县委领导，主动向县委汇报重要工作、请示重要事项、报告重要活动，紧扣党政中心谋划政协工作，主动邀请县委、县政府领导参加政协重要会议和重要活动，确保政协工作始终与县委中心工作同向，努力把县委的决定转化为广大政协委员和社会各界人士的广泛共识和自觉行动。

二、牢牢把握昔阳方位坐标，落实新部署，在助力高质量发展实践上展示新作为

围绕党委、政府中心工作精准履职，是做好政协工作的关键所在。我们要准确把握新时代昔阳发展的新坐标、新方位，扎实开展"改革创新、奋发有为"大讨论活动，聚焦"示范县""主阵地""桥头堡""明星城"四大目标，紧盯"深化改革、转型发展、乡村振兴、三大攻坚、民生共享"五个重点，抓住党政关注、界别关心、群众关切、自身所能的课题，深入调查研究，广泛协商议政，积极建言献策，为县委、县政府科学决策、民主决策提供参考。要发挥好人民政协作为社会主义协商民主重要渠道和专门协商机构作用，精选有机旱作农业项目建设、优化营商环境、文旅产业发展等议题，召开议政性常委会议，为我县经济社会发展提出有见解、有价值的意见建议，不断提高“商以求同、协以成事”的成效。要改进民主监督工作，紧扣事关人民群众切身利益的安全生产、扫黑除恶、食品卫生、教育医疗等问题，通过委员提案、大会发言、视察调研、反映社情民意信息等方式，增强监督实效，推动相关工作得到改进和加强。要提高参政议政水平，积极围绕乡村振兴、城乡医疗卫生一体化改革、社区物业规范化管理等社会关注的热点难点问题，广泛开展视察调研，用足用好用活话语权，提高建言议政的针对性和实效性。

三、牢牢把握人民民主真谛，践行新理念，在推进协商民主建设上实现新突破

有事好商量，众人的事情由众人商量，是人民民主的真谛。要注重把协商民主贯穿于政协履职各方面和全过程，更加灵活、更为经常地开展专题协商、对口协商、界别协商、提案办理协商，探索网络议政、远程协商等新形式，搭建制度化、常态化的协商参与平台。进一步突出委员主体地位，统筹安排各界别委员参加政协履职活动，尽可能扩大委员参与面，鼓励委员积极建言发声，做到“心中有责”讲真话、“胸中有数”出实招，高质量完成“委员作业”。进一步提高政协工作开放度，有计划地吸收一些非委员、有专长的民主党派成员和专家学者参加政协活动，引导社会公众有序参与公共决策和政治生活。坚持协商式监督特色优势，把握好监督的方向和原则、节奏和力度，聚焦县委、县政府重要决策部署的贯彻落实，综合运用视察、调研、协商座谈等形式，融协商、监督、参与、合作于一体，强化民主监督职能，拓展民主监督形式，提升民主监督实效。完善协商成果采纳、落实和反馈机制，推动协商成果有效转化为政策和具体工作举措，不断提高“商以求同、协以成事”的成效，进一步加大政协履职成果的宣传力度，不断扩大人民政协工作的影响力。

四、牢牢把握团结民主主题，顺应新期待，在凝聚改革发展力量上取得新成效

人民政协是最广泛的爱国统一战线组织，大团结大联合是人民政协组织的重要特征。人民政协要在建言资政和凝聚共识两方面双向发力，坚持以共同的事业感召人、以广泛的协商团结人、以紧密的联系凝聚人，加强同各界别、各人民团体、无党派人士的联系与合作，为他们在政协履职创造良好条件，尊重他们发表意见、参与活动的权利，认真听取他们的意见建议，找到最大公约数，画好最大同心圆，最大限度凝聚共识、凝聚人心、凝聚智慧、凝聚力量。加强同非公有制经济人士、新社会阶层人士的联系，汇集更多同行者，形成广泛正能量。加强与昔阳籍在外人士的联系，宣传昔阳，推介昔阳，让更多的昔阳籍老乡关注昔阳，支持昔阳，为新时代昔阳高质量发展献计献策、摇旗呐喊。进一步强化与上级政协、外地政协的沟通联系，讲好昔阳故事，传播昔阳声音，努力为我县改革发展营造良好的外部环境。

五、牢牢把握时代任务要求，担当新使命，在全面提升履职能力上再上新台阶

要切实担负起政协事业参与者、实践者、推动者的政治责任，着力打造“务实”政协、“亲民”政协、“和谐”政协、“活力”政协、“有为”政协。以党的建设统领政协各项工作，把政治建设摆在首要位置，全面从严治党，切实发挥政协党组把方向、管大局、保落实的领导核心作用，严守政治纪律规矩，严肃党内政治生活，增强政治领导本领，锤炼忠诚担当品格，以党的建设新成效带动政协自身建设取得新进展。要加强常委会建设，常委会组成人员要严格修身律己、守法遵章，带头参加政协组织的学习和调研视察等活动，认真撰写提案、社情民意信息和视察调研报告，提高常委会履职水平。要更加重视委员队伍建设，做好委员“履职创新年”文章，加强对委员的思想教育，增强委员的履职意识，完善委员履职服务与管理平台，按照“严管厚爱”的原则，实施委员履职量化考核，选树先进典型，多渠道宣传推介委员，靠事业凝聚、靠考核激励、靠感情温暖，引导委员争当懂政协、会协商、善议政的履职模范，争做守纪律、讲规矩、重品行的行动表率，为政协高效履职提供坚实保障。要着力提高政协机关统筹协调、执行落实、服务保障能力，强化一线意识、对照一流标准，练就担当的宽肩膀，提升干事的真本领，扎实改进工作作风，规范各类议事、调研、视察等活动，不断推进办文、办会、办事规范化和制度化，努力打造一支政治过硬、勇于担当、廉洁自律的政协干部队伍。

风正海阔，自当扬帆破浪；任重道远，更须策马加鞭。当前，我县正处在决胜全面建成小康昔阳的关键期，新方位、新使命、新任务，对人民政协工作提出了新的更高要求，也为人民政协履行职能、发挥作用提供了更加广阔的舞台。让我们更加紧密地团结在以习近平同志为核心的中共中央周围，高举习近平新时代中国特色社会主义思想伟大旗帜，全面贯彻落实党的十九大精神，在中共昔阳县委的坚强领导下，同心同德、锐意进取、改革创新、奋发有为，在助力全面开创新时代昔阳高质量发展崭新局面的征程中谱写人民政协的奋进之歌，以优异成绩迎接中华人民共和国成立 70 周年、人民政协成立 70 周年！

关于昔阳县2018年财政预算执行情况和2019年财政预算草案的报告

——2019年3月1日在昔阳县第十七届人民代表大会第四次会议上

昔阳县财政局局长　张胜利

一、2018年财政预算执行情况

2018年，在县委、县政府的坚强领导下，在县人大、县政协的监督指导下，财税部门深入学习贯彻习近平新时代中国特色社会主义思想，全力支持转型驱动和深化改革，倾力保障民生需求和脱贫攻坚，着力提升服务能力和管理效能，全县预算执行情况较好。

（一）公共财政预算变动情况

2018年，本级预算经县十七届人大三次会议审查通过后，在预算执行中，根据上级财政追加、追减专项指标和本级预算调整情况，全县预算做了相应调整。

2018年全县公共财政收入预算为60000万元，与人代会批准的一致；县本级公共财政支出预算由151400万元变动为204595万元，增加53195万元，主要是上级专项转移支付以及债务预算等增加支出所致。

（二）公共财政预算执行情况

2018年，全县公共财政预算收入完成63578万元，占年初预算60000万元的105.96%，超收3578万元，比上年收入57038万元增长11.47%，增收6540万元，其中：税收收入完成42210万元，占年初预算的107.27%，超收2860万元，比上年的34203万元增长23.41%，增收8007万元；非税收入完成21368万元，占年初预算的103.47%，超收718万元，比上年的22835万元下降6.42%，减收1467万元。

2018年的公共预算收入增速平稳，收入结构更趋平衡合理，税收收入占公共预算收入比重为66.39%，比上一年增加6.43个百分点，增幅为23.41%，税收收入的增长仍是受煤炭市场的影响，煤炭需求总量回升，价格上涨，直接体现为煤炭税收增长。非税收入负增长，为-6.42%，充分体现了中央减税降费的财政政策效应，一些收费项目的取消，降低了企业负担，优化了企业发展环境，为企业自身壮大发展奠定了基础。

按照现行财政体制结算，2018年全县公共预算地方财政收入总计为226740万元，包括：本级公共财政收入63578万元，上级补助收入112983万元（其中：返还性收入4139万元，一般性转移支付收入57749万元，专项转移支付收入51095万元），基金预算调入2569万元，其他资金调入4386万元，动用预算稳定调节基金12821万元，上年结转、结余收入12403

万元，转贷债券资金 18000 万元。

2018 年全县公共预算地方财政支出总计为 213444 万元，包括：公共财政预算支出 191299 万元，地方政府性债务还本支出 5000 万元，上解上级支出 2489 万元，安排预算稳定调节基金 14656 万元。

上述收支相抵后结余 13296 万元，其中：结转下年使用 13296 万元，净结余为零。

公共预算主要功能支出科目执行情况：

教育支出执行 42381 万元，为调整预算的 100%。2018 年继续完善了农村义务教育经费保障机制，拨付资金 4166 万元支持义务教育薄弱学校改善基本办学条件；拨付资金 1276 万元续建完工新城学校一座，解决了 571 名学生的就近入学问题；进一步完善贫困学生财政资助体系，拨付资金 739 万元，使 8034 人次学生获得资助；拨付资金 232 万元用于对突出贡献的教师实施奖励，营造了尊师重教的社会氛围；拨付资金 700 万元继续用于落实高中教育免学费政策，保障教育均衡发展。

文化、体育与传媒支出 3280 万元，为调整预算的 93.9%。投入 181 万元用于继续推进体育馆、文化馆、图书馆和乡镇文化站等公益性文化设施向社会免费开放，投入 463 万元用于宋金墓葬博物馆建设，投入 131 万元用于梵乘寺等文物保护项目，投入 155 万元用于乡村文化建设，投入 450 万元用于农村电视网络升级改造，不断提高公共文化服务质量，推进乡村文化产业多元融合发展。

社会保障和就业支出 26122 万元，为调整预算的 97.79%。农村最低生活保障标准由原来的每人每年 3300 元调整为 3720 元，城市最低生活保障标准由原来的每人每月 485 元调整为 515 元，足额拨付城乡居民最低生活保障资金；投入 5547 万元保障了城乡居民养老保险的足额发放；投入 262 万元用于残疾人护理补贴；投入 48 万元用于高龄失能老人补贴；投入 1205 万元实现“五保”供养对象应保尽保；投入 976 万元促进了就业困难人员再就业，维护了社会稳定；投入各项优抚安置资金 2169 万元，保障了残疾军人、烈属、在乡红军老战士、农村老党员、老复员军人等优抚对象和涉军人员的生活补助；投入 514 万元用于养老院建设及运行，全力保障养老体系建设，积极落实了各项社会保障财政补助政策，提升了基本民生保障水平。

医疗卫生与计划生育支出 13583 万元，为调整预算的 98.8%。2018 年人均基本公共卫生服务经费财政补助标准由 50 元提高到 55 元，全年足额拨付基本公共卫生资金 1264 万元；足额落实了城乡居民医疗保障年人均财政补助标准提高到 490 元的补助资金，全年拨付城乡居民医疗保障县级配套资金 652 万元，并拨付资金 748 万元全额救助农村建档立卡 39614 名贫困人口缴纳医疗保险；推进城市公立医院体制机制综合改革，全年拨付公立医院改革各项财政补助资金 1040 万元；投入 212 万元用于重大疾病、慢性病防控等重大公共卫生项目；投入 843 万元用于基层医疗卫生体系建设，优化农民就医环境。

节能环保支出6582万元，为调整预算的74.65%。拨付1612万元用于退耕还林，补贴煤层气开采企业1379万元，进一步改善了空气质量；投入315万元用于污水处理，不断提升城市生活污水处理能力；投入173万元用于饮用水源地污染治理，提高饮用水质量。

城乡社区支出12542万元，为调整预算的99.92%，主要安排用于县城供水、供气、供热、市政道路、园林绿化等公共基础设施建设，提升城市公共服务承载能力。

农林水支出44616万元，为调整预算的88.94%。一是全年扶贫支出20733万元，其中整合范围内的涉农资金1.83亿元用于巩固脱贫攻坚成果，涉及288个扶贫项目、151个贫困村、18405个贫困户、15个重点涉农部门。二是加大农村水利、交通等公共设施投入，投入资金3801万元支持水利重点项目建设，投入资金480万元用于农村饮水安全，投入资金2935万元用于农村“畅返不畅”公路建设。三是大力支持现代农业项目建设，筹措资金7054万元，支持推进粮食产能工程、农机推广体系建设等现代农业发展项目，促进了农业生产力的提高和农业产业结构的调整，为增加农民收入奠定了基础。四是落实各项强农惠农补贴政策，全年共拨付农业支持保护补贴、农机购置补贴资金2175万元。五是落实农业林业保险保费补贴政策，全年共拨付保险补贴资金600万元，提高了“三农”抵御风险的能力。六是继续深化农村综合改革，全年拨付1190万元，推进村级公益事业建设“一事一议”财政奖补工作，促进了农村生产生活条件的改善。七是加大了对农村基层组织运转支出，全年共支出村级运转经费3683万元，平均每村达到了11万元，其中村干部年人均报酬达到了1.75万元。

交通运输支出5308万元，为调整预算的70.87%，主要安排用于农村“四好”公路建设、旅游路建设、公路水毁抢修。

国土海洋气象等支出4440万元，为调整预算的78.14%，主要安排用于高标准农田建设、土地复垦、地质灾害防治等。

住房保障支出4152万元，为调整预算的90.79%。大力解决低收入家庭的住房问题，2018年新开工城镇保障性安居工程419套，基本建成257套，保障了农村贫困户改造危房。

其他科目支出情况：一般公共服务支出15303万元，为调整预算的98.28%；国防支出117万元，为调整预算的100%；公共安全支出8346万元，为调整预算的99.44%；科学技术支出683万元，为调整预算的100%；资源勘探信息等支出2004万元，为调整预算的100%；商业服务业等支出537万元，为调整预算的75.63%；粮油物资储备支出220万元，为调整预算的100%；其他支出26万元，为调整预算的11.5%；债务付息支出1057万元，为调整预算的100%。

关于上级对县税收返还和转移支付执行情况：

2018年，昔阳县共得到上级补助收入

112983万元，其中：返还性收入4139万元，一般性转移支付收入57749万元，专项转移支付收入51095万元。

税收返还和一般性转移支付资金依照统筹安排使用的原则，主要用于保工资、保运转和民生项目的各类支出。

专项转移支付资金一般用于规定的项目支出。2018年，昔阳县收到上级专项转移支付51095万元，加上上年结转的专项转移支付8912万元，共计60007万元，当年支出47105万元，其中：一般公共服务支出100万元，公共安全支出126万元，教育支出7356万元，科学技术支出48万元，文化体育与传媒支出943万元，社会保障和就业支出6716万元，医疗卫生与计划生育支出4182万元，节能环保支出4747万元，城乡社区支出71万元，农林水支出19166万元，交通运输支出1342万元，资源勘探信息等支出80万元，商业服务业等支出157万元，国土海洋气象支出628万元，住房保障支出1443万元。

关于2018年度“三公”经费支出执行情况：

2018年全县行政事业单位使用财政拨款安排的“三公”经费汇总支出为1020万元，同比减少29万元，下降2.76%，其中：公务接待费217万元，同比下降28.85%；公车购置费141万元，同比增长147.37%，主要原因是食品药品监督管理局、畜牧兽医中心各购置了专业业务车辆1辆，老干部局、教育科技局、工商和质量监督管理局的3辆公务用车已到规定使用年限，已淘汰报废，2018年予以购置补充；公务用车运行维护费662万元，同比下降3.64%；因公出国（境）费为零。

（三）政府性基金预算执行情况

2018年，本级政府性基金收入完成15993万元，为年度预算的152.6%，同比增长125.92%，增收8914万元。本级收入加上上级补助收入4222万元、地方政府新增债券转贷收入（专项债券）5000万元、上年结余收入3364万元，剔除调出资金2569万元、上解支出6万元后，基金总财力为26004万元。本年基金预算支出执行18571万元，收支相抵结余7433万元，全部用于下年使用。

（四）社会保险基金预算执行情况

2018年，全县两项社会保险基金收入完成17925万元，为年度预算的122.01%，同比增长36.05%，增收4750万元。支出执行20074万元，为年度预算的108.7%，同比增长277.26%，增支14753万元。当年收支结余-2149万元，年末累计结余16574万元，其中：

1. 机关事业单位基本养老保险基金收入10874万元，支出14638万元，当年收支结余-3764万元，年末累计结余2452万元。

2. 城乡居民基本养老保险基金收入7051万元，支出5436万元，当年收支结余1615万元，年末累计结余14122万元。

另外需要说明的是，因昔阳县2018年国有资本经营预算收入暂时没有，故没有编制国有资本经营决算。

（五）贯彻落实县人大预算决议情况

2018年，县财税部门认真落实县十七届人大三次会议的决议，全面落实各项财税政策，积极推进财政改革，强化预算执行管理，财政运行质量进一步提升。

1. 攻坚克难稳增长，提高财政收入质量。一是全面落实减税降费政策，继续加大产业发展扶持力度，大力扶持实体经济和培育新兴产业，实现企业达产增效。二是落实招商引资优惠政策，减少审批环节，缩短兑现时间，进一步优化发展环境。三是进一步加大对基础设施、民生工程的投入力度，在改善投资环境和提高财政对民生的保障能力的同时，为财政增收提供直接可靠的税源。

2. 统筹兼顾保重点，优化财政支出结构。一是牢固树立“过紧日子”的思想，围绕“保工资、保运转、保基本民生”的原则，调整支出结构，确保县委政府重大决策落实。二是加大民生投入，全力支持脱贫攻坚，着力增进民生福祉，全年共计实现民生类支出16.44亿元，占一般公共预算支出的85.96%。三是大力控减一般性支出，严格执行人大批复的预算，强化预算约束，加大对各部门会议费、培训费等一般性支出的控减力度，全年一般性支出实现了大幅下降。四是加快支出进度，提高预算执行到位率，动态监测预算执行情况，督促财政拨款规模较大的重点部门和单位加快预算执行进度。五是加强结转结余资金管理，建立结转结余资金清理收回、统筹使用长效机制，2018年共计收回部门存量资金4893万元，主要用于脱贫攻坚、教育、卫生事业等领域，提高了财政资金使用效益。

3. 聚焦创新促改革，建立现代财政制度。一是继续稳步推进支出经济分类科目改革，严格执行政府预算经济分类，以进一步提高预算透明度，适应加强财政预算管理和主动接受预算监督的需要。二是有序推进预算绩效管理改革，选择300万元以上的项目开展绩效评价，开展2015-2017年度革命老区资金绩效自评，促进财政资金精准滴灌，发挥最大效益。三是大力推进预决算信息公开工作，将政府、部门预决算在规定时间内进行统一公开，确保部门预决算公开的时效性和规范性。四是继续推动政府集中采购、政府投资评审和国库集中支付管理改革向纵深发展。

4. 突出重点防风险，健全风险防控机制。建立健全政府性债务风险应急处置防控体系，严格遵守“不触顶、不踩线”的债务管理要求，2018年末昔阳县政府性债务余额为6.3亿元，将债务规模控制在了市级下达的6.7亿元债务限额以内，债务风险总体可控，同时建立了全口径债务监测平台，加强了对隐性债务的动态监测，在防范和化解财政金融风险中起到了积极作用。

在总结成绩的同时，我们也清醒地看到，财政运行和财政工作中还面临一些困难和挑战：一是收入方面。传统税源萎缩，新增税源尚未显现，收入增长与实际税源存在差距，财源培植及收入质量改善任重道远。二是支出方面。刚性支出需求大，保工资、保运转、保基本民生压力较大，财政收支结构不尽合理，一些资金支出进度缓慢。三是改革管理方面。尽管全县债务风险总体可控，但隐性债务还存在一定风险，财政法治思维观念需进一步提高，且财政预决算信息公开力度需要进一步扩大，财政绩效管理工作还在起步阶段，打造“法治财政、阳光财政、绩效财政”还需要久久为功。这些问题我们一定高度重视，在今后工作中采取有力措施加以解决。

二、2019 年财政预算草案

2019 年是中华人民共和国成立 70 周年，是全面建成小康昔阳的关键之年，是省委、省政府确定的“深化转型项目建设年”，我们要在习近平新时代中国特色社会主义思想指引下，科学编制 2019 年预算，坚定发展新理念，续写昔阳新篇章。

2019 年全县预算编制的指导思想是：坚持以习近平新时代中国特色社会主义思想为指导，全面贯彻落实党的十九大和十九届二中、三中全会精神和习近平总书记视察山西重要讲话精神，按照中央、省、市、县一系列重大决策部署，坚持稳中求进工作总基调，坚持新发展理念，坚持推动高质量发展，认真落实市委“三个三”工作思路和举措，大力弘扬“自力更生、艰苦奋斗”大寨精神，切实用好“改革创新、奋发有为”讨论成果，以供给侧结构性改革为主线，紧紧围绕全县“四大目标”和“五个重点”中心工作，大力落实积极的财政政策，调整优化支出结构，加快推进财政体制改革，完善预算管理制度，全面实施预算绩效管理，为全市争上游，东山创一流，全面开创新时代昔阳高质量发展崭新局面提供坚强的财力保障。

2019 年全县预算编制的基本原则是：一是收入预算要实事求是、积极稳妥，与经济社会发展水平相适应。二是支出预算要统筹兼顾、突出重点，着力支持“三大攻坚战”。三是强化监督管理，提升理财效能，全面实施预算绩效管理。四是努力盘活存量、用好增量，提高财政资源配置效率。

按照上述指导思想、基本原则和昔阳县经济社会发展有关要求，对一般公共预算、政府性基金预算和社会保险基金预算统筹安排如下：

（一）公共财政预算草案

1. 公共财政收入预算草案

2019 年全县公共财政收入预算安排为 69000 万元，比上年同口径执行数 63578 万元增长 8.53%，增收 5422 万元。做出这样的预期，考虑了目前我国经济发展的新常态；考虑了昔阳县企业的发展现状；考虑了结构性减税、政策性减费、水资源税、环保税开征等税制改革因素等等。总的来看，收入预期符合昔阳县经济社会发展的实际。

2019 年公共预算收入分项安排情况是：税收收入预算安排 47500 万元，同口径比上年执行数 42210 万元增长 12.53%，增加 5290 万元；非税收入预算安排 21500

万元，同口径比上年执行数21368万元增长0.62%，增加132万元。

按现行财政体制并结合上级提前下达的新增债务限额计算，2019年完成上述预算收入任务后地方财政收入总计预算为170294万元，其中：

本级公共财政收入预算69000万元；

上级补助收入预算安排为63342万元，其中：返还性收入4139万元，一般性转移支付52720万元（包括具有专项用途的转移支付18614万元），提前告知的专项转移支付6483万元；

上年结余结转收入13296万元；

动用预算稳定调节基金14656万元；

债务（转贷）收入10000万元。

2. 公共财政支出预算草案

编制支出预算要综合考虑县级财力和各项支出政策要求，遵循“防风险、保基本、促转型”的思路，坚持“突出重点、有保有压”的原则，确保支出安排在继续保工资、保运转、保民生的前提下，向深化改革、转型发展、乡村振兴、三大攻坚、民生共享等方面倾斜。

2019年，按照收支平衡原则，支出总计安排170294万元，其中：

（1）全县公共财政支出预算安排168775万元，包括：当年财力安排支出124340万元，上年结转结余安排支出13296万元，当年提前告知专项转移支付安排支出6483万元，动用预算稳定调节基金安排支出14656万元，债务转贷收入安排支出10000万元。

（2）全县当年财力安排转移性支出1519万元，其中：体制上解支出551万元，专项上解支出68万元（援疆上解77万元，采矿排水水资源费上解1420万元，剔除兑现2018年环境空气质量专项奖励1429万元），债务还本支出900万元。

公共财政支出预算安排按功能性科目分类为：一般公共服务支出16886万元，国防支出82万元，公共安全支出6660万元，教育支出30241万元，科学技术支出1210万元，文化旅游体育与传媒支出2654万元，社会保障和就业支出31297万元，卫生健康支出10641万元，节能环保支出7321万元，城乡社区支出11894万元，农林水支出30663万元，交通运输支出4029万元，资源勘探信息等支出2482万元，商业服务业等支出148万元，自然资源海洋气象等支出2814万元，住房保障支出3604万元，粮油物资储备支出180万元，灾害防治及应急管理支出2190万元，预备费1800万元，其他支出415万元，债务付息支出1564万元。

公共财政支出预算安排按政府经济科目分类为：机关工资福利支出12451万元，机关商品和服务支出13087万元，机关资本性支出（一）27864万元，对事业单位经常性补助53129万元，对事业单位资本性补助14175万元，对企业补助2028万元，对企业的资本性支出688万元，对个人和家庭的补助22165万元，对社会保障基金补助14519万元，债务利息及费用支出1564万元，预备费及预留1965万元，其他支出5140万元。

2019年，公共预算中上级补助收入预算63342万元，其中：一般性转移支付52720万元和税收返还4139万元均统筹用于本级保工资、保运转和各类民生支出；专项转移支付6483万元也全部按项目安排列入本级预算，具体支出为：一般公共服务支出121万元，教育支出551万元，文化旅游体育与传媒支出243万元，社会保障和就业支出774万元，卫生健康支出25万元，节能环保支出449万元，农林水支出3862万元，交通运输支出270万元，资源勘探信息等支出179万元，灾害防治及应急管理支出9万元。

2019年，全县汇总行政事业单位使用财政拨款安排的“三公”经费预算为830万元，比去年执行数1020万元减少190万元，下降18.62%，其中：公务接待费预算217万元，与上年执行数持平；公务用车运行维护费预算595万元，比上年执行数下降10.12%；公务用车购置费预算18万元，比上年执行数下降87.23%；因公出国（境）费预算为零。

上述支出预算安排严格按各项支出政策要求，首先保证工资、运转和民生的配套需求，保证上级提前下达的专项项目支出；其次保证硬性的还贷性本金利息支出；最后根据剩余财力分轻重缓急安排项目支出。一些必要的公益性的基础设施建设项目支出预算未能在此足额安排，下一步将继续考虑通过增加转贷地方政府性债券资金来解决。

（二）政府性基金预算草案

2019年，昔阳县政府性基金收入预算安排仍本着由财政部门汇同执收单位，综合考虑政策因素，结合各部门当年的工作计划，参照上年度实际收入，合理预计本年度各项基金收入。基金支出预算按照以收定支、收支平衡、专款专用的原则安排。

1. 政府性基金收入预算

2019年，基金预算收入安排12570万元，同口径比上年实际下降21.4%，主要是国有土地出让金减少1894万元，城市公用附加费减少640万元，城市基础设施配套费减少529万元。本年收入安排中：国有土地出让金收入安排10600万元，国有土地收益金收入安排1200万元，农业土地开发资金收入安排50万元，污水处理费收入安排220万元，城市基础设施配套费收入安排500万元。本级基金收入加上上年结转结余7433万元、上级提前告知基金专项转移支付95万元后，2019年基金财力预算总计为20098万元。

2. 政府性基金支出预算

按照收支平衡的原则，2019年政府性基金支出总预算安排20098万元，全部对应至各个基金科目，其中：文化、旅游、体育与传媒支出113万元，为旅游发展基金支出；社会保障和就业支出30万元，为上级专项安排的水库移民项目支出；城乡社区支出18941万元，主要是国有土地出让收入、污水处理费、城市基础设施配套费等安排的支出；其他支出446万元，主要是城市公用事业附加、彩票公益基金安排的项目支出；专项债务付息支出568万元。

（三）社会保险基金预算草案

2019年，昔阳县本级社会保险基金包括两项，即：机关事业单位养老保险基金和城乡居民基本养老保险基金。

1. 社会保险基金收入预算

2019年社会保险基金预算收入总计安排24945万元，其中：机关事业单位养老保险基金收入预算16432万元，城乡居民基本养老保险基金收入预算8513万元。社会保险基金本年收入加上上年结余16574万元后，社会保险基金总财力为41519万元。

2. 社会保险基金支出预算

2019年社会保险基金支出预算安排22398万元，其中：机关事业单位养老保险基金支出预算16432万元，城乡居民基本养老保险基金支出预算5966万元。

收支相抵后，两项社会保险基金年末累计结余为19121万元，其中：机关事业单位养老保险基金结余2452万元，城乡居民基本养老保险基金结余16669万元。

今年昔阳县的财政预算是严格按照《中华人民共和国预算法》编制的，在预算草案编制过程中，我们仍然坚持“个人部分据实安排，基本公用经费零增长，项目预算先紧后松、量力而行”的原则，统筹兼顾各项收支，稳妥安排“三本”预算，因昔阳县暂时没有国有资本经营预算收入项目，故暂未编制国有资本经营预算。

三、关于财政存量资金的盘活情况

2018年，县财政部门、各相关预算单位积极落实国务院办公厅《关于进一步做好盘活财政存量资金工作的通知》（国办发〔2014〕70号）的规定，盘活财政存量资金，对结转结余超过两年的资金全部收回，调整用于急需支付项目或安排预算稳定调节基金，将政府性基金调入公共预算统筹使用。截至2018年年底，盘活和使用2017年底财政存量资金42765万元，盘活率为86.97%，达到85%以上的目标。2019年，要继续贯彻落实有关规定，切实提高财政资金使用效益。

四、关于地方政府性债务的说明

2018年初，昔阳县地方政府性债务总余额为4.61亿元（包括或有债务），当年经市政府同意，市财政下达核定昔阳县2018年度政府直接债务限额为6.7亿元，2018年，在限额内昔阳县转贷地方债券资金2.3亿元，其中：置换债券0.5亿元，新增债券1.8亿元。当年偿还债务0.57亿元，截至2018年底，昔阳县地方政府性债务总余额为6.34亿元，比去年增长了37.53%，其中：①政府直接债务即政府负有偿还责任的债务余额为6.32亿元。②政府或有债务余额为0.02亿元。政府直接债务率为27.82%，并且余额在债务限额内。

2019年，上级已下达1亿元的一般债务限额，经县政府研究决定，昔阳县要在本年的债务限额内继续申请转贷上级一般债券资金1亿元，安排用于：①脱贫攻坚项目5000万元，其中：光伏扶贫项目1500万元，易地扶贫搬迁项目1500万元，贫困村交通、水利、环境等基础设施巩固提升项目2000万元；②市政基础设施建设和县城水生态治理5000万元，其中：大寨桥拓宽改造项目200万元，胡窝路拓宽改造项目400万元，沾岭路三标段建设项目1000万元，县城水生态提标改造工程3400万元。上述项目已列入2019年一般公共收支预算。如上级再增发债券，昔阳县要在限额内再申请新增债券，重点支持城市保障房、供热供气管网建设、生态环境整治、学校建设、市政道路、农村公路建设、环境卫生等公益性事业。

五、人代会预算批准前本级财政支出情况

按照新预算法规定：预算年度开始后，各级预算草案在本级人民代表大会批准前，可以安排下列支出：（一）上一年度结转的支出；（二）参照上一年同期的预算支出数额安排必须支付的本年度部门基本支出、项目支出，以及对下级政府的转移支出；（三）法律规定必须履行支付义务的支出，以及用于自然灾害等突发事件处理的支出。

截至2019年2月20日，县本级公共财政预算支出累计完成35798万元，其中：安排上一年度结转支出2607万元，参照上一年度同期的预算支出数额安排必须支付的本年度部门的基本支出6746万元，项目支出18488万元，本年度上级专项转移支付安排的支出7957万元。

截至2019年2月20日，县本级政府性基金预算累计支出2588万元，全部为上一年度结转支出。

六、2019年财政工作措施

2019年，我们将围绕上述预算安排，坚持依法聚财、科学理财，合理用财，攻坚克难，真抓实干，确保全年预算目标顺利完成。

（一）突出“质效”培财源，推动经济高质量发展

一是用好用活产业类资金。发挥财政资金引导作用，引导社会资本投入，促进经济转型升级，培育壮大基础财源，突出产业类资金使用绩效，重点支持税收贡献大、成长性好、社会效益高的企业，支持做大做强“菜、果、猪、菇、药”等特色产业。二是完善财政激励引导机制。优化营商环境，全面贯彻落实国家减税降费政策，切实减轻企业负担。深化“放管服效”改革，创新招商引资财政引导机制，突出税收贡献率，真正把高附加值、高税收的产业项目引进来。三是落实勤征细管举措。加强财政运行分析和税源变动监测，完善税收征管机制，创新税收征管举措，依法依规、有序有力组织税收和非税收入入库。

（二）聚力“精准”强保障，促进社会事业协调发展

一是突出抓好“三保”。严格控制“三公”经费等一般性支出，切实降低行政运行成本，集中财力保工资、保运转、保基本民生。重点解决好涉及教育、医疗卫生、社会保障、公共安全等事关群众切身利益的民生问题。二是支持打好脱贫“攻坚战”。继续加大财政支持脱贫攻坚力度，建立完善扶贫小额信贷风险补偿和分担机制，

落实好财政贴息贴保政策。加强扶贫资金全过程监管，建立健全财政扶贫资金常态化监管机制，扎实开展好扶贫资金绩效评价。三是支持“乡村振兴”战略。建立健全财政投入机制，财政资金更大力度向“三农”倾斜。以“大整治、大拆违、大清扫”为抓手，加大“大项目+任务清单”模式推广力度，财政资金由防风险、污染防治拓展至乡村振兴战略、产业扶持等方面，重点支持现代农业、规范农村建房、农村环境治理、“厕所革命”、“河长制”、“林长制”和“美丽乡村”建设。更好地发挥“一事一议”财政奖补机制和平台作用，大力改善农村基础设施条件，建立健全农业信贷担保体系建设，积极扩大农业保险范围，推广特色农业保险。

（三）瞄准“绩效”推改革，推动管理再上新台阶

一是深化预算管理改革。进一步推进预算公开，积极推行政府支出经济分类科目改革，建立健全财政结转资金与预算安排统筹结合的机制。规范专项资金管理，严格按照财政专项资金管理办法，建立项目库管理，加大专项资金整合力度。硬化预算约束，严格预算编制和执行，坚持无预算不开支，有预算不超支。二是深化国库管理改革。完善国库集中支付制度，规范财政库款和银行账户管理，全面清理、限期收回已经发生的往来财政借垫款。进一步加大存量资金盘活、清理、整合力度。三是推进绩效管理改革。强化预算绩效评价结果运用，实行财政资金全程监管、绩效评估和责任追究，逐步将绩效评价覆盖全县预算单位和所有财政资金。

（四）守牢“底线”防风险，健全债务防控长效机制

严格实行政府债务限额管理，完善政府性债务动态监控机制。进一步清理政府隐性债务，细化偿债计划，落实偿债资金，管好用好债券资金。从战略和全局的高度深化认识，强监管、补短板、防风险、促发展，坚守不发生系统性财政金融风险这个底线，建立起防范化解金融风险的长效机制。

做好新时代、新形势下的财政工作任务艰巨、使命光荣，我们将高举习近平新时代中国特色社会主义伟大旗帜，在县委的坚强领导下，自觉接受县人大监督，虚心听取县政协意见建议，不忘初心、牢记使命，改革创新、真抓实干，携手追梦新时代，为谱写新时代昔阳发展新篇章做出更大的贡献。

名词注解：

1. 公共预算地方财政收入总计：包括地方政府本级公共财政收入和上级补助收入、下级上解收入、上年结余收入、调入资金、债务（转贷）收入、调入预算稳定调节基金、接受其他地区援助收入等收入的合计数。

2. 政府收支分类：从2007年开始，我国政府预算收支从功能上正式采用新的政府收支分类体系，2018年起对政府支出实施经济分类改革。

一是对政府收入进行统一分类。按照科学标准和国际通行做法，将政府收入划分为税收收入、社会保险基金收入、非税收入、债务收入以及转移性收入5类。从分类结构看，分设类、款、项、目四级。以“增值税”收入为例，四级结构对应为：税收收入（类级科目）→增值税（款级科目）→国内增值税（项级科目）→国有企业增值税（目级科目）。收入分类科目设置逐级细化，满足了不同层次的管理需求。

二是对政府支出按功能进行分类，更加清晰地反映政府的各项职能活动，显示政府的钱用来“干了什么”，用在了哪些方面。按政府的职能和活动设置类、款、项三级科目，以“教育”支出为例，三级结构对应为：“教育支出”（类级科目，反映政府的某一项职能）→“普通教育”（款级科目，反映政府为完成教育职能而在“普通教育”方面开展的工作）→“小学教育”（项级科目，反映政府在“普通教育”中用于“小学教育”这个具体方面的支出情况）。

三是对政府支出按经济性质进行分类，反映政府各项支出的具体用途，显示政府“怎么花钱”的问题。支出经济分类主要设置类、款两级，类级科目主要包括：机关工资福利支出、机关商品和服务支出、机关资本性支出（一）、机关资本性支出（二）、对事业单位经常性补助、对事业单位资本性补助、对企业补助、对企业资本性支出、对个人和家庭的补助、对社会保障基金补助、债务利息及费用支出、债务还本支出、转移性支出、预备费及预留、其他支出等；款级科目是对类级科目的细化，如“机关工资福利支出”进一步细分为工资奖金津补贴、社会保障缴费、住房公积金、其他工资福利支出等。全面、明细的支出经济分类，为加强政府预算管理，加强部门财务管理，以及进行政府统计分析提供了重要工具。

3. 全口径预算：就是把政府所有收支全部纳入统一管理，其目标定位于构建一个覆盖所有收支，不存在游离于预算外的政府收支，是将所有类型的财政资金收支都纳入统一管理体系的制度框架。目前我国政府管理预算的基本格局由公共财政预算、政府性基金预算、国有资本经营预算、社会保险基金预算和其他预算组成。

4. 公共财政收入：指按照现行财政体制规定列入地方预算，直接缴入地方金库的财政收入。具体由两部分组成：一是税收收入，包括增值税、企业所得税、个人所得税的地方分享部分，资源税、城市维护建设税、房产税、印花税、城镇土地使用税、土地增值税、车船税、契税、耕地占用税等；二是非税收入，包括专项收入、行政事业性收入、罚没收入、国有资本经营收入、国有资源（资产）有偿使用收入、捐赠收入、政府住房基金收入、其他收入等。

5. 公共财政支出：指列入地方预算的财政支出，其支出项目按功能设置“类”级科目，包括：一般公共服务支出、外交支出、国防支出、公共安全支出、教育支出、科学技术支出、文化旅游体育与传媒支出、社会保障和就业支出、卫生健康支出、节能环保支出、城乡社区支出、农林水支出、交通运输支出、资源勘探信息等支出、商业服务业等支出、金融支出、援助其他地区支出、自然资源海洋气象等支出、住房保障支出、粮油物资储备支出、灾害防治及应急管理支出、预备费、其他支出、转移性支出、债务还本支出、债务付息支出、债务发行费支出等。其资金来源包括用地方当年财力安排的支出、上年结余、调入资金和中央一般性及专项转移支付补助收入安排的支出。

6. 政府性基金收入：指各级政府及其所属部门根据法律、行政法规并经国务院或财政部批准，向公民、法人和其他组织征收的政府性基金，以及参照政府性基金管理或纳入基金预算、具有特定用途的财政资金。如：国有土地使用权出让收入。

7. 政府性基金支出：指用政府性基金收入对应安排的支出。

8. 社会保险基金：是指为了保障保险对象的社会保险待遇，按照国家法律、法规，由缴费单位和缴费个人分别按缴费基数的一定比例缴纳以及通过其他合法方式筹集的专项资金。社会保险基金主要包含企业职工基本养老保险基金、城乡居民基本养老保险基金、机关事业单位基本养老保险基金、职工基本医疗保险基金、城乡居民基本医疗保险基金（包括城镇居民基本医疗保险基金、新型农村合作医疗保险基金、合并实施的城乡居民基本医疗保险基金）、工伤保险基金、失业保险基金、生育保险基金等。

9. 国有资本经营预算收入：是指政府以国有资产所有者身份，依法从国有企业取得的国有资本投资收益。主要包括：国有独资企业按规定上交的利润；国有控股、参股企业国有股权（股份）获得的股息、股利；企业国有产权（含国有股份）转让收入；国有独资企业清算收入（扣除清算费用），以及控股、参股企业国有股权（股份）分享的公司清算收入（扣除清算费用）和其他收入。

10. 国有资本经营预算支出：主要包括：调入一般公共预算和补充社会基金，用于民生保障和改善，体现国有资本收益的全民共享；费用性支出，用于解决国有企业历史遗留问题及支付相关改革成本和国有企业政策性亏损补贴等；资本性支出，用于对国有企业的资本金注入，支持国有经济做大做强做优。具体的支出项目，依据国家宏观经济政策以及国有企业改革和发展任务，统筹安排确定。

11. 部门预算：是政府预算的细化，反映一个部门所有的收入和支出。部门预算的收入除公共财政预算财政拨款收入外，还有政府性基金财政拨款收入、事业收入、事业单位经营收入、其他收入等；部门预算的支出由基本支出和项目支出构成，其中，基本支出是为保证机构正常运转和完成日常工作任务所必需的支出，项目支出是为完成特定工作任务或事业发展任务而发生的支出。

12. 预算绩效管理：是政府绩效管理的

重要组成部分，是一种以支出结果为导向的预算管理模式。实施预算绩效管理，有利于强化政府预算，为民服务的理念，强调预算支出的责任和效率，实施预算绩效管理，要求在预算编制、执行、监督的全过程中，更加关注预算资金的产出和结果，要求政府部门不断改进服务水平和质量，花少量的资金，办尽量多的实事，向社会公众提供更多更好的公共产品和服务，使政府行为更加务实、高效。

13. 政府和社会资本合作模式（简称PPP）：是政府采取竞争性方式择优选择具有投资、运营管理能力的社会资本，双方按照平等协商原则订立合同，明确责权利关系，由社会资本提供公共服务，政府依据公共服务绩效评价结果向社会资本支付相应对价，保证社会资本获得合理收益。

14. 国库集中收付制度：一般也称为国库单一账户制度，包括国库集中支付和集中收缴制度。是指由财政部门代表政府设置国库单一账户体系，将所有财政性资金的收入和支出全部纳入国库单一账户体系管理和核算。财政收入通过国库单一账户体系直接缴入国库，财政支出通过国库单一账户体系，由财政集中支付或授权预算单位支付到商品和劳务供应商或最终用款单位。未支用的财政资金均保留在国库单一账户，由财政部门代表政府进行管理运作。

15. 转移支付制度：是政府间的一种补助，是以各级政府之间所存在的财政能力差异为基础，以实现各地公共服务均等化为目标，而实行的一种财政资金转移或财政平衡制度。目前转移支付主要由一般性转移支付和专项转移支付构成。一般性转移支付不规定具体用途，由接受拨款的政府自主使用，包括均衡性转移支付、固定数额补助、县级基本财力保障机制奖补资金、基层公检法司转移支付、义务教育转移支付、基本养老保险和低保转移支付、新型农村合作医疗转移支付、农村综合改革转移支付、重点生态功能区转移支付等；专项转移支付又称专项拨款，是有附加条件、规定资金使用范围的转移支付，要求专款专用。

16. 政府支出经济分类：

501 机关工资福利支出：反映机关和参照公务员法管理的事业单位（以下简称参公事业单位）在职职工和编制外长期聘用人员的各类劳动报酬，以及为上述人员缴纳的各项社会保险费等。下设 4 款：工资奖金津补贴、社会保障缴费、住房公积金、其他工资福利支出。

502 机关商品和服务支出：反映机关和参公事业单位购买商品和服务的各类支出，不包括用于购置固定资产、战略性和应急性物资储备等资本性支出。下设 10 款：办公经费、会议费、培训费、专用材料购置费、委托业务费、公务接待费、因公出国（境）费用、公务用车运行维护费、维修（护）费、其他商品和服务支出。

503 机关资本性支出（一）：反映机关和参公事业单位资本性支出。切块由发展改革部门安排的基本建设支出中机关和参公事业单位资本性支出不在此科目反映。下设7款：房屋建筑物购建、基础设施建设、公务用车购置、土地征迁补偿和安置支出、设备购置、大型修缮、其他资本性支出。

504 机关资本性支出（二）：反映切块由发展改革部门安排的基本建设支出中机关和参公事业单位资本性支出。下设6款：房屋建筑物购建、基础设施建设、公务用车购置、设备购置、大型修缮、其他资本性支出。

505 对事业单位经常性补助：反映对事业单位（不含参公事业单位）的经常性补助支出。下设3款：工资福利支出、商品和服务支出、其他对事业单位补助。

506 对事业单位资本性补助：反映对事业单位（不含参公事业单位）的资本性补助支出。下设2款：资本性支出（一）、资本性支出（二）。

507 对企业补助：反映政府对各类企业的补助支出，对企业资本性支出不在此科目反映。下设3款：费用补贴、利息补贴、其他对企业补助。

508 对企业资本性支出：反映政府对各类企业的资本性支出。下设2款：对企业资本性支出（一）、对企业资本性支出（二）。

509 对个人和家庭的补助：反映政府用于对个人和家庭的补助支出。下设5款：社会福利和救助、助学金、个人农业生产补贴、离退休费、其他对个人和家庭补助。

510 对社会保障基金补助：反映政府对社会保险基金的补助以及补充全国社会保障基金的支出。下设2款：对社会保险基金补助、补充全国社会保障基金。

511 债务利息及费用支出：反映政府债务利息及费用支出。下设4款：国内债务付息、国外债务付息、国内债务发行费用、国外债务发行费用。

512 债务还本支出：反映政府债务还本支出。下设2款：国内债务还本、国外债务还本。

513 转移性支出：反映政府间和不同性质预算间的转移性支出。下设6款：上下级政府间转移性支出、援助其他地区支出、债务转贷、调出资金、安排预算稳定调节基金、补充预算周转金。

514 预备费及预留：反映预备费及预留。下设2款：预备费、预留。

599 其他支出：反映不能划分到上述经济科目的其他支出。下设4款：赠与、国家赔偿费用支出、对民间非营利组织和群众性自治组织补贴、其他支出。

17. 人大审查预算怎么开展：

政府预算必须经国家权力机关批准后才能生效并实施，即预算的法定性。在我国，政府预算经本级人民代表大会审查批准后，即具有法律效力，应当得到严格执行，非经法定程序，不得改变。

审查和批准政府预算，是宪法和法律赋予各级人民代表大会的重要职权，也是发挥人大监督政府职能的具体体现。

现行法律法规对人大审查预算赋予的职权：

宪法对人民代表大会及其常委会的预算管理职权、政府的预算管理职权做出了规定。

人民代表大会的职权：审查和批准预算及预算执行情况；

人大常委会的职权：审查和批准预算调整方案；

政府的职权：预算编制权，预算执行权。

人大预算审查的重点内容：

新《中华人民共和国预算法》第四十八条规定：全国人民代表大会和地方各级人民代表大会对预算草案及其报告、预算执行情况的报告重点审查下列内容：

1. 上一年预算执行情况是否符合本级人民代表大会预算决议的要求；

2. 预算安排是否符合本法的规定；

3. 预算安排是否贯彻国民经济和社会发展的方针政策，收支政策是否切实可行；

4. 重点支出和重大投资项目的预算安排是否适当；

5. 预算的编制是否完整，是否符合本法第四十六条的规定；

6. 对下级政府的转移性支出预算是否规范、适当；

7. 预算安排举借的债务是否合法、合理，是否有偿还计划和稳定的偿还资金来源；

8. 与预算有关重要事项的说明是否清晰。

大 事 记

DA SHI JI

大事记

1 月

5 日，大寨干部学院揭牌。大寨干部学院的落成，既是全省省级党性教育基地布局建设上的重大成果，也是全市干部教育主渠道、主阵地建设取得的重大成果，具有里程碑意义。

19 日，第五届“昔阳好人”评选活动评选结果公布，共选出“昔阳好人”6 名。按得票顺序，当选人分别是：高艳斌、王换良、巩文梅、赵银娥、董彦玲、于喜风。其他 4 名候选人获得“昔阳好人”提名奖，分别是：董仲所、史志鹏、张恩元、耿怀柱。

2 月

7 日，昔阳县第二届春节联欢晚会在文体活动中心举办.县四套班子领导和 2000 多名观众观看演出。

14 日，2017 年度履职承诺践诺大会，县四套班子领导出席会议召开。各乡镇、城区社区管委会、县直各部门负责人就年度承诺践诺工作进行公开汇报。

23 日，中国共产党昔阳县第十五届纪律检查委员会第三次全体会议召开。全会深入学习贯彻习近平新时代中国特色社会主义思想和党的十九大、十九届二中全会精神，坚决贯彻落实十九届中央纪委二次全会、省纪委十一届三次全会、市纪委四届三次全会精神和县委部署，总结 2017 年全县纪检监察工作，研究部署 2018 年工作任务。

3 月

5 日，全县三级干部大会召开。会议回顾总结全县 2017 年工作，安排部署 2018 年工作任务，动员全县上下振奋精神，坚定信心，咬定目标，乘势而上，奋力开创新时代昔阳经济社会振兴崛起崭新局面。

是日，县文明办联合共青团县委、昔阳县志愿服务联合会和电业局志愿者深入社区开展了学雷锋活动日志愿服务活动。

7日，昔阳县在文体活动中心举行第五届“昔阳好人”颁奖仪式，对2017年度评选出的高艳斌、王换良、巩文梅、赵银娥、董彦玲、于喜风等6位昔阳好人进行表彰，昔阳县四套班子领导为他们颁发奖杯及奖金。同时表彰3支优秀公益社团、11名昔阳好少年、10名昔阳好工人、50个昔阳好家庭。

8日，晋中市举办“庆三八走基层巾帼行”昔阳专场暨“爱心献社会真情暖人间”庆“三八”公益晚会，活动为115名困难妇女发放救助款共计20万元。

是日，晋中副市长黄海涛在昔阳县督查煤矿安全工作。

12日，昔阳县委召开第四轮巡察工作动员部署会。

14日，大寨干部学院客座教授聘请仪式暨教师座谈会在干部学院举行。昔阳县委副书记、县长许利伟，县委常委、组织部部长、大寨干部学院院长郭春林分别为23名特聘教授颁发聘请证书。

20日，晋中市委副书记尹乃明就乡村振兴示范县创建工作在昔阳县进行调研指导。

是日，2018年晋中市共青团干部培训班在大寨干部学院开班。来自全市各县（区、市）、各市直机关的180余名共青团干部参加培训。市委副书记尹乃明出席开班仪式并讲话。

20—21日，山西省政协常委、省政协港澳台侨和外事委主任马天荣带领省委脱贫攻坚第六督导组深入昔阳县督导脱贫攻坚工作。晋中市政府副市长任忠以及市县相关部门负责人参加活动。

25日，昔阳县农村“领头雁”第一期培训班开班仪式在大寨干部学院举行。12乡镇党务工作负责人和315名农村党支部书记参加开班仪式。

4月

8日，中国人民政治协商会议第九届昔阳县委员会第三次会议在昔阳县行政服务大楼一楼多功能会议室召开。大会由县政协副主席杨海燕主持，应到会政协委员168人，实到会163人，符合法定人数。县委书记王根元在会上作讲话，县政协主席作中国人民政治协商会议第九届昔阳委员会常务委员会工作报告。

9日，昔阳县第十七届人民代表大会第三次会议在大寨礼堂开幕。大会开幕式由大会执行主席耿计良主持，大会应出席代表164名，实到159名，符合法定人数。县委副书记、县长许利伟代表县人民政府向大会作政府工作报告。

12日，晋中市第六届市委联系高级专家国情研修班暨十九大精神培训班在大寨干部学院开班，120人参加研修。市委常委、组织部部长张志刚，县委书记王根元，省委人才办副主任张新伟，县委常委、组织部部长郭春林，全国人大代表、大寨党总支书记郭凤莲等共同出席开班仪式。

17日，山西省副省长曲孝丽带领省政府调研组一行在昔阳县就县乡医疗卫生机构一体化改革、卫生和计划生育等工作进行调研。晋中市政府副市长辛琰参加调研，县委书记王根元，县委副书记、县长许利伟，副县长李丽萍陪同调研。全国人大代表、大寨党总支书记郭凤莲参加部分活动。

19日，昔阳县召开2018年脱贫攻坚暨乡村振兴动员大会。县四套班子领导、其他县级领导，市直单位驻村帮扶工作队长，12乡镇、城区社区党（工）委书记、乡（镇）长（主任），县直单位主要负责人，贫困村第一书记及示范村党支部书记等，共计500余人参加会议。

20日，昔阳县“转型项目建设年”重点项目4月份集中开工暨尚太锂离子电池负极材料一体化项目奠基仪式在昔阳经济技术开发区举行。此次集中开工的16个项目，全部为新建项目，概算总投资41.5亿元，年度计划投资17.9亿元。

22日，“第十五届中外避暑旅游目的地排名”中，昔阳县以“农耕壮歌”主题位列2018中国避暑休闲百佳县榜单第59名，是全省上榜8县中晋中市唯一上榜县。

26日，昔阳县召开扫黑除恶专项斗争领导小组工作会议暨扫黑除恶专项斗争推进会。

27日，昔阳县举行2018年“五一”表彰大会。大会集中表彰了10个先进单位、60名先进个人及14个获脱贫攻坚特别贡献奖的先进企业，动员和激励全县人民以先进模范为榜样，以人民向往为方向，振奋精神、扎实苦干，爱岗敬业、拼搏奋斗，争上游、创一流，为实现新时代昔阳经济社会振兴崛起做出新的更大的贡献。

5月

2日，市委常委、军分区政委许杰真和市政协副主席王继堂深入昔阳县督导调研。

7日，昔阳县召开“激活农村资源、促进乡村振兴”攻坚行动动员会。会议对开展土地综合整治、水资源开发利用、林业扩规增效工作进行全面安排部署。

14日，昔阳县首期领导干部读书班暨安全教育培训班在大寨干部学院开班。县委书记王根元，县委常委、常务副县长李军，县委常委、组织部部长、大寨干部学院院长郭春林参加开班仪式。

19日，2018年“中国旅游日”昔阳主题活动暨“山水昔阳，户外天堂”千人初夏徒步行启动仪式在昔阳县政府广场举行，近千市民参加活动。

28日，晋中市委副书记、市长赵建平深入昔阳县进行调研。市政府秘书长连建华，县委书记王根元，县委副书记、县长许利伟，副县长陈立军、成建忠陪同调研。

29日，全国十二县区人大常委会第十八次联席会议在昔阳县召开。市人大常委会副主任张耀明指导并致辞。会议围绕“贯彻落实党的十九大精神，探索新时代如何更好地发挥人大代表作用”主题进行广泛深入的研讨交流，会议接受山东省高唐县人大常委会成为联席会议成员单位的申请，商定第十九次联席会议在辽宁省丹东市元宝区召开，联席会议的主题建议为“贯彻落实十九大精神，探索新时代如何进一步密切代表与人民群众联系工作”。

6 月

1 日，晋中市委书记王成深入昔阳县调研农村基层党建工作，并主持召开座谈会。县委书记王根元，县委常委、组织部部长郭春林参加调研。

是日，昔阳县召开 2018 年防汛与地质灾害防治工作会议。

13 日，昔阳县召开“激活农村资源、促进乡村振兴”工作推进会。

19—23 日，昔阳县委副书记、县长许利伟带领县经商粮局、发改局、大寨镇、乐平镇等乡镇和部门负责人赴浙江湖州安吉县、长兴县、德清县考察乡村振兴工作。

21 日，昔阳县正式启动第六届“昔阳好人”评选活动。

27 日，昔阳县委中心组全体党员在皋落村开展主题党日活动，召开全县庆“七一”专题党课报告会，县委书记王根元作《高举旗帜迈步新时代，砥砺奋进践行“三个三”》专题党课。

7 月

3 日，晋中市新编廉政晋剧《打虎记》昔阳县巡演。

5 日，晋中市农村道路交通安全管理推进会在昔阳县召开。省公安厅党委委员、交管局局长郭丙福，市委常委、政法委书记贡琦等领导出席会议。

9 日，昔阳县召开全县城乡人居环境综合整治攻坚行动推进会。

10 日，山西省政协副主席李武章带队的调研组在昔阳县就乡村振兴规划工作进行专题调研。省政协常委、农村委员会主任丁文禄，市委副书记尹乃明，市政协副主席张鲜萍，县委书记王根元，县委副书记郭丰慧，县委常委、组织部部长郭春林，副县长陈立军，县政协副主席吴战军及市县相关部门负责人参加调研。

是日，副市长郝向明带领市国土局等相关部门负责人在昔阳县调研指导地质灾害隐患点防治工作。

11 日，晋中市选拔培养年轻化、专业化副处级后备干部党性锻炼培训班在昔阳县正式开班，市委常委、组织部部长张志刚出席开班仪式并作动员讲话，县委书记王根元，县委常委、组织部部长、大寨干部学院院长郭春林参加开班仪式。

12 日，昔阳县首部精准扶贫电影《岭上花开》在县晋美电影院首映。《岭上花开》作为昔阳县历史上第一部本土出品的电影，从策划到拍摄、完成历时六年。该片记录了昔阳县扶贫历史进程，反映了昔阳县对文化产业、文化艺术人士的扶持，填补了昔阳县乃至全省文化企业自拍电影的空白，为繁荣发展本土文化事业写下了浓墨重彩的一笔，具有里程碑式的意义。

18—19 日，晋中市第五督查组对昔阳县贯彻市委“三个三”工作思路和举措，落实“三个清单”情况进行督查。

19 日，晋中市中央环保督查“回头看”工作会议在昔阳县召开。

8 月

9 日，晋中市委书记王成深入昔阳县就脱贫攻坚和乡村振兴工作进行调研。

15 日，山西省人大常委会城环工委副主任乔锦瑞带队的调研组一行，在昔阳县就山西省城乡环境综合治理条例实施情况进行专题调研。

16 日，昔阳县公安局旅游警察大队、工商和质量监督管理局旅游监督管理所和人民法院旅游巡回法庭正式揭牌，昔阳县的旅游产业发展正逐步向规范化服务、法治化管理、有序化发展，全域旅游健康有序推进。

19 日，昔阳县首届电商节在农村淘宝孵化园区举办。

23 日，昔阳县召开非洲猪瘟防控工作安排会。

24 日，昔阳县召开庆祝改革开放 40 周年工作推进会。

9 月

1 日，昔阳县召开领导干部大会，安排部署当前重点工作。县委书记王根元，县委副书记、县长许利伟，县委副书记郭丰慧，县人大常委会主任李显鸣等县四套班子领导，乡镇、社区党政正职，县直副科以上单位一把手参加会议。

是日，昔阳县召开学习贯彻山西省委十一届六次全会精神大会。县委书记王根元主持会议，县四套班子领导、乡镇社区党政正职、县直副科以上单位一把手等参加会议。

4 日，为期一周的晋中市第一期选调生能力素质提升培训班在大寨干部学院正式开班，晋中市委组织部常务副部长张俊文，县委常委、组织部部长、大寨干部学院院长郭春林出席会议。2015—2018 年分配到晋中市的选调生共 74 人参加本次培训。

5 日，山西省副省长张复明就昔阳县教育职级制改革和旅游产业发展进行调研。晋中市委常委、常务副市长王建忠，副市长辛琰，昔阳县委书记王根元，昔阳县委副书记、县长许利伟，全国人大代表、大寨村党总支书记郭凤莲，昔阳县委常委、统战部部长李怀仁，昔阳县副县长陈立军、张建岗等参加调研。

是日，山西省旅游发展委员会副主任戎劲光深入昔阳县大寨镇石马寺景区和潘掌生态园，就昔阳县旅游产业发展进行调研，晋中市人民政府副市长辛琰，县委副书记、县长许利伟，副县长陈立军陪同调研。

是日，市委常委、常务副市长王建忠在昔阳县阳煤集团寺家庄煤矿就安全生产大检查工作进行调研，并召开座谈会。县委常委、常务副县长李军参加会议。

6—9 日，昔阳县举办“昔阳安顺”杯山西·大寨全国汽车场地越野公开赛，来自北京、天津、湖南、陕西、河北、山东等 10 多个省份的 40 余支车队、100 余辆赛车、200 余名赛车手参赛。经过激烈角逐，众泰越野车队荆逵、河南大森机电车队张冉冉、大庆老窖车队田凤军、车仆燃油宝车队梁权、辽宁沟帮子熏鸡集团车队一队杨雅朝、内蒙古汗廷酒业赛车队荣盼盼和马淼、沙蜥减震器车队贾新宇分别获得厂商组、汽油改装组、柴油改装组、公开组、UTV 组、女子组、两驱改装组、开放组冠军。

7 日，山西省人民政府批准 12 个县退出贫困县序列，昔阳县位列其中，是全省首批全市第一个脱贫摘帽县。

是日，山西省关心下一代工作委员会执行主任安焕晓到昔阳县调研指导关心下一代工作，县委书记王根元、县委副书记郭丰慧参加调研。

是日，昔阳县组织收看全国开展“大棚房”问题专项清理整治行动电视电话会议。

9 日，昔阳县召开第三十四个教师节表彰大会。县委书记王根元，县长许利伟，县委副书记郭丰慧，县人大常委会主任李显鸣、县委常委、常务副县长李军，副县长张建岗出席会议。大会表彰奖励了 1 名功勋教师、20 名师德标兵、40 名优秀班主任、40 名模范教师和 20 名先进教育工作者。

9 日，昔阳县召开 2018 年新兵入伍欢送大会，热烈欢送昔阳县优秀青年光荣入伍。县委常委、常务副县长李军，县委常委、人武部部长陈建鹏出席会议并讲话。

10 日，昔阳县组织收听收看全市生态环境保护电视电话大会。县委书记王根元，县委副书记、县长许利伟，县人大常委会主任李显鸣，县委常委、政法委书记赵海斌，县委常委、人武部部长陈建鹏，副县长陈立军、张建岗、张瑞芳，县政协副主席梁素平及各乡镇、县直各单位主要负责人在昔阳县分会场参会。

11 日，山西省激活乡村振兴内生动力培训班在大寨干部学院开班。山西省农业厅农村工作处处长岳磊，昔阳县委常委、组织部部长郭春林出席开班仪式。

是日，市委副书记、市长赵建平深入昔阳县河南村和大寨村，就昔阳县乡村振兴和农村人居环境整治工作进行调研。

12 日，市委副书记、市长赵建平带队的市转型项目建设督查组深入昔阳县实地督查观摩转型项目建设。县委书记王根元，县委副书记郭丰慧，县委常委、常务副县长李军陪同督查。副县长成建忠在项目现场进行汇报。

14 日，昔阳县十七届人大常委会第十六次会议召开。县人大常委会主任李显鸣、副主任耿计良、李维新、王志勇、赵继胜参加会议。县委常委、常务副县长李军，县委常委、县纪检委书记、监察委员会主任张扣生，县人民法院、检察院负责人列席会议。会议由县人大常委会副主任王志勇主持。

18 日，昔阳县召开乡村振兴总体规划（2018—2022 年）征求意见座谈会。县委副书记、县长许利伟，县委副书记郭丰慧，县委常委、常务副县长李军，县委常委、宣传部部长张月清，副县长陈立军参加会议。会上，浙江大学中国农村发展研究院朱允卫教授就昔阳县乡村振兴总体规划进行详细解读说明。与会人员分别立足工作实际对乡村振兴战略规划提出具体的修改意见和建议。

同日，山西省国有林场改革验收小组到昔阳县检查验收国有林场改革工作。副县长陈立军出席汇报会。昔阳县发改、林业、编办、财政、人社等相关部门负责人以及国有林场主要负责人参加汇报会。

19日，省委宣传部宣传处处长郭颖平、市委宣传部宣传科科长杨美茹等一行3人，就昔阳县爱国主义教育基地建设各项工作进行督查指导。县委常委、宣传部部长张月清陪同督查。

20日，山西省、晋中市人大代表到昔阳县视察2018年度转型项目。市人大常委会主任冯建平，市人大常委会副主任张耀明，县委书记王根元，县委副书记、县长许利伟，县委副书记郭丰慧，县人大常委会副主任赵继胜，副县长成建忠参加活动。

21日，“相约大寨，转型跨越”昔阳县2018招商引资推介暨重点项目签约仪式在昔阳县大寨干部学院隆重举行。晋中市委书记王成，全国人大代表、大寨党总支书记郭凤莲，晋中市委常委、军分区政委许杰真，晋中市政协副主席王继堂，晋中市政协副主席、市委秘书长鹿建平出席签约仪式，昔阳县四套班子领导、相关市直单位和县直单位负责人、乡镇主要负责人参加签约仪式，外省山西商务会领导及客商代表应邀参加签约仪式。本次招商引资推介暨重点项目签约仪式上推介项目10个，总投资达150.7亿元，签约项目5个，总投资达115.6亿元。5个签约项目均为新能源、新技术、新材料等国家鼓励发展的战略性新兴产业，对资源依赖性小、环境污染少、市场前景好。

22日，昔阳县召开“大棚房”问题专项清理整顿安排会。县委副书记、县长许利伟，副县长陈立军出席会议，国土、农委、住建等相关部门及城区社区、12乡镇负责人参加会议。

26日，昔阳县庆祝改革开放40周年暨首届农民丰收节活动在大寨红旗广场开幕。昔阳县四套班子领导出席启动仪式。本次系列活动主题为“庆祝丰收、传承文化、振兴乡村”，活动内容包括昔阳农特产品展销活动、“影证变迁”昔阳县纪念改革开放四十周年图片展、“喜在中国·善行天下”庆祝中国农民丰收节中国曲艺名家新秀送欢乐走进大寨慰问演出等10个独立项目，活动持续到10月底。

29日，昔阳县纪委监委、县委组织部和县委宣传部共同主办的昔阳县庆祝改革开放40周年、国庆69周年“清风进万家”家风故事巡回宣讲活动在大寨干部学院举行。

30日，是全国第五个烈士纪念日。昔阳县在县松溪公园烈士纪念碑前举行“继承先烈遗志，弘扬抗战精神；不忘历史屈辱，保卫和平家园”烈士纪念日公祭活动，深切缅怀昔阳县2400余名革命先烈的丰功伟绩，虔诚祭奠革命先烈的不朽英魂，表达全县人民的深切悼念和无限敬仰。

是日，昔阳县举行2018年迎国庆部分民生工程集中开竣工仪式，献礼新中国69

周年华诞。其中开工项目2个，竣工项目5个，总投资达5.6235亿元。

10月

6日，昔阳县举办山乡之都·2018中国大寨国际山地马拉松赛，来自欧洲、美洲、亚洲、非洲等9个国家的30名国外运动员和来自全国22个省、直辖市、自治区的1200名参赛选手参赛。经过激烈角逐，万玛和唐伟分别以2小时16分39秒和3小时5分55秒的成绩赢得30千米男子组第一名、女子组第一名。庞可和刘素花分别以46分17秒和54分24秒的成绩赢得10千米男子组第一名、女子组第一名。

9—12日，山西省人大常委会人事代表工委副主任李高山组长带队的省委脱贫攻坚第七督导组，到昔阳县实地督导脱贫攻坚工作。晋中市委副书记尹乃明，昔阳县委书记王根元，县委副书记郭丰慧，县委常委、组织部部长郭春林，县人大常委会副主任王志勇，副县长、市驻昔阳扶贫工作队大队长张军分别参加实地督导和反馈座谈会。

10日，山西省人大常委会信访干部培训班在昔阳县大寨干部学院开班，省人大、省公检法司、省国资委、全省11个市分管信访工作的领导及工作人员共90余人参加学习培训。省人大常委会副主任李悦娥出席开班仪式并讲话，晋中市人大常委会主任冯建平出席开班仪式并致欢迎词，市人大常委会副主任陈定堂参加培训，县委书记王根元，全国人大代表、大寨村党总支书记郭凤莲出席开班仪式。

13日上午，昔阳县委副书记、县长许利伟主持召开“激活农村资源，促进乡村振兴”工作推进会。12乡镇、城区社区管委会，以及县国土、水利、农委等部门相关负责人参加会议。

15—16日，晋中市秋季造林暨森林防灭火（昔阳）现场推进启动会在昔阳县召开。副市长任忠参加启动会并安排部署工作。县委副书记、县长许利伟，县委常委、常务副县长李军，副县长陈立军参加活动。

16日，山西昔阳农村商业银行股份有限公司2018年度第二次股东大会成功召开。会议表决通过《会议议程》《山西昔阳农村商业银行股份有限公司章程（草案）》等，选举产生昔阳农商银行第一届董事会董事。董事会上，选举王亚鹏为昔阳农商银行第一届董事会董事长，聘任任瑞梅为昔阳农商银行行长。

是日，全市脱贫攻坚脱贫摘帽成果现场观摩会在昔阳县召开，副市长任忠出席会议并讲话，县四套班子领导许利伟、郭丰慧等参加会议。会议由市政府党组成员、扶贫办主任侯文亮主持。

17—19日，昔阳县委书记王根元、副县长成建忠带领县经商粮局、国土、财政、投促、税务、李家庄乡等部门负责人，赴湖南省汨罗市考察城市矿产循环经济产业园招商项目。

19日，昔阳县政协带领政协常委、部分驻昔市政协委员深入农村、企业、公安等地就农村改厕、安全生产、扫黑除恶工作进行视察，并召开政协第九届昔阳县委员会第十二次常委会。县政府副县长、公安局局长江旭燊，县政协副主席杨海燕参加活动。

是日，山西省党建研究会、山西大学马克思主义学院党建研究基地揭牌暨特聘教授聘任仪式在大寨干部学院举行，山西大学马克思主义学院党委书记韩书保，山西大学马克思主义学院院长刘晓哲，县委常委、组织部部长、大寨干部学院院长郭春林，以及山西大学马克思主义学院的师生代表参加仪式。

是日，昔阳县召开“建设和谐美丽昔阳，助推人居环境改善”为主题的2018年环卫工作暨城市管理表彰大会，对84名“优秀环卫工作者”和“城市管理先进工作者”进行表彰。

25日，昔阳县举行2018年乡镇（社区）重点工程观摩评比活动。县委书记王根元和县委副书记、县长许利伟分别带队，对12个乡镇和城区社区管委会的26个重点项目进行实地观摩。

29日上午，昔阳县纪委监委召开全县纪检监察系统干部大会。

30日，省市人大常委会在昔阳县调研全民健身工作情况和民办教育执法检查审议意见落实情况。山西省人大常委会教科文卫工委副主任尹天五，晋中市人大常委会教科文卫工委主任王润民，昔阳县委书记王根元，县人大常委会主任李显鸣，县委常委、统战部部长李怀仁，县人大常委会副主任耿计良，副县长张建岗参加调研。

31日，晋中市委常委、组织部部长张志刚在昔阳县就“三基建设”和重点工程项目进行调研指导，昔阳县委书记王根元，县委常委、组织部部长郭春林，副县长成建忠陪同调研。

11月

1日，昔阳县召开县工商联九届二次执委会暨非公企业助力脱贫攻坚和乡村振兴行动推进会。昔阳县委书记王根元参加会议并讲话，晋中市委统战部副部长、市工商联党组书记郭宇佳出席会议，昔阳各乡（镇）、各系统、城区社区管委会分管统战工作的负责人、县工商联九届二次执委会的执委、县光彩事业促进会全体会员和参与脱贫攻坚和乡村振兴的民营企业家共计150余人参加会议，县委常委、统战部部长李怀仁主持会议。

2日，昔阳县第九次妇女代表大会召开。会议听取和审议了昔阳县妇女联合会第八届执行委员工作报告，选举产生昔阳县第九届执行委员会领导班子。陈红梅当选为第九届妇女联合会主席。县委书记王根元出席会议并讲话。市妇联副主席潘慧琴到会祝贺并讲话。部分县领导出席会议，全县各人民团体负责人、县妇联历任主席及各行各业的妇女代表共140余人参加会议。

是日，昔阳县召开2018年秋冬季森林防灭火工作会，县委副书记、县长许利伟、副县长陈立军、县森林防火指挥部成员单位、12乡镇及城区社区负责人、各乡镇派出所负责人、重点涉林企业、国有林场、森林公园等相关单位负责人，共计60余人参加会议。

4—11日，昔阳县委副书记、县长许利伟带队赴上海参加首届中国国际进口博览会，参加晋中签约仪式，考察上海东方龙招商平台公司、无锡阳山田园综合体等公司和项目。

6日，昔阳县宣传文化部门召开第十九个记者节表彰暨媒体宣传培训会，为24名本年度表现突出的优秀新闻工作者颁发荣誉证书。

是日，昔阳县举办2018“中国大寨”国际山地马拉松赛。赛事吸引了俄罗斯、乌干达、苏丹、埃塞俄比亚、哈萨克斯坦等10余个国家和全国22个省、市、自治区的1200余名选手参赛。

7日，晋中市委常委、市纪委书记、监委主任丁利军深入昔阳县进行调研。昔阳县委书记王根元、县人大常委会主任李显鸣等县四套班子领导参加调研。

12日，全国召开“大棚房”问题专项清理整治行动推进落实视频会，昔阳县委副书记、县长许利伟，副县长陈立军，12乡镇、城区社区及相关单位负责人在昔阳县分会场参会。

16日，昔阳县举行转型项目建设年11月份集中开工仪式。县四套班子领导分别出席主会场和两个分会场的集中开工活动。此次集中开工的9个重点项目，全部为新建项目，概算总投资32.3亿元，涉及产业转型、基础设施、土地整治、生态环保、社会民生等多个领域。

17—18日，昔阳县委副书记、县长许利伟参加农村改革（太谷）论坛。

26日，昔阳县主题党日活动暨“我是共产党人”现代戏优秀剧目片段展演活动在大寨干部学院开展。全县400多名党员干部共同回顾党的奋斗历程，进一步强化理想信念教育。

12月

11日，昔阳县组织收听收看全国全省全市加强非洲猪瘟防控工作电视电话会议。会后，第一时间召开县级安排部署会。

18日，昔阳县举行智慧农业科技产业园项目正式签约活动，该项目总投资70亿元、占地800亩。项目全部投产后，年产值41.78亿元，利税24亿元。

是日，庆祝改革开放40周年大会在人民大会堂隆重举行。昔阳县四套班子领导及县直各相关单位的党员干部共同收听收看了大会直播。

24日，昔阳县召开2018年度履职承诺践诺大会。县四套班子领导出席会议。12乡镇、城区社区管委会和61家县直各部门共74个单位在大会上作了汇报。

26日，晋中市新编现代戏《暖冬》在大寨干部学院展演。该剧反映中国农村创业、发展的艰辛历程，展现改革开放40年来山西、晋中山乡巨变的壮美画卷，演出受到现场领导和观众的一致好评和充分肯定。

30日，昔阳县举行山西昔阳农村商业银行揭牌仪式。

县情概览

XIAN QING GAI LAN

历史　地理

【建置沿革】　据考古发掘与文献记载，一万年前域内就有人类活动繁衍。一万年来，历经族居、部落，秦汉形成郡县制，并有“乐平”之称。其间，县域多次分分合合，其中不乏小诸侯割据称霸、域中有国的局面。东汉末至隋初，境内置乐平郡、乐平县，县属郡辖。隋唐时期，乐平县属辽州，北宋属平定军。金至清代属平定州，其间曾两次降为乡制。民国初改名为昔阳县。抗日战争时期，为中国共产党领导的抗日根据地。为适应战争需要，以平（定）辽（县）公路为界，分为昔（阳）东、昔（阳）西两县。1945 年 9 月统一为昔阳县。中华人民共和国成立后，一直延续县级建制。

【地理位置】　昔阳县位于太行山西麓，山西省晋中市东部。地理坐标北纬 37°20′~37°43′，东经 113°20′~114°08′。东与河北省赞皇县、内丘县、井陉县、邢台市接壤，西与寿阳县为邻，南与和顺县毗连，北与平定县交界。东西长 70 千米，南北宽 41 千米，县域面积 1954.3 平方千米。

昔阳县城距晋中市政府所在地榆次区 139 千米，经 317 省道近 3 小时车程；距省会太原市 149 千米，经太旧高速 2 小时车程；距首都北京市 423 千米，经 G5 京昆高速 5 小时车程。

【行政区划】　2018 年，昔阳县行政区划为乐平镇、东冶头镇、皋落镇、沾尚镇、大寨镇、界都乡、赵壁乡、孔氏乡、李家庄乡、三都乡、闫庄乡、西寨乡 5 镇 7 乡和城区社区 1 个社区及 302 个行政村。

【地质地貌】　昔阳地处太行山低中山土石山区。地势西高东低，平均海拔 1116 米。北部松溪河出境处孔氏乡田家湾海拔 560 米，南端白羊山海拔 1833 米，为境内高低两最。境内山丘地貌，四界峰峦叠嶂，围成中部盆地。盆地内丘陵突起，沟壑纵横。山地丘陵面积约占 94%，仅在河谷两岸有少量平川。

【气候特征】　昔阳县的气候特点是一

年四季分明。3—5 月为春季，6—8 月为夏季，9—11 月为秋季，12 月—次年 2 月为冬季。春季温度回升快但不稳定，日照充足，少雨多风，蒸发量大；夏季炎热，雨水集中而分布不均，常伴有干旱、洪水、风雹灾害；秋季多晴朗天气，常有大风、霜冻出现；冬季寒冷，风多雪少。

2018 年，昔阳县全年平均气温偏高，冬、春、夏季高于历年平均值。全年总降水量偏少，且分布不均匀，3—5 月、7—8 月降水偏多。全年日照时数为 2239.3 小时，较历年平均值 2470.3 小时偏少 231 小时。

2018 年（1—12 月）昔阳县年平均气温 10.2℃，比历年平均 9.9℃偏高 0.3℃。极端最高气温 35.7℃，出现在 6 月 6 日；极端最低气温-18.4℃，出现在 12 月 30 日。

2018 年（1—12 月），昔阳县年总降水量 470.6 毫米，与历年平均 491.7 毫米相比偏少 21.1 毫米；比 2017 年 758.0 毫米偏少 287.4 毫米。年一日最大降水量为 49.7 毫米，出现在 7 月 9 日；日降水量≥25 毫米的日数为 3 日；日降水量≥0.1 毫米的雨、雪日数为 84 天；冬季日最大降雪量为 1.2 毫米，出现在 12 月 27 日。

主要气候事件：大风，全年大风日数 22 天，年极大风速为 26.2 米/秒，风向西西北，出现在 5 月 12 日。初终霜冻，终霜冻出现在 3 月 16 日，初霜冻出现在 10 月 12 日，无霜期为 209 天。大雾，全年出现大雾日数为 41 天，其中年最小能见度为 83 米，出现时间为 10 月 16 日。

【土地】 2018 年，昔阳县地域总面积约 291.820524 万亩。水域及水利设施用地 39206.8 亩，耕地 47.096733 亩，城镇村及工矿用地 75654.38 亩，园地 35623.24 亩，交通运输用地 25096.77 亩。

【植被】 昔阳县属低中土石山区，较大的土石山占到 70%。20 世纪 90 年代以后，注重植树造林和生态保护，重点实施小流域治理工程、水土保持工程、太行山绿化工程、生态沟建设工程、生态涵养林工程，特别是从 2002 年开始实施退耕还林、退耕还草和“十一五”期间实施“西菜东果”战略及环城绿化、通道绿化、荒山绿化、园林村建设以来，全县的植被状况改善较大。截至 2018 年年底，全县有林地面积 65.19 万亩，灌木林、疏林地共 64.20 万亩，宜林地面积 42.22 万亩。森林面积 65.19 万亩，森林覆盖率 22.3%。

【矿产】 昔阳是全国重点产煤县，截至 2018 年，煤炭储量 73.3 亿吨。煤层气蕴藏丰富，约 54.46 亿立方米。昔阳县的矿物资源还有石灰石、铁矿、铜矿、白云岩、硫磺矿、磷矿等。

【水资源】 昔阳县水资源贫乏。2018 年水资源总量 10514 万立方米，2018 年全县总水量 3200 万立方米，2018 年昔阳县万元 GDP 用水量为 49.77 立方米。2018 年昔阳县农田灌溉水有效利用系数为 0.548，根据晋中市水利局《晋中市水质年报》，2018 年昔阳县地表水功能区监测断面为 12 个，河干 2 个，参与达标评价断面 10 个，水质达标断面 9 个，水功能区达标率 90%。

【自然灾害】 昔阳属温带、暖温带半

干旱大陆性季风气候区，四季分明。雨量分布不均，极易发生洪、旱灾害。干旱是昔阳县最主要的自然灾害，发生年际概率为75%，有“十年九旱”之称。据气象资料分析，10年有8年春旱，4年夏旱，2年秋旱。其他灾害主要有霜冻等气候灾害，地震及山洪导致的水土流失、泥石流、滑坡、崩塌，采矿导致的地面沉陷等。

经济和社会发展

【综合】 经核算，2018年，全县地区生产总值完成84.62亿元，同比增长7%。分产业看，第一产业增加值5.47亿元，同比增长7.7%；第二产业增加值49.61亿元，同比增长6.8%；第三产业增加值29.54亿元，同比增长7.2%。三次产业占地区生产总值的比重依次为6.5%、58.6%、34.9%。与上年相比，第一产业比重下降0.2个百分点，第二产业增长2.1个百分点，第三产业下降1.9个百分点。人均地区生产总值36509元，按2018年平均汇率计算达到5450美元。

年末全社会从业人员12.53万人，全年新增就业岗位3024个，城镇登记失业人数434人，失业率为2.1%，比控制目标4.5%降低了2.4个百分点。

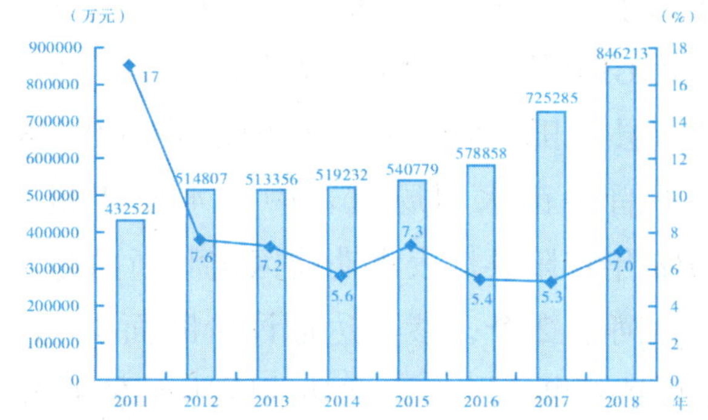

图1 2011—2018年地区生产总值及增长速度图

【农业】 2018年全县农业（现价）总产值达9.9亿元，同比增长8.6%。其中，农业6.74亿元，同比增长5.7%；牧业2.56亿元，同比增长12.3%；林业4698.7万元，同比增长42.3%；渔业144万元，同比增长26.3%；农林牧渔服务业1100万元，同比增长2.7%。

全县农作物总播种面积为35.33万亩，同比下降1.6%。粮食作物播种面积33.17万亩，同比下降0.7%，其中：玉米播种面积为28.83万亩，同比下降2.5%。蔬菜种植面积1万亩，同比增长18%。全年粮食总产量达到1.49亿千克，同比增长6.5%。

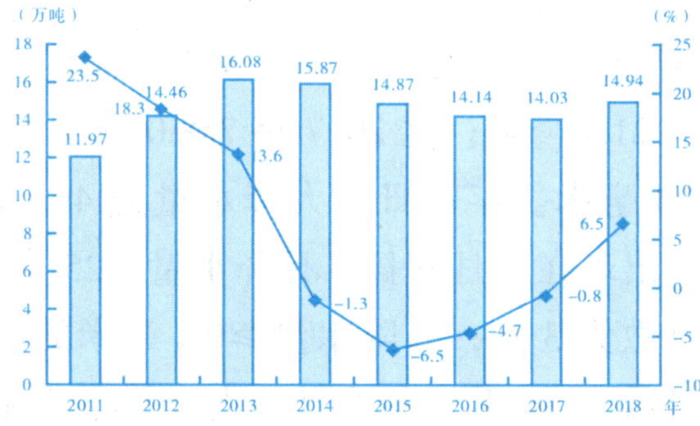

图2 2011—2018年粮食总产量及增长速度图

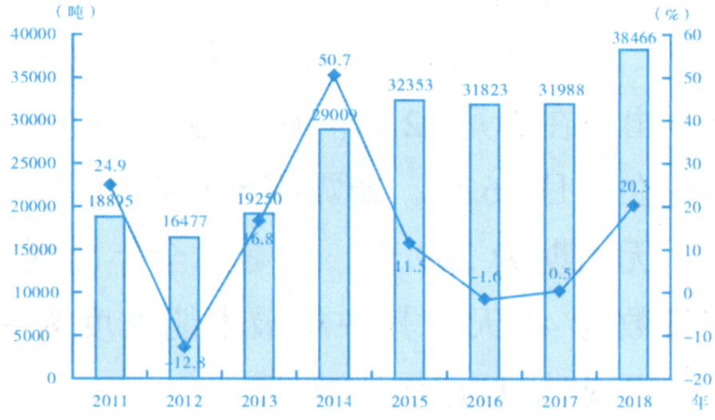

图3 2011—2018年蔬菜总产量及增长速度图

蔬菜及食用菌总产量 0.38 亿千克，同比增长 20.3%。

全县肉类总产量 993.24 万千克，比上年增加 209.14 万千克，同比增长 26.7%；奶类产量 52.3 万千克，同比下降 73.7%；禽蛋产量 321.1 万千克，同比下降 2.3%；年末大牲畜存栏 5771 头，同比增长 7.2%；猪存栏 63947 头，同比下降 9.3%；羊存栏 66536 只，同比下降 20.5%。

2018 年主要农产品产量及其增长速度图

表 1

产品名称	产量(吨)	比上年增长(%)
粮　食	149379.7	6.5
玉　米	141372.2	5.2
谷　子	6130.4	11.6
高　粱	59	–9
豆　类	828	–8
薯　类	450	–25
油　料	84.4	18.9
蔬菜及食用菌	38466.2	20.3
水　果	4191.9	15.5

【工业和建筑业】 2018 年规模以上工业企业 17 家，累计完成工业总产值 83.89 亿元，完成工业增加值 40.88 亿元，同比增长 8.1%。分行业看，煤炭行业完成增加值 37.03 亿元，同比增长 12.6%；天然气开采业完成增加值 0.37 亿元，同比增长 12.6%；化工行业完成增加值 1.63 亿元，同比下降 35%；电力行业完成增加值 1.64 亿元，同比下降 11%；纺织服饰业完成增加值 1009 万元，同比下降 3%；食品制造业完成增加值 935 万元，同比增长 37.3%。

规模以上工业企业实现主营业务收入 81.16 亿元，同比增长 11%，实现利税 18.52 亿元，同比增长 58.2%，实现利润 4.94 亿元，比上年同期增加 3.1 亿元。

全县建筑业实现总产值 2.14 亿元，同比增长 87.6%。其中建筑工程总产值 1.94 亿元，安装工程总产值 2000 万元。具有建筑业资质等级的总承包和专业承包建筑业企业实现增加值 7533 万元。

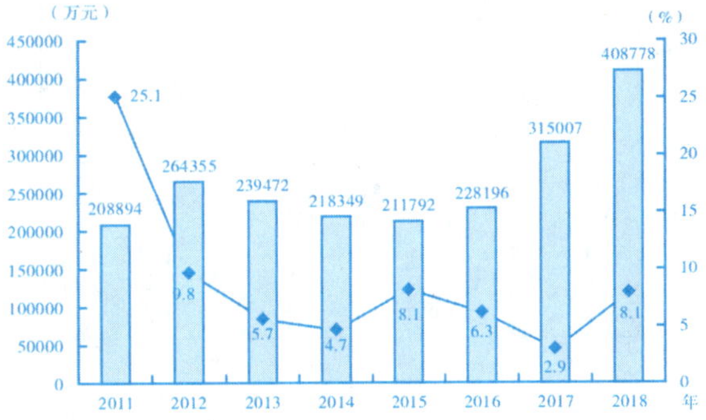

图 4　2011—2018 年规模以上工业增加值及增长速度图

2018 年规模以上工业主要工业产品产量及其增长速度表

表 2

产品名称	单　位	产　量	比上年增长%
原　煤	万吨	1466.9	6.6
糠　醛	吨	4187	9.3
电　石	吨	337769.8	3
烧　碱	吨	43754.7	–59.3
聚氯乙烯	吨	40725	–60.4
煤层气	万立方米	5270.6	47.5
发电量	万千瓦时	126849.9	–22.3

【固定资产投资】 2018 年全县固定

资产投资完成 47.64 亿元，同比增长 10.1%。其中，工业投资项目完成 29.05 亿元，同比增长 49.1%；房地产项目投资完成 2.63 亿元，同比增长 26.1%。分产业看，第一产业投资完成 1.84 亿元，同比下降 19.4%；第二产业投资完成 29.05 亿元，同比增长 49.1%，占全部投资的比重的 61%；第三产业投资完成 16.74 亿元，同比下降 22%。

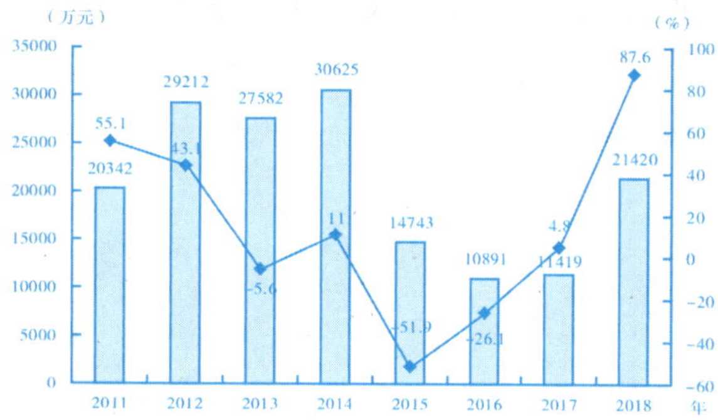

图 5　2011—2018 年建筑业总产值及增长速度图

全部固定资产投资项目个数 87 个，本年新开工项目 62 个，比 2017 年减少 7 个；本年投产项目个数 54 个，新增固定资产 16.08 亿元。

【批零贸易业和旅游业】　2018 年全县实现社会消费品零售总额 29.14 亿元，同比增长 8%。其中：城镇零售额 19.26 亿元，同比增长 8.4%；乡村零售额 9.8 亿元，同比增长 7.2%。分行业看：批零贸易业完成 27.66 亿元，同比增长 7.6%；住宿餐饮业完成 1.47 亿元，同比增长 17.2%。

2018 年全县共接待旅游人数 318.1 万

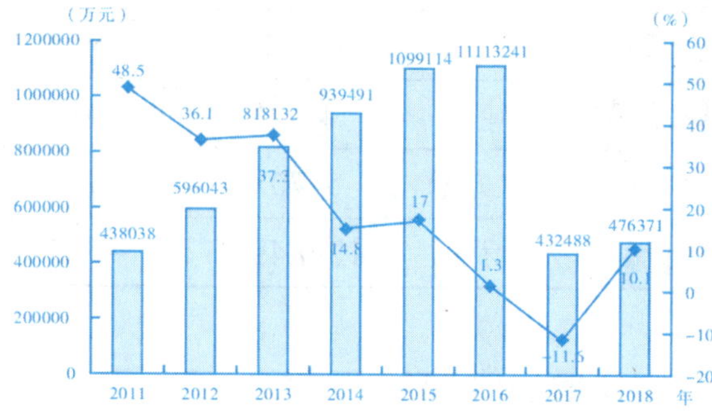

图 6　2011—2018 年固定资产投资及增长速度图

2018 年房地产开发和销售主要指标完成情况及其增长速度表

表 3

指　标	单　位	绝对数	比上年增长(%)
投资额	万元	26324	26.1
其中:住宅	万元	25494	37.9
其中:90 平方米及以下	万元	3264	–15.1
房屋施工面积	平方米	286844	25.6
其中:住宅	平方米	279906	41.3
房屋新开工面积	平方米	215529	124.6
其中:住宅	平方米	208591	118.6
房屋竣工面积	平方米	–	–
其中:住宅	平方米	–	–
商品房销售面积	平方米	83358	43.3
其中:住宅	平方米	83358	49.3

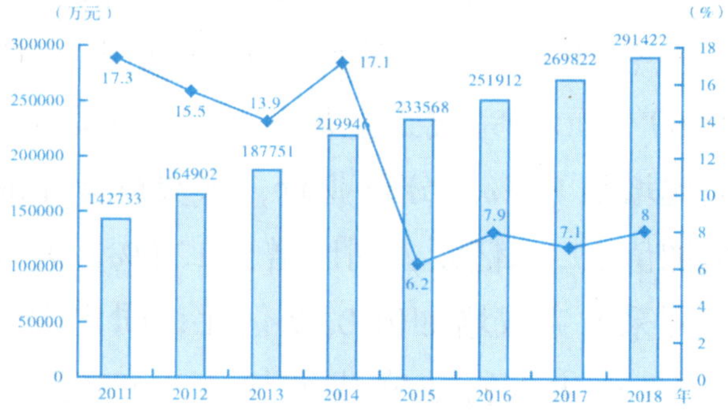

图 7　2011—2018 年社会消费品零售总额及增长速度图

人次，同比增长 24.8%。综合收入实现 27.8 亿元，同比增长 25.7%

【交通、邮电】 2018 年全县公路通车里程为 1793 千米，公路密度为 92 千米/百平方千米。

2018 年，全县民用汽车拥有量为 26858 辆，比上年增加了 1865 辆，同比增长 7.5%，其中：载客汽车 24233 辆，比上年增加了 1944 辆，同比增长 8.7%；载货汽车 2267 辆，比上年增加了 8 辆，同比增长 0.4%；其他汽车 358 辆，比上年减少了 87 辆，同比下降 19.6%。

全县完成邮电业务收入 10815 万元，其中，邮政业务收入 1450 万元，电信业务收入为 9365 万元。年末固定及移动电话用户 190700 户，其中固定电话用户 14200 户，比上年减少 1800 户，移动电话用户 176500 户。全县设有邮局 8 处，其中设在农村的局所有 6 处，邮路总长度 184（单程）千米，农村投递路线总长度 1974（单程）千米，邮政汽车 10 辆。

2018 年公路客货运输情况表

表 4

指　标	单　位	绝对数	比上年增长%
客运量	万人	445	–13.6
旅客周转量	万人千米	15420	–9.8
货运量	万吨	959	2.1
货物周转量	万吨千米	74000	10.9

【财政、金融】 全年全县财政总收入 16.39 亿元（含两权收入），同比增长 17.5%，增收 2.44 亿元；公共财政预算收入为 6.36 亿元，同比增长 11.5%，增收 6540 万元。

分部门看（公共财政预算收入口径），国税部门完成 2.09 亿元，同比增长 17%，增收 0.3 亿元；地税部门完成 2.13 亿元，同比增长 30.4%，增收 0.5 亿元；财政部门完成 2.14 亿元，同比下降 6.4%，减收 1467 万元。

分税种完成情况为（公共财政预算收入口径）：增值税收入完成 1.92 亿元，同比增长 9.5%；企业所得税完成 3005 万元，同比增长 218.3%；个人所得税收入完成 930 万元，同比增长 19.9%；资源税收入完成 9101 万元，同比增长 51.3%；耕地

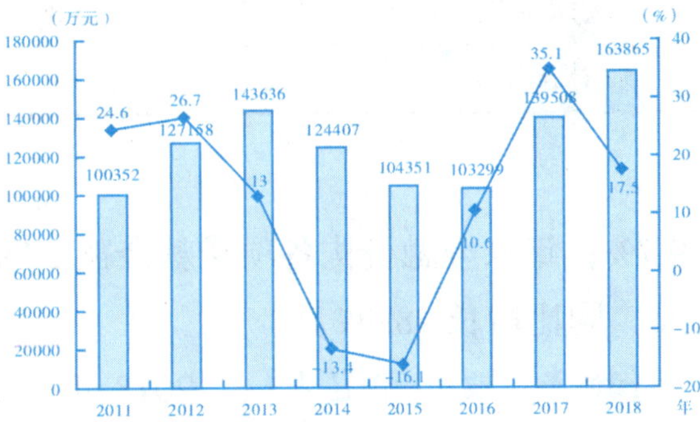

图 8　2011–2018 年财政总收入及增长速度

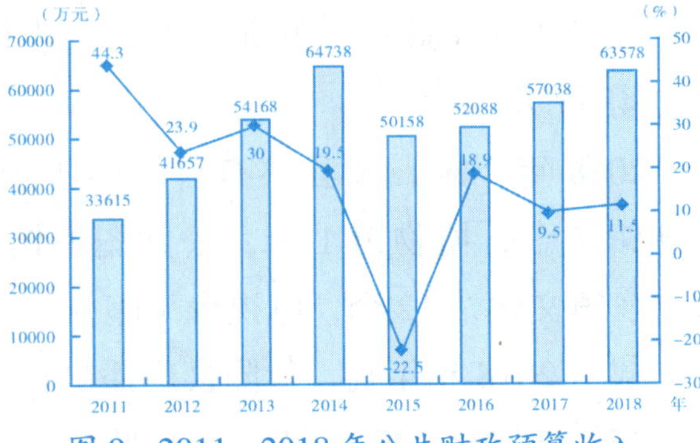

图 9　2011—2018 年公共财政预算收入及增长速度图

占用税同比减收 662 万元，契税同比增收 495 万元。

2018 年年末，全县金融机构各项存款余额 137.9 亿元，同比增长 9.6%，其中：境内存款余额 137.87 亿元，同比增长 9.6%；境外存款余额 230 万元，同比增长 489.7%；年末金融机构各项贷款余额 37.99 亿元，同比增长 28.4%。

2018 年主要财政支出及其增长速度表

表 5

项　目	支出量（万元）	比上年增长（%）
公共财政预算支出	191349	8.8
一般公共服务	15303	9.1
教育	42381	63.2
文化体育与传媒	3280	37
社会保障和就业	26122	–6.8
医疗卫生	13583	5.8
农林水事务	44616	0.1

【教育、文化和卫生】 2018 年，全县共有普通中学 18 所，在校生 10032 人；职业中学 1 所，在校生 1934 人；小学 63 所，在校生 13166 人；幼儿园 6 所，在园幼儿 4855 人。

2018 年年末，全县共有晋剧团 1 个，文体馆 1 个，博物馆 1 个，公共图书馆 1 个，乡镇文化站 12 个，电视台 1 座。

截至 2018 年年底，昔阳县广播电视覆盖总户数为 79821 户。其中，县城数字有线电视覆盖 41893 户；农村微波无线数字电视覆盖 37928 户；卫星地面接收数字电视 12510 户。

2018 年各级各类学校发展情况表

表 6　　单位：所、人

指　标	校园数（所）	招生（人）	在校生（人）	毕业生（人）
普通中学	18	3448	10032	3254
职业中学	1	668	1934	590
小　学	63	1931	13166	2343
幼儿园	6	1439	4855	1869

年末全县共有卫生机构 404 个，其中县、中医院各 1 个，疾病预防控制中心（防疫站）1 个，乡卫生院 20 个，妇幼保健机构 1 个，卫生监督所 1 个，民营医院 5 个，个体诊所 39 个，村卫生室 335 个。全县卫生机构拥有床位 1064 张，执业（助理）医师 278 人。194553 人参加了城乡居民医疗保险，参合率 97%。

【人口、人民生活和社会保障】 据 2018 年人口抽样调查，全县常住人口为 231783 人，比上年年末增加 2 人。全年出生率为 8.46‰，死亡率为 8.45‰，人口自然增长率为 0.01‰。城镇化率为 39.44%，比上年提高 1.54 个百分点。2018 年全县城镇常住居民人均可支配收入为 25770 元，同比增长 6.6%；农村常住居民人均可支配收入达到 9704 元，同比增长 13%。

全县参加基本养老保险人数为 16.68 万人，其中城镇职工基本养老保险覆盖人数 2.66 万人，城乡居民社会养老保险参保人数13.26万人。参加失业保险人数为15774人。

全县给城乡9516人发放最低生活保障补助金共计2700.8万元，其中，城市发放生活补助金533.6万元，农村发放生活补助金2167.2万元。

【资源、环境和安全生产】 2018年全县耕地保有量47.02万亩。当年造林面积52995亩，年末实有封山育林面积22125亩。

全县总用水量3200万立方米，其中工业用水686万立方米，同比增长4.4%，农业用水1524万立方米，同比下降7.1%。万元GDP平均耗水量37.8立方米，同比下降14.3%；万元GDP工业耗水量8.1立方米，同比下降11%；万元GDP农业耗水量18立方米，同比下降20.3%。全县用电量累计完成55654.3万千瓦时，同比增长8.9%；其中：大工业用电35172万千瓦时，同比增长3.8%；一般工商业用电9673.8万千瓦时，同比增长26%；农业生产用电1569.8万千瓦时，同比增长17.1%；居民生活用电9238.8万千瓦时，同比增长12.8%。

2018年，全县空气质量二级以上天数达到246天，比上年减少30天，同比下降10.9%。县城区环境空气质量综合指数为6.44。全年全县污水处理率达到96.5%，与上年持平。2018年集中供热普及率达到88.5%，比上年提高0.3个百分点；供气普及率达到91.5%。年末全县建成区绿化覆盖率45.3%，比上年增加2.8个百分点。

2018年，全县各类生产安全事故死亡人数为5人，亿元地区生产总值生产安全事故死亡率为0.06；工矿商贸就业人员10万人生产安全事故死亡率为0.4；道路交通万车死亡率为2.86；煤矿百万吨死亡率为0.06；10万人口火灾死亡率为0；特种设备万台死亡率为0。全县煤炭资源回采率达到81.8%，比上年提高1.8个百分点。

注：1. 工业相关指标为2018年12月月报数。

2. 地区生产总值和各产业增加值，绝对数按现价计算，增长速度按可比价计算。

3. 人口为抽样调查数据。

4. 部分数据因四舍五入原因，存在与分项合计不等的情况。

5. 规模以上工业企业是指年产品销售收入在2000万元以上的工业法人企业。

6. 本公报所指房地产开发企业仅为注册地在昔阳县的房地产开发企业。

中国共产党昔阳县委员会

ZHONG GUO GONG CHAN DANG XI YANG XIAN WEI YUAN HUI

县委重要会议

【昔阳县三级干部大会】 2018 年 3 月 5 日，昔阳县三级干部大会在县文体活动中心隆重开幕。四套班子领导，其他县级领导，担任过实职的副县级以上离退休老领导，阳煤集团、中煤集团、阳涉公司等外驻企业特邀负责人，县直副科以上干部，各乡镇（城区社区）全体班子成员，农村党支部书记、村委会主任，重点企业、民营企业负责人，驻贫困村第一书记等共计 1600 余人参加会议。会议深入贯彻落实中央、省、市经济工作会议精神，回顾总结昔阳县 2017 年工作，安排部署 2018 年工作任务。县委书记王根元，县委副书记、县长许利伟分别作重要讲话。会议动员全县上下振奋精神，坚定信心，咬定目标，乘势而上，奋力开创新时代昔阳经济社会振兴崛起崭新局面。

【十五届昔阳县委召开第四轮巡察工作动员部署大会】 2018 年 3 月 12 日，十五届昔阳县委第四轮巡察工作动员部署会召开。县委巡察小组领导成员；12 乡镇、城区社区及县直各单位负责人参加会议，县委书记王根元，县委常委、组织部部长郭春林，县委常委、纪委书记张扣生出席会议。会上，宣布十五届昔阳县委第四轮巡察工作巡察组长授权决定；宣布十五届昔阳县委第四轮巡察工作实施方案，并对本轮巡察工作进行动员，作出安排。

【昔阳县重点工程项目暨转型项目建设推进大会】 2018 年 3 月 21 日，昔阳县召开重点工程项目暨转型项目建设推进大会，县委副书记、县长许利伟，县委常委、常务副县长李军，副县长陈立军、成建忠、张建岗出席会议，县直各相关部门、12 乡镇、城区社区管委会以及重点项目实施主体责任人参加会议。县委副书记、县长许利伟作重要讲话。会议动员全县上下要进一步增强抓好项目建设的紧迫感和使命感，全力加大招商引资力度，在全县掀起项目建设新高潮。会上，县发改局、县环保局、县国土局、县投促局和县联审代办办公室负责人分别围绕各自部门职能通报重点工程项目手续办理情况，详细解读了办理流程。县委常委、常务副县长李军就开展“六最”营商环境建设年活动进行安排部署。副县长成建忠传达“晋中市转型项目建设年”月调度会议精神并就推进重点项目建设作出安排。

【昔阳县2018年脱贫攻坚暨乡村振兴动员大会】 2018年4月19日，昔阳县召开2018年脱贫攻坚暨乡村振兴动员大会。县四套班子领导及其他县级领导及市直单位驻村帮扶工作队长出席会议。12乡镇、城区社区党（工）委书记和乡（镇）长、管委会主任及县直单位主要负责人，贫困村第一书记，示范村党支部书记等共计500余人参加会议。县委书记王根元作重要讲话。会议动员全县上下要坚持以习近平新时代中国特色社会主义思想为指导，把农业农村优先发展作为实现振兴崛起的重大原则，把振兴乡村作为建成小康昔阳的重大任务，锚定争创乡村振兴示范县目标，把牢主攻方向，抓住主要环节，解决关键问题，全面开创新时代昔阳乡村振兴新局面。县委副书记、县长许利伟就《昔阳县乡村振兴战略实施意见（2018—2022年)》作解读说明；副县长陈立军就《昔阳县2018年乡村振兴战略行动计划》作解读说明；县委常委、常务副县长李军就全县行政村帮扶联系全覆盖工作作解读说明；县委常委、统战部部长李怀仁就《昔阳县非公有制企业助力脱贫攻坚和乡村振兴行动实施方案》作解读说明；副县长、市直单位驻昔阳扶贫工作队大队长李朝龙就《昔阳县美丽宜居示范乡村建设标准》《昔阳县乡村振兴示范户创建标准》及打造60个美丽宜居示范村作解读说明。

【昔阳县“五一”表彰大会】 2018年4月27日，昔阳县召开2018年“五一”劳动表彰大会。县委书记王根元出席大会并作重要讲话，县委副书记、县长许利伟主持会议。大会集中表彰在全县经济社会发展、脱贫攻坚一线作出突出贡献的先进集体、优秀企业和模范个人，动员和激励全县人民以先进模范为榜样，以人民向往为方向，振奋精神、扎实苦干，爱岗敬业、拼搏奋斗，争上游、创一流，为实现新时代昔阳经济社会振兴崛起做出新的更大的贡献。

【昔阳县庆“七一”专题党课报告大会】 2018年6月27日，为纪念建党九十七周年，昔阳县召开了全县庆“七一”专题党课报告大会。县四套班子领导出席会议。县直副科以上单位党组织负责人，县直工委委员及12乡镇、城区社区党（工）委书记、副书记、组织委员等共200余人参加会议。县委书记王根元为参会的党员干部作一堂以《高举旗帜迈步新时代，砥砺奋进践行“三个三”》为主题的专题党课。

【昔阳县第三十四个教师节表彰大会】 2018年9月9日，昔阳县召开第34个教师节表彰大会。会议由县委副书记郭丰慧主持。会上宣读了《中共昔阳县委、昔阳县人民政府关于表彰功勋教师、师德标兵、优秀班主任、模范教师、先进教育工作者的决定》，并现场对1名功勋教师、20名师德标兵、40名优秀班主任、40名模范教师和20名先进教育工作者进行表彰奖励。

【昔阳县生态环境保护大会】 2018年9月18日，昔阳县召开2018年生态环境保护大会。县委书记王根元，县委副书记、县长许利伟等四套班子领导；县直各相关部门负责人，12乡镇、城区社区管委会党政主要负责人和分管副职以及重点企业负责人参加会议。县委书记王根元，县委副书记、县长许利伟分别作重要讲话。会议动员全县上下要进一步提高站位、扛起责任，以铁的决心、铁的手腕抓好生态环境保护和环保督察问题整改工作，坚决打赢污染防治攻坚战，推动全县生态环境保护工作再上新台阶。会上，副县长张建岗通报了昔阳县环保工作情况；乐平镇、孔氏乡、煤炭工业局、三都煤业、阳煤化工等单位负责人进行表态发言。

【昔阳县2018年度扶贫对象动态管理和信息采集工作培训大会】 2018年10月9日，昔阳县召开2018年度扶贫对象动态管理和信息采集工作培训大会。县委书记王根元，县委副书记郭丰慧，县委常委、组织部部长郭春林，县人大常委会副主任王志勇，副县长陈立军以及12乡镇党委书记、乡（镇）长，分管扶贫工作副职、扶贫专干；县农委、县住建等部门负责人；驻贫困村工作队长、第一书记和5个未脱贫村的村支部书记、村主任等共计400余人参加会议。县委书记王根元作重要讲话。会议动员全县上下要深入贯彻落实中央、省、市精准扶贫精准脱贫一系列决策部署，坚决扛起主体责任，三级书记抓扶贫，5000名干部到一线，逐村逐户制定措施，逐月逐季扎实推进，共同推动脱贫攻坚取得新的胜利。会上，县委副书记郭丰慧传达省、市2018年度扶贫对象动态管理和信息采集工作会议精神，副县长陈立军就全县2018年度扶贫对象动态管理和信息采集工作进行安排部署。县扶贫办相关负责人还对2018年全县动态管理的工作流程、具体操作方法及动态管理采集工作的注意事项进行解读、说明及培训。

【昔阳县脱贫成效考核工作安排大会】 2018年11月1日，昔阳县召开脱贫成效考核工作安排大会。县委书记王根元，县委副书记、县长许利伟，县委副书记郭丰慧，县人大常委会主任李显鸣等县四套班子领导；12乡镇、城区社区及相关部门负责人参加会议。会上，县委书记王根元，县委副书记、县长许利伟分别作重要讲话。会议动员全县上下要加强组织领导，把好关键环节，攻坚克难，较真碰硬，全力以赴做好迎检工作，确保省脱贫攻坚成效考核工作圆满完成。会上，县委副书记郭丰慧对全县迎接省脱贫攻坚成效考核有关工作进行安排部署，副县长张军传达2018年山西省脱贫工作成效考核方案，并对昔阳县考核指标任务进行分解，副县长陈立军宣读迎接省脱贫工作成效考核工作方案。

【昔阳县2018年度履职承诺践诺工作汇报大会】 2018年12月24日，昔阳县召开2018年度履职承诺践诺工作汇报大会。县委书记王根元，县委副书记、县长许利伟等四套班子领导；各乡镇（城区社区）党政正职；县直副科以上单位一把手；条管单位一把手；部分“两代表一委员”等近200人参加会议。会议由县委副书记郭丰慧主持。会上，12乡镇、城区社区和61个县直部门共74个单位进行汇报发言，大家严格对照“三个清单”，紧紧围绕年初承诺的基础工作、重点工作和亮点工作进行逐一汇报。县委书记王根元，县委副书记、县长许利伟分别作重要讲话。会议动员昔阳县广大干部群众，要以奋发图强、争先创优的精神状态，全面推进“三个清单”任务落实工作，做到基础工作争先，重点工作争优，亮点工作争彩，奋力开创新时代昔阳经济社会振兴崛起崭新局面。

【昔阳县2018年度脱贫巩固“集中提升月”动员大会】 2018年12月26日，昔阳县召开2018年度脱贫巩固“集中提升月”动员大会。县委书记王根元主持会议，县委副书记、县长许利伟，县委副书记郭丰慧，县人大常委会主任李显鸣等县四套班子领导；市直驻村帮扶工作队中队长；各乡镇（城区社区）党政正职、分管扶贫副职；县直帮扶单位一把手；市县驻村工作队长、第一书记；检查组全体成员参加会议。会上，县委书记王根元，县委副书记、县长许利伟分别作重要讲话。会议动员全县上下要全力完成好脱贫巩固“集中提升月”活动，打造脱贫“升级版”，写好小康“奋斗篇”，奋力谱写中国特色社会主义昔阳篇章。

【中共昔阳县委十五届八次全体会议】

2018年12月26日，中共昔阳县委十五届八次全体会议在大寨礼堂召开。县委委员、县委候补委员，不是县委委员、县委候补委员的在职县级领导、乡镇党委书记和乡镇长、城区社区党工委书记、管委会主任；县纪委委员；全县副科以上单位主要负责人参加会议。会议全面总结县委十五届七次全会以来县委常委会近一年来的工作，深入贯彻落实习近平总书记在民营企业座谈会重要讲话精神以及省市支持民营经济发展一系列决策部署，结合中央庆祝改革开放四十周年大会、中央经济工作会议有关精神，就全县当前及今后一段时期工作提出要求。受县委常委会委托，县委书记王根元代表十五届县委常委会向全会作工作报告。会议审议通过《中共昔阳县委关于支持民营经济发展的决定》。县委副书记、县长许利伟结合习近平总书记在民营企业座谈会上重要讲话精神和中央、省市关于支持民营经济发展重要决策部署，就《昔阳县支持民营经济发展二十条意见》进行全方位、系统性的解读。

县委重要决策

【扫黑除恶专项斗争】 2018年，中共昔阳县委为深入贯彻落实习近平总书记关于开展扫黑除恶专项斗争重要指示精神和党中央、国务院《关于开展扫黑除恶专项斗争的通知》（中发〔2018〕3号），省委、省政府《关于开展扫黑除恶专项斗争的实施方案》（晋发〔2018〕10号），市委、市政府《关于开展扫黑除恶专项斗争的实施方案》（市发〔2018〕7号）精神，按照中央、省、市关于开展扫黑除恶专项斗争的安排部署，结合昔阳工作实际，研究制定具体实施方案，聚焦涉黑涉恶问题突出的地区、行业和领域，重点摸排打击12类黑恶势力违法犯罪活动，严格按照晋中市扫黑除恶“风暴”“利剑”“拍蝇”“强基”四项系列行动开展工作，为全面打造“乡村振兴示范县、转型综改主阵地、对外开放桥头堡、宜居宜业明星城”创造和谐稳定的社会环境。

【民生事业发展】 2018年，中共昔阳县委始终坚持在发展中保障和改善民生，全面推进幼有所育、学有所教、劳有所得、病有所医、老有所养、住有所居、弱有所扶，不断改善人民生活、增进群众福祉。同年，大寨桥拓宽改造、供热管网改造、河道治理等一大批民生工程顺利竣工，县城公共区域实现无线网络全覆盖，严格落实普通高中生学费全免、阳光助学、雨露计划等教育资助政策，资助困难学生1万余人次，新建改造中小学校（幼儿园）8所，发放民政救助资金190余万元，全面加大了教育、社会保障力度。2018年7月，昔阳县“交通扶贫”顺利通过国家级复审，再次被交通运输部、农业农村部、国务院扶贫办等国家三部委联合命名为“四好农村路”全国示范县。

【经济转型发展】 2018年，中共昔阳县委高度重视经济工作，坚定不移加强对经济工作的领导，牢牢抓住国家和省、市资源型经济转型综合配套改革政策机遇，突出转型项目建设，打造“六最”营商环境，推行项目承诺制改革，启动“全县转型项目建设年决战百日攻坚行动”，开展“进工地、到一线、解难题”、组织转型项目集中开工两大活动，以昔阳经济技术开发区创建为突破，工业围绕“煤电气化材”五大产业，农业聚力“菜果猪菌药”五大优势，旅游实施“双百双千”项目带动，打造新业态、集聚新优势，经济发展实现速度、效益、结构、动能同步提升。

【支持民营经济发展】 2018年，中共昔阳为深入贯彻落实习近平总书记在民营企业座谈会上的重要讲话精神和中央、省委、市委关于促进民营经济发展的重要决策部署，破解民营企业发展难题，提振民营企业信心，激发民营企业活力，促进全县民营经济健康发展，县委、县政府结合省委、省政府《关于支持民营经济发展的若干意见》，市委、市政府《支持民营经济发展二十五条》，立足县情实际，制定出台《昔阳县支持民营经济发展二十条意见》。

【脱贫攻坚】 2018年，昔阳县委、县政府以习近平总书记扶贫开发重要论述和视察山西重要讲话精神作为谋划发展、推动工作的根本遵循，聚焦精准方略，坚持精准发力，圆满完成剩余5个贫困村的整村退出和650名贫困人口的减贫任务，贫困发生率降到0.39%。结合昔阳县情，规划制定脱贫巩固提升三年行动方案，补短板、强弱项，巩固脱贫成果。2018 年 9 月 7 日，经省政府批准，昔阳县退出贫困县序列，成为山西省首批、晋中市首个省级脱贫摘帽县。

【乡村振兴】 2018 年，为深入贯彻落实中央和省市实施乡村振兴战略的有关意见，准确把握新时代“三农”思想精髓，围绕昔阳县打造全市乡村振兴示范县的目标，根据昔阳实际，昔阳县委、县政府研究提出《关于推进乡村振兴战略的实施意见（2018—2022 年）》和《昔阳县 2018 年乡村振兴战略行动计划》。通过实施现代农业示范、美丽宜居创建、乡风文明培育、基层治理提质、城乡融合发展、脱贫巩固提升、农村产权制度改革、新型“三农”人才培育八大行动三十项任务，加速推进农业农村现代化。2018 年具体开展农业质量提升、美丽宜居乡村建设、乡风文明提升、乡村体系善治、脱贫巩固提升、城乡融合发展六大工程，纵深推进农村土地经营制度改革、农村宅基地制度改革、集体产权制度改革、农村产权交易市场改革四大改革。

【改善乡镇机关工作生活条件】 2018 年，为深入贯彻落实省市“三基建设”有关文件和市“三基”办、市财政局《印发〈关于进一步改善乡镇机关工作生活条件的指导意见〉的通知》文件精神，不断激发昔阳县乡镇干部扎根基层、干事创业的积极性和主动性，县委研究决定，整合有效资源，加大资金投入，三年内完成昔阳县 12 个乡镇机关工作生活条件的彻底改善工作，致力为乡镇干部营造“和谐、宽松、舒适”的工作生活环境。

【农村人居环境整治】 2018 年，为全面贯彻落实党的十九大和习近平视察山西重要讲话精神，深入落实省委、市委农村工作暨脱贫攻坚会议及全县脱贫攻坚暨乡村振兴大会工作部署，围绕全县“全力打造乡村振兴示范县”的战略目标，以更高标准、更大力度改善昔阳县农村人居环境，推进乡村振兴战略，建设美丽宜居乡村，促进农村经济社会协调发展，昔阳县制定出台《昔阳县农村人居环境整治三年行动实施方案（2018—2020）》。主要目标是经过三年努力，把示范村建成美丽宜居乡村，引领百村农村人居环境得到有效整治，并把成功经验深化扩大至全县，为下一阶段全面改善农村人居环境打好基础。

【发展壮大村级集体经济】 2018 年，为深入贯彻落实习近平新时代中国特色社会主义思想和党的十九大精神，进一步发展壮大昔阳县村级集体经济，不断提高村级组织自我保障、服务群众、推动发展能力，切实加快全面建成小康社会进程，根据晋中市委组织部、晋中市财政局、晋中市农委《晋中市发展壮大村级集体经济三年行动方案》（市组通字〔2018〕62 号）要求，结合昔阳实际，昔阳县研究制定具体行动方案。方案明确建立六项主要任务，力争通过三年努力，使全县村级集体经济实力明显壮大，整体水平明显提高，发展后劲明显增强；集体经济组织逐步健全，体制机制逐步完善，不断满足农村基层建设、管理和服务的需要。

【深化综合行政执法体制改革】 2018年，昔阳县为认真贯彻落实《中共山西省委、山西省人民政府关于深化综合行政执法体制改革的指导意见》（晋发〔2016〕32号）和《晋中市贯彻落实〈法治政府建设实施纲要（2015—2020年）〉实施方案》（市发〔2017〕3号）精神，进一步深化综合行政执法体制改革，提高行政执法效能，加快法治昔阳建设，推进政府治理体系和治理能力现代化，按照《中共晋中市委　晋中市人民政府关于印发〈晋中市深化综合行政执法体制改革实施方案〉的通知》（市发〔2017〕25号）要求，结合昔阳实际，制定实施方案。方案明确综合行政执法体制改革要从与人民群众生产生活关系密切、多头重复交叉执法和多层执法问题比较突出的市场监管（包括食品药品安全和工商质监）、卫生计生、文化旅游、资源环境、农林水利、交通运输、商务流通、安全生产、城乡建设和城市管理等重点领域着手，以整合行政处罚权为重点，推进系统内综合执法和跨部门综合执法。

【深化监察体制改革】 2018年，昔阳县县委、县纪委监委按照省委、省纪委监委和市委、市纪委监委的部署要求，提高政治站位，提高工作标准，精准把握国家监察法草案基本精神，进一步拓展深化监察体制改革试点工作，着力推进党对反腐败工作统一领导的常态化制度化长效化，着力推进监委履行职能职责全覆盖规范化高效化，着力推进纪检监察队伍专业化和手段信息化建设，深入查找问题，健全完善制度、强化内控机制、加强队伍建设，把试点工作进一步引向深入，使昔阳县党风廉政建设和反腐败工作得到切实加强，切实将制度优势转化为治理效能。进一步深化监察体制改革试点工作按照三个阶段九个方面二十项具体任务推进。

【农村集体产权制度改革】 2018年，昔阳县按照中共中央、国务院《关于稳步推进农村集体产权制度改革的意见》（中发〔2016〕37号）、省委、省政府《关于印发〈山西省推进农村集体产权制度改革实施方案〉的通知》（晋发〔2017〕55号）和市委、市政府《关于印发〈晋中市农村集体产权制度改革实施方案〉的通知》（市发〔2018〕9号）文件精神，结合昔阳实际，制定具体实施方案。改革共分十三个环节，分两年完成全县所有村（组）农村集体清产核资、集体经济组织成员确认、经济合作社股份制改革任务。

【安全生产领域改革】 2018年，中共昔阳县委为认真贯彻落实中共中央、国务院《关于推进安全生产领域改革发展的意见》（中发〔2016〕32号），省委、省政府《关于推进安全生产领域改革发展的实施意见》（晋发〔2017〕53号）以及市委、市政府《关于推进安全生产领域改革发展实施意见》（市发〔2018〕4号）文件精神，全面推进昔阳县安全生产领域改革发展，结合昔阳实际，制定具体实施意见。实施意见包括指导思想和目标任务、健全落实安全生产责任制、改革安全监管监察体制、大力推进依法治理、建立安全预防控制体系、加强安全基础保障能力建设六个方面三十项具体内容。

【落实全面从严治党主体责任】 2018年，中共昔阳县委为进一步贯彻习近平新时代中国特色社会主义思想和党的十九大精神，深入落实习近平总书记视察山西重要讲话精神，认真落实省委十一届五次全会、省纪委十一届三次全会、市委四届五次全会和市纪委四届三次全会精神，紧紧扭住全面从严治党主体责任这个“牛鼻子”，坚决扛起主体责任，层层传导压力，推动全面从严治党向基层延伸、向纵深发展，按照省委、市委关于落实全面从严治党主体责任的有关要求，结合昔阳实际，制定具体行动方案。方案包括十个方面五十项重点工作。

【加强党对反腐败工作全过程领导】 2018年，昔阳县为认真贯彻落实党的十九大精神、全国“两会”精神和中央纪委、省纪委、市纪委、县纪委全会精神，深化监察体制改革试点工作，完善党领导反腐败的工作机制、决策机制和实施举措，切实加强党对反腐败工作的集中统一领导，奋力夺取反腐败斗争压倒性胜利，按照《中共晋中市委关于加强党对反腐败工作全过程领导常态化制度化长效化的实施意见(试行)》，结合昔阳实际，提出具体实施意见。意见明确加强组织领导、明确职能定位、完善制度机制、细化决策程序、丰富措施手段五方面职责任务。

【中央第十五巡视组巡视山西省反馈意见整改】 2018年，昔阳县根据省委《中央第十五巡视组巡视山西省反馈意见整改工作方案》和《中共晋中市委落实省委〈中央第十五巡视组巡视山西省反馈意见整改工作方案〉整改任务清单》，结合昔阳工作实际，研究制定具体任务清单，围绕坚定不移把学习贯彻落实习近平新时代中国特色社会主义思想和党的十九大精神不断引向深入，推动中央、省市各项决策部署在昔阳全面正确有效实施；着力整治政治生态，切实加强组织建设；严格落实全面从严治党政治责任，推动反腐败斗争压倒性态势向压倒性胜利转化；抓好上次巡视整改扫尾工作，确保全面彻底整改到位四方面反馈的问题，提出43条具体整改措施。

【大寨干部学院建设】 2018年1月，经市委研究同意并以市编办发〔2018〕1号下文，昔阳县正式设立大寨干部学院。大寨干部学院成立以来，聚焦党性教育主责主业，大力挖掘大寨精神红色资源，不断创新拓展教研思路，逐步走出一条理论与体验、交流与研讨相互渗透、互为补充的教学新路，受到各方一致好评，成为山西省重点建设的四大党性教育基地之一。

【申报省级双拥模范县】 2018年，昔阳县认真落实国家的优抚安置政策，符合安置条件的转业士官和伤病残退役军人全部妥善安置，每年退役士兵职业教育和技能培训按要求进行，县人武部每年征兵任务圆满完成，军民共建谱写出脱贫攻坚新篇章，双拥工作再上新台阶。县双拥工作领导小组按照《山西省双拥模范城（县）创建命名管理办法实施细则》和《山西省创建双拥模范城（县）考核验收评分标准》进行全面自查，各项工作全面达标，顺利通过省双拥工作考评验收组考评验收。

【昔阳县庆祝改革开放40周年活动】 2018年是我国改革开放40周年，是贯彻落实党的十九大精神的开局之年，隆重庆祝改革开放40周年是昔阳县贯彻落实习近平新时代中国特色社会主义思想和党的十九大精神的重要举措，是全县政治生活中的大事。昔阳县为认真贯彻落实中央、省委、市委关于开展庆祝改革开放40周年纪念活动的文件精神和部署要求，结合昔阳实际，制定具体活动方案。通过开展18项主题活动，回顾总结全县改革开放的发展历程和取得的辉煌成就，充分展示广大干部群众艰苦奋斗、自强不息、勇于拼搏、奋发有为的精神面貌，激励全县上下不忘初心、牢记使命，开拓进取、扎实工作，为打造乡村振兴示范县、转型综改主阵地、对外开放桥头堡、宜居宜业明星城，奋力开创新时代昔阳经济社会振兴崛起崭新局面凝聚强大力量。

县委办公室

【机关党建】 2018年，昔阳县委办公室（以下简称县委办）扎实开展机关党支部建设标准化工作，按照“六有”创建标准，健全各类规章制度，建立“九个台账、八个记录”，完善党员活动场所，成功创建为示范型党组织。全面推行支部主题党日，严格执行“三会一课”、民主评议党员、党员发展、党费收缴管理等制度，以严肃的党内政治生活锤炼党性，为广大党员补足精神之“钙”。始终践行社会主义核心价值观，加强机关精神文明建设，2018年县委办成功通过市级文明单位创建检查验收。

【资料信息】 2018年，县委办撰写完成领导讲话、会议材料、汇报总结等各类综合文稿200余篇，制发各类文件200余份，较好地发挥了以文辅政作用。办理中央省市上级来文578件，第一时间贯彻落实党委、政府指示政令。上报《双日要情》145期、工作动态信息328条，编发《每日领导活动》319期，全方位、多角度地展示昔阳县各项事业发展，为上级领导了解昔阳、关注昔阳提供窗口和平台。

【服务保障】 2018年，县委办各项会务接待活动提前制定实施方案及工作流程，认真检查各项细节，力求不留空当死角，切实保障县委各项会务接待活动的质量和效率。2018年，组织召开全县三级干部大会等重大会议20余次，高效保障中央、省市领导来昔调研工作20多批次，圆满完成晋中市脱贫攻坚脱贫摘帽成果观摩等10余场重大活动，做到无纰漏，零差错。

【调研督查】 2018年，昔阳县委办围绕深化改革、乡村振兴、脱贫巩固提升、项目转型等重点工作，牵头开展调研20余次，提供意见建议30多条；开展专题督查20余次，提出整改意见50余条，有力促进县委各项决策部署落到实处。办结省市委社情民意转办件13件，回应解决了一批事关全县发展和群众切身利益的实际问题。

【机要保密】 2018年，昔阳县机要工作严格执行电报收发、传阅、登记、签批、归档各项制度，做到传送及时、办报准确、保密安全，未发生一起压误、错办和泄密事故。进一步加强对昔阳县涉密计算机、党政部门涉密人员、信息网络保密指导，全年开展专题培训2次，并定期开展专项督查。

【脱贫攻坚】 2018年，县委办全体干部职工和马鞍岩村民凝心聚力，聚焦脱贫巩固提升开展六大专项行动，实现了脱贫进度与质量成色有机统一。干部群众深入包扶村开展帮扶工作，清理过村主河道500余米，新建老年人日间照料中心一个，加固河西护村坝、修整河西公路、铺设污水管道、新建水冲式旅游公厕，对村委办公室进行“民俗式”立面复古改造，协调帮扶企业（县洁城清运公司）修筑拦河大坝一座等等，办成许多深受群众欢迎的民生实事。通过积极打造乡村旅游品牌，发展提升农家乐，马鞍岩村获评山西省首批省级旅游扶贫示范村。 （宋祺林）

纪检监察

【概述】 2018年，昔阳县纪委监委在市纪委监委和县委的正确领导下，自觉以习近平新时代中国特色社会主义思想为指导，认真贯彻落实党的十九大精神，以市委“三个三”工作思路为遵循，坚持稳中求进工作总基调，全面履行执纪监督监察工作职责，持续加大正风肃纪反腐力度，党风廉政建设和反腐败斗争各项工作成效明显。

【监察体制改革】 2018年1月17日，中国共产党昔阳县委办公室印发《昔阳县推进县级纪委监委派驻机构全覆盖工作实施方案》以下简称《实施方案》，调整设置13个派驻纪检监察组，其中综合派驻12个，单独派驻1个（公安局），名称统一规范为“昔阳县纪委监委第×派驻纪检监察组”，负责监督县级89个部门、县委政府直属事业单位及部门所属企事业单位。依据《实施方案》精神，制定《昔阳县纪委监委派驻纪检监察机构工作人员选调方案》，严格按照方案要求，在全县党和国家机关在编人员中的公务员和全额事业编制人员中择优选调26人纳入派驻纪检监察队伍。派驻纪检监察组人员的人事关系、组织关系、工资关系、后勤保障等，由县纪委监委机关统一管理、统一保障，工资经费列入县财政预算，由县纪委监委机关统一预算、统一管理、统一列支；后勤保障由县纪委监委机关负责，驻在部门应当提供必要支持。第十三派驻纪检监察组（公安局）人员的人事关系、组织关系、工资关系、后勤保障等暂时不变，工作经费在驻在部门预算中单列。

根据2017年12月中共山西省委印发《山西省进一步深化监察体制改革试点工作实施方案》（晋发〔2017〕62号），2018年1月，中共晋中市委印发《晋中市进一步深化监察体制改革试点工作行动方案》（市发〔2018〕2号）。结合昔阳实际，2018年2月10日，中共昔阳县委印发《昔阳县进一步深化监察体制改革试点工作行动方案》，严格按照省委“三步走”“八个围绕”的总体部署，做好深化“文章”，推动监察体制改革向精准有序开展监察工作转化，向推进监察权高效顺畅运行转化，向提升基层治理水平转化，不断使制度优势转化为治理效能。

2018年4月2日，中共昔阳县委成立县委反腐败领导小组，县委书记王根元任组长。县委反腐败领导小组下设两个办公室，即：县委反腐败领导小组办公室和县委反腐败领导小组国际追逃追赃工作办公室，承担领导小组日常工作。两个办公室均设在县纪委监委机关，其中县委反腐败领导小组办公室主任由县纪委书记兼任，县委反腐败领导小组国际追逃追赃工作办公室主任由县纪委常务副书记兼任。2018年4月9日，县委反腐败领导小组召开第一次会议。县委书记、县委反腐败领导小组组长王根元主持会议并讲话，县委反腐败领导小组成员参加会议。2018年4月10日，中共昔阳县委反腐败领导小组印发《中共昔阳县委反腐败领导小组工作规则》《中共昔阳县委反腐败领导小组办公室工作规则》《中共昔阳县委反腐败领导小组国际追逃追赃工作办公室工作规则》三个“规则”，2018年6月15日，中共昔阳县委出台《关于加强党对反腐败工作全过程领导常态化制度化长效化的实施意见（试行）》，建立党对反腐败工作全过程领导常态化制度化长效化的工作机制，确保全县反腐败工作有条不紊，持续高效推进。2018年，县委常委会共专题研究部署反腐败工作10次，县委书记作出管党治党批示56次，召开县委反腐败领导小组会议9次，研究中巡组交办问题线索、执纪审查案件办理、扫黑除恶等议题11个。

【县纪委全体会议】 2018年2月23日，中国共产党昔阳县第十五届纪律检查委员会第三次全体会议在政府一楼多功能会议室举行。会议深入学习贯彻习近平新时代中国特色社会主义思想和党的十九大、十九届二中全会精神，坚决贯彻落实中央纪委二次全会、省纪委十一届三次全会、市纪委四届三次全会精神和县委安排部署，认真总结2017年全县纪检监察工作，研究部署2018年工作任务。审议通过张扣生代表县纪委常委会所作的《坚守执着不松劲，全面从严抓落实，为不断开创新时代昔阳经济社会振兴崛起崭新局面提供坚强保证》的工作报告。全会提出2018年工作的总体要求是：以习近平新时代中国特色社会主义思想为指导，深入学习贯彻党的十九大和中央纪委二次全会精神，认真落实省、市纪委全会精神和县委部署，紧紧围绕坚持和加强党的全面领导，紧紧围绕维护习近平总书记在党中央和全党的核心地位，紧紧围绕维护党中央权威和集中统一领导，忠诚履行党章和宪法赋予的职责，坚持党要管党、全面从严治党，以政治建设为统领，全面推进党的各项建设，继续深化监察体制改革试点工作，持续加大正风肃纪力度，巩固发展反腐败斗争压倒性态势，坚决惩治群众身边腐败问题，推动管党治党政治责任落到实处，营造风清气正良好政治生态，建设让党放心人民信赖纪检监察干部队伍，为不断开创新时代昔阳经济社会振兴崛起崭新局面提供坚强保障。县四套班子领导和相关部门单位负责 200 余人参加会议。

【党风廉政建设】 2018 年，昔阳县纪委监委坚持把学习贯彻习近平新时代中国特色社会主义思想、党的十九大精神和习近平总书记视察山西重要讲话精神作为首要政治任务，联系实际学、持续跟进学、融会贯通学，推动“两学一做”学习教育常态化制度化；总书记的最新讲话和重要论述，县纪委监委会议第一议题传达学习，县纪委监委机关第一时间跟进落实。坚持正面引导和反面警示相结合，筑牢思想防线。全年共发送廉政提醒短信 1.3 万条，发布纪律公告 3.2 万次，开展履新廉政谈话 63 人次，拍摄廉政微电影 3 部，警示教育片 3 部，组织近千名党员干部观看廉政教育剧目《打虎记》，组织 700 多名农村“领头雁”接受纪律规矩专题教育；组织开展“清风进万家”“三百”系列活动；让宣布处分决定变为警示教育课堂，开展警示教育 193 场；督促指导全县各级党组织召开进一步全面肃清腐败流毒影响专题民主生活会，党员领导干部拒腐防变的意识进一步增强。围绕学习贯彻习近平新时代中国特色社会主义思想和党的十九大精神、执行民主集中制、落实省市决策部署等情况开展“不作为、慢作为、乱作为”专项检查，发现并督促整改问题 9 大类 20 个；严明党的政治纪律和政治规矩，共查处违反政治纪律的党员干部 3 人，查处违反组织纪律的党员干部 14 人。认真履行协助职责和监督责任，加强对民主生活会的监督指导，督促被谈话函询的党员领导干部在民主生活会上作出说明或检查；严把选人用人关，全县共回复党风廉政意见 66 人次。以严肃问责倒逼主体责任落实，49 个党组织、32 名党员领导干部因履行管党治党政治责任不力被严肃问责。

【执纪审查】 2018 年，昔阳县纪委监委拓宽问题线索来源，积极解决矛盾，深化源头治理，全年共接收信访举报问题线索 784 件次；出台源头治访、信访举报督促办理、信访举报件反馈答复“三个办法”；开展信访举报“百日攻坚、清仓清库”行动，有效削减存量、遏制增量，昔阳县信访举报量逐季下降。充分发挥监督“探头”“前哨”作用，晋中市首家实行派驻纪检监察组集中统一管理，县纪委监委班子成员、监督检查室联系派驻纪检监察组、乡镇纪委，最大限度凝聚合力，破解监督难题。全县派驻机构共处置问题线索205件，处分党员干部39人，案件核查总数位居全市各县（区、市）前列；乡镇纪委共立案58件，处分50人。科学合理运用监督执纪“四种形态”，全县各级纪检监察机关共运用监督执纪“四种形态”处理666人次，其中，第一种形态481人次，占72.2%；第二种形态154人次，占23.1%；第三种形态15人次，占2.3%；第四种形态16人次，占2.4%。突出第一种形态的运用，“咬耳扯袖”“红脸出汗”成为常态。

【政治巡察】 2018年，昔阳县纪委监委坚持问题导向，做好巡察“前半篇”文章。突出政治巡察，紧盯党的政治建设、思想建设、组织建设、作风建设、纪律建设和夺取反腐败斗争压倒性胜利等六方面问题，全年共开展3轮巡察，巡察党组织21个。其中十五届昔阳县委第四、第五两轮巡察共受理群众来电来信来访231件次，谈话223人次，查阅资料1948本，走访农村（社区）63个、乡镇畜牧兽医站8个、农民专业合作社73个，煤矿4个、旅游工程项目点4个，从中发现问题线索147条，涉嫌违纪的17条问题线索已移送县纪委监委处置，其余130条问题线索全部反馈被巡察党组织整改。

督促整改落实，做实巡察“后半篇”文章。坚持问题不整改不放过，整改不到位不放过，责任不落实不放过，以强烈的政治责任感狠抓巡察问题整改落实。出台《关于对被巡察党组织整改情况监督检查的实施办法（试行）》。联合县委组织部、县委巡察办组成两个调查组，对巡察过的10个被巡察党组织开展巡察问题整改监督检查，巡察反馈的168个共性问题在规定时间内已经全部整改。

【严查群众身边腐败问题】 2018年，昔阳县纪委监委剑指群众身边“微腐败”，持续深化扶贫、民生领域、涉黑涉恶腐败问题和不正之风专项整治，用监督执纪的力量诠释全心全意为人民服务的宗旨。2018年共处置扶贫领域问题线索111件，给予党纪处分40人，政务处分3人，组织处理87人；处置民生领域问题线索162件，给予党纪处分75人，政务处分10人，组织处理90人；处置涉黑涉恶腐败及黑恶势力“保护伞”问题线索100件，给予党纪处分16人，政务处分7人，组织处理47人；保持惩治腐败的高压态势，全县各级纪检监察机关共处置问题线索696件，谈话函询402件次，立案206件，处分党员干部180人，留置4人，移送审查起诉9人，挽回经济损失412.14万元。严肃查办大寨镇张家峪村原党支部书记高某、原村委会主任王某和钟村原会计赵某违纪违法案，达到政治、社会、纪法效果的统一。

【队伍建设】 2018年，昔阳县纪委监委切实加强对全县纪检监察机关的领导，以上率下落实打铁必须自身硬要求，打造新时代对党忠诚、敢于担当、本领高强、清正廉洁的忠诚卫士。坚持铸魂补钙，狠抓政治建设。带头维护以习近平同志为核心的党中央权威和集中统一领导，努力在深入学习贯彻习近平新时代中国特色社会主义和党的十九大精神上做表率，深化“维护核心、见诸行动”主题教育和推动“两学一做”学习教育常态化制度化，督促全县纪检监察干部更加自觉地践行“两个维护”。坚持党建引领，强抓“三基”建设。完善组织架构，成立机关党总支，下设五个党支部，审查调查期间成立临时党支部；认真学习贯彻《中国共产党支部工作条例（试行）》，扎实推进支部标准化建设，巡察办党支部顺利通过市委组织部示范型党支部检查验收；坚持调研家访、生病探望、谈心谈话等形式促融合、聚力量、鼓干劲；开展支部书记讲党课、重温入党誓词和迎“三八”庆“七一”、迎新主题晚会等活动，营造严肃活泼的机关氛围。坚持刀刃向内，强化自我监督。压实干部监督主体责任；深入开展“一规范两提升”和“纪律作风整顿周”活动，机关管理更趋规范，工作质效大幅提升；严防“灯下黑”，共处置涉及纪检监察干部的问题线索11件，谈话函询17人次，立案2件，党纪处分2人。坚持学习提能，增强履职本领。“六化”建设高素质专业化队伍，共组织专题学习12次，集中培训1500余人次，组织参加省市业务培训34人次，组织参与省市纪委监委执纪监督监察工作19人次，县乡两级纪委业务培训实现全员覆盖，纪检监察干部队伍整体素质大幅提升。

（宋旭栋）

组织工作

【概述】 2018年，昔阳县委组织部坚决贯彻落实中央、省市组织工作会议精神，积极探索、大胆实践、主动作为、敢于担当，狠抓“三基”建设，筑牢党建根基，着力提升高素质专业化干部队伍建设水平，使党建工作真正成为激发党员干部干事创业的新动能，有效促进整体工作提升。

【政治建设】 2018年，昔阳县委组织部严格执行《关于新形势下党内政治生活的若干准则》，推动建设正气充盈的政治生态。全县共建立“三基”建设联系点392个，681个党支部全部召开组织生活会，“三会一课”“五规范”细则（组织规范、工作规范、管理规范、活动规范、保障规范）等制度落实精准度不断提高，各项功能进一步强化。坚持把学习贯彻习近平新时代中国特色社会主义思想作为必修课，通过县委中心组带头学、干部专题培训学、基层党员群众宣传引导学，将思想精髓传递到“神经末梢”。全县分领域、分类别、分层次，组织基层广大党员干部学思践悟、引深做实，使广大党员干部学而有思、学而有行。开展庆祝建党97周年“十个一”系列活动书记讲党课、“红色家书”朗诵、党建成果展、“风从田野来”征文活动、走访慰问、书写十九大书画展、微电影展播、发展新党员、党务干部业务培训会、党日活动，不断拓展形式、创新载体，营造学习氛围，树立时代标尺，让广大党员干部的思想受到洗礼和升华。全面教育、引导党员干部以实际行动维护党中央权威和集中统一领导。编撰《风从田野来》党员教育丛书，脱贫攻坚晋剧现代戏《第一书记日记》下乡巡演100余场，并入围山西省党员教育电视片观摩交流活动网络展评；编排理想信念情景剧“红色家书”——《他们是这样的人》并下乡巡演；举办全县主题党日活动暨“我是共产党员”现代晋剧名剧片断展演活动。

【“三基”建设】 2018年，昔阳县委组织部立足县乡党校和大寨干部学院，强化教育培训。共组织科级干部、农村“领头雁”、非公党组织书记、党务干部、第一书记、挂职干部等专题培训班12个，培训党员干部2000余人次，基层党员干部的党性修养和专业素养得到全面提升。筹资1500万元强力推进乡镇机关工作生活改善工作，落实乡镇干部工作补贴，严格县委领导包点联系制度，狠抓建设进度。农村和社区活动场所实现了100%全覆盖。大力度推进“百村示范”党建工程，打造瑶湾、河南、柏叶底等60个乡村振兴标杆村。开展党建承诺践诺制，实施党建引领脱贫促振兴机制，构建县乡村三级书记抓党建格局。有序推进支部标准化建设工作，通过验收的示范型和达标型党组织分别为136个和272个，初步完成2018年示范型党支部创建目标任务。充实基本力量。出台农村干部管理办法，规范“三会一课”“主题党日活动”等制度，128名本土人才回归任职村干部，储备农村后备干部500余名，32个软弱涣散农村党组织全部完成整顿。在非公企业和社会组织中创建“双强六好”党组织10个，其中洁城清运和四通一轩幼儿园党支部被命名为市级“双强六好”党组织。村级集体经济破零工程强力度推进，制定《昔阳县发展壮大村级集体经济三年行动方案》，各村建立台账，巩固拓展以“六条路子”为核心的农村集体经济“破零”模式，不断增强自身造血功能，177个行政村集体经济收入突破5万元，占比58.6%，达到年初预定目标。夯实基本保障。投入经费6700余万元，保障村和社区正常运转，落实乡镇干部、第一书记工作补贴，村“两委”主干报酬年人均达到1.75万元，重心下移、力量下沉、保障下倾的工作机制逐步完善。

【大寨干部学院】 2018年1月5日大寨干部学院正式建成揭牌。学院立足昔阳面向全国，对广大基层干部开展以党性教育、基层党建、脱贫攻坚、农村集体经济发展和乡村文明建设五个教育方向为主的红色教育培训。自2018年3月20日正式开班至2018年年底，共承接省内外各类培训班78期，培训学员5931人次。

【干部工作】 2018年，昔阳县委组织部积极倡导和树立“重基层、凭实绩、看作风”的用人标准，在脱贫攻坚和“扫黑除恶”一线提拔重用干部12名；认真推进干部能上能下，先后调整2名科级干部退出领导岗位；集中力量推进高素质专业化干部队伍建设，3 名优秀年轻干部在全市专业化、高素质副处级干部选拔工作中脱颖而出。认真贯彻干部政治素质考察办法，优化改进考察识别方式，全年共完成干部调配 4 批 66 人次。严格落实“凡提四必”制度，坚决防止“带病提拔”，选任工作无一例举报投诉。

【发展党员】 2018 年，昔阳县共发展党员 160 名。其中：女党员 45 名，占 28.1%；35 岁以下党员 98 名，占 61.3%；高中以上文化程度 125 名，占 78.1%；在岗职工 98 名，占 61.3%。截至年底，昔阳县共有党员 18879 名，其中乡镇党员 13299 名，占 70.4%。35 岁以下党员 2156 名，占 11.4%；36 岁至 45 岁党员 3121 名，占 16.5%；46 岁至 55 岁党员 4300 名，占 22.8%；56 岁至 60 岁党员 1805 名，占 9.6%；60 岁以上党员 7497 名，占 39.7%。大专及以上学历党员 4708 名，占 24.9%；中专学历党员 974 名，占 5.2%；高中、中技学历党员 3242 名，占 17.2%；初中及以下 9955 名，占 52.7%。 （李建斌）

宣传工作

【概述】 中共县委宣传部是县委主管意识形态方面工作的综合职能部门，主要职责是：贯彻落实中央、省委、市委和县委在宣传思想文化战线的方针政策；统一领导和管理全县宣传思想文化系统工作；负责引导社会舆论，对新闻宣传、社科理论、文化艺术等部门和有关人民团体的业务指导；负责全县对外宣传工作，承办县精神文明建设指导委员会的日常工作，负责网络安全、舆情引导和信息化建设等工作。下设文明办、网信办，内设文产办，共有编制 16 人，其中宣传部 9 人，文明办 2 人，网信办 5 人。

【理论武装】 2018 年，县委宣传部把习近平新时代中国特色社会主义思想和党的十九大、十九届三中全会精神及意识形态、乡村振兴、生态环保、扫黑除恶等内容列入干部学习教育培训体系，以县意识形态领导小组办公室下发文件，要求各党委（党组）会议时，要把学习习近平新时代中国特色社会主义思想列为第一议题；扭住县委中心组这一龙头，采取自主学、专题学、调研学、引领学、观摩学、干中学等学习方式开展集中学习 27 次，举办精神研讨交流会 5 次，撰写调研报告 120 余篇；编印《意识形态工作必知必会手册》《党员干部应知应会读本》 1100 多册，《习近平重要讲话摘编》《理论学习资料汇编》 2000 多本，集中购置配发《习近平新时代中国特色社会主义思想三十讲》 10800 多本，下发到党员干部和工作队队长、第一书记手中，做到全覆盖；组建 26 名理论骨干组成的昔阳县理论工作队伍，和县纪检委联合，开展“清风进万家”家风故事集中宣讲 14 场；和县政协、县妇联共同组建宣讲团，开展“三贴近、四宣讲”活动，三贴近即贴近中心、贴近基层、贴近群众，四宣讲即讲十九大精神、讲乡风文明、讲乡村振兴、讲以案说法活动。共宣讲139场，受众达3万余人；举办改革开放40周年征文活动，收回征文100余篇，上报改革开放40年思想政治工作经验材料5篇，其中县信用联社的《以思想政治工作促进服务全面提升》代表昔阳县企业思想政治工作在晋中市进行交流。全年上报理论文章、调研报告20余篇，大寨干部学院陈红琳的《强化意识形态宣传　打造思想教育阵地》一文被推荐到省委宣传部参与研讨。

【意识形态工作】　2018年，昔阳县委宣传部成立以县委书记王根元任组长，县委常委、宣传部部长张月清任办公室主任的意识形态工作领导小组，切实加强对意识形态领域工作的统筹指导；完善意识形态工作联席会议制度，健全定期分析研判通报机制，形成党委统一领导、宣传部门组织协调、有关部门分工负责的齐抓共管工作格局；通过常委会、中心组学习会，及时传达学习中央、省、市关于意识形态工作的最新精神，按照“四个亲自”的要求（重要工作亲自部署、重大问题亲自过问、重点环节亲自协调、重大事件亲自处置），定期听取意识形态工作汇报，全年共组织1次述职评议，1次专项督查，4次分析研判；县网信办每月制作一期《网络舆情》月刊，定期研判通报涉昔舆情，收集当月县内外最新热点舆情和关于昔阳县的互联网新闻；把意识形态工作作为党建工作的重要内容，纳入全县年度目标考核体系和纪检监察监督范围，强化意识形态工作责任落实。

【舆论引导】　2018年，昔阳县委宣传部围绕县委、县政府中心工作，开设“新时代、新作为、新篇章”“牢记习近平总书记嘱托”“扫黑除恶”等7个专题专栏，进行正面宣传，编印脱贫巩固提升宣传稿件合订本《为了这方热土》、制作专题片《走向幸福》，组织昔阳春晚、东冶头镇文艺会演、闫庄玉米文化节等10多次网络直播，开展纪念改革开放40周年等重大主题宣传，中央广播电视总台央广中国之声《中国改革现场——新时代新大寨》在大寨进行现场直播；全年在市级以上媒体发稿2465条，其中新华网、中新闻、人民网刊播277条，《山西新闻联播》《山西日报》等省级媒体稿件刊播60条，《晋中电视台》刊播新闻稿件670余条，《晋中日报》刊发313条，借力深圳文旅推介会、首届农民丰收节、第五届红叶文化旅游节、全国汽车场地越野公开赛、国际山地马拉松赛等大型活动的举办，省内外新闻媒体同步发声，极大地提升昔阳的知名度和美誉度；加强对属地网站、新媒体的安全管理，全年共组织11次集中清理整顿，排查属地网站97家，微信公众号588家，约谈属地自媒体2家，上报政治类有害信息79451条，报送舆情信息7583条，制作《舆情快报》24期；组建“新媒体”网评员队伍，成立昔阳自媒体好声音联盟，举行昔阳县第五届国家网络安全宣传周暨“最美昔阳、争做中国好网民”现场签名活动，加强《国家网络安全法》和全国全省宣传思想工作、网信工作会议精神的宣传贯彻落实工作，引导全县网民朋友依法上网、理性上网、健康上网。

【文化繁荣】 2018年，昔阳县委宣传部组织为期一周的昔阳县首届舞台创作培训班，30余名乡土人才参培，组织编写话剧《家风》，同年剧本基本成型，微电影《烽火铃》荣获第十六届中国人口文化奖二等奖，本土作家李永斌主创的电影《岭上花开》成功首映，填补了昔阳县县级文化企业自拍电影的空白，孔令贤、李晓兰、李义利、赵姝梅、王石林、张建民6人获晋中文学奖；在晋中市率先启动农村有限广播电视网络全覆盖工程，赵壁、皋落、闫庄、冶头、界都五乡镇的主干光缆已全部到村，5个机房已建成运行，闫庄乡可实现全覆盖；县图书馆为12个乡镇文化站、13个重点村及昔阳中学、新城小学进行了图书录入工作，真正实现在总馆带领运行下通借通还，在2018年文化部组织的全国第六次县级以上公共图书馆评估定级中，被评为国家级三级图书馆；县文化馆对外免费开放，举办各类培训15期，培训学员1380余人，全年送书下乡40次，送戏下乡110场，农村公益电影放映3936场；建成12个乡镇联络站和10个重点行业联络点，48个村级扫黄打非信息建设点，形成了覆盖全县乡镇、社区、村，以及与扫黄打非工作关系密切的重点单位、重点部位的工作站点网络。

【队伍建设】 2018年，昔阳县委宣传部全年共组织学习38次，讲党课4次，开展主题党日活动12次，系统发展党员6名，预备党员转正10名；开展支部标准化建设，按照“六有”标准，完善“九个台账”规范“八个记录”，并且成为达标型党组织；开展形式主义、官僚主义集中整治工作，通过学习讨论研究，对照省纪委明确的6方面26类问题，共排查出3类9方面问题，并建立工作台账、问题清单、责任清单和整改清单；在全县新闻战线中开展为期一个月的学习讨论活动，通过制定方案、认真学习、查找差距、问题整改等阶段的落实，进一步提高全县新闻工作者对党的新闻舆论工作重要性的认识以及做好新闻舆论工作的具体要求；全年共报送宣传工作信息339条，采用225条，在全市居上游水平。 （赵茂融　光海鹏）

统一战线

【概述】 2015年，昔阳县委统战部、工商联、民宗局、侨联合署办公，现有工作人员10人。昔阳县委统战部成立于1982年12月，现编制4人，职数1正2副，现有人员3人。昔阳县工商联成立于1947年，现编制5人，现有人员4名，专职副主席1人。设工商联主席（兼职）1人黄祥苗（不占编），兼职副主席17人。昔阳县侨联成立于2015年7月，正科级事业建制，编制3人，职数一正，现有书记1人，工作人员1人。昔阳县民族宗教事务局在昔阳县政府办公室挂牌，与县委统战部合署办公，局长政府办法制办主任兼任，现有主任科员、副局长1人。

【统战工作】 2018年，昔阳县委统战部瞄准全面创新、提升、超越的奋斗目标，巩固优势、弥补短板、打造亮点，不断引深“六大行动”，努力推动新时代统战工作创新发展。

坚持“三个导向”要求，制定“三个清单”目标，提升“三个能力”水平；继续巩固“三基建设”成果，不断加强县乡村三级统战网络建设，延伸统战工作触角，各乡镇（社区）、县直统战重点部门都设立统战工作办公室，配齐配强统战委员，建设“统战之家”，实现有场所、有标牌、有设施、有档案、有经费目标，各村、各单位配备专门的统战联络员和宗教工作专干，做到基层统战工作有人管、有人抓、有事干。

制定出台《2018年政党协商工作计划》，确定“推进县乡医疗卫生机构一体化、实施乡村振兴战略和落实《地方党政领导干部安全生产责任制》情况”3个政党协商议题，召开季度协商座谈会、情况通报会，开展专题研讨协商。

召开纪念“五一口号”发布70周年座谈会；开展统一战线“不忘初心，与党同行”，民进支部“不忘合作初心、继续携手前行”，非公企业“不忘创业初心，接力改革伟业”等系列主题教育活动，把握政治引领、增加思想共识。扶贫日期间，组织统一战线各领域社会组织开展了“同心·助力脱贫攻坚”系列活动，广泛助力脱贫攻坚、开展社会服务。支持民进昔阳支部开展扶贫健康义诊、“春联进万家”、义务植树等服务社会活动，民进昔阳支部荣获山西民进“五星级基层组织”。率先在晋中市成立新的社会阶层人士联谊会，完善内设架构，设立民营企业、文化艺术、社会组织、新媒体和电子商务5个活动小组，并成功创建1个省级活动站和2个市级活动站点。

完成统战理论大调研课题24篇，其中《发挥统战优势，助力脱贫攻坚》在《团结报–多党合作》上发表，《发挥统战优势，助力脱贫攻坚》在山西统一战线第四期发表，《做好新的社会阶层人士统战工作的实践与思考》以纪实文稿在晋中日报刊发，编印《昔阳统一战线》杂志4期免费向统战成员发放3000余本，通过微信公众号等推送各类统战信息50余条，完成“五一口号”发布70周年、改革开放40周年主题征文8篇，努力把统战干部培养成为令人信赖、受人尊敬的“党外人士之友”，把统战部门建设成为团结和谐、名副其实的“党外人士之家”。

市委常委、统战部部长王建林到大寨干部学院就“做好新时代统战工作”专题授课，全县30余名非党干部参加了培训学习；连续举办2期昔阳县农村“领头雁”基层统战工作培训班，县委常委、统战部部长李怀仁围绕“学习贯彻党的十九大精神，做好新时代农村统战工作”专题授课；举办习近平新时代中国特色社会主义宗教理论专题培训，县委常委、组织部部长郭春林就“学习十九大精神，正确认识宗教，坚定理想信念”进行专题辅导。

【党外干部】 2018 年，成立昔阳县统一战线智库并举行颁发聘书仪式，首批入库党外专家 30 名；2018 年推荐提拔使用 2 名党外副科领导干部，考察推荐 8 名党外代表人士进入县政协届中补选委员名单。召开季度协商座谈会、情况通报会，开展专题研讨协商；调整组建 3 个党外代表人士建言献策小组，完成调研报告 19 篇。组织党外干部、党外知识分子赴延安、梁家河开展“不忘初心，与党同行”主题教育活动。

【非公经济】 2018 年，昔阳县实施“两个健康”引领、“晋商晋才”回乡创业、服务民企帮促、基层商会提质等工程，激发民营经济活力，促进两个健康发展，开展非公企业“不忘创业初心，接力改革伟业”主题教育活动，组织非公企业肥城培训；1 月 25 日成立昔阳县光彩事业促进会，启动 1400 余万元光彩事业基金，资助 53 个美丽乡村示范村 70 个乡村振兴项目建设、161 千米登山健身步道建设、孔氏乡龙岩大峡谷河道治理工程，助力乡村振兴战略和脱贫攻坚工作；4 月 27 日，昔阳县委、县政府在“五一”劳动表彰大会上集中表彰近年来在全县经济社会发展、脱贫攻坚一线作出突出贡献的优秀企业。其中山西昔阳丰汇煤业集团有限公司等 14 家非公企业荣获“特别贡献奖”；出台《昔阳县非公有制企业助力脱贫攻坚和乡村振兴行动实施方案》《昔阳县统一战线助力脱贫攻坚推进“双百”工程实施方案》，召开脱贫攻坚暨乡村振兴动员会、工商联九届二次执委会暨非公企业助力脱贫攻坚和乡村振兴推进会，5 家重点民营企业结对 5 个未脱贫的深度贫困村，100 名民营企业家结对帮扶 100 个深度贫困户；召开 2 次政银企对接会，现场解决问题，打造新型“亲”“清”政商关系，15 户非公企业与 4 家金融机构签订贷款协议 7 亿多元；联合县政协启动昔阳县“归燕行动”项目推介活动，年底已有 13 名昔阳在外企业家回乡投资企业；6 月 1 日，组织民营企业家开展皋落小学回访捐助活动和留守儿童山西省科技馆参观体验活动，对农村留守儿童“一对一”精准帮扶活动；10 月 17 日扶贫日期间，县工商联组织民营企业家到赵壁乡巩家庄村开展“同心·助力脱贫攻坚，百企帮百村精准扶贫行”活动，协助开展驻村帮扶和精准扶贫，活动中，民营企业家们看望慰问该村 70 周岁以上老人，并送去慰问品，观摩推介该村的脱贫项目农产品富硒有机小米，帮助解决农产品销售；贯彻落实习近平总书记在民营企业座谈会上的重要讲话精神和中央、省、市关于民营经济发展的重要决策部署，建立完善县级领导干部联系项目、联系非公企业、联系非公企业家“三联”制度，主动推荐 56 家工商联会员企业纳入市、县领导干部帮扶企业名单，成立联合调研组，深入 50 余家企业和项目现场办公，鼓励支持引导民企投身助力脱贫攻坚和乡村振兴；在转型项目上探索符合昔阳实际的新路径，总投资 3 亿元的蓄光新材料项目、投资 2.2 亿元的

50万吨环保节能自动化竖窑活性石灰项目、投资20亿元的锂离子负极材料一体化等转型项目已如期开工建设。

【民族宗教】 2018年，昔阳县统战部举办晋中市佛协2018年佛教教职人员昔阳培训班、昔阳县基层干部宗教理论专题培训班，印制十九大知识宣传册、新修订的《宗教事务条例》1000余份，积极开展民族宗教政策法规宣传活动。根据《山西省清真食品监督管理条例》及行政许可法有关规定，为山西东合丰牧农业开发有限公司核发昔阳县第一张山西省清真食品生产经营许可证和清真标志牌。开展“民族团结进步基地”创建工作，“大寨精神教育基地”被命名为晋中市首批民族红色文化传承基地。开展“和谐寺观教堂创建活动”，积极推进“国旗、宪法和法律法规、社会主义核心价值观、中华优秀传统文化”四进宗教活动场所活动，全县宗教活动场所全面实现“四进”。完成17处宗教活动场所统一社会信用代码赋码工作。发放悬挂由国家宗教局监制，山西省宗教局统一制作的第一批佛教活动场所标识牌（池塘寺、崇教寺、金刚禅寺、悟道寺、普宁寺、卧佛寺）。为金刚禅寺争取晋中市宗教活动场所维修项目补助资金4.5万元。开展“宗教慈善周”活动，组织县佛教协会、基督教协会到赵壁乡东丰稔、西丰稔2村开展慰问活动，县基督教“两会”开展“关爱留守儿童”行动，出资1.2万元开设暑期文化课辅导班，免费为46名留守儿童提供课外辅导，开展中秋节关爱活动，为10名困难家庭儿童送去慰问品。

【侨联】 2018年，昔阳县统战部加强与省海联处和市侨联沟通联系，开展对接服务工作，香港华革会吴祺光夫妇于4月19日和8月23日两次莅临昔阳，开展昔阳中学在校贫困生助学活动、晋祥养老院慰问活动、贫困大学生继续资助等活动，完成35名高中生，40名大学生资助工作，全年累计接收香港华革会捐资19.3万元；到赵壁乡东寨村开展慰问困难侨眷和台胞献爱心活动；另外组织参加由中华全国归国华侨联合会、中华全国台湾同胞联谊会、《人民日报》（海外版）、中国国际广播电台、《快乐作文》杂志社联合举办的第十九届世界华人学生作文大赛，昔阳县10所学校31名中小学生获奖，其中昔阳县示范中学253班赵展的《乡胃情结》一文荣获特等奖（全球仅20名），是山西省唯一一名获此殊荣的参赛学生；充实完善全县侨情信息库，新增海外留学生12名。

（田志芳）

机构编制

【概述】 昔阳县机构编制委员会办公室，是昔阳县机构编制委员会的常设办事机构，在昔阳县机构编制委员会的领导下负责行政管理体制和机构改革以及机构编制管理工作，既是党委的机构，又是政府的机构，正科级建制。昔阳县编办共有行政编制4名。所属事业单位2个：昔阳县事业单位登记管理局（副科级）和昔阳县机构编制电子政务中心（正股级，主任可由副科干部担任），共有财政拨款事业编制10名。

【机构编制管理】 按照“控制总量、盘活存量、优化结构、增减平衡”的工作思路，推进机构编制管理创新，努力做到控住管好，充分发挥机构编制资源的保障作用。2018年共办理编制调配和进出流动手续236人次，其中调动干部56人次、定向培养人才入编3人次、定向招聘选调生4人次、招聘公务员26名、日常调动147人次。在现有编制总量中调剂和划转编制63名，按政策要求规定审批程序2018年设立机构31个，更名机构1个。

【事业单位登记管理】 2018全年共设立登记法人事业单位6家，变更登记77家，注销登记2家，重新申领2家，按期报送年度报告166家，年度报告报送率为96%。机关群团统一社会信用代码证新申领1家、变更6家、注销1家。按照“两随机，一公开”工作机制，实施核查事业单位8家，加强事业单位法人登记治理事中事后监管。

【电子政务】 2018年，进一步加强政务和公益机构专用中文域名注册管理工作，认真做好党政机关、事业单位网站开办和标识管理工作，将注册费用纳入财政预算，共对386个行政事业单位申请专用中文域名，注册率达到100%。发放网站标识9个，网站挂标率100%。党政机关、事业单位电子政务信息化管理水平显著提升。

【机构编制改革】 2018年，对昔阳县县乡党政机构的设置和职能配置开展全面摸底，为县党政机构改革领导小组研究解决重大改革问题提供科学、可行的意见和建议。对涉改领域执法队伍机构、编制进行清理，在顺利完成文化、旅游、卫生计生、市场监督管理、城乡建设和城市管理、经济和商务粮食6个领域的改革的基础上，结合党政机构改革，继续有序推进市场监管、生态环境保护、文化市场、交通运输、农业等5个领域的综合行政执法体制改革，不断理顺综合行政执法体制机制。重点推进第二阶段生产经营类事业单位改革工作，明确了9家生产经营类事业单位及其任务部门。以县委办、县政府办转发《晋中市从事生产经营活动事业单位改革实施方案》《晋中市关于从事生产经营活动事业单位转企改制中有关政策的意见》《晋中市关于从事生产经营活动事业单位改革人员安置和社会保障的指导意见》，进一步落实改革部门责任，明确时间任务要求，以及生产经营类事业单位改革路径方式，保证改革顺利推进。

【深化“放管服效”改革】 2018年，重点开展行政职权下放、取消、规范调整；政府权责动态管理；行政审批中介服务清理；优化营商环境减证便民专项行动等4项改革工作。简政放权。根据省、市相关文件精神，全县对应取消行政审批项目5项、部分取消变更名称1项、部分承接2项、变更名称1项。截至2018年年底，县政府部门行政审批（许可）事项共涉及37

个部门，保留 178 项。全面清理证照。在昔阳政府门户网站公布涉及 27 个政府部门（单位）的《县政府部门行政审批事项前置申请材料清单》，并取消 8 个部门 13 项行政审批事项相关证照年审年检，保留 13 个部门 20 项行政审批事项相关证照年审年检，保留 1 个部门 2 项政府指定培训事项。规范中介。全县对应取消 5 项行政审批中介服务和证明材料。截至 2018 年年底，全县共公布行政审批中介服务事项 21 项，涉及 9 个部门。对应清理规范 19 项行政审批中介服务事项，涉及 10 个部门；对应取消 9 项行政审批中介服务和证明材料等事项，涉及 5 个部门，不再作为行政审批的受理条件。权责管理。按照《昔阳县政府部门权责清单动态管理办法》，对行政职权事项进行动态调整，共取消 8 项、部分取消 1 项；部分承接 2 项；变更名称 3 项；新增 3 项。截至 2018 年年底，政府网站公布的全县行政职权事项共计 2413 项。

【推进基础工作评估和标准化建设】 2018 年，按照“三基建设”主要任务，编办根据省市部署要求对全县党政群机关事业单位基础工作的组织编制和落实执行情况进行分类评估，分县直党政群机关事业单位和县直党政群机关所属事业单位两大类进行评估，对照评分细则和打分标准，全县共对 68 个行政事业单位进行评估，按照“优秀、合格、不合格”三个等次，评估出优秀单位 14 个，占比 20.5%。通过评估，找准全县“三基建设”中部门存在的问题，明确整改方向，为基础工作内容的进一步规范完善、提高科学运用奠定了基础。

（梁媛媛）

信访工作

【概述】 中共昔阳县委昔阳县人民政府信访局机关行政编制人员 6 人，设局长 1 名（正科级），副局长 2 名（副科级），下设昔阳县信访信息中心，事业编制人员 5 人（实有 4 人）。主要承担昔阳县来信、来电、来访接待及网上信访工作。安排部署昔阳县信访工作。负责报告人民群众通过信访渠道反映的问题和意见；负责昔阳县矛盾排查调处化解工作，协调指导昔阳县信访信息系统建设和应用。内设机构没有定编定岗，2019 年机构改革才定编定岗，2018 年的年鉴不做体现。

【群众来访】 2018 年，昔阳县进京非接待场所上访 6 件 9 批 14 人次，同比总量上升 40%。全年累积越级进京上访 34 件 53 批 95 人次，同比件次上升 41.67%，批次下降 10.17%，人次下降 41.36%。赴省集体访（含来信、网投）11 件 11 批 107 人次。集体访涉及的问题主要是农业农村、劳动保障、城乡建设等方面问题。

【信访事项办理】 2018 年，昔阳县共受理来县信访事项 275 件，其中集体访 106 件。全年通过网上信访信息系统转送 306 件，到期程序办结 305 件，超期未做出处理意见的1件。办结中央第十五巡视组交办昔阳县信访案件38件。筛查2013年至2018年到县访登记表、网上信访信息系统，排查出涉黑涉恶线索29件，收到扫黑除恶中央督导组交办重要线索和其他线索7批20件，全部办结。

【领导干部接访】 2018年，昔阳县县级领导坐班接访、带案下访及受理群众来访共计275件1406批11845人次，其中集体访106件659批10338人次。

【矛盾化解】 2018年，昔阳县在“重点领域、重点群体、重点问题、重点人员”信访矛盾化解攻坚战中自查23件信访积案及承接国家、省、市交办7件重点信访案件，全部办结。

【基础业务】 2018年，昔阳县制定并下发《昔阳县信访基础业务规范化建设活动通知》，对信访基础业务中的各类问题作了专题培训和“一对一”帮带培训。按照“干什么学什么”“缺什么补什么”原则，分析工作中的问题和短板，系统化进行业务知识培训，网上信访系统办结率达到94.2%，程序更加规范，办结质量进一步提高。

【硬件设备建设】 2018年11月底，昔阳县对信访视频系统的设备进行最后的安装与调试，成功实现国家、省、市、县四级联调。标志着昔阳县信访视频系统建设迈上新台阶，这是打造“阳光信访”的重大举措。实现视频会议、视频培训、视频会商、视频信访、应急指挥调度的工作模式。 （张海峰）

党校工作

【上级关怀】 2018年1月5日，晋中市委党校常务副校长易仲林、副校长赵俊伟在昔阳县委副书记、党校校长郭丰慧陪同下到昔阳县委党校调研指导工作。

【培训工作】 2018年，昔阳县党校在八大系统、12个乡镇、城区社区及企业党委、非公党委、学校等部门开展十九大精神和习近平新时代中国特色社会主义思想、扫黑除恶、“三基建设”“三个三”重点工程、《中国共产党纪律处分条例》等方面宣讲47场，4300人次。

【科研工作】 2018年，昔阳县党校完成3篇调研报告，发表论文15篇，其中国家级期刊2篇，省级期刊13篇。党校副校长贾定龙撰写的《做好新形势下意识形态工作研究》，被评为晋中市2018年度社会科学重点课题研究资助优秀课题，获山西省党建研究会二等奖，晋中市党建研究会一等奖、晋中市委宣传部全市文化软实力调研成果二等奖。王瑾瑞代表昔阳县委党校参加全省党校系统教师赛讲，以《弘扬中华文化，开创美好未来》为题，获得省优秀奖、市第一名。

【师资提升】 2018年1月8日，昔阳县委副书记、党校校长郭丰慧为党群系统包括党校全体干部讲授《不忘初心，牢记使命，弘扬红船精神，建设小康昔阳》的主题党课。2018年7月9日至14日，党校常务副校长王志军参加全省党校系统习近平新时代中国特色社会主义思想课程体系建设和党的十九大精神教学方法研讨班；11月1日至11月30日，党校教师李志珍到中共山西省委党校参加第7期全省党校行政学院系统骨干师资培训班；12月17日至21日，党校常务副校长王志军参加中共中央党校组织的全国党校（行政学院）系统学习贯彻习近平新时代中国特色社会主义思想研修班。

党校全年参与大寨干部学院教务教学培训及综合办公室的工作。（王彦芳）

大寨干部学院

【概述】 2018年1月4日，昔阳县机构编制委员会发布《关于设立大寨干部学院的通知》，设立大寨干部学院。学院为昔阳县委直属财政拨款事业单位，正科级建制，核定科级领导职数1正2副、财政拨款事业编制20名。

大寨干部学院院长由昔阳县委常委、组织部部长郭春林兼任，副院长2名，1名由昔阳县委党校常务副校长王志军兼任，另1名由陈红琳担任，负责开展基层党员干部培训、党性教育课题研究等工作。

【学院建设】 大寨干部学院占地5万平方米，概算总投资约9000万元，对原大寨国际旅行社进行综合改造，可同时承接500人授课，容纳282人入住，满足422人同时就餐。共改造住宿、餐饮、课堂、室外、功能性设备五部分建筑面积14000平方米，改造院落及景观36000平方米，建有住宿标准间146个，套间10个，讨论室13个，培训教室4个，多功能剧场1个，会客室1个。

【学院揭牌】 2018年1月5日，大寨干部学院揭牌。时任晋中市委书记胡玉亭，全国人大常委、大寨党总支书记郭凤莲共同为学院揭牌，晋中市委副书记、党校校长尹乃明致辞，市委常委、组织部部长唐立浩主持揭牌仪式，昔阳县委书记王根元介绍大寨干部学院概况，昔阳县委副书记、县长许利伟等昔阳县四套班子相关领导参加揭牌仪式。

【师资建设】 2018年3月14日，大寨干部学院举行首批客座教授聘请暨教师座谈会。山西省委党校教务处处长呼旭光，昔阳县委书记王根元，昔阳县委副书记、县长许利伟，昔阳县委常委、组织部部长、大寨干部学院院长郭春林参加活动。许利伟、郭春林为呼旭光等13位山西省委党校、晋中市委党校教授颁发聘用书。截至2018年12月30日，学院聘请客座教授61名，现场教学点讲解员7名。

【课程设置】 2018年，大寨干部学校共设置理论教学课有《大寨创业精神的再思考》《创业时期的大寨党建》等；影视教学《血色西峪》《红旗飘飘》《大寨之路》《走进昔阳》《大寨金曲》等；现场教学点有大寨展览馆、名人陈列室、博物馆、虎头山、大寨村、昔阳县博物馆、脱贫攻坚室、红旗一条街、良心博物馆、西峪村、瑶湾村、河南村、潘掌村。

【培训工作】 2018年3月20日，大寨干部学院开始办班，首期班是晋中市共青团干部培训班。截至2018年12月30日，学院共举办各类培训班78期，学员5913人次，其中，省级培训班38期，市级30期，县级10期。

【友好合作】 2018年10月19日，大寨干部学院举行山西省党建研究会、山西大学马克思主义学院党建研究基地揭牌暨特聘教授聘任仪式。山西大学马克思主义学院党委书记韩书保，山西大学马克思主义学院院长刘晓哲，县委常委、组织部部长、大寨干部学院院长郭春林以及山西大学马克思主义学院的师生代表参加仪式。

（王彦芳）

文明创建

【概述】 昔阳县精神文明建设指导委员会办公室的主要职责是规划部署全县群众性精神文明创建活动任务，协调指导群众性精神文明创建活动，协调开展全县范围内的创建文明城市、文明单位、文明村镇、文明校园、文明家庭等活动；以社会主义核心价值观为根本，指导开展以社会公德、职业道德、家庭美满为主要内容的公民道德建设；指导协调、检查、督促全县未成年人思想道德建设工作等，隶属于县委宣传部管理，核定科级领导职数一正。

【社会主义核心价值观建设】 2018年昔阳县打造社会主义核心价值观示范村20个，机关、企业、广场、公园示范点12个，西峪惨案纪念馆成功创建为省级爱国主义教育基地。开展“清风进万家”家风故事集中宣讲14场，征集《常回家看看》《真情服务、不辱使命》等核心价值观微视频、微电影公益广告7个。利用各类户外媒介，刊播社会主义核心价值观和优秀传统文化公益广告7000余条（次），在城乡主干街道、商场、学校、居民小区和村口路边等印制十九大精神、核心价值观等宣传标语万余条，使社会主义核心价值观遍布城乡角落。

【精神文明创建】 2018年，昔阳县推荐省级精神文明创建先进典型14个，市级56个，表彰县级文明乡镇2个，文明村74个，文明单位29个，文明校园10个，文明社区4个，文明服务示范窗口1个，确定安坪、洪水、巴洲、赵壁、东冶头5个乡村学校少年宫建设点。各志愿服务队积极开展“关爱老人”、环境保护、文明祭扫、助力高考等各类志愿服务活动30余次，且所有志愿服务活动均通过志愿云网适时发布、人员招募，全县志愿服务活动日趋丰富、更趋规范。在晋中市文明村镇创建暨乡风文明建设现场会上，昔阳县就昔阳好人评选表彰工作进行经验交流。

【好人评选】 2018年，昔阳县启动第六届昔阳好人评选活动，评选出昔阳好人及提名人10名。编纂出版《昔阳好人报告文学辑——成风化人》社会主义核心价值观教育丛书。推荐山西好人候选人1名，

2018 年度最美晋中人候选人 9 名，韩会林家庭被评为中国最美家庭，乔海军两兄弟入选 2018 年 4 月中国好人候选人和省第十七届道德模范候选人，标杆引领作用更加凸显。（王珍录　赵茂融）

老干部工作

【概述】　昔阳县委老干部局（以下简称昔阳县老干局）是县委主管全县离退休干部工作的职能部门。1983 年设立，归组织部领导，为正科级建制，行政编制 3 名。2018 年全县有离休干部 48 人，退休干部 2723 人，设离退休干部党工委 1 个，15 个单建党支部，6 个活动党支部。2007 年成立老干部活动中心，2008 年成立老年大学，全额预算事业单位，核定全额预算事业编制 4 名。

【政治建设】　2018 年，昔阳县老干局严格落实离退休干部阅读文件、参观考察、走访慰问、情况通报、参加重要会议和重大活动等各项制度。3 月 5 日，昔阳县委老干部局组织 20 余名副处以上离退休干部参加全县经济工作会；6 月 29 日，组织离退休干部纪念中国共产党诞辰 97 周年座谈会；9 月 8—9 日根据晋老字（2017）11 号文件精神，组织部分离退休干部到吕梁刘胡兰纪念馆、贾家庄、省博物馆等地进行参观学习；10 月 10—11 日组织 50 名离退休干部及离退休党支部书记对全县工业、农业、民生、基础设施建设、脱贫攻坚等 13 个重点项目进行观摩，之后县委、政府主要领导为老干部进行了情况通报，并征求老干部对全县各项工作的意见建议。全年共组织离退休干部集中学习 12 次，开展送学上门 2 次，发放《百名书记》《习近平新时代中国特色社会主义思想三十讲》《发挥夕阳优势，助力精准脱贫》等学习资料 5 种。

【提高待遇】　2018 年元旦春节期间，昔阳县委老干部局对全县 2697 名老干部以及生活困难的老干部遗属进行走访慰问，发放慰问品金额 20 余万元。“七一”前夕，为赵满仓、田根栋两位新中国成立前入党的离休老党员每人发放慰问金 1000 元；根据市老字〔2017〕25 号文件，为 52 名生活长期完全不能自理的离休干部提高护理费标准。

【作用发挥】　2018 年，昔阳县老干局积极发挥社区、单位、党组织各方面的作用，探索性地开展工作，2018 年共开展“十九大精神宣讲”“清风进万家”书写方正汉字，弘扬清风正气等主题活动 12 次，受教育离退休干部 600 余人。组织参与各类文体活动 18 次，通过送春联下乡、拍摄全家福、柔力球进乡村社区等活动；通过结对帮扶、走访慰问、志愿者服务等形式，主动为老干部提供助学、助洁、助医等上门服务。老干部志愿者服务队深入孔氏、东冶头、皋落等乡镇组织培训，从选种、培育、施肥、浇水、病虫害防治等方面精心施教、传授技术。以实际行动为脱贫攻坚、乡村振兴做出贡献。

【党组织建设】 2018年，晋中市老干局《关于在离退休干部党组织中开展“一创双争三整治 ”行动实施方案》下发后，昔阳县老干部局在设立党总支的单位新建7个离退休党支部，选出支部领导班子报离退休党工委备案。将过去已有的8个离退休党支部进行全面规范。2018年共组织离退休干部党支部书记培训3期，33人次。8月，组织全县20余名党支部书记参加全市离退休干部党支部培训。11月，组织各单建党支部书记和具体工作人员到昔阳中学现场观摩离退休干部党建工作。2018年为每个离退休党支部落实工作经费2000元，党支部书记每月100元补贴也已发放到位。离退休干部党支部党费实现全额返还，共计金额32950.5元。创建离退休干部示范党支部3个，标准型党支部3个，评选出“五好离退休干部党员”109名。

【丰富活动】 2018年，昔阳县老干局大力提高老年大学示范校办学水平和档次，开设书法、绘画、合唱、文学、面塑、摄影等课程。创新举办“七一”演唱会、重阳节书画展、绘画写生等活动。积极组织老干部参加象棋、乒乓球、门球等比赛。2018年组织参加县工会举办的“乒乓球比赛”，荣获团体第七名的好成绩。在市委老干部局组织的“全市老干部运动会”竞技麻将比赛中，昔阳县老干部代表队获团体赛二等奖，并有三人获个人奖。（陈　瑞）

昔阳县人民代表大会

XI YANG XIAN REN MIN DAI BIAO DA HUI

重要会议

【概述】 2018年，昔阳县第十七届人大常委会设立办公室、法制工作委员会、财政经济工作委员会、农村工作委员会、教科文卫工作委员会、人事代表工作委员会、城建环保工作委员会、信访室、代表联络中心等“六委两室一中心”，共计9个工作机构。县十七届人民代表大会设立财政经济委员会、法制委员会两个专委会，其中财政经济委员会设立专职副主任委员1名，其余皆为兼任。县人大常委会机关在岗工作人员18人，公务员编制17人，事业人员5人。

【昔阳县第十一届人大三次会议】 2018年4月9日至10日，昔阳县第十七届人大三次会议在大寨礼堂举行。本次大会应出席代表164人，实到159人，符合法定人数。会议由十七届人大常委会召集，主席团由33人组成。与会代表分别听取和审议县人大工作报告和“一府两院”工作报告。书面审查昔阳县2017年国民经济和社会发展计划执行情况与2018年国民经济和社会发展计划草案的报告，以及昔阳县2017年财政预算执行情况和2018年财政预算草案的报告。审议并通过大会各项决议和其他工作报告。会议选举产生县监察委员会主任。

【昔阳县十七届人大常委会第十二次会议】 昔阳县十七届人大常委会第十二次会议于2018年3月20日召开，会议由王志勇主持。应到常委会组成人员30人，实到27人。会议表决通过《关于召开昔阳县第十七届人民代表大会第三次会议的决定（草案）》；听取和审议县人民政府关于2017年全县重点工程进展情况的报告。听取和审议县人民政府关于县十七届人大二次会议代表意见建议办理情况的报告。补选昔阳县出席晋中市第四届人民代表大会代表。

【昔阳县十七届人大常委会第十三次会议】 昔阳县十七届人大常委会第十三次

会议于2018年4月3日召开，会议由赵继胜主持。应到常委会组成人员30人，实到28人。会议听取县人大常委会副主任李维新关于县十七届人大三次会议筹备情况的报告。听取和审议了县十七届人民代表大会常务委员会代表资格审查委员会副主任委员赵希莲所作的关于代表变动及补选代表的代表资格的审查报告。通过县十七届人大三次会议主席团和秘书长建议名单、议程草案、列席人员建议名单。通过县十七届人大三次会议财经审查委员会组成人员建议名单，议案审查委员会组成人员建议名单。讨论通过昔阳县人大常委会向县十七届人大三次会议所作的工作报告（讨论稿）。

【昔阳县十七届人大常委会第十四次会议】 昔阳县十七届人大常委会第十四次会议于2018年5月18日召开，会议由耿计良主持。应到常委会组成人员30人，实到26人。会议表决通过关于批准《昔阳县人民政府关于昔阳经济技术开发区三个PPP项目实施方案报告》的决议（草案）。听取和审议县人民法院院长裴志东关于昔阳县人民法院执行工作情况的报告。听取和审议县人民检察院检察长尹教礼关于落实司法改革工作情况的报告。举行县十七届人大三次会议代表意见建议交办仪式。

【昔阳县十七届人大常委会第十五次会议】 昔阳县十七届人大常委会第十五次会议于2018年7月30日召开，会议由李维新主持。应到常委会组成人员30人，实到27人。会议听取和审议县政府关于优化营商环境情况的报告；听取和审议了县政府关于2018年上半年国民经济和社会发展计划执行情况的报告。听取和审议县政府关于2018年上半年财政预算执行情况的报告。表决通过昔阳县人大常委会关于批准昔阳县2018年财政预算调整暨地方政府新增债务预算调整方案的决议（草案）。进行人事任免。

【昔阳县十七届人大常委会第十六次会议】 昔阳县十七届人大常委会第十六次会议于2018年9月14日召开，会议由王志勇主持。应到常委会组成人员30人，实到28人。会议听取和审议县政府关于2017年财政决算情况报告。听取和审议昔阳县2017年财政预算执行和其他财政收支的审计工作报告。表决通过昔阳县人大常委会关于批准昔阳县2017年财政决算的决议（草案）。进行人事任免。

【昔阳县十七届人大常委会第十七次会议】 昔阳县十七届人大常委会第十七次会议于2018年11月28日召开，会议由赵继胜主持。应到常委会组成人员30人，实到26人。会议表决通过关于西李家庄村、黄岩底村“撤村转居”工作的决议（草案）。听取县环保局关于全县环境保护目标完成情况的报告。听取县教科局关于全面深化教师队伍建设情况的报告。听取县农委关于全县乡村振兴战略实施情况的报告。听取县住建局关于全县贯彻实施《山西省物业管理条例》情况的报告。对四个政府组成部门所作的专项报告进行满意度测评。

【昔阳县十七届人大常委会第十八次会议】 昔阳县十七届人大常委会第十八次会议于2018年12月20日召开，会议由耿计良主持。应到常委会组成人员30人，实到27人。会议分两个阶段进行。上午集中视察2018年全县重点工程和县政府承诺的十件民生实事进展情况。下午表决通过昔阳县人大常委会关于批准昔阳县2018年第二次财政预算调整方案的决议（草案）。听取和审议2018年县政府重点工程和十件民生实事进展情况的报告。

主要工作

【履职情况】 2018年，昔阳县第十七届人大常委会始终坚持把人大工作摆到全县工作大局中去思考和谋划，紧紧围绕年初全县经济工作会议确定的各项目标任务，以及贯彻依法治国方略和全面深化改革的要求跟进监督措施，增强人大工作针对性、实效性。全年共召开常委会会议8次、听取审议"一府两院"专项工作报告15项，组织开展执法检查5次，组织代表集中视察2次，坚持党管干部的原则与依法任免有机统一，任免县"一府一委两院"国家机关工作人员18人，有效地发挥了地方国家权力机关的职能作用。

【依法决定经济社会发展重大事项】 2018年，昔阳县第十七届人大常委会本着结合实际、便于操作、依法依规的原则，制定了《昔阳县人大常委会关于健全人大讨论决定重大事项制度》和《昔阳县县乡两级政府重大决策出台前向本级人大报告的实施办法》，这两个文件的出台进一步明确各类重大事项范围及决策程序，提高行使重大事项决定权的科学化、民主化、法治化水平。全年，昔阳县第十七届常委会先后围绕昔阳经济开发区工业污水处理、地下综合管廊建设、省道317改线三个PPP项目，以及西李家庄村和黄岩底村撤村并居、财政大额资金使用和政府债务限额等具有长远性、全局性的事项，适时作出决议、决定，有力保障了全县经济社会持续快速健康发展。

【监督工作】 2018年，昔阳县第十七届人大常委会聚焦打赢乡村振兴攻坚战，组织开展专题调研，听取审议全县乡村振兴战略实施情况的报告，针对战略实施的规划、路径、措施、重点、机制和组织管理等问题，提出意见建议，全力推动全县乡村振兴战略顺利实施。昔阳县第十七届常委会聚焦打赢脱贫巩固提升攻坚战，持续组织各级人大代表积极开展结对帮扶、监督问效、集言纳谏、示范引领"四大行动"，不断引深和拓展活动新成果，在脱贫巩固提升攻坚战中站前列、树标杆、作贡献。昔阳县第十七届常委会聚焦打赢扫黑除恶攻坚战，听取县公安局关于扫黑除恶工作专题汇报。注重发挥人大代表联系人民群众的"桥梁""纽带"作用，向全县各级人大代表发出倡议，引领和动员全社会各方面力量广泛参与，紧紧依靠人民群众，积极提供和举报案件线索，最大限度挤压黑恶势力的生存空间，铲除黑恶势力的滋生土壤，助力扫黑除恶专项斗争深入开展。努力提升经济运行监督水平。昔阳县第十七届常委会听取审议全县2018年上半年国民经济和社会发展计划执行情况的报告，建议政府坚持“以人民为中心”的新发展理念，围绕推进供给侧结构性改革，抢抓经济逐步向好的有利机遇，不断破除体制机制障碍，做大做强实体经济，推动全县经济社会发展主要目标和重大任务顺利完成，昔阳县第十七届常委会听取审议财政决算报告、预算执行报告、审计工作报告，两次审查批准预算调整方案。针对常委会组成人员的审议意见，政府全力做好组织收入，不断规范预算决算编制管理，提高财政转移支付及科技、水利、教育等重点领域财政资金的使用绩效，预算执行审计查出的6个问题得到全面整改，规范透明、标准科学、约束有力的预算监督机制日趋完善。昔阳县第十七届常委会听取审议全县重点工程项目建设情况的报告，就进一步加大招商引资力度、加强项目储备、优化审批流程，建立多元融资渠道、完善基础设施配套等提出意见建议，政府积极采纳、持续发力，全县51项重点工程项目进展顺利。昔阳县第十七届常委会围绕优化全县“六最”营商环境，通过市、县两级人大联动协作，全面调研、深入座谈、理性剖析、建言献策，促进问题解决，有力推动全县营商环境不断改善。着力保障和改善民生。实施“十件实事”是县政府在县十七届人大三次会议上向全县人民作出的庄严承诺，是推进发展红利普惠于民的实际行动。同年，昔阳县第十七届常委会对承诺事项落实情况的监督，倾注大量的精力，通过跟踪监督、组织代表视察、听取审议专项工作报告等方式，推动民生实事落地见效，“十件实事”全部兑现承诺，人民群众的获得感、幸福感、满意度进一步增强。教育事业发展和居民区物业管理工作涉及千家万户的切身利益。昔阳县第十七届常委会听取审议全面深化教师队伍建设情况报告、《山西省物业管理条例》贯彻实施情况报告，并进行了满意度测评。督促政府加快推进教师管理制度改革、加大财政投入、优化资源配置，推进中小学教师的内涵发展、特色发展、优质发展。加大物业管理法规宣传力度、落实扶持引导措施、完善工作制度、形成工作合力，推动昔阳县物业管理工作再上新台阶。全域旅游业的兴起推动地方经济发展、拓宽农民的增收渠道。昔阳县第十七届常委会组织开展全域旅游工作专题调研，就加强政策配套、理顺体制机制、完善服务体系、加快市场监管等方面向政府提出意见建议11条，为促进全域旅游事业的健康发展发挥积极的作用。着力推动生态环境保护治理。常委会积极回应人民群众对良好生态环境的热切期待，听取审议全县环境保护目标任务完成情况的报告，并进行满意度测评；配合市人大常委会开展“两法一条例”执法检查暨晋中环保行活动，坚持边行边查边改，把新闻媒体舆论监督的过程变为解决问题的过程，让治理污染、保护环境成为全社会的共同行动，取得了明显成效。针对检查中发现的问题，环保部门及时下达限期整改督办通知书，促进一批突出环保问题的解决。昔阳县第十七届常委会积极践行“绿水青山就是金山银山”的理念，组织开展《山西省永久性生态公益林保护条例》和《山西省汾河流域生态修复与保护条例》执法检查，针对生态补偿机制不健全、重造轻管等问题，建议政府探索完善多元生态投入机制和建管并重管理机制，实现生态效益与经济效益的协调统一，促进两个条例在昔阳县的贯彻实施。着力加强执法工作监督。切实解决执行难问题和推进司法体制改革是维护社会公平正义的现实要求。常委会听取审议县人民法院关于执行工作情况报告和县人民检察院关于落实司法改革工作情况报告，“两院”认真落实审议意见，全力做好整改工作，取得明显成效。县人民法院积极开展专项执行活动，持续推进集中执行工作常态化，全年受理各类执行案件229件，结案133件，实际执行到位金额2095.5万元，执行质效26项指标综合考核全市名列前茅。县人民检察院牢牢把握司法改革正确方向，坚持顶层设计和实践探索相结合，协调推进各项重点改革工作，检察监督的质量效率和公信力持续提升。昔阳县第十七届常委会全力支持县监察委员会依法行使职权，县监委自觉接受人大监督，班子成员坚持列席县人大常委会会议、参加常委会组织的视察调研等活动，实现了监督和支持的有机统一。昔阳县第十七届常委会高度重视信访工作，全年共受理人民群众来信来访22人次，跟踪督办省、市人大转办交办案件5起，昔阳县第十七届常委会领导亲自协调督办，一抓到底，促进一批信访案件的解决，维护人民群众的合法权益和社会的和谐稳定。

【代表活动】 2018年，昔阳县第十七届常委会坚持把代表的学习培训作为开展代表工作、发挥代表作用的基础性工作摆在首位，通过抓政治理论学习培训、抓人大基础知识学习培训、抓履职针对性学习培训，不断提高代表履职能力和水平。坚持为代表订阅《中国人大》杂志和《人民代表报》，利用人大微信公众平台，发布人大工作信息，使代表及时了解和掌握各级、各地人大工作动态，拓宽代表知情知政渠道。严格按照《中华人民共和国全国人民代表大会和地方人民代表大会代表法》规定，足额落实了县乡人大代表活动经费和无固定收入的农民、工人代表履职补贴，激发代表依法履职的热情。常委会坚持邀请代表列席常委会会议、参加专题调研、集中视察、执法检查、案件庭审等活动，及时掌握经济社会发展动态，找准履职工作着力点。全年，先后有62名代表列席常委会会议，列席代表人数占到本级人大代表人数的三分之一以上，代表参加常委会组织的调研活动40人次，参加监督、评议、征求意见和座谈等活动36人次，参加法院案件庭审6次，代表的履职能力在实践中得到提升。昔阳县第十七届常委会积极组织开展“代表之家”活动，全县15个代表小组共联系代表260余人次，组织培训代表402人，接待选民310人次，开展视察活动11次，收集基层群众意见建议50余条。常委会高度重视代表履职的宣传报道工作，在昔阳电视台开辟《代表之声》栏目，采访制作播出节目15期，在全社会引起强烈反响。2018年5月，昔阳县第十七届常委会组织筹备了全国十二区县人大常委会联席会议，围绕“贯彻落实党的十九大精神，探索新时代如何更好发挥人大代表作用”这一主题开展工作交流，促进了新时期代表工作的创新发展。昔阳县十七届人大三次会议期间，人大代表认真履行神圣职责，围绕推进昔阳经济社会振兴崛起及保障和改善民生等重大问题，提出意见建议105件，合并重复内容，共需办理88件。昔阳县第十七届常委会高度重视代表意见建议的办理工作，在继续坚持和不断完善已有的“一提前、两把关、三督查”等制度的基础上，积极探索创新，以“代表之家”为平台，代表与承办单位构建办理前、办理中、办理后的“面对面三沟通办理机制”，代表全程参与办理工作，进一步提高了意见建议的办理质量和代表的满意度。同年，建议所提问题已经解决或基本解决的61件，正在办理或已列入工作计划的21件，暂时不能办理、以后积极创造条件逐步办理的6件。一批人民群众高度关注的热点、难点建议得到有效解决。投资5000万元的库城至马岭关旅游路（含库城至铺上段），正在按计划顺利推进；3.4万农户实现有线电视网络全覆盖；4000座农村无害化厕所改造超额完成；投资3000万元的赵壁河19.4千米河道治理和投资900万元的松溪河、城西河、城北河、思乐河污水管网改造工程如期完工。

【任免工作】 2018年3月20日，昔阳县第十七届人民代表大会常务委员会第十二次会议，选举张志刚为昔阳县出席晋中市第四届人民代表大会代表。7月30日昔阳县第十七届人民代表大会常务委员会第十五次会议，根据县人民政府县长许利伟的提请，决定免去李朝龙的昔阳县人民政府副县长（挂职）职务。9月14日，昔阳县第十七届人民代表大会常务委员会第十六次会议，根据县人民政府县长许利伟的提请，决定任命张军为昔阳县人民政府副县长，江旭燊为昔阳县人民政府副县长、公安局局长。免去王瑞明的县人民政府副县长、公安局局长职务。根据县监察委员会主任张扣生的提请，免去王秀青的县监察委员会委员职务。根据县人民法院院长裴志东的提请，任命段德姝为县人民法院审判员、审判委员会委员、副院长。免去齐新胜的县人民法院副院长、审判委员会委员、审判员职务，梁素平的县人民法院审判员职务。根据县人民检察院检察长尹教礼的提请，任命宋玉海为县人民检察院检察员、检察委员会委员、副检察长。免去王素青的县人民检察院检察委员会委员、检察员职务，王秀青的县人民检察院检察委员会委员、检察员职务，李维珍的县人民检察院检察员职务，李鹏的县人民检察院检察员职务。

【自身建设】 2018年，昔阳县第十七届常委会坚持以建立健全党内民主政治生活为抓手，全年共修订完善党建工作制度6项，召开机关党员会议13次，机关支部会议6次，召开专题民主生活会2次。坚持以创建基层党组织标准化建设为目标，严格按照党建阵地“六有”标准建设党员活动室1个，充分满足全体党员参加学习、开展组织生活的需要，机关党组织的创造力、凝聚力和战斗力明显增强。制定并落实全面从严治党主体责任清单，强化“一岗双责”，以签订党风廉政建设责任书为抓手，推动工作压力层层传导、主体责任层层落实。紧盯重要时间节点，分类分层分步对党员干部开展党规党纪教育和廉政提醒，促使党员干部时刻紧绷廉政之弦，筑牢纪律防线。通过开展主题党日活动和接受廉政警示教育，引导党员干部提高廉洁自律、抵御风险的意识和能力，机关干部的政治意识和责任意识进一步增强，精神面貌有很大改观，工作作风有明显转变。健全和完善相关工作制度，力求在组织会议、执法检查、视察调研、机关管理等各个方面和各个环节充分体现中央“八项规定”精神。积极支持县纪委派驻纪检组开展工作，机关党风廉政建设不断向纵深推进。常委会认真贯彻习近平总书记和山西省委关于坚决整治形式主义、官僚主义的一系列重要讲话和批示精神，建立“四个清单”工作台账，细化分解为4项整改任务、7条具体整改措施，对整改目标、整改要求、整改时限，责任领导和责任人都作了明确规定，确保事事有人抓、件件有着落。注重举一反三，坚持解决具体问题与普遍性问题相结合，解决显性问题与隐性问题相结合，解决当前问题与长远问题相结合；坚持边整改边完善边提高，把行之有效的做法固化为制度，推动从源头上防范和解决问题，不断扩大整改工作成果，持续推动作风建设取得新成效。

【全国十二县区人大常委会第十八次会议召开】 2018年5月28日至30日，全国十二县区人大常委会第十八次会议在昔阳县召开。晋中市人大常委会主任亲临会议指导，中共昔阳县委书记王根元致辞，县委副书记、县长许利伟出席会议，昔阳县人大常委会主任李显鸣主持会议。会议围绕“贯彻落实党的十九大精神，探索新时代如何更好地发挥人大代表作用”这一主题进行广泛深入的研讨交流，并形成交流文章11篇。与会各县区人大常委会结合各自工作实践，交流经验、畅谈体会，达到了互相学习、互相促进、共同提高的目的，为进一步做好今后人大工作提供宝贵的经验，会议取得圆满成功。

（赵晓峰　眭子龙）

昔阳县人民政府

XI YANG XIAN REN MIN ZHENG FU

综　述

【概述】　2018年全县上下坚持以习近平新时代中国特色社会主义思想为指引，继续以脱贫攻坚统揽经济社会发展全局，咬定“四大目标”，抓重点、攻难点、补短板、强弱项，全县经济建设蹄疾步稳，发展成果扎实丰厚，全市争上游、东山创一流取得了实质性成效。

【主要经济指标】　地区生产总值完成84.6亿元，同比增长7%；规模以上工业增加值完成40.9亿元，同比增长8.1%；全社会固定资产投资完成47.6亿元，同比增长10.1%；社会消费品零售总额完成29.1亿元，同比增长8%；一般公共预算收入完成63578万元，同比增长11.5%；城镇常住居民人均可支配收入完成25770元，同比增长6.6%；农村常住居民人均可支配收入完成9704元，同比增长13%。

【脱贫攻坚】　2018年9月7日，省政府宣布昔阳县退出贫困县，成为晋中市首家、山西省首批脱贫摘帽县。坚持脱贫不脱责任、不脱政策、不脱帮扶、不脱监管，不停顿、不松劲，全力抓巩固、持续抓提升。181个产业项目带动8354户增收；107个基础设施项目基本补齐贫困村历史欠账；18652人享受健康扶贫、教育扶贫、社会兜底等政策；建档立卡贫困人口意外伤害险、住院津贴险和返贫责任险全覆盖，2480人次获得保险理赔203万元；2145人易地搬迁入住新居；全年又有650名贫困人口稳定脱贫，剩余5个贫困村全部退出，贫困发生率降至0.4%以下，交出昔阳脱贫攻坚巩固提升的厚实答卷。

【经济转型】　坚持拉长、调强、做优三管齐下，产业转型文章做出昔阳特色。依托良好生态优势拉长服务业产业链。承办大寨国际山地马拉松赛、全国汽车场地越野公开赛，举办了第五届红叶文化旅游节、石马寺古庙会、首届农民丰收节，建设了潘掌、崇家岭、中山等一批生态庄园和康养基地，服务业增加值同比提高2.9亿元，增幅7.2%，形成休闲度假、体育赛事、康养体验、电子商务等现代服务业多元发展新态势。新上项目调强工业结构。引进、上马锂离子电池负极材料一体化生产、新型蓄光材料等一批新材料产业项目，金寨风电一期、寺家庄瓦斯发电、招能风电、生物质发电等一批新能源产业项目，20万吨特种树脂、氧化锌、氢氧化锂等一批化工产业项目，逐步形成“煤、电、气、化、新”五大产业共同支撑的工业格局。特别是锂电池项目刷新当年开工、当年投产的“昔阳速度”，填补全市“电子核心产业和新兴功能材料”空白。山西碧洲科技有限公司通过国家高新技术企业认定，成为全国最大的三氯甲基碳酸酯生产企业，实现昔阳县高新企业的零突破。采取硬实举措优化营商环境。深化商事制度改革，推行网上登记全程电子化和证照分离，提高行政审批效能，企业开办时间压缩到3天。认真落实习总书记民营企业座谈会讲话精神，制定支持民营经济发展20条，设立1000万元民营企业发展专项资金，培育“小升规”企业6个，全县规上企业达到25个。

【城市功能提升】 投资15.7亿元实施了路网建设、景观绿化、河道治理、住房安居等工程，改造大寨桥，拓宽胡窑路，延伸沾岭路，“一环四横六纵”的路网格局形成；铺设改造供水、供气、供热、污水管网124千米，“三供”普及率分别达到100%、90.2%、88.3%，污水处理率达到96.5%；建成沾岭公园，绿化朝阳街、城壕街、沾岭路，县城内拥有七大公园、50余个小游园，人均公园绿地面积达到14.6平方米，绿地率达到41.5%，绿化覆盖率达到45.3%；推进清华苑、书香门第等住房安居和棚户区改造，可新增住房面积36万平方米；实施上城街立面改造，新建下城和新城20多处水景观，完成2.4万平方米道路硬化，县城形象魅力进一步提升。

【推进乡村振兴】 紧扣产业、人才、文化、生态、组织五大振兴，致力在做好产业发展、环境改善、文化繁荣、乡村治理、资源激活五篇文章上下功夫。做大做强特色产业。积极实施连翘、板栗、沙棘、核桃、食用菌、生态林6个“万字号”工程，推动农业规模化发展。新上东合丰牧肉牛加工、张家庄有机肥加工等一批项目，促进种养产业延伸。昔阳小米作为山西省唯一农产品，亮相全国农产品地理标志品牌推介会。持续改善人居环境。全县70%的行政村实现垃圾市场化清洁覆盖，改造无害化厕所3500户。“县乡村户”四级联创打造美丽宜居示范村15个，乐平镇有望成为继大寨镇之后又一个国家卫生乡镇。精心培育良好乡风民风。创建省级以上文明单位、乡村、社区、学校、家庭11个，市级26个，打造社会主义核心价值观示范点32个。韩会林家庭被评为“中国最美家庭”，乔海军兄弟候选“中国好人”、被评为省道德模范。创新推进乡村治理。培训储备农村干部1200余人，128名本土人才回村任职，151个工作队、5000余名党员干部真帮实扶，32个软弱涣散基层党组织得到整顿，177 个村集体经济收入达到 5 万元以上。有效激活农村资源。新造耕地 5200 亩，新建高标准农田 9.8 万亩，土地开发、高标准农田建设、林业扩规增效、水资源开发利用四项工作名列全市前茅。

【生态环境治理】 全县优良天数达到 246 天，晋中市排名第二，SO_2、$PM_{2.5}$、PM_{10} 浓度三项指标位居全市前列。国考、省考和市考 3 个断面水质全部达到 I 类。投资 4 亿元的安平发电厂超低排放改造、三都露天矿生态恢复治理、白羊岭煤矸石治理等环保项目大力度推进，全县涉煤“小散乱污”企业彻底根治，大型化工企业水和固废治理深度推进，环境风险进一步可控，环境质量不断改善。造林绿化 10 余万亩，集中连片打造了沾岭山森林生态系统工程，森林覆盖率达到 23%，林木绿化率达到 43%，晋中市秋季造林现场会在昔阳县召开。

【实施民生工程】 全年民生支出 16 亿元，占财政总支出的 83.3%。高考一本、二本达线率排名全市第二和第一，昔阳中学姜寒以文科总分 649 分的优异成绩名列全市第一、山西省第六；国家公共文化服务体系示范区通过验收；城乡基本养老保险、基本医疗保险、居民大病保险和城乡基层医疗卫生服务体系实现全覆盖，成功创建省级慢性病综合防控示范区；铺设县城给水专线关山水库至安坪段直供管道，治理赵壁河 19 千米河道，承办全市农村道路交通安全现场推进会，获评“四好农村路全国示范县”；县城 14 个公共区域实现无线网络覆盖，五乡镇实现有线电视覆盖；城镇新增就业 3024 人，农村劳动力转移就业 3751 人，城镇登记失业率控制在 2.1%；城乡 2.8 万人次享受救助保障 4916 万元；全县安全生产继续保持平稳态势，信访稳定、扫黑除恶、平安昔阳建设深入推进，山西省社会治安综合治理满意度测评继续保持省市前列。

【重点改革】 7 大类 50 项改革全面突破。城市管理“十集中”全市推广。农村土地承包经营权确权登记工作通过省市验收，证书颁发率和档案整理工作位居全省前列。创新推出“民间资本自主化、专业公司合作化、集体土地区域化”三种土地开发模式。探索林场管理社会化服务新机制，通过政府采购、公开招标，委托第三方开展森林管护、造林绿化等业务，妥善安置国有林场合同工，实现“事企分开”，得到省市认可。校长职级制改革受到省市高度评价。 （王志灏）

政府办公室

【概述】 县政府办公室（以下简称昔阳县政府办）主要职能是协助县政府领导处理日常事务。下设综合办公室、文秘信息室、督查室、外事办公室、档案室、党务办公室、应急办、法制办 8 个常设机构。县政府办公室（县民族宗教事务局、县人民防空办公室）机关行政编制 28 名（含县政府领导编制8名、县人民政府应急管理办公室编制5名）。县政府办公室（县民族宗教事务局、县人民防空办公室）科级领导职数1正5副，其中：主任1名，副主任5名。政府办公室副职中，1名主管人民防空办公室工作，1名主管民族宗教事务局工作。

【档案整理】 2018年，昔阳县政府办严格按照相关规定对昔阳县人民政府和昔阳县人民政府办公室历年所收发文件资料、日常工作中形成的相关资料、会议记录等进行整理归档，装订成卷，形成文件汇编。截至2018年年底，档案室已整理完成1993—2017年文件汇编238卷，2001—2006年卷内文件491卷，2007—2014年归档文件11460件。

【法制工作】 2018年，昔阳县政府办深入落实法律顾问制度，全年审查文件5件、项目合同协议39件，指导部门出庭应诉5起，组织各类大型普法宣传8次，接受法律咨询服务3500余人次，提供法律援助事项33件次，发放各类普法宣传资料40000余份，法治意识深入人心，依法行政水平进一步提升。

【党建工作】 2018年，昔阳县政府办强化思想引领，常态化开展学习教育，把习总书记重要讲话精神、《习近平新时代中国特色社会主义思想三十讲》等内容作为增强党员干部修养的必修课，组织集中学习48次，撰写心得体会100余篇，让“四个自信”“四个意识”植入党员干部灵魂，筑牢精神高地，坚定理想信念。强化责任落实，认真学习贯彻《中国共产党支部工作条例（试行）》，全面履行党建工作目标责任制。严格落实《县政府办机关内部管理制度》《党建工作制度》，健全责任追究体系，形成人人讲责任、层层抓落实的工作格局，构建权责对等、责任清晰、履责到位、失职追责的全链条、闭环式责任落实体系。强化示范创建，以强化基础保障为重点，基层党组织标准化建设为抓手，扎实开展示范型支部创建活动。强化阵地建设，新建党员活动室，实现党建阵地的规范达标，增强党员归属感。强化信息运用，运用“党建+互联网”思维，将党建工作与现代信息技术有机融合，启用“智慧党建”系统及APP，建立单位微信工作群，发送学习资料、工作信息10余条（篇），促进信息交流共享，打造便捷高效的学习工作平台，提升党支部信息化水平。强化能力培养，坚持把能力培养作为关键，编印《“三基建设”能力提升读本》，分5批次组织200余人参加晋中市、昔阳县“三基建设”专题培训，开展内容丰富的主题党日活动和文体活动，提升党员干部素质能力，促进党员干部成才成长。强化组织生活，健全民主决策、“三会一课”等制度，讲授专题党课3次，开展党员谈心谈话活动90余次，切实增强党支部的凝聚力和战斗力。强化党内监督，严格落实《中国共产党党内监督条例》，深化党内法规学习教育，开展3次警示教育，召开8次党风廉政建设专题会议，层层签订《党风廉政建设责任书》，级级筑牢廉洁自律防线，全年未发生一起违反党风廉政建设案件。强化作风锤炼，选派24名干部开展脱贫攻坚“一对一”帮扶，全年走访群众300余人次，发放慰问金（品）3万余元，争取各类帮扶资金50余万元，在巩固脱贫成效的同时，进一步锤炼政府办党员干部关注民生疾苦、深入基层实践的优良品质。强化宣传引导，把意识形态工作摆在党建工作的突出位置，把宣传和弘扬社会主义核心价值观作为聚焦点、着力点、落脚点，开展市级文明单位创建工作，接受评估验收，筑牢党员干部的主流意识形态防线。

【督查督办】　2018年，昔阳县政府办围绕政府工作报告、经济工作会议报告、县政府常务会议有关重要决策落实，印发《督查通报》6期，促进县政府各项工作的有效落实。依托“13710”平台，办理人大代表建议105件、政协委员提案129件，挂牌督办领导批示交办事项185件，完成山西省晋中市转办件8件，确保领导决策的贯彻执行。推进生态环境污染防治专项督查，做好中央和省市反馈意见整改工作，完成整改任务26项、处置群众反映问题30件。开展“激活农村资源　促进乡村振兴”攻坚行动、转型项目建设、非洲猪瘟防控、国务院大督查、环保治理、民生实事办理等专项督查40余次，推动相关工作高效开展。

【公文处理】　2018年，昔阳县政府办认真执行机关公文处理条例，严把政策关和质量关，优化文件办理程序，高效办理公文传阅1700余件，审核印发政府公文212件，撰写会议报告、领导讲话、工作汇报等各类材料100余篇，上报政务信息101条，完成省市专题约稿5篇，做到公文运转无一纰漏。开展基本能力达标测试和岗位练兵行动，对100余名政府系统文秘信息工作人员进行基本能力测评，有效提升工作人员履行岗位职责的能力和水平。

【会务工作】　2018年，昔阳县政府办强化会议统筹、组织、协调，做到会前充分准备、会中积极服务、会后及时落实，先后组织全市道路交通安全现场会、全市秋季造林暨森林防灭火现场推进会及全县政府系统廉政工作会议、防汛工作会议、常务会议、专题会议等各级各类会议100余次（场），无一差错和失误。严格印章使用管理，正确用印，确保公章的法定性、安全性、严肃性和有效性。

【应急工作】　2018年，昔阳县政府办编印《应急管理职责制度汇编》，修订19个部门预案、2个专项预案，下发演练计划，完成应急演练400余次，健全应急指挥体系，构建统一指挥、分级负责，条块结合、高效运转的应急管理机制。落实24小时应急值守制度，指导督促全县各级各部门开展政务值班工作，接受并上报市突发事件5例，做到有效稳妥处理。

【调查研究】　2018年，昔阳县政府办立足全县经济社会发展大局，先后组织省市人大代表观摩、创建省级慢性非传染性疾病综合防控示范区验收评估、部分重点民生工程集中开竣工仪式等各类重大活动及专题调研100余次，全部做到“零失误”。通过征求县四套班子领导、老领导和老干部、人大代表和政协委员的意见，收回建议100余条，确保民生实事选准选实、受益面广。

【政务公开】 2018年，昔阳县政府办出台《关于推进重大建设项目批准与实施、社会公益事业建设和公共资源配置等三个领域政府信息公开工作的实施意见》，在县政府门户网站及时公布方案内容和责任清单，开设“重大项目”“公益事业”“土地管理”“三个领域”等重点领域信息公开专栏，公开重大项目批准与实施相关信息398条、社会公益事业类信息684条、公共资源配置领域信息393条。为配合做好三大重点领域信息公开，县政府门户网站公开中央、山西省、晋中市、昔阳县相关规范性文件83件，并发布官方政策解读信息43篇。政府门户网站信息公开平台开设“政民互动专栏”，制作“民意征集”“在线访谈”等专题，及时主动公开群众关心的热点难点问题，全年累计公开政府信息4511条，开展民意征集11次，开展政务“在线访谈”7次，政府门户网站“政务互动”栏目接收群众来信157件，答复率100%。利用“昔阳发布”微信公众号发布相关政务信息118期，发布信息354篇，图文信息累计总阅读量165931次。利用广播、电视、报纸等新闻媒体向公众公开政府信息1720余条。利用政务中心、档案馆、图书馆、电子显示屏开设政府信息公开查阅点，方便群众办事查询。政务中心办件量42477件，县档案馆接待人数960人次，县图书馆接待人数19200余人次。

【人防工作】 2018年，昔阳县政府办开展“五进”“5·12”“9·18”防空防灾宣传教育活动，强化人防警报设施检修，推进人防工程验收工作，完成山西省国防动员演习，进一步提升全县人民防空工作水平。

【网络舆情监测】 2018年，昔阳县政府办把网络作为意识形态工作的主战场，调整书记、县长任组长的县网络安全和信息化领导小组，落实党委（党组）网络意识形态工作责任制。坚持一手抓安全管理，一手抓正面宣传，对属地网站、新媒体进行11次集中清理整顿，排查属地网站97家，微信公众号588家，约谈属地自媒体2家，组建“新媒体”网评员队伍，建立“昔阳舆情前哨”微信群，牢牢掌握意识形态领导权；严格落实网络舆情每日24小时不间断监测制度，上报政治类有害信息79451条，报送舆情信息7583条，制作《网络舆情》8期，引导舆情24起，确保网络空间晴朗；成立昔阳自媒体好声音联盟，组织网络宣传20多次，举行国家网络安全宣传周暨“最美昔阳、争做中国好网民”现场签名活动，引导全县网民依法上网、理性上网、健康上网，牢牢把握正确的政治方向、舆论导向和价值取向。

【重点改革】 2018年，昔阳县政府办按照县政府总体安排，协调推进“三勤合一”、农村商业银行改制、教育职级制、农村集体产权制度等7大类50项改革，探索林场管理购买社会服务新机制，国有林场改革得到省市肯定。

【转型发展】 2018年，昔阳县政府办牵头组织“相约大寨·转型跨越”“智慧农业科技产业园”等各类招商引资推介和转型项目建设年集中开工活动，出台《昔阳县改革和创新招商引资优惠政策补充规定》，协调部门优化工作流程，打造优质政务服务环境，10万吨锂离子电池负极材料一体化生产项目创造当年开工、当年建设、当年投产的“昔阳速度”，有力推动全县转型发展步伐。（王志灏）

政务服务

【概述】 昔阳县政务中心负责入驻政务大厅行政审批的规范工作，对具有行政审批职能的单位办理行政审批项目实施统一管理。2004年12月成立，主管部门为昔阳县政府办，正科级事业建制，核定领导职数1正1副，人员编制5名。

【政务服务审批】 2018年8月23日，昔阳县政务中心重新梳理规范进驻政务大厅的行政审批事项，事项名称、编码、依据、类型等基本要素与国家标准统一。8月底，进驻大厅行政审批事项全部录入山西省政务服务动态管理系统，录入行政许可事项131项，行政确认事项16项。2018年12月，进驻昔阳县政务大厅的行政审批事项可实现在晋中市政务服务通用审批平台网上审批。

【公共服务】 2018年9月3日，昔阳县政府办在政务中心二楼会议室召开全县公共服务事项梳理会议，88个部门参加。9月20日，共梳理统计607项公共服务事项，形成《昔阳县公共服务事项参考目录》。截至年底，336项公共服务事项录入山西省政务服务动态管理系统。

【不动产登记】 2018年10月8日，不动产登记中心、国税局、房管所召开会议，一致同意年底实现不动产登记一窗受理。10月22日，国家税务总局昔阳县税务局、昔阳县房管所在政务大厅三楼设置办公窗口，不动产登记、缴税、二手房买卖实现一体化办公。

【企业注册登记】 2018年10月，政务中心、公安局、工商局、税务局、刻章公司经协调，在三楼设立刻章窗口，实现营业执照办理、公章刻制、税务登记证办理一条龙服务，企业注册登记时间缩短为三天。

【入驻单位调整】 2018年7月，政务中心调整进驻大厅单位，五险统征办公室、医保中心、社会保险所、失业保险所、就业失业登记中心、城乡居民养老保险中心撤离大厅，搬入社会保障服务大楼。政务大厅进驻单位调整为26家，集中到三楼办公，主要办理行政审批事项。

（吕振荣　王旭波）

政府采购

【概述】 昔阳县政府采购中心，是由昔阳县人民政府直属财政拨款事业单位，正科级建制，主要职责：根据《中华人民共和国政府采购法》组织实施县级政府集中采购的工作，按照政府采购项目年度预算编制政府采购执行计划，执行集中目录以内的项目采购，接受委托办理目录以外的采购事宜。内设机构：设1个内设机构，为综合办公室。昔阳县政府采购中心现有干部职工5人、其中在职人员5人。全年，昔阳县政府采购中心以规范操作执行和健全监督管理为核心，全面夯实基础工作，不断创新发展思路、改进工作方法、加强队伍建设，推动昔阳政府采购工作迈上新台阶。

【政府采购】 2018年，昔阳县全年实施政府采购75次，集中采购金额达到4079万元，节约财政资金503万元，节资率10.9%。政府采购已触及到昔阳县经济建设和社会管理的方方面面，各项采购任务的圆满完成，有力地支持昔阳县各项事业的发展，取得显著的经济效益和社会效益。

【提高采购效率】 2018年政府采购中心在采购流程的设计上，针对政府采购合同签署烦琐的焦点问题，在合同签订上，主动简化政府采购合同签订流程，明确采购人政府采购执行主体责任，实行政府采购合同纸质备案，大大提高合同签署效率。鉴于昔阳县采购工作实际，政府采购中心在广泛征求意见的基础上，配合财政部门重新制定2018—2019年集中采购目录和采购限额标准，逐步减少部门集中采购项目，逐渐提高公开限额标准。如昔阳县本级公开招标限额标准从80万元提高到100万元，提高采购人分散采购限额标准，集中采购目录以内，非实施协议供货20万元以内的货物，采购人可以自行采购，这些措施的实施极大地提高采购效率，效果显著。政府转变职能，与政府采购中心有很大的关系。在转变职能前，政府采购中心是以为政府履行职能提供后勤保障为主要目标的。政府转变职能后，相当一部分政府采购转成了购买服务，实施政府购买服务以后，政府采购就不仅仅是提供后勤保障，而是变成政府实现职能的一个方式——通过购买方式来实现政府职能。为保障服务采购项目的顺利开展，加大培训力度，通过培训掌握最新政府采购政策。加大调研力度，广泛征求采购人、供应商意见，努力掌握服务类项目采购需求。认真学习省、市集采机构先进经验，努力优化服务类项目采购流程、提高政府采购服务类项目标书编制水平。通过以上学习，政府采购中心极大地提高服务类项目采购效率，全年，昔阳县共实施政府采购服务项目18次，满足政府购买服务要求。

【基础工作】 2018年，政府采购中心积极宣传政府采购的各项制度和相关政策。在法律、法规宣传日，通过发放宣传资料、卡片等形式，大力宣传政府采购的各项制度和相关政策。通过召开会议，以会代训的方式向采购人讲解政府采购法规和采购程序以及招投标程序，强化采购人的依法采购意识。加大采购环节公开透明度，规范公开内容，明确公开时限，公开权力清单及运行流程、实现采购阳光运行。

按照政府采购法律法规及山西省、晋中市、昔阳县采购监管部门最新要求，及时补充、完善多项昔阳县政府采购相关规章制度，优化采购流程，完善公开招标、竞争性谈判、询价等采购组织形式，昔阳县采购效率得到进一步提升。按照昔阳县“三个清单”要求，重点围绕内控制度建设，完善机关内部运行相关制度，强化内部管理、以权力运行的重点岗位和关键环节为突破口，重点排查梳理风险点，实现承办和监督相分离，工作相互衔接又相互监督，确保采购工作健康有序开展，初步形成靠制度管人、按制度办事、用制度规范采购行为的良好管理机制。增加招标评标透明度，打造公开、公平、公正的政府采购平台。在招标前，政府采购中心均将招标采购、更改（补充）文件等信息及时在中国政府采购网和山西政府采购网上同时发布，信息主要涵盖招标货物规格、数量、性能、技术参数等重要内容，以便供应商能准确获知招标信息，扩大知情面和透明度，保证招标信息公开。在评标过程中，对采购过程实现全公开，为杜绝暗箱操作，对大型项目的招，标聘请省、市专业人员进行评标，从而实现招标的公开、公平、公正。在招标结束后，将中标信息在中国政府采购网上发布七天，公示期满无投标商质疑后，才与中标方签订政府采购合同，这一制度的实施，有效地预防供应商的恶意投标风险，确保昔阳县各项采购任务的圆满完成。

【平台建设】 2018年，政府采购中心按照晋中市采购中心建设标准化公共资源交易平台的要求和昔阳县委政府建设公共资源交易平台的整体部署，以电子化交易为抓手，申请财政资金30万元，购买晋中市昔阳县统一的公共资源交易平台软件。以实现互联互通为契机，申请财政资金80万元，打造统一规范的交易平台。

（毛卓青）

机关事务管理

【概述】 2018年，昔阳县机关事务管理局以全面贯彻落实党的十九大精神以及习近平总书记系列重要讲话精神为统领，深入开展节约型公共机构示范单位创建活动，认真落实中央“八项规定”，切实履行部门职责，紧紧围绕县委、县政府中心工作，以机关事务管理条例为依据，以节能降耗为重点，以管理、保障、服务为主线，着力在精细化服务上下功夫，在节俭办事上下功夫，在科学管理上下功夫，服务质量稳步提升，行政效率不断提高，队伍素质全面优化，有效提升机关事务工作的质量和水平，推进后勤服务保障工作高效开展。

【后勤保障】 2018年，昔阳县机关事务管理局进一步完善会议服务工作职责，精细做好会前筹备、会中服务、会后清场等工作，技术人员定时做好设备检修，保障各种设备正常运行，全年安排服务各类会议800余次，圆满完成县人大会、政协会、三干会等大中型会议服务保障任务。

县机关事务管理局始终在服务中严管理，在管理中保服务，不断提升综合保障能力。基础维护及时到位。全年共投入基建维修费70多万元，维修次数达200多次，基础维修内容涵盖行政大楼大戏楼及后院围墙清洁粉刷、大楼中央空调清洗、负一楼门厅天花板更换、旧县委小东楼县妇联妇女儿童活动中心改造、职工澡堂节能管路改造、一楼门厅台阶维修及清洁等；日常维修内容涵盖线路配件、水电系统、地下管网、污水排放系统、办公用房、办公设施、办公用具、地面破损、墙体渗漏腐旧等20多个项目。

2018年8月份，投入财政资金370万元，对旧县委大楼主楼（纪检监察大楼）进行整体改造，通过各部门协同配合从规划—招标—施工—竣工，用两个多月时间完成纪检监察大楼改造工作，于10月入驻办公。服务精准细微，全力做好机关大院定时保洁工作，对新大楼楼层的卫生做到每天定时清理，实行不定期检查制度并进行排队打分，实行末尾淘汰制促进保洁人员的责任心和主动性。楼层通讯员要求经常保持领导办公室空气通畅，办公用品放置整齐；邮递室全年准确无误地分发200种报刊30余万份，120多种杂志6000余本，信件、汇单1000余件；维修组完成了空调管道、供水塔、水箱的维修油刷、更换门锁200余次、会议室桌椅维修等一系列工作；聘请专业机构对4部电梯进行了大修，加装“红外防夹装置”4套，安装电梯不间断供电系统，保证安全。不断改善膳食环境，切实改善膳食质量，每周提前安排好食谱，注重营养搭配，饭菜多样化，根据季节气候变化随时调整花样，让干部职工吃得舒心，吃得放心，为更好地提高食堂人员业务水平，通过不定期外出培训学习及网上学习菜品制作，大大提高业务水平。

【公务用车管理】 2018年，昔阳县机关事务管理局执行八项规定及机关公车管理制度，严格规定下班时间、休息日必须停放在机关，严禁公车私用，公务用车管理更加严格化具体化。2018年，先后调用公务用车254车次、累计行程4万余千米，未发生一起交通安全事故。机关车队平台为县两会、2018安顺杯全国汽车场地越野公开赛及“山乡之都”2018中国大寨国际马拉松赛等活动提供车辆服务，有力保障赛事活动顺利进行。2018年，协同县车改办重点完成事业单位公务用车改革的前期摸底工作，有力推动昔阳县事业单位公务用车改革顺利进行。

【公共机构节能】 2018年，昔阳县机关事务管理局进一步提高全县公共机构的节能减排意识，根据市机关事务管理局的统一部署及县节能降耗领导组安排，昔阳县于2018年6月11—17日开展节能宣传周活动，局里围绕“节能降耗　保卫蓝天”“提升气候变化意识　强化低碳行动力度”这一活动主题，以节电、节水、节油、节粮、绿色出行等为重点，倡导全县公共机构和广大市民积极探索生态昔阳、低碳生活模式，提高资源利用效率。为扎实做好本次活动，采取设立固定宣传台、悬挂宣传横幅、发放宣传单和手机短信等形式，进行节能减排政策及节能知识的宣传，解答广大干部职工及热心市民们的问题咨询；6月17日开展“低碳日”能源紧缺体验活动，倡导公共机构工作人员率先垂范，提高广大干部职工节约能源资源的意识。活动中，共发放宣传单2000余份，印发节能宣传画60余幅，得到广大市民一致好评，营造全县公共机构节能减排的良好氛围。

严格落实中央《党政机关厉行节约反对浪费条例》有关规定，宣传贯彻执行《节约能源法》和《公共机构节能条例》，按照晋中市公共机构节能“十三五”规划，结合工作实际，通过开展宣传教育、建立健全体制、完善管理制度、改造节能设备等方法途径，提高公共机构节能管理水平，做到节能示范带头作用，全县公共机构节能工作取得明显成效。通过大力宣传、精心组织、周密安排，全局上下齐心，常抓不懈，2018年成功创建国家级节约型公共机构示范单位。

【安全保卫】 2018年，昔阳县机关事务服务中心继续加大专项资金投入，改造机关大院监控系统中心，投入专项资金9万余元更换56个高清监控摄像头和多个监控点，使整个办公区域监控无盲点、实行24小时值班巡逻制度，完善政府大楼各个区域值班报警机制，定时检修机关大院各处监控摄像装置；配备强光手电、对讲机、执法记录仪、胶棍、防爆背心、钢盔等设备，重点地段、重要岗位全天候值班，提升机关安全管理水平。（张新珍）

中国人民政治协商会议昔阳县委员会

ZHONG GUO REN MIN ZHENG ZHI XIE SHANG HUI YI XI YANG XIAN WEIYUAN HUI

综　述

【概述】　2018年，中国人民政治协商会议昔阳县委会（以下简称昔阳县政协）及其常委会坚持以习近平新时代中国特色社会主义思想和中共十九大精神为指引，团结带领政协各参加单位和广大委员，紧紧围绕党政工作中心，认真落实“三个三”工作思路和举措，为全面开创新时代昔阳经济社会振兴崛起崭新局面作出应有贡献。昔阳县政协把凝聚共识作为“主轴”，思想政治基础不断巩固。全面落实习近平系列讲话精神及省委、市委会议精神，全面贯彻落实习近平总书记视察山西重要讲话精神、省委十一届六次全会精神，深入开展加强和改进人民政协工作的重要思想学习研讨活动，强化“四个意识”，坚定“四个自信”，引导广大委员自觉把履行职责与维护县委领导、支持政府工作结合起来，为加快发展建言献策、为振兴崛起鼓劲加油。把服务中心作为“主线”，协商议政成效更加明显。深入调查研究，积极建言献策，有效协商议政。九届三次会议期间，组织委员听取和讨论政府工作报告，与党政领导面对面协商，进行分组讨论，广泛协商议政，为昔阳县委、县政府科学决策提供了广泛的民意基础和智力支持。班子成员坚持经常性深入包联乡镇、村，入户走访，询情况、送关怀。积极支持第一书记、帮扶责任人驻村工作，制定帮扶计划，筹措帮扶资金，落实帮扶措施，带去致富信息，推动产业发展，拓宽了贫困户增收渠道。把资政建言作为“主责”，履行职能渠道有效拓展。综合运用调研视察、委员提案、社情民意信息等多种渠道反映群众诉求、助力政策实施，充分发挥政协作为党和政府联系人民群众的桥梁纽带作用，以实际成效彰显政协价值。把凝聚力量作为“主旨”，团结民主氛围日益浓厚。积极协助县委、县政府做好协调关系、理顺情绪、化解矛盾、增进共识的工作，落实走访联系制度，主席、副主席带头走访委员，走进委员企业，协调解决困难问题，号召委员积极参与脱贫巩固提升、乡村振兴、扫黑除恶等重点工作，激发委员的履职热情，彰显政协工作活力。把从严要求作为“主调”，自身建设水平全面提升。加强政协机关支部建设，修订完善政协各项规章制度，努力形成用制度管人、管事的管理机制。

【自身建设】 2018 年，昔阳县政协严格落实全面从严治党各项要求，切实强化党员干部和广大委员的纪律规矩意识。召开彻底肃清腐败流毒影响专题民主生活会，深入开展形式主义、官僚主义集中整治活动，认真查摆问题，制定整改措施，推动县政协党风政风持续好转。以“七学”模式扎实开展习近平总书记关于加强和改进人民政协工作重要思想学习研讨活动，邀请专家辅导，组织集体学习，开展座谈交流，撰写学习笔记，党组成员带头领学，带头撰写理论研讨文章，带头查摆问题，制订整改措施。

扎实开展委员学习培训工作，邀请省委党校刘丽瑛教授就“贯彻十九大精神，做好人民政协工作”作专题辅导，集中观看原冬平教授“学习习近平总书记关于加强和改进人民政协工作的重要思想”专题讲座，帮助委员准确把握新时代人民政协性质地位、职能作用和工作规律。向党员委员致公开信，提高党员委员的党性修养，增强政协组织的凝聚力和战斗力。做好委员“履职规范年”文章，修订《昔阳县政协委员百分制履职管理考核办法》，完善激励约束机制，规范委员履职行为。开展委员“三贴近、走基层”履职实践活动，引导委员关注民生，关爱弱势群体，开展送温暖、送真情、送健康等公益活动。以县级文明单位创建为载体，以打造“学习型、服务型、创新型”机关为目标，加强政协机关支部建设，开展基层党组织标准化建设示范型党支部创建活动，认真落实党风廉政建设主体责任，严格执行“三会一课”、组织生活会、双周集体学习制度，严格遵守中央八项规定精神及实施细则，强化机关党员干部教育和管理。在西峪村缅怀革命先烈，重温入党誓词，激励广大党员干部不断增强党性意识。“七一”期间，将“暖心帮扶在行动”主题党日活动搬到了所包贫困村，慰问老党员，帮助贫困户清理环境卫生。修订完善政协各项规章制度，努力形成用制度管人、管事的管理机制，办公室在“办”上提升，专委会在“专”上出彩，信息中心在“研”上着力。机关办文办会办事更加规范，干事氛围空前浓厚，与时俱进、开拓创新的良好局面正在形成。

【民主监督】 2018 年，县政协按照“监督就是支持，监督就是服务”的理念，积极探索民主监督的新形式，充分运用调研、视察、提案等方式，全方位、多角度地开展民主监督工作。围绕社会关注、群众关心的扫黑除恶、“散乱污”企业治理、安全生产等课题，深入开展监督问效，在政协常委会上专题听取县公安局、环保局、安监局、爱卫办工作汇报，面对面深度交流，共同提出解决问题的对策建议，为改进部门工作发挥积极作用，做到监督中支持，支持中助推，助推中参与。组织委员积极参与公检法开放日、旁听法院庭审活动，拓宽民主监督领域，丰富民主监督内容，促进司法公平公正，既加强部门与政协委员、社会各界的联系沟通，又激发委员履职尽责的积极性和协商建言的主动性。

通过列席县委常委会、政府党组会参与党政重大决策部署，并提出意见建议，为县委政府破解发展难题提供参考，真正在服务发展中找准政协位置、发挥政协作用、体现政协价值。

【协商议政】 2018年，昔阳县政协按照大格局、小切入、能议透、可落实的原则，精选煤层气产业综合开发和利用、新型职业农民培育、农村改厕等课题，在组织委员深入调研的基础上，召开常委会议专题协商、主席会议重点协商、专委会对口协商，并组织召开促进民营经济发展座谈会、民主党派协商座谈会、委员企业座谈会等，提出意见建议80余条，形成调研报告8份，专题建议案2个，得到有关部门的重视和采纳。

【提案办理】 2018年政协九届三次会议期间，委员们共提交提案143件，经审查立案141件，提案聚焦经济发展和民生改善，内容涉及经济社会各个方面，坚持将提案督办与调研、协商、座谈等工作有机结合，将提案“一次性办理”转化为“跟踪式办理”，强化办前提前协商、办中跟踪协商、办后运用协商。在政协提案协商会上，听取县委办、政府办、交警队等11个重点提案承办部门工作汇报，提案人与承办单位就提案办理进行面对面协商交流，对提案办理情况进行民主评议，进一步增强提案办理工作的推动力、执行力，一大批事关发展、事关民生的提案得到落实。

【文史征编】 2018年，昔阳县政协秉承“挖掘历史、传承文化”的理念，坚持“亲历、亲见、亲闻”原则，对昔阳各个历史时期的文化进行挖掘、保护、传承。编辑出版民国4年（1915）版《昔阳县志》《人民日报上的大寨》《昔阳四大家文学作品集》及农民画家张胜利、作家秦怀录、剧作家王雷笑等五人作品集，《昔阳十大廉吏》《昔西抗战历史记述》《乔庄简公文集》正在编纂当中记述昔阳县南下福建老干部的《丰碑——南下福建》一书正在编纂整理。昔阳政协文史馆主体工程已竣。文史馆成为彰显昔阳特色，讲好政协故事，展示履职风采的一张文化新名片。

【调查研究】 2018年，昔阳县政协按照“求精品、重实效”的要求，选择推进基层政协协商民主建设、制约山区乡村振兴战略因素、农村改厕、提升城市社区治理工作水平等课题，组建由“委员、部门、专家”相结合调研队伍，先后组织委员120多人次，联合民主党派、社会团体，邀请党政有关部门和专家学者，深入田间地头、工矿企业、项目一线，采取听、看、访、议等形式开展调研。其中，《制约山区乡村振兴战略的几个问题值得重视》在省政协常委会上进行了书面交流，《对基层政协推进协商民主建设的思考》在市政协习近平总书记关于加强和改进人民政协工作的重要思想学习研讨活动理论研讨会上进行了发言。

【信息工作】 2018年，昔阳县政协先后对50余名社情民意信息员进行专题讲座，县政协邀请省政协信息处马海燕处长，组织信息员队伍赴山东、长治、襄垣等先进地区进行学习考察。制定出台《昔阳县政协反映社情民意信息工作考评办法》《昔阳县政协社情民意信息员考核管理办法》等规章制度，同年共收集社情民意455条，被全国、省、市政协采用60余篇。其中《关于精准扶贫出现的问题及对策建议》《煤炭行业供给侧结构改革情况》被全国政协采用，《关于加快扶贫劳务协作顶层设计的建议》《农村土地承包延长30年涉及部分法律问题亟待修订》等6篇信息被省政协报送全国政协，《警惕商品房过度库存引发房价上涨》《贫困人口医疗补充保险兜底政策亟待完善》等3篇信息被省政协转送，并得到相关部门反馈，《建议将昔阳县孔氏乡黄安村列为市级红色教育基地》被市政协单篇采用。截至2018年年底，社情民意信息工作考核位列全省第十二名，晋中市第三名。

【委员履职】 2018年昔阳县政协共组织委员280人次参加了政协的各种履职活动，在全委会、常委会、研讨会上委员专题发言60余人次，形成会议发言材料50余份，充分调动委员参政议政的积极性。组织委员视察重点工程，举办“扫黑除恶”专题讲座，听取县直部门工作通报等。积极协助县委、县政府做好协调关系，动员和组织广大政协委员开展一系列为群众办好事、解难事活动，捐资助学、免费义诊、慈善救助、产业扶持、义卖捐赠，向困难群众、弱势群体送温暖、献爱心，充分展现人民政协为人民的良好社会形象。

【联谊工作】 2018年，昔阳县政协以政协会议为平台、调研视察为载体、界别活动为纽带，加强与民主党派、工商联和无党派人士的团结合作，营造合作共事的良好氛围。加强民族和宗教工作，走访看望宗教界别委员，围绕“以社会主义核心价值观为引领，坚持我国宗教中国化方向，积极引导宗教与社会主义社会相适应”开展专题调研。加强与在外昔阳人联络联谊，举办“根在昔阳”“足迹”征文大赛，召开“归燕行动”项目推介会、北京企业昔阳行座谈会等，搭建沟通桥梁，提供服务平台，引导支持在外成功人士返乡创业，为促进家乡发展贡献政协力量。与太原市杏花岭区政协联合举办“三春晖——白莲·张永乾回乡中国画展”，与省图书馆联合举办“多彩昔阳 翰墨之乡”书画摄影展，与邯郸学院结成战略合作伙伴。热情接待安徽、河南、河北、甘肃等兄弟省市政协到昔阳学习考察，就区域经济发展、产业扶贫项目、文旅产业发展等进行沟通交流，充分展现昔阳县改革发展成果，扩大政协工作影响力，提升昔阳对外形象。

全体委员会议

【政协第九届昔阳县委员会第三次会议】 中国人民政治协商会议第九届昔阳

县委员会第三次会议于2018年4月7日—4月9日在昔阳县政府一楼多功能会议室召开。会议应到委员168名，实到委员163名。

4月7日，上午全体委员报到并听取省委党校刘丽瑛教授作专题讲座。下午召开预备会，审议通过政协第九届昔阳县委员会第三次会议议程；宣布分组办法、小组召集人名单、会议日程安排及相关事项，通报委员履职情况，表彰提案办理先进单位和优秀提案、反映社情民意信息先进个人。会议由县政协副主席吴战军主持，县政协主席作讲话并主持召开中共党员委员会议。

8日上午，县委书记王根元，县委副书记、县长许利伟，县人大常委会主任李显鸣以及县委、县人大、县政府担任副县以上实职的其他领导出席会议，驻昔晋中市政协委员和历届政协主席、政协机关离职专委主任、县委办、政府办分管提案办理工作的负责人、部分特聘信息员应邀列席会议。开幕式由县政协副主席杨海燕主持。会上，县委书记王根元作重要讲话；县政协主席受常委会委托作《政协第九届昔阳县委员会常务委员会工作报告》（第三次会议）；县政协副主席陈振林受常委会委托作《政协第九届昔阳县委员会常务委员会关于九届二次以来提案工作情况的报告》；分组讨论王根元讲话、常委会工作报告、提案工作情况报告。

8日下午，举行第二次全体委员大会，会议由政协副主席梁素平主持。8名委员进行大会发言，14名委员进行书面发言；分组讨论政协第九届昔阳县委员会常务委员会委员候选人建议名单（草案）、选举办法（草案）、总监票人建议名单、监票人建议名单、总计票人建议名单、《政协第九届昔阳县委员会第三次会议政治决议（草案）》《政协第九届昔阳县委员会第三次会议关于常务委员会工作报告的决议（草案）》；召开提案审查委员会会议。

9日上午，全体委员列席昔阳县第十七届人民代表大会第三次会议，听取县委副书记、县长许利伟作《政府工作报告》及其他报告。

9日下午，分组讨论《政府工作报告》，召开第三次全体委员大会。审议通过《政协第九届昔阳县委员会第三次会议政治决议》《政协第九届昔阳县委员会第三次会议关于常务委员会工作报告的决议》《政协第九届昔阳县委员会第三次会议提案审查情况的报告》。

常务委员会议

【政协第九届第八次常委会议】　政协第九届昔阳县委员会第八次常委会议于2018年3月23日上午召开，应到常委29人，实到23人。县委副书记郭丰慧，县委常委、常务副县长李军，县委常委、组织部部长郭春林应邀出席会议。县委办、政府办分管提案工作负责人、组织部副部长、县政协各专委会主任、信息中心主任、办公室副主任应邀列席会议。会议听取了县委办、政府办关于县政协九届二次会议以来提案办理情况的通报；县委组织部作关于政协第九届昔阳县委员会常务委员会有关人事事项的说明；审议通过关于召开政协第九届昔阳县委员会第三次会议的决定、政协第九届昔阳县委员会第三次会议议程（草案）、政协第九届昔阳县委员会第三次会议日程；审议通过关于同意赵富华、乔万英辞去政协第九届昔阳县委员会常务委员会职务请求的决定（草案），关于同意赵富华、乔万英、李兰平、陈世伟、缑泽汉、王守华辞去政协第九届昔阳县委员会委员请求的决定（草案），关于增补张东峰等15人为县政协第九届昔阳县委员会委员的决定；审议通过政协第九届昔阳县委员会常务委员会工作报告（草案）并推举报告人，第九届昔阳县委员会常务委员会关于九届二次会议以来提案工作情况报告（草案）并推举报告人；审议通过政协第九届昔阳县委员会第三次会议大会秘书长、副秘书长建议名单（草案）、提案审查委员会组成人员建议名单（草案）、逐日执行主席建议名单（草案）、列席人员范围和名单（草案）、分组办法和小组召集人名单（草案）、九届一次会议以来提案办理先进单位、优秀提案、优秀信息员名单；通报九届二次会议以来委员履职情况，审议通过县政协常委会2018年工作要点（征求意见稿）。会上，传达学习昔阳县三级干部会议精神。

【政协第九届第九次常委会议】　政协第九届昔阳县委员会第九次常委会议于2018年4月8日下午召开，应到常委30人，实到27人，县委常委、组织部部长郭春林应邀参加会议。

会上，郭春林作政协第九届昔阳县委员会常务委员会委员候选人建议名单的说明；审议通过政协第九届昔阳县委员会常务委员会委员候选人建议名单（草案），政协第九届昔阳县委员会第三次会议选举办法（草案），政协第九届昔阳县委员会第三次会议总监票人、监票人、总计票人建议名单，《政协第九届昔阳县委员会第三次会议政治决议（草案）》《政协第九届昔阳县委员会第三次会议关于常务委员会工作报告的决议（草案）》。

【政协第九届第十次常委会议】　政协第九届昔阳县委员会第十次常委会议于2018年6月5日召开，应到常委30人，实到26人，县政协各专门委员会主任、信息中心主任、办公室副主任列席会议，会议由县政协副主席吴战军主持。

会议审议通过《昔阳县政协关于开展“委员履职规范年”活动实施方案》《昔阳县政协2018年协商工作计划》《昔阳县政协2018年民主监督工作实施方案》《昔阳县政协深入开展习近平总书记关于加强和改进人民政协工作的重要思想学习研讨方案》。

【政协第九届第十一次常委会议】　政协第九届昔阳县委员会第十一次常委会议于2018年7月11日召开，应到常委30人，实到27人，会议由县政协主席主持。

会议听取县政府2018年上半年经济运

行情况通报、县环保局关于“散乱污”企业治理情况和爱卫办关于农村改厕情况通报；审议通过《昔阳县政协社情民意信息员管理考核办法（讨论稿）》；县政协主席传达全国政协系统党的建设工作座谈会精神；县政协秘书长、党组成员李越胜传达政协第十三届全国委员会副秘书长、办公厅研究室主任、机关党委书记舒启明“关于人民政协性质定位的几个问题”；县政协副主席、党组成员陈振林，县政协副主席梁素平、杨海燕分别领学《习近平总书记关于加强和改进人民政协工作的重要思想专题摘编》相关内容。

【政协第九届第十二次常委会议】 政协第九届昔阳县委员会第十二次常委会议于2018年10月19日召开，应到常委30人，实到24人，部分驻昔市政协委员、县安监局局长、县公安局副局长应邀出席会议，县政协各专委会主任、信息中心主任、办公室副主任列席会议，会议由县政协副主席吴战军主持。

县政协组织政协常委视察县公安局扫黑办、祥云燃气公司、大寨镇河南村改厕情况；听取县公安局扫黑除恶专项斗争工作情况通报和县安监局有关安全生产工作情况通报；县政协副主席杨海燕传达了全国政协召开的习近平总书记关于加强和改进人民政协工作重要思想理论研讨会精神；审议通过《关于加快推进煤层气综合开发利用的建议》和《关于进一步加强昔阳县农村改厕工作的建议》两个建议案。

（王石林　王丽丽）

社会团体

SHE HUI TUAN TI

昔阳县总工会

【概述】 昔阳县总工会属群团组织，参照公务员法管理，正科级建制，工会主席实行高配，由县人大副主任兼任。核定编制 4 人（一正二副一科员），实有 5 人（常务副主席 1 人，副主席 1 人，经审委主任 1 人，女职委主任 1 人，科员 1 人），另签订劳动合同 7 人。县总工会的基本职责是维护职工合法权益，主要职能有教育职能、生产职能、建设职能、维护职能等。现设组织民管部、宣教部、法工部、生产保护和生产技术部、生活保障部、资产财务部、女职工部、经费审查委员会办公室、综合办公室九个部室。职工俱乐部隶属于县总工会管理，正股级建制，为自收自支事业单位，编制 5 人，实有 7 人。昔阳县困难职工帮扶中心办公地点设在县总工会，无编制，现与生活保障部合并办公。

【文体活动开展】 2018 年，昔是县总工会聚焦重要时间节点、重大活动事件、工会重点工作，深化社会主义核心价值观教育和“中国梦·劳动美”主题教育，汇聚起全县职工团结奋进的强大正能量。2018 年，昔阳县总工会先后举办了“我运动·我快乐”女职工趣味赛、“健康杯”职工羽毛球赛、第二届职工拔河赛、第四届职工乒乓球赛、秋季职工钓鱼赛等体育活动，举办“奉献自我，做新时代模范女职工”主题演讲比赛，“五一”职工文艺节目展演，“八一”职工消夏晚会等文化活动。选送选手参加省“中国梦·劳动美”职工演讲比赛市级选拔赛获一等奖，参加市“聚焦新时代，颂扬劳动美”职工摄影展获多个奖项，参加市“纪念改革开放 40 周年书画展”报送多幅书法作品。在县总工会带动下，基层工会文体活动丰富。丰汇煤业、园林局、德兴隆酒业等基层工会举办职工运动会；党群、行政系统工会举办“聚力·鼓劲·建功”职工拔河比赛，县四套班子领导全部参加；县信用联社工会开展“展示农信风采，弘扬工匠精神”主题演讲比赛。

【做强品牌】 2018 年，昔阳县总工

会做好“春送岗位”“夏送清凉”“金秋助学”“冬送温暖”和职工大病医疗互助等工作，聚焦精准，强化规范性，增强实效性。“两节送温暖”，为1个困难企业和645名困难职工发放救助金99万元；“春送岗位”，为489人解决就业；“夏送清凉”，为14个单位1180名一线职工送去价值5.37万元的消暑用品；“金秋助学”，为7名困难职工、农民工子女发放助学金2.10万元；第十期大病医疗互助，截至2018年12月底补偿149人，发放互助金56.33万元，第十一期大病医疗互助，参助单位285个，参助职工16187人，收缴互助金59万余元。做实“五一”表彰、“晋中工匠”“工人先锋号”、劳模（职工）创新工作室等工作，大力弘扬劳模精神、劳动精神，在全社会营造劳动光荣的社会风尚和精益求精的敬业风气。“五一”前夕，县劳竞委对在脱贫攻坚中做出突出贡献的10个先进集体和60名优秀个人进行表彰，并授予14个企业特别贡献奖。中煤昔阳公司设备维修中心郑军和丰汇煤业边文均被评为晋中市“最美工匠”。延青商贸获山西省财贸烟草“五一劳动奖状”，晋粮公司面粉车间被评为省工人先锋号，煜峰种植专业合作社负责人王志录获省“五一劳动奖章”。县总工会为边文均职工创新工作室授牌。持续开展“五小”竞赛活动，激发企事业单位和广大职工的创新热情。2018年“五小”竞赛全县共申报项目80项，其中，获省级奖项2项，市级奖项10项，县级奖项若干项。昔阳县总工会给获奖的个人共发放3.05万元的现金奖励，授予2名个人“五一劳动奖章”，给8名个人记一等功，给21名个人记二等功。广泛开展“当好主人翁·建功新时代”主题劳动和技能竞赛。煤炭、金融、环卫、卫生、教育等行业的基层工会，通过组织岗位练兵、技术比武和技能竞赛，激发了职工立足本职、创优创先的劳动热情。

【维护职工合法权益】 2018年，昔阳县总工会通过列席基层职代会、深入一线调研、指导职代会建设等方式，督促基层单位尤其是非公企业按时召开职代会。全年办理基层工会法人资格证51个，使基层工会法人登记达到100家。指导84家企业签订《工资专项集体合同》和《女职工权益保护专项集体合同》，签订区域性集体合同16份，覆盖企业90个。下发了《关于落实女职工营养补助的通知》，推动女职工生育一次性营养补助发放迈出实质性步伐。保持维权热线畅通，接待农民工讨薪2起，协调解决拖欠工资3.9万元。组织“安康杯”知识竞赛，共30个企事业单位330个班组9111名职工参赛，提高了单位及职工的安全生产能力。落实省总工会、市总工会文件精神，对基层工会主席和单位财务负责人进行培训，指导开设独立账户，保障干部职工按规定享受正常的福利待遇。

【加强基层工会组织建设】 2018年，昔阳县总工会加强在“两新”组织中工会组建力度，发展壮大职工队伍。在美好之家、延青商贸、峡谷风情旅游、诚信祥兰蔬菜等7个法人单位组建独立工会6个。以网约送餐员、家政服务员等“八大员”为主要对象，以区域、行业发展会员1130人，其中农民工会员795名。加强社区工会规范化建设，开展“六有”达标升级活动。经与城区社区党工委联系协调，四个社区均建立了工会活动阵地，添置办公设备，购置了书籍充实到职工图书室，将历年档案重新整理装订。依托安顺煤业集团，在新建南路建立高标准职工心理咨询室，选聘持证心理咨询师为职工提供免费心理健康咨询服务。加强旅游景区景点工会建设，延伸扩展景区工会改革。县总工会提出景区工会要结合实施乡村振兴战略发展乡村旅游的需求，提升服务水平。为大寨4A级景区工会购置价值6000元图书充实到职工图书室，督导其成立的志愿者队伍继续在节假日为外来职工游客提供咨询引导服务。为马鞍岩景点工会购置177册图书，并拨付1万元建设资金。截至2018年底，全县共有独立工会351个，工会会员39634名（其中，农民工会员18418名），覆盖法人单位1029个。其中：工会联合会18个，机关事业单位工会162个，国有集体企业工会33个，非公企业工会138个。

（贾旭丽）

共青团昔阳县委

【概述】 共青团昔阳县委属正科级建制，行政编制4名。下辖基层团委27个，团总支12个，团支部413个。全县共有团员5101名，2018年发展团员500名。

【思想引领】 2018年，共青团昔阳县委开展“青年大学习”主题教育，深化习近平新时代中国特色社会主义思想、党的十九大精神、团的十八大精神和习总书记对当代青年的寄语讲话的学习，组织基层团青年团员干部读原文、看视频、微信参与新团章网上知识竞赛，引导更多团员青年加深对团组织的认识和理解，有效提升其政治性。开展“文化认同·乡情故土——青春兴晋”系列主题活动。组织开展“志愿献车站，温暖回家路”春运服务活动。开展“一封家书”主题活动。认真撰写《致在外乡的昔阳青年朋友的一封信》给在外游子送去家乡问候，感召游子返乡创业。开展“我为山西代言”新春明信片寄递宣传主题活动，发放主题明信片1000余张。利用“3·5”学雷锋、“五四”青年节、“六一”儿童节等重要节日，开展网祭英烈、青年典范宣传、核心价值观实践、禁毒法治宣传等思想教育活动。

【服务青年创业就业】 2018年，昔阳县经审批共发放青年创业贷款23批次共计155万元。成功举办第五届青年创新创业大赛。开展“青春兴晋”行动。为19名在外优秀学子协调了县委办、政府办、组织部等岗位，为他们提供历练成长的机会与平台。成功举办“昔阳县首届电商节”，带动青年创业者在销售本地特色农副产品、带动扶贫和昔阳经济振兴上作出了积极贡献。与县政协等单位举办2018年新春招聘会。

【帮助困难学生】 2018年，共青团

昔阳县委持续做好青少年助学助困工作。2018年“圆梦行动”共资助新入学大学生2人和在读1人，投入1.2万元。开展“关爱贫困留守儿童、一对一全程资助认领”活动，“五四”期间组织20名贫困留守儿童赴山西科技馆参观学习。开展“青年暖冬行·爱心进校园”困境青少年社会服务，深入西寨、沾尚、北石瓮等偏远学校，为109名学生送去1.3万余元的学习用品，开展心理辅导12课时。在重点中小学开展“阳光自护”困境青少年安全教育服务课程讲授59课时覆盖3300余人、重点青少年禁毒防艾宣传教育活动20场次覆盖3000余人、“青年之家”困境青少年社会服务3场次，覆盖100余人。

【开展志愿公益活动】 2018年，共青团昔阳县委开展了以“跟总书记一起‘做种树者’”为主题的青年志愿者义务植树活动，与县总工会、体育中心联合主办“劳动人永远是年轻，健康羽你共前行”青年职工羽毛球比赛，联合举办“相约七夕·幸福启航”青年交友联谊活动，主办“放飞梦想　青春飞扬”心连心公益活动。

【夯实基层组织】 2018年，共青团昔阳县委召开中国少年先锋队昔阳县第三次代表大会，选举产生第三届少工委班子成员。充分整合党政、社会和市场资源，建设好人广场、县图书馆、云创众创空间、县信用联社等4个“青年之家”。开展违规发展团员核查整改工作，核查不满13周岁入团和无发展编号入团团员的情况。扎实推进“智慧团建”工作。（王　敏）

妇女联合会

【概述】 昔阳县妇女联合会，财政全额拨款，县妇联目下设五个业务部门，编制4个（一正二副一科员）。妇女儿童工作委员会（简称：妇儿工委）主任由副县长担任，其中妇女儿童工作委员会办公室（简称：妇儿办）设在妇联，编制2个。现妇联有主席一名，副主席两名，主任科员一名。

【服务妇女创业就业】 “大嫂车间”妇女联合会设立于2017年，2018年已逐渐成熟，是昔阳县妇联对民间女性创办的企业进行的支持性组合，使广大妇女的心紧密地联系在一起，同呼吸，共命运。“大嫂车间”是一个为留守妇女们提供创业就业机会的平台，一个让广大妇女们展示自己才华的平台。2018年已经有8家非公企业和社会组织加入“大嫂车间”这个大家庭，8家非公企业为丽云服饰有限公司、绣梦阁刺绣合作社、金谷阳光食品有限公司、界都秀芳仿真花、祥安服装厂、巧手仿真花制作有限公司、大寨制衣有限公司、翠青仿真花加工有限公司，涉及领域有服饰、仿真花、刺绣、食品等。昔阳县妇联团结大嫂车间优秀妇女创业带头人与高级管理人员，带领全县贫困、流动、留守妇女创业就业、脱贫增收、惠及民生，涉及7个乡镇、700余名贫困妇女。大嫂车间成立后，将更好地把企业、妇女组织、妇女群众联系起来，让更多的妇女加入基层妇联组织，拓宽覆盖面，助力脱贫攻坚、促进乡村振兴、贡献巾帼力量。

【妇女儿童救助】 2018年昔阳县妇联本着救助妇女儿童的使命，开展一系列的救助活动。救助的方式分为发放慰问金和慰问品，主要的渠道通过“三八”“六一”点亮心灯和平时的慰问活动。2018年，举办“爱心献社会·真情暖人间”“三八”公益晚会，救助妇女115名，救助金额20.1万元；举办“常怀感恩之心·早成栋梁之材”“六一”慰问活动，救助儿童112名，救助金额11.2万元；慈善救助东沟小学留守儿童，为72名儿童送棉衣、100名儿童送书包献爱心；为示范小学150名学生捐助保温杯、玩具、文具、书包；“五一”期间发放食品慰问大嫂车间留守妇女400余名。妇女儿童救助是一项长期而持久性的工作，需要各级妇联的积极配合与支持。

【“两癌”筛查】 2018年，昔阳县“两癌”检查的任务为13008人，“两癌”启动会于5月10日顺利召开，11月底圆满完成检查任务。参与检查的乡镇为赵壁乡、大寨镇、东冶头镇、城区社区。“两癌”免费检查这项公益活动提高妇女的自我保健意识，为“两癌”患病困难妇女提供了医疗救助，进一步提升全县妇女健康水平，增强人民幸福感。

【女子艺术团建设】 2018年3月，昔阳县妇联女子艺术团成立。女子艺术团共设有团长1人，副团长2人，队长13人，队员上百人。她们贴近基层、贴近群众，以文艺表演形式进入千家万户，开展“五抓五提升”“三贴近四宣讲”文化下乡活动，共组织大型演出12场，小型演出26场。圆满完成了各项演出任务，让基层群众享受到了积极向上、喜闻乐见的精神食粮，提振脱贫信心，加快发展速度。

【“两癌”救助】 2018年，立足于帮扶济困，减轻患有“两癌”的贫困妇女医疗费用压力，省妇女儿童基金会设立特定资金，对患宫颈癌或浸润性乳腺癌Ⅱb及以上的患病妇女进行一万元救助。县妇联积极响应及时上报需要救助人员信息，让昔阳县困难妇女及时享受到良好政策。

【成立兼职副主席工作室】 2018年，为推进县乡村三级兼职副主席一人一实事活动，昔阳县成立县级兼职副主席工作室。昔阳县县级兼职副主席6名，乡镇兼职副主席52名，村级兼职副主席996名，全县兼职副主席共计1054名，一批思想过硬、基层经验丰富、工作能力突出的优秀妇女进入了妇联班子。她们积极服务妇女同胞，助力脱贫攻坚和乡村振兴，在不同领域发挥着自己的作用，使昔阳县妇联组织体系更加完善。 （赵艳凤）

文学艺术界联合会

【概述】 昔阳县文学艺术界联合会（简称昔阳县文联），是中共昔阳县委领导下的文学艺术界组成的人民团体。成立于1960年2月。1961年2月和县文化馆合署办公。1992年根据晋中地秘〔1991〕42号文件精神要求，成立昔阳县文学艺术界联合会。2003年恢复正科级建制，核定编制2人，实有2人，主席1人，实行团体会员制，现有团体11个，即昔阳县作家协会、昔阳县美术协会、昔阳县摄影家协会、昔阳县书法协会、昔阳县戏剧音乐家协会、昔阳县舞蹈家协会、昔阳县戏迷协会、乐平诗社、吉他协会、青少年艺术协会、石根艺术协会。

【特色活动】 2018年春节期间，昔阳县文联组织“文艺志愿者走基层迎春送福”活动，县文联、书法家协会先后赴大寨镇白羊岭村、大寨镇安家庄村、赵壁乡川口村、赵壁乡东丰稔村、赵壁乡后东裕村、赵壁乡东平原村等地为村民们现场书写春联，送去新年问候。2月16日（大年初一），县文联、摄影家协会赴孔氏乡务种村，为村民拍摄全家福。4月28日，昔阳县文联与太原小店区文联联合举办“三春晖”白莲·张永乾回乡中国画展。5月18—23日，第四届石马文化旅游节期间，在石马寺风景区组织开展“百人百镜·全域旅游”摄影大赛。展览共展出优秀摄影作品40余件，内容涵盖佛教石刻艺术、节庆活动、民俗风情、乡风乡貌、美食美景等，记录昔阳县的发展和时代的变迁，展现昔阳厚重历史与现代活力。4—6月，昔阳县文联配合昔阳县政协举办“传承好家风、写好中国字、育好清廉苗”昔阳县中小学书法展。6月，配合组织部、纪检委、宣传部，举办以“书写方正汉字，弘扬清风正气”为主题的家规家训展览，引导党员干部以“俭”持家，以“廉”守家。7月9日，组织作协、美协、书协、摄影家协会共计40名会员到乐平镇瑶头村开展昔阳县文艺工作者凤凰山采风活动。7月，组织相关协会会员在赵壁乡凤居村、赵壁村，开展古村落文化采风活动。9月，由昔阳县政协文史委、昔阳县文联主办2018年《足迹》征文大赛落下帷幕，活动征集作品百余件，其中二十余件获奖。9月下旬，昔阳县首届农民丰收节期间，昔阳县文联在大寨举办“影证昔阳变迁——纪念改革开放四十周年”大型摄影展，集中展示昔阳县改革开放40年来经济社会的变迁发展。10月15—25日期间，举办“携手共同行，筑梦小康”聚焦脱贫攻坚主题书画展览暨“我眼中的扶贫故事”主题摄影展览，展览围绕“携手共同行，筑梦小康”，参展作品聚焦脱贫攻坚，紧扣最美系列，“挪穷窝、迁新居”，庆丰收，靓丽乡村，“我为产品做代言”主题，集中展示昔阳县脱贫攻坚的经验做法和取得的成效。11月5日，配合晋中市文联在昔阳县文化馆举办“晋中市纪念改革开放四十周年”摄影作品巡展。12月，由晋中市委宣传部主办的《爱上晋中》文化丛书，由山西出版传媒集团、北岳文艺出版社正式出版发行。昔阳县文联参与编撰整理昔阳分卷，图书内容涉及昔阳县情、地域风情、城市风貌等。

【协会动态】 2018年1月27日，昔阳县作家协会在界都乡长岭村斐文书院召开作协座谈会。座谈会上，就2017年作协创作做出总结，对2018年作协工作提出建议。11 月中旬，昔阳县摄影家协会召开换届大会，梁瑞华当选新一届摄影家协会主席。12 月 23 日，昔阳县第二届作家协会第一次会员大会暨换届选举大会举行，市、县文联及县委宣传部相关负责人应邀出席会议，全县各行各业的 60 多位作协会员参加会议。会议听取并审议通过宋明珠代表第一届昔阳作协理事会所作的工作报告，审议通过《昔阳县作家协会章程》，选举产生昔阳县第二届作家协会主席、副主席、秘书长、副秘书长及理事会常务委员。孔瑞平当选为昔阳县第二届作家协会主席，聘请孔令贤、宋明珠、陈亚珍、张建民为第二届昔阳县作协名誉主席。12 月 27 日，昔阳县诗词学会第一届第一次全体会员大会召开。大会表决通过《昔阳县诗词学会章程》，选举李晓兰为昔阳县诗词学会会长。

【培训学习】 2018 年，昔阳县文联采取“走出去，请进来”等多种形式，加强县内外文艺界人士的交流，做好专家学者来昔参观考察、创作采风接待工作，推动昔阳文化大发展、大繁荣。2 月，书法协会作品荣获山西省铁路护路书画展二等奖。5 月 19—20 日，组织昔阳县文学创作培训班和山西文学院作家培训班，邀请中华诗词学会会员、山西晋社、紫云诗社社长张春义，晋中市文联《乡土文学》编辑部主任、晋中市作家协会副主席杨凤喜，省作协党组副书记、副主席、作家张锐锋，山西文学院院长、作家、编剧张卫平，山西文学院网络编辑中心主任、诗人赵建雄，山西日报离退处处长、山西文学院签约作家孙峰，山西文学院微信公众号编辑、网络编辑中心科员郭萍萍等教师，来昔阳县就小说、散文、诗歌开展文学创作培训。11 月，昔阳县画家翟三满等人参加山西省基层美术工作者能力提升培训班（农民画方向），提升昔阳县农民画画家的创作水平。11 月 20—25 日，邀请张喜明、叶琳等专家，为昔阳县音乐、舞蹈等文艺工作者授课，提高昔阳县文艺创作水平，开阔创作视野。12 月 8 日，邀请山西省摄影家协会吴勇为昔阳县摄影家协会会员培训摄影创作技巧，提高创作水平。

【参选第五届晋中文学奖】 2018 年 6 月，昔阳县部分作家作品参加第五届晋中市文学奖评选。赵姝梅的作品《梅之姝语》获散文奖，李义利的作品《悲凉叙述，冷峻表达》获评论奖，孔令贤的作品《难民村的时代脚印》获荣誉奖，李晓兰的作品《雪落红尘》获诗歌奖。王石林获文学新人奖。

【书法绘画参展】 2018 年 6 月，常建军作品获山西省总工会主办的“当好主人翁、建功新时代”职工书画展三等奖。6 月，昔阳县部分绘画作品参加由中共山西省委宣传部、山西省文化厅、山西省总工会主办的庆祝改革开放四十周年全省群众系列文化活动之“振兴乡村·美丽山西”全省优秀农民画展。昔阳县参展作品 26 件，获奖作品 13 件。最佳作品有张胜利的《乐平迓鼓》、王晓庆的《瓜田情韵》、孔彦梅的《面花花》、李维样的《丰收笑语落满坡》等 4 件。优秀奖作品有卜斌文的《山村庙会》、王春香的《敬老爱老》、李霞的

《幸福小区》、乔洪斌的《淘宝进乡村》、王晓丽的《山村晨曲》、李霞的《舞龙》、赵素娥的《绣鞋垫》、李丽燕的《幸福之家》、吕国鑫的《老碾》等9件。9月，庞有俊、毛守国、和徊良、张海斌、常建军、程月英、禹晓吾、李久春、梁石作品入展“新时代、新晋中——纪念改革开放四十周年”书画作品展。10月25日，张慧明作品入展由山西省文联主办、山西省书协承办的“新时代、新展望、新晋商、新气象——纪念改革开放40周年”山西省书画佳作展。10月31日，张建民作品应邀参展由山西省委宣传部、山西省文联主办，山西省书协承办的“放歌新时代——庆祝改革开放40周年”山西省书画作品展。12月，卜恩荣、庞有俊、程月英、郭秀伟作品入选省书协主办的山西省第七届群众书法篆刻展。张海斌书法作品入展由山西省文物、公安系统举办的扫黑除恶主题书画展。

【作家创作】 2018年，昔阳县广大文艺工作者文艺创作水平不断提高。文联主办刊物《虎头山》全年出版6期，按照市文化局要求办理内部刊物书号〔晋K005〕，《虎头山》出版发行得到规范。秦怀录《大东裕轶事》出版。孔瑞平《阵风拂过时光的琴弦》入选全国中小学生读物；4月11日，在《山西日报》发表《岚县畅想》；5月4日，在《三晋都市报》发表《人生的“高铁”与“过山车”》；5月13日，在《吕梁日报》全文刊发《人生的“高铁”与“过山车”》；6月20日，在《山西日报》发表《方言里的文化》；8月，作品《乾坤湾情思》入选《永和日历》；在《小品文》杂志第10期发表《蓝色的老宅》；在《小品文》杂志11期发表《千朝谷中醉千朝》。赵庆兰在西南当代作家杂志发表诗歌十五首，在山西作家文苑发表诗歌十二首，在山西作家文苑发表诗词六首，在西南当代作家杂志发表诗词十二首，在中国诗人微刊发表诗歌九首。张海荣4月在《都市》发表《2017惊蛰》《潘掌·残菊》《礼拜人》，7月在《诗刊》发表《苍耳》。李永斌的电影作品《岭上花开》于7月12日在晋美电影院首映。李维新的摄影作品《大寨虎头山》在第30届华北五省市摄影艺术展优秀奖。李砚德获三晋诗人诗歌大奖赛三等奖，凭借作品《想起麦子》《遥远的麦子》在第二届阳光杯短诗大奖赛获十佳诗人奖。在戊戌七夕“中国·和顺牛郎织女爱情文化节”旧体诗大赛活动中，刘继红的作品《鹊桥仙·七夕》获一等奖，王素珍的作品《三台令·七夕》获三等奖，李蒯兰的作品《蝶恋花·七夕》获“优秀奖。12月，县文联报送的《产城一体，文旅融合，打造红色旅游文化品牌——如何进一步传承好优秀历史文化资源》荣获2018年全市文化软实力调研成果优秀奖。

（赵　波）

残疾人联合会

【概述】 2018年，昔阳县残疾人联合会（以下简称昔阳县残联）会深入贯彻落实党的十九大精神，围绕省、市残联的规定动作和县委、县政府中心工作，牢记使命任务、强化担当实干，推动残疾人事业不断融入全县经济社会发展大局，致力实现新时代残疾人事业发展的美好蓝图。

【昔阳县残联第七次代表大会换届】 2018年，昔阳县残联按照《中国残疾人联合会章程》要求，严密组织、严格程序、严肃政治纪律和组织纪律，完成昔阳县残联第七次代表大会换届工作，将一批政治素质高、工作表现好、热心残疾人事业的健全人和残疾人充实到代表中来，产生新一届县残联工作班子，进一步推动全县基层残联组织规范化建设，提高基层残疾人组织为残疾人服务的能力和水平。

【办理民生实事】 2018年，昔阳县残联按照各类康复救助项目实施方案要求，县政府精准施策，县残联、县卫计局部门会诊，各定点服务机构一对一服务，实施残疾预防重点干预和残疾儿童抢救性康复项目，开展残疾人精准康复项目，无缝对接全省抢救性康复和精准康复数据库，实现残疾人“人人享有康复服务”目标。全年，免费为15名疑似阳性0-6岁残疾儿童提供初筛、复筛、诊断服务，筛查完成率136%；为488名疑似残疾人提供残疾评定服务；有41名智力及孤独症儿童在定点机构接受专业康复服务及训练，完成0-17岁肢体残疾儿童矫形器装配12人次。

【残疾人证管理】 2018年，昔阳县残联严格按标准、程序办理残疾人证，公开残疾人证办理、变更、注销工作流程及时间，办证流程更加公开化、透明化和规范化。协调评残机构，将办证时间调整为每月两次集中办理，高效快捷，缩短领证时限，让残疾人少跑冤枉路。每年对残疾人证进行核查，做好残疾人证的动态管理。打通服务残疾人“最后一公里”绿色通道，对瘫痪、双下肢等重度残疾人，定时上门服务，现场评估定级，统一办证发放。全年办理残疾人证527人，其中上门办证30人，残疾人办证率90%以上。

【数据动态更新】 2018年，县、乡、村三级联动，通过入户调查、电话问询采集等方式，圆满完成残疾人基本服务状况和需求信息数据动态更新工作。围绕更新时间段、更新内容、完成时限及动态更新质量控制等环节，科学、有序、高效开展残疾人需求动态更新调查摸底，完成7718名在库残疾人基本服务状况和需求信息大数据，为研究决策残疾人工作提供完善科学依据。

【社会保障】 2018年，昔阳县残联认真落实“两项补贴”。按照《山西省困难残疾人生活补贴和重度残疾人护理补贴制度实施办法》标准执行，经个人申请，由村（社区）和乡（镇）分别初审、复核，县残联审批，与民政、老龄办等部门进行政策对接。2018年，符合重度残疾人护理补贴对象残疾人2761人，发放资金150.37万元。“阳光家园”服务到家。通过基层调研和前期摸查，政府购买托养服务形式，居家托养和寄宿制机构托养相结合，按照基本规范，协议委托相关机构对75名符合条件残疾人提供日常生活照料、合理户外活动和社会适应能力辅导等服务，想方设法为残疾人服务。精准康复服务到家。推进残疾人精准康复专项行动，依托21个乡镇卫生院等定点服务机构，为肢体、智力类的一、二级残疾人提供支持性服务，为有辅具需求残疾人提供辅助器具688件，服务残疾人2382名，精准康复覆盖率81.86%，完成全年指标任务。

【扶贫救助】 2018年，昔阳县残联加大扶贫救助力度，落实党组织扶贫项目。按照贫中选贫、困中选困、最需要帮扶且经帮扶后基本可稳定脱贫，并有示范带动作用原则，筛选55户为党组织扶贫对象，提供帮扶资金3000元，帮扶实施种植、养殖类项目，促进稳定增收。专项彩票公益金项目。对接县教科局，根据贫中选贫、困中选困原则，完成高中阶段残疾家庭子女及残疾学生市级助学工作，确定8名救助对象，每人补贴1000元；完成大学阶段救助5人，其中市级救助1人，补贴1500元，省级救助4名，补贴1.4万元。

【就业培训】 2018年，昔阳县残联为提高残疾人融入社会的能力、提升综合素质，先后组织16名残疾人参加盲人按摩、美甲、中式糕点、计算机操作、剪纸、编织各类职业技能培训；依托昔阳县职业学校在东冶头镇和界都乡举办核桃种植等农村实用技术培训班两期，培训93人，促进残疾人个体就业和自主创业。

【文体宣传】 2018年，昔阳县残联开展各类活动，提升残联组织的凝聚力、战斗力和向心力。以全国“助残日”“爱耳日”“残疾预防日”为契机，开展形式多样的宣传活动，营造全社会关心、理解、帮助残疾人的良好氛围，组成有残疾人参与的15人柔力球队和10人葫芦丝队，展现积极进取、蓬勃向上的精神；对接大寨等旅游景区规划无障碍设施，在大寨红色旅游景点设立两处残疾人便民点，提供轮椅、手杖等基本辅具服务，让更多残疾人、老年人追寻历史足迹，感受大寨精神，享受改革红利。组织筹备晋中市“三对三”聋人篮球比赛。

【维权工作】 2018年，昔阳县残联认真接待和处理来信来访，件件有着落，主要以《中华人民共和国残疾人保障法》等政策法规为依据，做好残疾人普法宣传、法律服务工作，按时按质完成上级交办的信访维权案件，回复率100%，办结率100%；为发挥好县残联“代表、服务、管理”的职能，召开肢体残疾人座谈会，倾听和了解残障人士的真实需求，切实改善残障人士及其家属生活状况。 （宋月娇）

科学技术协会

【概述】 昔阳县科协属群团组织，参照公务员法管理，正科建制，核定编制10人。内设办公室、青少部、普及部、财务室。下属8个专业技术协会，昔阳县益生养鹿协会、昔阳县晓宇养鸡协会、昔阳县核桃协会、昔阳县食用菌协会、昔阳县山珍蘑菇协会、昔阳县永善种植协会、昔阳县仁义蔬菜协会、昔阳县养鹿协会及12个乡镇科协组织。

【深化改革】 2018年，昔阳县围绕“政治性、先进性、群众性”这一改革目标，把握时间节点，突出“强基础、创特色、抓普及”三大任务。出台《昔阳县科协系统深化改革实施方案》。并于12月份成立了乡（镇）级基层科协，健全了乡村两级科协机构，县乡村三级科普网络，形成科普宣传全覆盖，提升科普工作的影响力。

【开展科普宣传】 2018年，昔阳县科协发挥科协科普工作各成员单位的力量，搭建科普工作的社会化大平台，与各有关部门协作，联合开展科普宣传与科技咨询活动。以科技周、科技三下乡、环境日、防震减灾日等宣传活动为契机，在县城及各乡镇设立宣传点，开展防震减灾、种养殖技术、农林牧、气象、卫生等宣传咨询活动。散发资料1.2万份，受众面1.5万余人次，丰富群众的科技文化生活，提高科普宣传活动的吸引力和普及率。8月份县科协又印刷了养殖、种植、提升全民科学素质三种书籍，丰富科普工作内容，为9月份“全国科普日”活动提供保障。

【实施科普助教】 2018年5月，昔阳县科协联合省科技馆在全县中小学开展了“科普大篷车”进校园巡展活动，范围涉及三个学区、五所小学、初中，近两千名学生受到科技知识教育，增强青少年学科学、爱科学的热情。11月、12月组织了第三十七届山西青少年科技创新大赛，全县12个学区，近万名中小学生参与。有十七名中小学生分别获得了一二三等奖。丰富学生的业余生活，加大科普进校园的宣传力度，促进中小学生科学素质的提高。

【提升科普能力】 2018年，昔阳县科协为了全面提升基层科普服务能力，建起了昔阳县科普微信群，并在县城中心、车站、公园以及8个乡镇设置了14个大型科普宣传专栏并定期更换。自去年建设科普一条街以来，2018年又为昔阳的城市建设增加新的亮点，增强昔阳科普工作的覆盖面和影响力。

【百万农民冬季培训】 2018年，昔阳县科协在全县开展冬季农民大培训工作。通过摸底登记确定民安、桃躯、石坪、闫庄、库城、柏叶底、南横山、大南山8个村为培训重点，按照各村的产业结构，确定玉米种植、经济作物无公害生产技术、养殖、食用菌产业等方面的培训课程，聘请4名山西农大教授先后对8个村进行为期一天的培训。共培训400余人，发放资料袋、科技图书、培训资料3000余份。为广大农民送去急需的种养技术及农业政策，有效提升广大农民农业产业的内生动力。

【助力乡村振兴】 2018年，昔阳县科协将葱窝村54户贫困人员实行责任包干，所有干部多次深入农户，了解情况，排忧解难。县科协聘请省级专家为农民进行了养殖、种植培训，受教育50余户。昔阳县科协在太谷科协的帮助下，为葱窝村引进了西瓜种植，20余户农民种植西瓜，人均增收3000余元。成为葱窝村的一个绿色品牌。在环境整治方面，县科协和葱窝村干部积极向上争取资金170万元，新修进村主街道，新建两个街心公园，葱窝村面貌焕然一新。出资8000元为葱窝村购买文体器材，举办了葱窝村第一届社火节，家家户户出节目，吸引在外人员积极参与，增强支部的凝聚力和战斗力，树立葱窝村的良好村风村貌，2018年葱窝村被东冶头镇上报为省级文明村。（赵珍珠）

军　事

JUN　SHI

人民武装部

【概述】　2018 年，是深入贯彻党的十九大精神的政治之年，实施国防动员“十三五”规划承上启下的关键之年。在军分区党委和县委、县政府的坚强领导下，昔阳人武部着眼改革强军目标要求，坚决贯彻上级党委、首长的决心意图，努力完成年度各项工作任务，思想政治根基不断巩固，战备训练水平持续提升，民兵调整改革成效明显，兵役征集工作圆满完成，全民国防教育持续深化，军民融合发展不断推进，安全稳定基础持续巩固，开创了国防动员及国防后备力量建设新局面。

【打牢思想政治根基】　2018 年，昔阳县人武部组织各类政治教育学习活动，持续抓好党的十九大和习主席系列讲话精神的学习，进一步深入学习党的十九大报告提出的新时代、新矛盾、新思想、新方略、新任务、新征程的思想内涵和精神实质，努力形成全员学习、全面贯彻的良好氛围，努力实现用党的十九大精神和习主席强军思想武装头脑，指导人武部全面工作。精心组织“传承红色基因、担当强军重任”主题教育。在参加上级集中教育的基础上，结合单位实际，开展相关教育配合活动，组织昔阳驻军官兵和民兵应急分队清明祭扫英烈、缅怀革命先辈、传承红色基因。坚决拥护党中央和中央军委对房、张案件的处理决定，全面彻底肃清郭徐流毒影响，引导官兵在践行“三个维护”上立起新标准，在提高备战打仗能力上实现新突破，在履行使命任务上做出新贡献，为担当新时代强军重任提供坚强思想政治保证。

【提升战备训练水平】　2018 年，按照省军区《2018 年全区群众性岗位练兵比武竞赛活动总体方案》要求，昔阳县人武部组织机关干部、各乡镇专武干部和部分民兵干部骨干进行相关军事科目训练，在分区组织的比武竞赛中，2 名专武干部取得名次。细化完善各类战备方案。着眼实现战备建设规范化、信息化、实战化、常态化目标，提升作战值班指挥处置水平，进一步细化人武部应急行动预案。认真参加各类课题演练。协调县国动委成员单位先后同步参加指挥所演练和国防动员课题训练，提高了军地联合指挥和综合保障水平。全年，先后组织应急分队200余人次参加2次灭火行动，实战检验遂行维稳救灾任务的能力

【推进民兵调整改革】 2018年，昔阳县人武部以省军区《民兵组织整顿工作实施办法》和军分区《2018年民兵整组工作指示》为依据，贯彻落实民兵调整改革会议精神，压减民兵组织规模、优化结构布局、创新编组模式、巩固基层阵地，制订下发基层武装部（营、连）规范化建设《实施细则》，并以管委会、李家庄乡为试点，统一规范建设标准。2018年全县组织整组点验、科目训练、量化考评，不断推进民兵调整改革深入发展。2018年昔阳县的民兵调整改革工作被省军区表彰为先进单位；民兵整组工作在军分区考核验收中取得第一名。

【完成征兵工作】 2018年，昔阳县人武部根据省市两级征兵办《关于做好2018年征兵准备工作的通知》和《山西省兵役登记工作实施办法》等文件精神，1月18日，组织全县基层专武干部召开兵役登记工作专题会议，上下联动，切实掌握辖区内适龄青年底数，兵役登记工作在全分区率先实现100%登记。在夏秋征兵工作中，以各项征兵政策规定为依据，适应征兵政策调整，严把新兵体检关、政审关、定兵关，坚持做到征兵全程公开、公正、公平。定兵前，对体检政审双合格的预征新兵进行为期7天的封闭式役前训练，从中择优选定新兵输送部队，圆满完成上级赋予的征集任务。

【深化全民国防教育】 2018年，昔阳县人武部落实国防教育“五个一”建设要求，成立国防教育办公室，积极发动政府各职能部门和社会力量合力共建共护，开展国防教育示范学校、示范村（社区）创建活动，在“昔阳国防”微信公众号及时发布国防建设信息动态，促进昔阳县国防教育工作顺利、高效、规范运行。年内完成了国防教育展厅和荣誉室建设，新建国防教育宣传文化墙；配合“传承红色基因、担当强军重任”主题教育，联合县委宣传部开展以“强我国防、爱我昔阳”为主题的国防教育宣传口号征集活动；邀请部队院校专家为县党政领导作报告，组织“八一”军事日活动；在2018级高一新生开学前组织进行学生军训；在第18个全民国防教育日开展国防教育图片巡展；县委、政府以澳垴山森林公园为基础打造的国防教育主题公园开创了晋中先河，成为国防教育亮点工程。

【强化军民共建发展】 2018年，昔阳县人武部大力开展双拥共建活动，着力拓展军民融合内容，丰富融合形式，规范融合机制，努力发挥人武部职能作用，为昔阳县经济社会和谐稳定发展助力。人武部精准扶贫驻村工作队继续对大瓦邱村实行帮扶，深入抓好脱贫攻坚工作；为纪念

改革开放40周年和建军91周年，联合体育运动中心、旅发委在全县境内组织“重走红色路、共叙鱼水情”万人徒步活动；军地协力组织全县现役和退役军人登记统计工作，并组织走访慰问活动。年内与县委、政府共同开展争创省级“双拥模范县”活动，顺利通过考核验收。

【巩固安全稳定基础】 2018年，昔阳县人武部围绕“人、车、枪、弹、密、院、网”等重点，定期召开安全形势分析会，落实安全管理责任制，规范“四个秩序”。强化武器库安全防卫和营院的安全管控，开展作风纪律整顿和安全排查，适时组织突发情况演练，完善各类安防措施。结合百日安全活动，组织学习新修订的《条令条例》，坚持领导带头，率先垂范，全员参加，及时消除各种事故苗头和安全隐患。

【走访慰问】 2018年1月23日，昔阳县人武部部长陈建鹏、政委郑海明带扶贫工作小组，开展“迎春节、送温暖、献爱心”活动，为界都乡大瓦邱村李改凤等贫困户送去了米、面、油等生活用品和慰问金，并鼓励他们早日脱贫致富。

【外出参观学习】 2018年3月23日，政委郑海明带领本部人员及专武干部前往寿阳县进行外出参观见学活动，学习借鉴兄弟单位的先进经验。主要观摩学习了寿阳县民兵整组工作软件资料的筹划准备；并就如何抓好民兵教育训练，进行了学习交流。

【清明节祭扫英烈】 2018年4月3日上午10时，昔阳县人武部结合民兵整组，协调宣传部、民政局、昔阳驻军等相关单位部门在松溪公园革命烈士纪念碑前开展“缅怀革命先烈、传承红色基因、担当强军重任”为主题的清明祭扫英烈活动。昔阳县委常委、政府常务副县长李军，县委常委、宣传部部长张月清，人武部部长陈建鹏及全体官兵，公安消防大队官兵，武警中队官兵，民政局局长贾旭东，全体专武干部，民兵骨干及民兵应急分队共计125人参加了祭扫活动。

【民兵整组考核验收】 2018年4月20日，昔阳县2018年民兵整组考核验收活动在人武部营区内举行，晋中军分区副司令员李洪带机关考核组现场组织考核验收。县民兵应急分队、民兵应急排等共237人先后进行了民兵宣誓、军歌合唱、官兵相识、队列动作、战术基础等科目演示，向分区考核组展示了昔阳县民兵队伍的综合素养和良好形象。县委副书记郭丰慧，副县长李朝龙，人武部部长陈建鹏、政委郑海明参加了验收活动。

【群众性岗位练兵】 2018年5月21—30日，昔阳县人武部组织各乡镇专武干部、民兵干部骨干、基干民兵等30余人开展群众性岗位练兵比武竞赛活动。本次练兵活动主要开展了军事理论、军事体能、队列动作、战术基础、实弹射击等训练内容。

【学生军训】 2018年8月23日—9月8日，昔阳县人武部对本县2所普通高中，一所职业中学高一新生开展学生军训，参训学生 1681 人，承训教官 22 人。主要进行队列动作、内务整理、军营歌曲、国防教育、军体拳、阅兵式等内容的训练教学。

【国防教育】 2018 年 9 月 15—18 日，昔阳县国防教育办公室将全军 40 年来的建设成就制作成一系列国防教育图片展板，在全县各广场、学校、展馆组织开展以“传承红色基因，汇聚强军力量”为主题的巡展宣传活动。

（刘欢华　陈　欢　乔建新
刘　靖　郭睿奇）

法 治

FA ZHI

政法委与社会治安综合治理

【概述】 昔阳县委政法委是县委领导和管理政法工作的职能部门，从宏观上组织领导县政法各部门的工作，指导各乡(镇)、城区社区管委会的政法工作。内设办公室、政工股、执法监督股、综治督查股4个机构。共有行政编制6人、事业编制15人，实有在职人员21人。2018年，昔阳县政法委严格贯彻落实党的十九大和十九届一中、二中、三中全会精神，以“三个清单”工作为抓手，深入推进安保维稳、平安建设、法治建设、政法队伍建设和智能化建设，努力开创新时代昔阳政法工作新局面。

【安保维稳】 2018年，昔阳县委政法委承担全国“两会”等重要会议以及山乡之都·中国大寨国际山地马拉松赛等大型活动全县安保维稳工作。加强立体化社会治安防控体系建设，重点做到“三突出”：突出重点行业治安防控。清查工矿区113次、城中村126次、出租房屋293间次、“九小场所”88家次；整顿校园周边秩序30余次，发现各类安全隐患12处，督促整改12处。突出重点领域治安防控，开展“黄赌毒枪爆”违法犯罪专项行动，破获案件41起，刑事强制措施3人，治安处罚114人。突出重要节点治安防控。针对全国“两会”、法定节假日等敏感期，通过设置出省口治安检查站，实行查控勤务、民警驻京接访等措施，查控过往人员61156人次，车辆36927台次，拦截劝返重点人员5名，圆满完成各项安全保卫任务15次，全力筑牢护城河防线。

同年，县委政法委协调、指导全县政法机关忠诚履行职责，严惩违法犯罪，保障人民安居乐业。其中，县人民法院共受理案件1656件，审结1357件，结案率为81.94%。受理刑事案件121件，审结87件，结案率为71.9%；受理民商事案件886件，审结731件，结案率为82.51%，调解结案254件，调撤率为34.7%。县人民检察院受理提请批捕案件82件140人，依法批准逮捕60件98人；受理移送审查起诉案件131件191人，提起公诉109件148人；办理各类民事检察监督案件41件。县公安局共立各类刑事案件355起，同比上升26.33%；破案237起，破案率为66.76%，同比上升2个百分点；打掉各类犯罪团伙10个，抓获团伙成员55名；抓获各类犯罪嫌疑人155人，同比上升58.33%。县司法局接收社区服刑人员588人，累计解矫451人，在矫137人，其中缓刑135人、假释1人、暂予监外执行1人。

【平安建设】 2018年，昔阳县委、县政府主要领导与各乡（镇）、城区社区管委会、综治成员单位、中央驻县单位共75家签订了2018年度社会治安综合治理责任书，全面落实社会治安综合治理目标管理，自上而下实行综合治理领导责任制。

在昔阳县扫黑除恶专项斗争领导小组的领导下，以县委政法委为牵头单位，统筹协调县组织、纪检、公安等部门，深入开展“风暴”“利剑”“拍蝇”“强基”系列行动。重点摸排12类违法犯罪活动，收集线索401条，经梳理认定涉黑涉恶线索67条，成功打掉黑社会1个，恶势力犯罪集团2个，恶势力犯罪团伙4个。破获治安案件41起，刑事强制措施3人，治安处罚114人。针对公安机关破获的4起恶势力团伙案件背后存在的“保护伞”问题进行了深挖彻查，已办结3件，共追责处理20人次，其中党纪处分1人，政务处分5人，组织处理14人。整顿软弱涣散基层党支部32个，2000余名乡村干部接受专题培训，进一步强化基层基础。

以学习推广新时代“枫桥经验”为契机，坚持以人民为中心、以善治为目标、以预防为基点、以党建为引领，继续完善人民调解、行政调解、司法调解“三调联动”的大调解工作体系，进一步优化矛调工作队伍，努力做到“小事不出村，大事不出乡，矛盾不上交”。2018年，共确定2个乡（镇）、20个村为第一批学习推广新时代“枫桥经验”先行先试示范点，各乡（镇）、行政村共排查矛盾纠纷160件，调处155件，平安村创建率达90%以上。

【法治建设】 2018年，昔阳县委、县政府坚持“四个强化”，即强化法治领导、强化重法导向、强化法治考核、强化法治教育，将法治建设纳入县委常委会重要议事日程，与党建、经济工作同研究、同部署、同落实，认真履行推进法治建设第一责任人职责。

昔阳县委政法委协调全县坚决打好防范化解重大风险、精准脱贫、污染防治三大攻坚战，推动司法救助、依法治超、公共法律服务平台建设等15个法治惠民项目落地实施，增强人民群众法治获得感。深入推进法治乡村建设，建立健全农村法治机构，完成12乡（镇）、城区社区管委会法学会和39个行政村法律服务室的全覆盖工作；强化农村法治工作力量，配齐配强基层司法工作人员，通过“党建教育平台”“法治大讲堂”等活动开展基层干部法治宣传教育，增强干部法治意识；强化农村法治宣传，加大农村法治文化墙、法治宣传栏建设，利用网络、电视等媒体资源广泛开展以案说法、以案释法等多种形式的法律法规宣传，在乡村两级营造学法用法的良好氛围。培育出乐平镇1个法治示范乡镇和瑶头村、野峪村2个法治示范村，以点带面提升乡村治理法治化水平。

【队伍建设】 2018年，昔阳县政法委强化全县政法队伍思想政治建设、履职能力建设和纪律作风建设，共举办专题政治性讲座41次，开展党建业务知识培训会10次，撰写学习心得体会500余篇，参加学习500余人，进一步增强党员干部“四个意识”“四个自信”；开展练兵比武、业务竞赛、庭审观摩和信息化等活动，共举办各类技能培训54次，参训2000多人次，提升队伍战斗力；将开展政法队伍集中整肃专项活动与队伍作风建设相结合，共查处违反党纪人员2人，违反政纪人员8人，从严整肃队伍，坚决清理门户。2018年，县检察院荣获“山西省检察机关先进集体”“山西省检察机关‘两学一做’先进集体”荣誉称号，公安局看守所被晋中市公安局授予集体二等功，巡警队在“两会”安保中记集体三等功，刑侦大队荣获“2018年度全市公安机关先进集体”荣誉称号，全县政法队伍整体实力大幅提升。

【智能化建设】 2018年，昔阳县政法委进一步加强以县、乡、村三级综治中心为指挥平台、以公共安全视频监控联网应用为重点的群体性治安防控“雪亮工程”建设。2018年已实现县、乡、村综治中心全覆盖，县综治中心监控研判室现已接入一类公安监控270路、三类农村监控1564路（包含公安社会面监控1000路）。各乡（镇）利用县综治中心下拨经费和乡（镇）自筹资金，安装监控摄像头493路（涉及81个村，433路摄像头）。推广“网格十党建”“网格十警务”“网格十重点人群管理”“网格十便民服务”等四类“网格+N”组团式、精细化基层社会治理模式。2018年，按时上线“平安山西”综治信息系统，完成与旧系统的数据接入，绘制全县区划地图352个，绘制网格地图398个；注册并认证各级平台管理员帐号、网格长帐号共364个，完成县、乡、村三级综治中心共计1001人的信息录入工作。累计收集各类网格案件8758件，其中平安建设类案件6678件。网格案件处置8586件，处置率93.04%。

（赵映波）

公　安

【概述】 2018年，昔阳县公安局在昔阳县委、县政府和市公安局党委的坚强领导下，认真贯彻落实党的十九大精神和习近平总书记系列重要讲话精神，按照习近平总书记提出的“对党忠诚、服务人民、执法公正、纪律严明”四句话、十六字总要求，围绕中心、服务大局，以对党对人民高度负责的政治责任感，全面贯彻总体国家安全观，深入开展扫黑除恶专项斗争，持续深化各类专项打击整治行动，用执着和坚守、辛勤和汗水，戮力同心，顽强拼搏，无私奉献，战胜一个又一个挑战，打赢一场又一场硬仗，有力提升公安机关履职能力和水平，为维护政治稳定、社会安定、经济振兴作出了应有的贡献。昔阳县公安局共有4个集体、25名个人获得市级（含市级）表彰奖励。

【报警服务】 2018年，昔阳县公安局110报警服务台呼入总量为28686次，同比减少68次，下降0.24%；警情类报警3426起，同比增加306起，上升9.81%。其中，刑事类警情197起，占5.75%，同比增加7起，上升3.68%；治安类警情934起，占27.26%，同比减少16起，下降1.68%；交通事故2192起，占63.98%，同比增加313起，上升16.66%；火警19起，占0.55%，同比减少3起，下降13.64%；群众求助59起，占1.72%，同比减少3起，下降4.84%；举报、投诉25起，占0.73%，同比增加8起，上升47.06%。

【扫黑除恶专项斗争】 2018年，昔阳县公安局全力以赴推动扫黑除恶专项斗争向纵深发展，坚决打好、打赢这场硬仗，全年共收到各类线索121条（净线索72条），已核查办结108条（净线索61条），办结率89.26%；打掉黑恶势力7个，破获各类刑事、治安案件58起，抓获违法犯罪人员55人；打掉“村霸”1个，逮捕1人，取保候审1人，破获案件16起；扣押涉案车辆11台、挖机1台，冻结涉案资金537万余元。

【国内安全保卫】 2018年，昔阳县公安局坚持稳控和打击两手抓，妥善应对和积极处置不稳定因素，收集研判各类情报信息545条，落地核实维稳信息147条，据此打击处理教育邪教人员202人次，积极妥善处置各类苗头性、突发性、群体性事件10余起，组织开展反恐防暴及各类实战演练20余次。坚持矛盾化解和专群结合两手抓，积极加强对社会面的管控，调处各类矛盾纠纷339起；接待信访人员20人次，受理信访案件35起，已办结33起；驻京接访接返重点人员40批90人次，谈话教育训诫上访人员54人次，查处非访滋事案件4起5人。

【刑事侦查】 2018年，昔阳县公安局共立各类刑事案件382起，破案245起，破案率64.14%，抓获各类犯罪嫌疑人174人；打掉各类犯罪团伙11个，抓获团伙成员68名；抓获各类网上逃犯65名；立侵财类案件308起，破案170起，打掉侵财犯罪团伙3个，抓获成员9名。查破县域发生的3起命案。

【社会治安管理】 2018年，昔阳县公安局打防并举，聚力管控，严打整治专项行动和“打防管控”一体化建设工作双管齐下，公共安全管理、重点人口管控、网上巡查处置等综合施策、多措并举，社会治安管理工作的创新、联动、高效带动全县社会治安大局的持续稳定。全年共受理各类治安案件1241起，查处562起，查处率45.29%，打击处理违法人员770名；调解359起，调解率63.88%，同比上升2个百分点。人口管理服务登记流动人口3279人、出租房屋139间，发放居住证84个，列管刑释人员374人，社区矫正对象

132人。缉枪治爆行动共核查涉枪线索150条，查破涉枪案件6起（刑事案件3起、行政案件3起），打击处理6人；收缴枪支12支、枪弹361枚、炸药1589.9千克、雷管18254枚。

【经侦工作】 2018年，昔阳县公安局紧紧围绕全县经济社会发展大局，突出打击经济犯罪主业，切实履行“打击、服务、参谋”职能，坚持打防并举，积极开展打击非法集资、打击传销、打击涉税案件、打击整治假币违法犯罪等专项行动，全县经济秩序稳定。共受理案件6起，立案3起，破案14起，抓获犯罪嫌疑人5名，涉案价值145.8万元，挽回经济损失61.7919万元。

【食药侦工作】 2018年，昔阳县公安局共立销售假药案4起，破案4起，抓获犯罪嫌疑人4人，取保候审4人，起诉3人，扣押疑似假药187种。联合食药监等部门，集中力量对食品生产经营单位、药店开展地毯式监督检查，共检查各类食品、药品经营单位15家。

【禁毒工作】 2018年，昔阳县公安局扎实推进“禁毒三年攻坚战”“雷霆扫毒”“利剑斩毒”等专项行动，不断强化禁毒宣传、毒品查缉、吸毒人员管控和易制毒化学品管理，严厉打击涉毒违法犯罪活动，禁毒斗争全面引深。共查破涉毒案件35起，其中破获刑事案件6起、办理行政案件29起，打击处理涉毒违法人员55人，其中强制隔离戒毒11人、社区戒毒13人，缴获毒品10.2克，查扣毒资0.3万余元。

【安全保卫】 2018年，昔阳县公安局通过适时启动王寨、库城两个出省口治安检查站实行查控勤务、民警驻京接访等措施，积极应对各个敏感期、法定节假日、全国“两会”等重大警卫和大型活动的安全保卫工作，社会治安大局稳定。全年共启动卡口执勤9次，执勤总天数209天，出动警力3989人次，查控过往人员61763人次、车辆37618台次，拦截劝返各类重点人员5名，全力筑牢护城河防线，圆满完成各类安全保卫任务17次。

【户政管理】 2018年，昔阳县公安局共出生登记1971人、迁入1126人、迁出1636人、死亡注销1261人；办理二代身份证13382个，发放二代身份证13229个，办理临时身份证1441个；户籍重复登记户口17个，办理补录户口6个；核实人像比对线索153条；农业人口转城镇人口177人，城镇化率达到22.77％；登记流动人口9579人，出租房屋588间，发放居住证103个；列管刑释人员374人，社区矫正对象132人。

【出入境管理】 2018年，昔阳县公安局共受理审批出境人证件3190人，其中因私出国1824人、往来港澳1171人、往来台湾195人，其中异地办证72个；清理公民因私出入境证件档案和信息数据305条；排查落实来昔外国人住宿登记管理规定5人；完成重大活动核心区域现场涉外安保1次，登记临时住宿外国人85名；录入法定不准出境人员198人，国家工作人员213人；社会综合治理审核224人。

【队伍建设】 2018年，昔阳县公安局深化党性教育，坚持“四个自信”，增强“四种意识”，积极落实“三会一课”，全面加强“三基建设”，深入推进主旨教育，引导民警筑牢理想信念。强化素质强警，加强民警思想政治教育培训工作，深入学习贯彻党的十九大精神和习近平总书记系列重要讲话精神，全面开展多种形式的教育培训20余次，不断提升队伍的整体素质和工作水平。聚力从优待警，为民警配备心理减压室及休息健身房，落实民警职工带薪年休假制度和体检制度，落实156名民警的执勤岗位津贴和法定工作日之外加班补贴，完成150名民警的警务技术职务序列和执法勤务警员职务序列套改，抚恤慰问困难民警和烈属6人。规范有效的队伍建设带动了各项公安业务工作的有序进行，全局共有4个单位和25名民警获得市级（含市级）以上表彰奖励。

【监所管理】 2018年，昔阳县公安局坚持将监所安全工作放在首位，按照刘新云副省长提出的“零脱逃、零死亡、零违纪、零暴力”和打造以“安全、规范、文明、保障”为核心的一流公安监管场所工作要求，聚焦补短板、堵漏洞，创新安全机制，改革勤务模式，严密管理程序，确保监所绝对安全。看守所连续33年安全无事故，2012—2017年连续6年被公安部评为“全国一级看守所”；拘留所连续34年安全无事故，2013—2016年连续4年被公安部评为“全国一级拘留所”。

【移动便民平台建设】 2018年，山西省公安厅与腾讯公司紧密合作，全力研发集预约服务、业务办理、便民查询、在线咨询等功能为一体的山西公安审批服务“一网通一次办”移动端便民平台，深度整合公安内外部数据，汇聚全省各级公安机关面向群众企业的9大警种业务审批服务事项254项，整体缩短业务办理时间837个工作日，提高效率42.5%；精简群众申请材料185项，精简16.2%；压缩办理环节130个，减少20%。全年平台关注量59871人，注册量26549人，办理业务量22312条。

（凌　赟）

检　察

【概述】 昔阳县人民检察院于1978年恢复重建。2017年在监察体制改革和司法体制改革中，调整设置内设机构5个，分别为政治部、综合保障部、刑事监察部、民事行政检察部、检察业务监督管理部；现有干警31人，在职中共党员23人，大学本科以上学历24人，其中研究生学历4人、双学位2人。2018年，该院获得“山西省检察机关先进集体”荣誉称号，院党支部被省检察院授予“全省检察机关‘两学一做’先进集体”，该院连续五届保持全市精神文明单位称号。

【服务经济社会发展】 2018年，昔阳县检察院成立扫黑除恶专项斗争领导小组，出台工作方案，组建检察官办案组，积极宣传造势。坚持捕诉合一、快捕快诉，摸排涉黑涉恶线索5条，主动介入案件侦查 7 次，办理黑恶势力案件 13 件 55 人。成功起诉凌某、吴大某、吴小某等一批重大黑恶案件。强化风险防控，维护经济社会安全，办理金融领域犯罪案件 1 件；依托“互联网+阳光百姓工程”，监督涉农资金项目 11 个合计 933 万元，办理扶贫领域贪污案件 2 件；强化生态领域司法保护，审查起诉危害生态领域案件 2 件，办理环境污染公益诉讼案件 21 件。建立检企对接机制，落实检察官释法说理，为企业发展做好法治支撑。开展支持和服务企业家创新创业营造良好法治环境专项工作，办理组织领导传销活动罪、强迫交易罪等破坏市场经济秩序和侵害企业合法利益犯罪案件 7 件，营造良好的经济社会秩序。坚持打击犯罪与保护企业并重，对本县赵家沟棚户区改造工程项目直接负责人朱某某涉嫌故意伤害一案，依法作出不批准逮捕决定。

【平安建设】　2018 年，昔阳县检察院共批准逮捕 110 人，提起公诉 155 人，保障人民群众生命财产安全。落实宽严相济的刑事政策，不批准逮捕 43 人，不起诉 14 人。贯彻新修订刑事诉讼法“认罪认罚从宽”制度，办理案件 27 件，依法维护犯罪嫌疑人的合法权益。贯彻新时代“枫桥经验”，深化涉检涉诉信访制度改革，与县司法局联合设立值班律师工作站，促进律师参与信访调处。成立“12309”检察服务中心，受理群众来信来访 47 件，受理民事行政申诉案件 32 件，控告举报案件 15 件，接待律师阅卷 28 件。结合司法办案强化社会综合治理，针对医院、学校等重点领域发出检察建议 21 份，堵住行业日常监管漏洞。坚持预防在先，开展司法救助 14 人，发放司法救助金 4.8 万元。

【民生检察建设】　2018 年，检察院树立双赢多赢共赢监督理念，与县环保、国土等部门联合出台办理公益诉讼加强协作意见，实施大气、水、污染防治行动计划，开展行政公益诉讼立案 51 件，发出诉前检察建议 51 份，办结 48 件。办理刑事附带民事公益诉讼 1 件。开展“保障千家万户舌尖上的安全”专项监督活动，监督销售假药案 3 件、网络餐饮公益诉讼案件 22 件。发挥民事检察职能，支持特殊群体和困难群众民事起诉案件 31 件；加强未成年人司法保护，成立青少年流动法治教育基地，开展法治进校园宣讲 13 次。向有关学校和单位发出检察建议 11 份，开展“关爱祖国未来，擦亮未检品牌”为主题的检察开放日活动；延伸检察服务触角，投入 5 万余元助力乡村振兴，积极贡献检察力量。

【检察监督】　2018 年，检察院监督立案 3 件，撤案 4 件。纠正漏捕 6 人，漏诉 2 人，追诉漏罪 10 件，发出侦查纠违通知书 29 份。审判活动监督方面，提出抗诉 6 件，向审判机关提出量刑建议 133 人次，审判机关采纳 130 人次。监督纠正监管场所刑罚执行和监管活动违法违规 36 件，提出检察建议 1 件。纠正监外执行社区矫正违法情形 52 件。开展财产刑执行专项监督活动，纠正财产刑执行不当 4 件。开展羁押必要性审查，书面提出变更强制措施意见 7 件，上述意见建议采纳率和回复率均为100%。办理各类民事检察监督41件，纠正审判违法6件，提出再审检察建议2件。开展服务营商环境民事行政执行专项监督，发出执行纠违检察建议4份，促成和解息诉1件。严厉打击虚假诉讼，办理虚假诉讼案件1件，保障司法活动有序进行。

【司法体制改革】 2018年，检察院推进司法责任制综合配套改革，在第二批员额检察官遴选中3名检察官助理拟推荐为入额对象。完善“捕诉合一”办案机制，优化检力配置，提升办案效率，实现“1+1>2”的良好效果；完善职务犯罪检察工作机制，顺畅案件移送衔接，办理监委会移送案件8件12人。做深做细代表委员日常联络工作，赠送新修订的人民检察院组织法60余本。主动向人大报告工作2次，接受专项监督1次，邀请视察检察工作3次；深化检务公开，公开案件程序性信息251件、法律文书110份、重要案件信息14件；推进检察新媒体阵地建设，拓展“两微一端”信息公开渠道，更新信息300余条，提升检察机关影响力。

【队伍建设】 2018年，开展“学习贯彻习近平新时代中国特色社会主义思想‘大学习、大调研、大落实、大提升’活动”，结合“两学一做”学习教育常态化制度化，坚持每周四固定时间举办学习交流会。以素能建设提升司法品质为导向，全面提升各类检察人员业务技能。开展岗位练兵、业务竞赛、庭审观摩和信息技术等培训共70余人次。在全省公诉业务大赛中，一名干警获优秀检察官助理奖；在全市政法委队伍建设调研中，一篇文章获“政法队伍建设专题报告”优秀奖。严格落实党建工作责任制，推进基层党组织标准化建设，以系统内巡视巡察为契机，在“三会一课”、党员日常管理、落实党组织制度等方面对标对表，严格规范，共整改落实42项举措。创新党建活动载体，开展扫黑除恶、精准扶贫、庆祝改革开放40周年等主题党日活动，提升干警党性修养。落实管党治党、管检治检主体责任，细化“两个责任”清单76条，梳理廉政风险防控点19个。支持派驻纪检组监督，接受监督检查4次。开展政法队伍集中整肃活动，落实“八查八整”规定动作，精心组织“以案为鉴、筑牢防线”警示教育活动，接受警示教育96人次。精准运用监督执纪四种形态，抓早抓小，进行廉政谈话56人次，确保作风建设永远在路上。 （陈月英）

法　院

【概述】 2018年，昔阳县人民法院共有正式在编干警40人。内设机构办公室、政治处、立案庭、刑事审判庭、民事审判庭、行政审判庭、执行局、司法警察大队。派出法庭为赵壁人民法庭、东冶头人民法庭、西寨人民法庭。坚持以习近平新时代中国特色社会主义思想为指导，深入贯彻落实党的十九大精神和习近平总书记视察山西重要讲话精神，坚持司法为民、公正司法工作主线，忠实履行司法审判职责，全力服务县域发展大局，深入推进司法体制改革，努力提升信息化建设水平，切实加强法院队伍建设，各项工作取得了新成效、新进展。

【审判工作】 2018年，昔阳县人民法院共受理各类案件1791件，审执结1748件，同比分别增长6.20%和10.07%。结案率达97.60%，名列晋中市基层法院第二。其中受理刑事案件123件，审结123件，结案率100%；受理各类民商事案件955件，审结930件，结案率达97.38%，调撤案件348件。全年共公开裁判文书1706份，直播庭审104件。

【执行工作】 2018年，昔阳县人民法院以问题为导向，找准短板、因地制宜、重拳出击，基本解决执行难工作，取得阶段性成果，各项指标名列晋中市法院前茅。共受理执行案件622件，执结605件，执结率97.27%，结案标的13231.9045万元，实际到位金额4122.8931万元。先后开展涉民生、涉金融、涉企业合同、涉党政机关等执行专项集中行动7次；加大执行惩戒力度，本年实施司法拘留56人次，向社会公布失信被执行人名单259人次，限制高消费555人次；有效提高财产处置效率，积极推进司法网络拍卖工作，在淘宝网成功发布11件案件的16件拍品。

【扫黑除恶专项斗争】 昔阳县人民法院深入开展扫黑除恶专项斗争，提升政治站位，明确任务要求，精心组织、综合施策。成立领导小组，出台实施方案，开展线索摸排，移交问题线索。多次参与县委政法委组织的扫黑除恶案件分析研讨会。选派法院骨干参加全县扫黑除恶工作组。以周报的形式向县扫黑除恶办公室报告案件办理信息。依法从重从快审结分别以凌萍、李雪强、吴大林为首的3件恶势力犯罪案件，17名被告人全部判处有期徒刑。

（王 靓）

司法行政

【普法依法治理】 2018年昔阳县司法局全面开展普法宣传教育工作，突出宪法法治宣传教育。强化法治文化阵地，在广场、街道、活动室群众生活生产密集场所，集中打造一批普法宣传阵地，2018年共新建法治文化广场3个，法治文化一条街8条。切实发挥普法单位工作合力，各部门分工负责、各司其职、齐抓共管开展法治宣传教育。“3·8”妇女节、“4·15”国家安全日、“6·25”世界环境日、“12·4”国家宪法日等重要时间节点开展法治宣传活动。拓展新媒体宣传阵地，制作动漫、美篇宣传资料，在“昔阳司法”微信公众号、“昔阳司法党建”微信群等新媒体推送发布法治宣传信息。2018年，共推送发布法治宣传信息29条，扫黑除恶动漫关注阅读人数达3120人，扫黑除恶美篇关注阅读人数3980人，关注阅读由“昔阳司法”微信公众号推送发布的扫黑除恶其他法治宣传信息人数达3200多人。

【社区矫正】 按照“资源整合、多方联动、衔接配合”工作原则，2018年昔阳县司法局与昔阳县公安局、昔阳县人民检察院、昔阳县人民法院等单位衔接配合，组织社区服刑人员开展集中培训、组织宣告、信息采集、警示教育系列教育活动，完善社区矫正工作机制，推动社区矫正中心工作的制度化、常态化和规范化。2018 年联合昔阳县人民检察院对全县社区矫正工作档案进行评查，评查在矫服刑人员档案 136 本，规范社区矫正基础工作，提升教育矫治质量。2018 年累计接收社区服刑人员 588 人，其中 2018 年接收 90 人；累计解矫 451 人，其中 2018 年解矫 63 人；累计进行社会调查评估 561 人，其中 2018 年调查评估 58 人；现在矫人 136 人，其中缓刑 134 人、假释 1 人、暂予监外执行 1 人。

【人民调解】 昔阳县司法局坚持“为党委政府分忧，为百姓群众解愁”人民调解工作思路，预防化解矛盾纠纷。2018 年组织开展“服务重大项目、重点工程”活动，组织人民调解员、基层法律工作者进行编组与工程项目单位进行对接，开展矛盾纠纷调解。人民调解组织开展排查黑恶势力线索活动，建立摸排台账，实行月报告制度。共摸排涉黑涉恶线索 11 条。做好新任人民陪审员选任工作，昔阳县司法局认真抓好工作统筹谋划，制定工作方案，明确工作责任，最终选拔出一支代表广泛、群众基础扎实的高素质人民陪审员队伍。2018 年，人民调解组织参与信访接待（访调对接）98 次，直接调处矛盾纠纷 460 件，其中，口头调解 324 件，书面调解案件 136 件（其中，专调案件 22 件）。

【公共法律服务】 2018 年昔阳县司法局全面落实县、乡、村（社区）三级公共法律服务实体平台的建设，做好协调沟通、加强监督，按照先易后难、不等不靠的工作思路，采用先乡村（社区）后县城的办法。改变以往有房子制牌子的老套路、程序性死板的做法，采取边协调解决办公用房边制作牌子的办法，2018 年昔阳县 12 个乡镇、302 个行政村、19 个社区的公共法律服务，充分发挥律师参与决策、提供法律意见、促进依法办事的作用，组织全县律师参与信访调解工作。截至 2018 年年底，参与涉法涉诉信访 11 次，解决涉法涉诉信访问题 5 件。2018 年全县律师共办理案件 230 余件，刑事案件 20 件，民事案件 210 余件，提供法律援助 20 余次，代理涉恶案件 6 件。积极推进公证改革工作，充分认识公证改革工作要求和昔阳县公证工作的现状，主动推进改革的各项事宜。2018 年公证中心工作人员主动上门为老弱病残当事人办理公证 11 件，办理办结公证事项 114 件，接待法律咨询 540 多人次，业务收费 18600 元。持续开展法律援助工作，完善人员、设施设备建设，做到咨询接待便民化、办案程序规范化。2018 年 4 月，法律援助律师正式进驻县法院、看守所开展值班工作。截至 2018 年年底，值班律师为来访群众、在押人员提供法律咨询 100 余人次。2018 年共办理各类法律援助案件 33 件，其中民事案件 23 件，刑事案件 10 件，其中涉及老年人 4 人，妇女 4 人，残疾人 1 人，接受法律咨询 850 人次。

【扫黑除恶】 2018 年昔阳县司法局

全面推进扫黑除恶工作开展，组织召开扫黑除恶专项斗争专题会议27次，其中党组（扩大）会2次、局长办公（扩大）会1次、扫黑除恶领导小组会7次、领导组办公室会议2次、全体会议15次，对专项斗争做全面动员、安排、部署，实现边督边改，将扫黑除恶专项斗争真正落到实处。2018年3月，全省政法系统组织开展的第三届平安山西“三微”比赛，昔阳县司法局选送的《扫黑除恶宣传动漫》获得优秀作品奖。张贴扫黑除恶公告通告以及县政法委制作的宣传画报1000余份、发放司法局印制的扫黑除恶宣传手册500余份、制作悬挂宣传条幅19条、展出宣传板面3个、美篇1篇、印发《致全县人民的一封信》10万余份、上传微信公众号消息17条、深入乡村街道现场宣传14场次，提供咨询2200余人次，让“扫黑除恶”知晓度真正实现“乡不漏村、村不漏户、户不漏人”，营造全民参与的扫黑除恶浓厚氛围。加强重点人群管控，对136名社区矫正人员和295名刑释解教人员进行扫黑除恶专项教育谈话并签订《扫黑除恶保证书》，有效遏制黑恶势力的滋生与蔓延。引导律师依法提供辩护代理，推行律师代理黑恶势力案件报告备案制度，截至2018年年底，共代理涉恶案件5起、12人。（王一舟）

消 防

【概述】 山西省消防总队晋中市消防支队昔阳大队，单位称谓昔阳县消防大队，于1992年9月成立。大队有现役干部2人、消防员20名、文职7人（其中2人为政府招聘，5人为支队招聘）、后勤人员1人；大队现有车辆装备行政车3辆、消防泡沫水罐车2辆、消防水罐车1辆、抢险救援车1辆。

【政治建队】 2018年，昔阳县消防大队根据支队确定的年度工作目标责任书，结合大队实际情况，以学习贯彻党的十九大精神为主线，以“改革宣传教育”为重点，深入开展“改革教育宣传教育”“纪律作风教育整顿”“涉赌涉贷”“集中教育整肃”“集中教育整训”等活动，并开展学雷锋、清明祭奠、“七一”“八一”等专题活动。各项活动都能做到有组织、有安排、有方案、有措施、有落实，采取多种形式增强教育效果，提升指战员思想政治认识。

【抢险救援】 2018年，昔阳县消防大队共接警39起，出动39次，出动消防车辆45辆，出动警力259人次，抢救被困人员19人，疏散被困人员6人，抢救财产价值53.9万元。同比2017年，接警起数下降17%，抢救财产上升41%。

【后勤保障】 2018年，昔阳县消防业务总收入1264.82万元，其中基本支出105.52万元，装备购置9.22万元，基础建设992.58万元，专职人员经费157.50万元。

【专项行动】 2018年，全县开展“今冬明春火灾防控”“夏季防火检查工作”“冬春火灾防控”等专项行动，始终保持对火灾隐患的高压态势。全年，县消防大队共监督检查单位1512家，发现火灾隐患2345处，督促整改火灾隐患2324处，印发《责令改正通知书》1393份，印发《行政处罚决定书》44份，依法临时查封单位20家，责令“三停”单位25家，罚款45.68万元。政府挂牌督办重大火灾隐患2家，整改销案2家。（任　婕）

道路交通管理

【概述】　昔阳县交警大队主管交通管理工作。内设办公室、车辆管理所、调控中心、法制股、秩序股、宣教股、城市中心、事故处理中队、东冶头中队、白羊峪中队、中山中队共11个科室。行政干部18人，行政工人2人，事业干部5人，事业工人1人，辅警123人。2018年紧紧围绕县委、政府“率先脱贫摘帽、实现振兴崛起、建成小康昔阳”战略构想，以“降事故、保安全、保畅通”为主线，全面落实市交警支队和县公安局部署要求，全队上下团结一心，用恒久之力、下非常之功，全力确保昔阳县道路交通安全管理形势稳中向好。

【交通事故处理】　2018年，昔阳县交通警察大队共处理道路交通事故2071起，事故造成30人死亡，183人受伤，与上年同期相比，事故起数增加371起，上升21.82%；死亡人数增加9人，增长42.86%；受伤人数增加20人，上升了12.27%。涉嫌交通肇事及危险驾驶刑事案件16起，刑事拘留9人，逮捕9人。全年没有发生一起死亡3人以上的重大道路交通事故。充分发挥道路交通安全领导小组办公室职能，联合交通、公路、教育和乡镇政府等部门开展联席会议2次，排查道路交通安全隐患4处，并全部提请县政府挂牌督办；全面实行“一个系统两个渠道”运行模式，实现“两站两员”全覆盖，农村道路交通安全管理进一步夯实。7月成功举办晋中市农村道路交通安全管理现场会，“昔阳经验”得到了省厅交管局和晋中市交警支队的肯定。

【交通秩序管理】　2018年，昔阳县共查处各类交通违法行为127102例，同比增长12%。重点违法行为中酒后驾驶292例，涉牌涉证53例，摩托车无证625例，大型货车不靠右行驶23568例，超员超载208例，机动车逾期未检验236例，超速22980例，城市违停31400例，机动车闯红灯1337例。县城重要街区和主干道施划禁停黄线3500余平方米，启用违停抓拍设备7套，共抓拍城市违停31400例；重要路口安装不礼让行人抓拍设备6套、抓拍违法行为4000余例，开展非机动车和行人劝导处罚工作、处罚5000人次。并联合环保、运管、城管、消防、交通等部门开展黑加油车整治、柴油货车和散装物料车联合整治、超限超载整治、非洲猪瘟防控等系列联合行动。深入辖区客运企业、危化品运输企业45次，约谈隐患客运企业1次，下达隐患整改通知书5次，督促企业落实主体责任。排查出辖区逾期未检验、逾期未报废等异常状态的客货运车辆1800

余台。全部利用缉查布控系统实施布控，强化路面管控，让隐患不失控、不漏管，形成协作共治的良好氛围。大队成立“挖根源、找症结、定对策、抓落实”工作专班，通过分析辖区车辆和驾驶人异常数据，建立隐患风险评估机制。积极通过电话告知督促、两站两员上门排查落实，认真开展隐患事前预警。截至年底，辖区五类重点车检验率和报废率均达到100%，重点驾驶人审验率达98%、换证率达99%，基本做到隐患车辆和驾驶人不出村、不上路。

【先进技术应用】 2018年，昔阳县国省道新增卡口5个，实现国省道每5千米一处的建设目标；新建电子警察6套，视频监控12套，大型交通诱导屏6个。调控中心进行升级改造，建成集缉查布控指挥、路面监控、交通诱导、交通研判、图像筛查、案件线索调取等功能为一体的现代化勤务调控指挥大厅，通过集成指挥平台分析研判查获部省级假套牌嫌疑车辆7辆，依托缉查布控系统查获逾期未检验236例，非现场查处占全年查处总量的70%。积极落实公安部“放管服”20项改革措施落地生根，实现“四个减免”。“一网通一次办”注册量达1万3千余人，办理业务量7000余起。其中，车驾管业务达4000余起，事故快处快赔500余起，秩序业务约1000起。

【思想政治建设】 2018年，昔阳县交通警察大队以深入推进扫黑除恶专项斗争为抓手，通过开展“两学一做”教育、主题党日、两整治一教育等一系列主题活动，严明政治纪律和政治规矩，确保交警队伍忠诚履职；贯彻落实习总书记“四句话、十六字方针”总要求，全面开展队伍集中整肃活动，通过七查七看七整肃，从头到脚为队伍进行一次“舒筋正骨”，让全体干警清楚感觉到“利剑高悬、警钟长鸣”；不放松精神文明教育，积极开展学雷锋志愿者活动、道德大讲堂、社会公益等活动，顺利通过省直精神文明委复验，获得“山西省精神文明单位”荣誉称号。先后派遣民警、辅警60余人次参加省交管局训练基地和市交警支队组织的各类业务培训10余场次，参加领导干部素质能力提升大讲堂6场，邀请支队、县局法制部门开展执法规范化培训，积极开展交警网校网络学习。采取内部监管和外部监督相结合，事前、事中、事后相结合，投诉受理、信访案件和日常考评相结合的工作机制，对执法不规范和突出问题进行深入分析和整改。全年共受理各类投诉、信访等70余件，通报批评8人，约谈4人，规范各类执法行为20余起。 （李虎平）

经济管理与监督

JING JI GUAN LI YU JIAN DU

发展和改革

【概述】 昔阳县发展和改革局为正科级行政单位，内部设置6个机构：办公室、国民经济综合股、固定资产投资股（昔阳县重点工程项目办公室）、行政审批股、价格管理股、地区经济股；2个直属机构：价格监督检查分局、成本调查监审分局，均为股级建制。

【重点工程建设】 2018年，列入昔阳县重点工程项目51个，其中：前期项目12个，总投资138.81亿元，前期项目中的“四好公路项目”已完工投入运营，其余11个项目仍处于前期阶段。重点推进类项目39个，总投资97.2亿元，年度计划投资45.8亿元。1—12月重点推进类项目完成投资28.82亿元，投资完成率达到62.93%。转型项目29个，已全部开复工，年度计划投资34.81亿元，完成投资26.3亿元，完成率75.55%。项目储备库。储备项目11个，总投资306.85亿元，超过2017年固定资产投资实际完成额的3倍以上，完成市定目标任务。转型标杆项目。转型标杆项目有2项：年产3万吨锂离子电池负极材料和运达金寨风电项目一期，完成市定目标任务。

【争取资金支持】 2018年，为昔阳职业中学综合楼等6个项目争取到上级资金8485万元，其中中央预算内投资6961万元，省投资1524万元。加大保障性住房棚户区改造中央预算内投资项目申报工作，拟报六个棚改房基础设施投资项目，总投资8667.2万元，初步申报中央预算内投资1769.9万元。上报华润电力能源公司的开发区增量电网配送工程，作为电力降低交易成本的示范项目。

【价格管理】 落实基本药物的价格管理制度。选取三家较大的药店，对50余种常用基本药物的销售价格实行定期监测，对销售药品欺诈行为进行严格检查。做好价格检查工作。做好价格“12358”接处。积极受理前期物业、天然气、水价等方面的投诉案件共20件，其中信访案件5件，电费投诉15件，答复率100%。推进价格改革。调整制定昔阳县污水处理费征收标准、阶梯水价。完成一般工商业电价平均降价10%的目标要求，清理规范转供电主体40户。牵头推进信用体系建设，完善“双公示”信用山西共享平台。发挥“12358”价格举报工作平台的作用。做好全县各类委托案件的认证认定工作。（杨文英）

统计管理

【概述】 2018年，全县地区生产总值完成846213万元，同比增长7%；规模以上工业增加值完成408778万元，同比增长8.1%；全社会固定资产投资完成476371万元，同比增长10.1%；社会消费品零售总额完成291421.9万元，同比增长8%；公共财政收入完成63578万元，同比增长11.5%；城镇常住居民人均可支配收入完成25770元，同比增长6.6%；农村常住居民人均可支配收入完成9704元，同比增长13%。

【统计服务】 2018年，昔阳县统计局强化监测预警，做好统计服务。围绕县委县政府年度经济工作目标任务，针对指标波动、领导关注点、考核评价等情况，加强主要经济指标月度、季度的预警监测分析工作，切实做到事前预警分析、事中指导管控、事后研判分析，切实提升统计服务时效，为顺利完成全县各项目标任务提供有力保障。2018年，共撰写各类统计信息153篇，统计分析23篇，其中3篇统计调研分析获县主要领导和分管领导重要批示。不断提升统计资料编辑水平。注重抓好统计资料编辑，满足县委政府、各部门和社会各界对统计数据的需求。2018年，按照指标更科学、内容更翔实、版面更合理的标准，对《统计月报》进行了全面改版，截至12月底共编写昔阳县《统计月报》11期。为更好拓展为社会公众服务的途径和方式，及时发布《昔阳县2017年国民经济和社会发展统计公报》《2017年统计年鉴》等统计产品，为各级领导及服务对象提供全方位、多角度服务。

【专项调查和普查工作】 2018年，昔阳县统计局积极筹备四经普工作。经普工作启动以来，按照上级要求，县统计局积极筹备，第一时间落实工作领导机构和力量配备，确保人员、经费、办公、培训、物资保障到位。先后顺利完成了资料整理、小区划分、普查区绘图、“两员”选调、业务培训、单位清查等工作。通过清查，全县共有有效单位4530个，个体户5562个。在单位清查过程中，全县的单位清查率连续十天位居全市第一。截至年底，全县上下正在进行正式入户登记的各项工作。扎实做好各类常规调查和统计工作任务。

专业按照统计报表制度要求，如实统计、依法统计，认真完成了市局安排的各项年报定报工作，特别是企业一套表上报工作，各专业加强业务培训指导，及时催报审核，积极配合省市查询改错，坚守统计四条红线不懈怠，网报率稳定在100%。认真完成了粮食测产、人口抽样调查、城乡居民收入调查等专项调查工作。

【统计改革创新】 2018年，在中央、省、市相继出台深化统计管理体制改革提高统计数据真实性实施意见之后，统计局主动汇报，积极争取县委、县政府的重视和支持，及时召开了专题会议，于4月下旬制定出台昔阳县《关于深化统计管理体制改革提高统计数据真实性的实施方案》（昔办发〔2018〕14号文件）（以下简称《实施方案》）。方案从多个方面比较详细地规划昔阳县在提高统计数据真实性方面的具体措施和办法，为全县统计的发展指明方向。在建立健全责任体系上，《实施方案》进一步明确各乡（镇）人民政府、城区社区管委会主要负责人、分管统计的负责人以及县统计局、各乡（镇）和城区社区统计机构主要负责人等所担负的责任，职责更明确。在打造统计智库方面，《实施方案》在原有财政、国税、地税、煤管、煤征办、统计局、政府办等七部门每月召开的经济运行调度会的基础上，建立由县政府办牵头，县发改局、经商粮局、财政局、农委、人社局、统计局、住建局、国土局、地税局、煤征办、煤炭工业局等12部门参加的经济运行监测研判联席会议制度。每季度召开一次或根据工作需要不定期召开联席会议，不仅加强政府综合统计与部门之间的沟通、协作和交流，并且加强对全县经济运行态势和变化趋势的监测预警。在基层统计队伍建设上，《实施方案》明确要求各乡（镇）稳定乡镇统计队伍，至少配备1名以上正式在编的专职统计员。村委会确定专兼职人员从事统计工作，其工作经费由县财政根据当地实际情况以购买服务的方式解决。基层统计人员更加明确，统计工作经费更有保障，达到了有人办事、有钱办事，为进一步提高统计数据真实性奠定了基础。

【基层基础建设】 统计法制建设有序推进。加强统计法制学习，组织全体干部职工认真学习《中华人民共和国统计法》《统计违法违纪行为处分规定》《山西省统计管理条例》等统计法律法规。通过学习，提高干部职工自身综合素质和防微杜渐的能力，为提高统计数据真实性奠定基础。利用节假日和宪法宣传日等，通过采取发放《中华人民共和国统计法》明白卡、当街宣传、进企入户宣传等方式，广泛开展统计法制宣传。2018年12月4日举办“统计开放日——走进四经普”大型广场宣传活动，在主要街道悬挂经济普查宣传标语，现场分发各种宣传资料1000余份，并对群众进行详细讲解和解答困惑，为经普正式登记营造了良好的氛围。统计规范化建设得到加强。针对省局提出的统计基层基础规范化建设的要求，2018年县统计局重新修订完善《昔阳县统计局年度目标责任制考核办法》，在统计基层基础建设上采取了一系列行之有效的办法和措施，把工作落到实处。在全县统计人员的共同努力下，截至2018年年底，县局、4个乡镇、10个联网直报单位已顺利通过市局验收，全县的统计基层基础建设得到加强。 （吴晓云）

国土资源管理

【概述】　昔阳县国土资源局现有干部职工 68 人。内设综合办公室、地籍规划股、土地利用保护股、矿产资源管理股、地环股、执法监察股、测绘管理股、行政审批股；下设国土资源监察大队、土地开发整理中心、不动产登记中心、土地交易中心、土地收购储备中心 5 个事业单位；分区域设有 4 个基层国土资源中心所（乐平镇、大寨镇、赵壁乡、东冶头镇国土资源中心所）。县国土资源局主要负责全县国土资源调查、登记、发证，建设项目用地审查、土地利用总体规划和年度计划的编制及实施、建设项目用地统一征用、土地收购储备、测绘管理、矿产资源管理、地质环境保护和基本农田保护、国土资源违法案件查处、宣传贯彻执行《中华人民共和国土地管理法》《中华人民共和国矿产资源法》及其相关法律法规，做好国土资源信访和权属调查工作。昔阳县地貌多为山地丘陵，是典型的山区农业县，中部地势平缓地区为主要产粮区，耕地后备资源不足，耕地质量等别平均为 13 等。

【土地变更调查】　2018 年，昔阳县土地面积共 2918205.24 亩。其中耕地 470192.88 亩，园地 35514.19 亩，林地 1559668.66 亩，草地 497480.61 亩，城镇村及工矿用地 76458.63 亩，交通运输用地 25135.40 亩，水域及水利设施用地 39204.09 亩，其他土地 214550.78 亩。

【地籍管理】　2018 年，昔阳县国土资源局以地籍管理规范化建设为核心，全面推进农村集体土地确权登记发证工作，完成 61605 亩集体土地调查，涉及全县 335 个行政村、423 个自然村，调查宗地 65174 宗，其中集体建设用地 1720 宗，宅基地 63454 宗，至年底，已通过省级验收，进入整改和数据库完善阶段。2018 年，昔阳县耕地保有量 47.0219 万亩，达到耕地保护 44.1 万亩目标。

【土地整治】　2018 年，昔阳县国土资源局完成皋落等五乡镇高标准基本农田建设项目的全部工程，该项目 2014 年立项申报（昔国土资字〔2014〕79 号），经市国土资函〔2015〕304 号文件批准实施，2016 年 12 月 26 日开工实施，总规模 16741.35 亩，投资 5323.46 万元，涉及皋落镇、赵壁乡、东冶头镇、闫庄乡、界都乡五个乡镇 11 个标段 30 个村。皋落等五乡镇高标准基本农田建设项目防护堤水毁修复工程完成验收。完成规模为 12727.98 亩的闫庄等三乡镇高标准农田建设项目的主体工程。完成昔阳县西寨乡曲峪村等 21 村高标准农田建设项目的主体工程。

【建设用地供应】　2018 年，昔阳县国土资源局供应土地 26 宗，面积 598.92 亩。其中挂牌出让 20 宗 521.13 亩，协议出让 6 宗 77.79 亩，集体建设用地占地 1 宗，3.46 亩，办理宅基地审批手续 7 户，处置批而未供土地 521.13 亩，五年（2013—2017 年）平均供地率为 80.68%，收储 283.21 亩国有土地。

【矿产资源管理】 2018年，昔阳县国土资源局继续保持对私挖滥采行为的高压态势，组织开展打击非法采矿“百日行动”，有力维护全县矿业秩序。县国土局、煤管局、安监局三部门联合组织开展全县煤矿企业超层越界开采专项检查整治行动，检查率100%。

【执法监察】 2018年，昔阳县国土资源局完成2016年土地矿产执法工作，共立案查处14宗违法用地，违法占用耕地比例为7.58%，较往年降幅明显，经整改后比例降为2.52%；积极配合县政府开展的“五抓五提升”城乡环境大整治攻坚行动与“散乱污”企业清理整治工作，完成对相关主体用地情况的摸排统计。

【地质灾害防治】 2018年，昔阳县地质灾害隐患点（段）共有72处，其中城区社区2处、乐平镇18处、大寨镇8处、李家庄乡3处、三都乡2处、赵壁乡4处、闫庄乡1处、皋落镇2处、界都乡8处、东冶头镇3处、孔氏乡4处、沾尚镇10处、西寨乡7处。4月份与住建、交通、水利、环保、煤炭、安监等部门对全县所有隐患点进行了拉网式排查，逐一落实更新监测责任人和具体责任人并登记造册，落实隐患点雨前排查、雨中巡查、雨后核查制度。组织开展全县人为地质灾害隐患的排查整治工作；全年出动宣传车12次，宣传人员46人次，设置宣传站点7个，宣传短信260条，发放宣传资料3650余份，防灾工作明白卡72份，避险明白卡886份，地质灾害隐患告知书72份，实现地质灾害零伤亡。昔阳县城不稳定斜坡地质灾害隐患治理一期、二期工程全部竣工。完成界都乡前车掌村、赵壁乡东寨村、孔氏乡甘泉沟村共48户106人的地质灾害避险搬迁工作。

【不动产登记】 2018年，昔阳县不动产登记实现平稳过渡。基本完成房屋登记数据整合，着力优化办理程序，一般登记办理时限已缩减一半，抵押登记缩减80%以上，办事效率大幅提升。全年共办理不动产登记2750件。

【测绘管理】 2018年，昔阳县进一步加大对测量标志点的维护力度，巡查三等水准点2个、二等三角点4个、三等三角点9个、GPS点38个。进一步加强测绘市场监管，做好新测绘法的宣传。（李东升）

审计监督

【概述】 昔阳县审计局的主要职责是抓好以县本级预算执行审计为主体的“三位一体”（财政预算、经济责任、专项资金）审计；对县财政决算审计与财政收支（税费征缴与政府工程等专项资金）审计；土地、涉农、环保等专项资金审计等。截至2018年年底，昔阳县审计局人员编制21人、实有16人。设有办公室、财金股、投资股、行政事业股、综合股、社保农业股和经济责任审计中心共1室6个职能股（室、中心）。

【审计成果】 2018年，昔阳县审计局完成审计项目121项，出具审计报告59个。查出违规资金73713.9万元，其他

93211.5万元。核减工程价款2663.7万元。其中完成县本级预算执行审计2项和部门预算执行审计2项，专项资金审计及审计调查6项，固定资产投资审计70项（含委托中介审计65项），经济责任审计41项。审计处理处罚金额100378.7万元，其中应上缴财政2311.3万元，应归还原渠道资金1049.7万元，审计促进资金到位1589.4万元，提出审计建议148条。

【预算执行财政收支审计】 2018年4–7月，昔阳县审计局组织开展2017年度本级预算执行情况和其他财政收支情况审计，对财政局、地税局两部门2017年度预算执行情况进行审计，对预算执行及其他财政收支情况进行专项审计，并对界都乡、孔氏乡进行财政决算专项审计。总审计金额31867.6万元，查出违规资金197.6万元，其他类资金31669.9万元。针对问题金额促进资金到位18.8万元，其他整改金额31848.8万元，提出整改建议13条。预算执行审计以加强宏观调控、提高财政资金使用效益为目标，围绕昔阳县经济工作中心，突出对重点部门、重点资金的审计监督，审计领域不断拓宽，审计内容逐步深化，把维护民生、推动改革、促进发展作为审计的出发点和落脚点，促进财政、税务及其他预算执行部门积极贯彻国家的各项政策，提高财政资金使用效益。

【经济责任审计】 2018年，昔阳县审计局对39个单位的领导干部进行经济责任审计，其中29家离任审计，10家任中审计。审计发现违规金额共计56043.2万元，其中：查出违规金额4491.8万元，其他类金额51551.4万元。2018年，昔阳县审计局根据经济责任审计工作安排，出具审计报告39篇，审计决定书26份和审计移送处理书13份，并进行了处理处罚：收缴应上缴财政资金2311.3万元，退还资金52.5万元，促进资金到位548.1万元，其他处理整改资金52955.7万元；审计罚款30.4万元；提出合理化整改意见及建议108条。

【专项审计】 2018年，昔阳县审计局根据上级审计部门安排，共实施2018年度重大政策落实情况审计、城市供热行业2016年和2017年建设运营管理情况审计、林业局自然资源审计及县人民医院2016、2017年度财务收支专项等4大类审计和审计调查项目，总审计金额7065.3万元，查出违规金额250万元。其他类资金6815.3万元。出具审计决定书1份，促进资金到位858万元，其他处理整改6207.3万元，提出合理审计建议12条。

【固定资产投资审计】 2018年，昔阳县审计局开展70项固定资产投资审计（含委托中介审计项目65项），有1个扶贫工程审计项目，3个民生工程审计，其余42项均为学校教学楼、室外工程以及附属工程的决算审计，以及24项其他类工程项目审计。总审计金额23711.2万元，审计核减成金额2663.7万元。通过审计，查清建设资金、工程造价和项目建设等方面的管理情况及有关政策的执行情况，并针对存在的问题提出建议，提高投资效益。

（王　莉）

工商和质量监督管理

【概述】 昔阳县工商和质量监督管理局（以下简称昔阳县工商质监局），正科建制，为县政府工作部门，干部职工 86 人，内设 12 个股室，即办公室、法制股、行政审批股、市场监督管理股、消费者权益保护股、企业监督管理股、特种设备安全监察管理股、质量技术规范管理股、经济检查股、财务股、特种设备（电梯）应急救援中心、非公党建办公室。下设 4 个基层所：分别是昔阳县工商和质量监督管理局乐平所、李家庄所、大寨所、东冶头所和 1 个直属事业单位：昔阳县质量技术监督检验测试所。

【商事制度改革】 2018 年，昔阳县工商质监局在“先照后证”“多证合一”、简易注销等一系列改革政策的基础上，全面推行网上登记全程电子化、证照分离改革、企业名称自主申报登记制度改革，并将企业开办时间压缩到 3 天，提高行政审批效率。截至年底，全县各类市场主体累计达到 11288 户，其中企业 1953 户，农民专业合作社 1380 户，个体工商户 7955 户。2018 年新成立各类市场主体 1791 户（包括企业 453 户，农民专业合作社 120 户，个体工商户 1118 户）。

【推行“双随机一公开”】 2018 年，昔阳县工商质监局全面推行“双随机、一公开”（在监管过程中随机抽取核查对象，随机选派执法核查人员，抽查情况及查处结果及时向社会公开）监管。年初制定县局“双随机”抽查计划，按照计划要求，完成国家工商总局和省局的定向抽查任务 2 户，不定向抽查任务 541 户。在 9 月 19 日联合公安、食药、消防等部门完成一次跨部门联合抽查。并于 10 月 30 日，组织昔阳县 33 个部门开展“双随机、一公开”平台应用培训，为全面开展“双随机一公开”工作打下基础。企业年报持续发力。昔阳县市场主体年报具体情况为：企业应报 1564 户，已报 1486 户，年报率为 94.76%；农民专业合作社应报 1275 户，已报 1211 户，年报率为 94.91%；个体工商户应报 7019 户，已报 3976 户，年报率为 56.63%。加快推进信用信息体系建设。健全信用约束和失信联合惩戒机制，对未按规定报送 2017 年度报告的 3186 户市场主体依法列入经营异常名录，并予以公示，实现“一处失信，处处受限”。督促各部门完成好“双告知”认领和涉企信息归集工作。截至 2018 年年底，涉企信息归集率达 100%，“双告知”认领率达 100%。

【整顿市场秩序】 2018 年，昔阳县工商质监局开展无照取缔工作。重点对昔阳县存在的无照经营“散乱污”企业及无证无照加气站点、无照散煤销售点、无照储煤储料场等市场主体进行取缔。加大力度对市场经营主体进行规范和注册、变更登记，对违法的严格予以查处。开展网络监管工作。完成晋中市网站经营单位主体确认、域名登记备案及网站经营负责人、主要成员情况资料的留底收集。开展打击传销，规范直销行动。共出动执法人员6人次，车辆2台次，检查各场所10余户，宣传活动3次，发放打击传销宣传单100余份，规范直销企业3户。煤质管控工作。加强对县城内的涉煤企业的抽检工作。共定向抽检12户，其中洗选煤8户，型煤4户，检验结果合格。协调交警队成立六个煤质管控小组，经过多半月的设点管控，发现拉煤炭（型煤）三轮车13起，并随机抽检了4户，其中煤炭1户、型煤2户、散煤1户，经检验，基本符合环保标准。依托职能加强车用油品和车用尿素监管。对昔阳县20家加油站重新建档入库，并先后2次约谈昔阳县各加油站负责人。9月份又组织开展昔阳县加油站大抽检，共抽检加油站14家，柴油、车用尿素21个批次，促进各加油站诚信守法经营。

【扫黑除恶】　2018年，昔阳县工商质监局将经济检查与昔阳县开展的扫黑除恶专项行动相结合，严厉打击黑恶势力欺行霸市、不正当竞争、垄断经营及制售假冒伪劣商品的非法传销等违法行为。对2007年至2018年6月近十年的各类行政处罚案件进行“大起底”，摸排涉黑、涉恶线索。2018年，查处2起违法案件，共没收违法所得5474元，并处罚款9400元，上缴财政。

【质量强县建设】　2018年，昔阳县工商质监局推进标准化工作。开展企业产品标准自我声明公开宣传工作，提升企业标准化水平。年内，平台上共有6家企业14项产品进行标准自我公开声明，公开率达到80%以上。加强计量监管工作。共检定计量器具2181台，出具检定证书1971份，其中衡器35台，小作坊数字指示秤91台，压力表845块，燃油加油机240枪，煤矿用瓦斯器970台。推动质量监管。对晋中市获证企业进行专项监督检查，并指导完成年度自查；推进品牌创新战略实施，开展品牌创新成果评价工作；组织开展质量攻关活动，提升质量管理水平，昔阳县金星硫化厂的“提高精馏工序中糠醛含量”列为晋中市重点质量攻关项目。推进商标监管工作。引导企业进行商标注册，2018年，新注册有效商标209件，注册地理标志保护产品2件并培育2件。

【维权保护】　2018年，昔阳县工商质监局共受理各类消费者投诉举报86起，全部按程序办结。围绕新型消费领域和诉求热点，组织开展“3·15”消费者权益日活动，通过广播、电视、报刊及微信等媒体，全方位进行宣传、教育，形成维权合力。继续完善消费维权体系建设，扩大基层消费维权网络覆盖面，共建立“消费维权服务点”29处。

【特种设备安全监管】　2018年，昔阳县工商质监局严格核审做好特种设备使用登记及作业人员证的行政许可工作，共发放特种设备使用登记证461份，其中压力容器49台、起重机械19台、压力管道2家，电梯374部、锅炉13台、气瓶使用单位1家次，车用气瓶2个，共复审特种设备人员证件120项。多措并举做好特种设备安全监管。按照“党政同责、一岗双责”的要求，昔阳县工商和质量监督管理局坚持每月开展安全例会、坚持每月进行安全督查，坚持局长和分管局长亲自下基层的工作法，共与企业签订特种设备安全工作目标任务书 82 份，检查特种设备使用单位 110 家次，共出动检查人员 360 人次，共发现安全隐患 28 条，处理电梯投诉举报 3 起，并协调组织应急演练 30 余家。（胡建华）

食品药品监督管理

【概述】 昔阳县食品药品监督管理局于 2014 年 7 月完成机构改革。局机关为正科建制，领导职数设一正二副，内设 5 个股室：办公室（综合协调与应急管理）、食品和化妆品监管股、餐饮监管股、药品和医疗器械监管股（药品/医疗器械不良反应/不良事件监测中心）、行政审批股，2018 年人员编制经过单位划转、合并和新招录，共有 72 个，其中行政编制 11 个，行政工勤编制 1 个，事业编制 60 个（食品药品监察队 25 个、不良反应监测中心 0 个，乡镇食品药品监督管理站 35 个）。全局在编人员共 49 人，其中行政人员 6 人，事业人员 43 人。全局以保障全县人民群众饮食用药安全为基准，紧扣市、县两级目标管理责任工作任务，按照“四个最严”要求，认真履行“四品一械”（食品、药品、保健食品、化妆品、医疗器械）监管职责。

【专项整治】 2018 年，昔阳县食品药品监督管理局紧紧围绕社会关注、问题突出的领域、环节、品种，先后开展了食品保健食品虚假宣传专项整治和校园、旅游景区及周边食品安全专项整治、疫苗专项整治以及加强肉及肉制品食品安全监管等十余项专项整治活动，加大对无证经营、未按规定储存、销售“三无”产品及假冒伪劣、超过保质期等违法违规行为的惩治力度。特别是对社会广泛关注的问题疫苗及非洲猪瘟疫情防控强化监管检查，以实际行动切实保障全县人民的饮食用药安全。

【稽查办案】 2018 年，昔阳县食品药品监督管理局加大案件查处力度，严厉打击食药违法行为。结合日常监管、监督抽验、投诉举报、专项整治等信息，挖掘案件线索，拓展案源渠道，对食品药品安全违法行为做到有案必查、有查必果。全年，“四品一械”共立案 91 件，结案 91 件，罚没款共计 25 万余元，罚没款总数同比增长 87%。

【抽检监测】 2018 年，昔阳县食品药品监督管理局加大经费投入，强化食品药品风险靶向性检验，全年圆满完成食用农产品抽检 240 批次，药品抽检 37 批次任务；充分发挥食品快检系统作用，积极申请专项资金购置快检车，结合“放心肉菜示范超市”创建工作，设立快检室，配备快检设备及检验人员，全力保障全县人民的“菜篮子”安全；加强部门协作，强化培训督促积极开展不良反应监测工作，全年顺利完成有效药械不良反应报告 493 条，化妆品不良反应报告12条。

【小吃城提档升级】 2018年，昔阳县食品药品监督管理局按照《山西省食品小作坊小经营店小摊点管理条例》规定，加强对“三小”行业的监管，全面实施“小吃城”升级改造工程，实现“四集中”，即餐具集中清洗、粮油集中购置、数字监管集中安装、油烟净化集中配置，为全县“三小”集中管理树立了典型示范。

【智慧食药】 2018年，昔阳县食品药品监督管理局主动作为、创新监管，在全市率先探索“智慧食药”特色监管模式，让“互联网+”走进全县“四品一械”生产经营单位，通过构建“政府主导、公众参与、社会共治”三位一体的监管体系，借助“智慧食药”的技术支撑，有效提升监管效能和食药安全风险防控能力。全年完成县城范围848家食药生产经营单位摄像前端监控的硬件安装，实现县城范围数字食药监管全覆盖，昔阳县“智慧食药”建设已走在了全省前列。

【综合检验检测】 2018年，昔阳县食品药品监督管理局牵头整合食药、质监、农业、水利、疾控等检验检测资源，通过学习借鉴先进市县级检验检测机构整合工作经验，结合昔阳实际，采取理清职能、行政划拨、管办分离等改革措施，组建“省级超前、市级一流”的区域性综合检验检测中心，进一步优化检验检测资源配置，提升政府公共服务能力水平，全年完成工程的规划、设计、预算、审批、招标等相关程序。 （赵华梅）

安全生产监督管理

【概述】 2012年3月，昔阳县安监局和煤炭工业局分设，（以下简称安监局）根据昔政办发〔2010〕25号文件要求，内设机构五个（办公室、安监一股、安监二股、安监三股、安监四股），人员编制14人，其中局长1名，副局长3名，总工程师1名。安全生产监督管理局公务员定编14人，实有12人，其中局长1名，副局长3名，主任科员2名，副主任科员1名，科员2名，实际煤管局工作3名，在职公务员9人。根据昔编办字〔2013〕9号文件和〔2014〕18号文件，增设昔阳县安全生产执法大队，为安全生产监督管理局下属正股级事业单位，编制为7人，实有3人，空缺4人。作为综合监管全县安全生产工作的部门，还承担着昔阳县安全生产委员会办公室的日常事务，组织协调46个县安委会成员单位的安全生产和安全监管工作。

【贯彻决策部署】 2018年，昔阳县安监局按照中央、省、市《关于推进安全生产领域改革发展的意见》拟定《昔阳县关于推进安全生产领域改革发展的实施意见》，将74项改革任务，分解下发到县直相关部门，明确一名政府分管领导、牵头部门和协助部门、时间进度。在2018年需要完成的42项中，完成并长期坚持的35项。中办、国办印发《地方党政领导干部安全生产责任制规定》（以下简称《规定》）后，昔阳县各级领导干部进行学习。县委中心组聘请省安监局政策法规处刘建红，对《规定》进行专题讲座，县四大班子领导、乡镇、部门、重点企业党政领导140多人参加学习。

【强化安全生产责任制的落实】 2018年，昔阳县安监局按照县委、政府1号文件，拟定安监局直接监管行业全年的安全工作目标任务，又把工作任务细化分解到4个股室，并与危化、非煤、烟花爆竹企业签发了责任书，危化、非煤等重点企业签订安全生产工作承诺书，有效落实安全监管责任和企业安全生产主体责任。县委、政府按照“党政同责、一岗双责、失职追责”的要求，多次召开县委常委会和政府常务会、安委会全体会议、专题会议，研究部署安全工作，县领导多次带队督查、突查安全生产。“五一”“国庆”假日期间县领导带队督查煤矿、化工、道路交通、旅游、长输管道、学校、食品、建筑施工安全，现场解决安全问题130多处，推进全县安全生产工作。按照省安全委员会《落实企业主体责任二十条》规定，督促企业落实安全生产主体责任。

【深化重点行业专项整治】 2018年，昔阳县推进重点行业专项整治。煤矿开展“安全生产攻坚”年活动；危化行业深入推进专项整治年活动；开展电动自行车、大型商业综合体消防安全专项整治，2018年8月，开展为期2月的安全生产大检查等活动。按照双重预防机制建设的目标要求，昔阳县重点行业全部启动开展双重预防机制建设，继上一年昔阳县共有7家建成，经省市专家验收。强化隐患排查治理，年内挂牌督办消防重大隐患1处，违章违规处罚90.32万元，约谈问责领导干部4人，通报曝光单位（企业）4家。各项行动开展以来，昔阳县组织检查组230多个，出动检查人员1200多人次，检查、复查各类企业单位3700多家，共排查治理一般安全隐患5419条，已整改落实5419条，整改率100%。

【推进监管创新】 2018年，按照双重预防机制建设的目标要求，昔阳县重点行业全部启动开展双重预防机制建设，全县共有13家企业完成专家检查验收。聘用2名化工专家长驻企业，临时聘用市级专家对非煤矿山、危化经营企业进行二轮会诊，解决安全隐患320多条。将昔阳县工商注册11824家生产经营单位逐一进行责任挂牌，划分并明确行业监管、属地监管、专业监管和综合监管相关职责。

【强化安全教育】 2018年，昔阳县在安全宣传教育方面重点开展“五个一”宣传活动，即开展一次全县乡镇、部门、所有重点企业参与的安全知识竞赛活动，参加人员400多人；发放一款安全知识手提袋1万多个；印发一本企业班组应知应会安全教育手册书5000多份；制作一系列公益宣传教育片，展出安全知识展板200余块、警示教育图片2000余张；绘制一面安全文化墙。六月份“安全生产月”期间开展主题宣讲5次，参加人员700多人；组织安全应急演练13次；发放宣传资料5000余份、现场咨询800多人。（张向阳）

农村经济经营管理

【概述】　昔阳县农村经济经营管理中心是县政府直属部门，属全额事业单位，现有7个人员编制，班子配备齐全。

【土地确权登记】　2018年，昔阳县基本完成农村土地承包经营权确权登记颁证工作，9月通过省市两级验收。完成320个行政村（400个发包方）的签订承包合同任务，建立320个行政村（400个发包方）52755户的登记簿，完成97%村的扫描及档案整理工作，严格按山西省信息化机房建设标准要求建设起土地确权信息化机房，颁发“农村土地承包经营权证书”52228本，占已建立登记簿农户数的99%。9月6—7日，晋中市土地确权验收组由郭侠军主任带队，一行3人对昔阳县农村土地承包经营权确权登记颁证工作进行验收。9月17—18日，省确权办验收组由唐伟组长带队，省农业厅工作人员一行8人对昔阳县农村土地承包经营权确权登记颁证成果进行检查验收。8月5日城区社区武家坪村土地确权证书颁发。

【新型农业经营】　2018年昔阳县新发展合作社126个，培育省级示范社2个，市级示范社2个，县级示范社6个。培育认证家庭农场26个，其中市级示范家庭农场7个，省级示范家庭农场1个。

（李美青　张彦军　乔文会）

国资公司

【概述】　昔阳县国有资产经营有限公司是昔阳县人民政府出资及授权经营县级正科级国有资产的特定行业的国有独资公司，依法经营、独立核算、自负盈亏、照章纳税，具有独立的法人资格。公司现有在职人员10人，退休人员3人。公司设经理1人、内设机构三部一室，即公司综合办公室（3人），财务核算部（2人），资产管理部（2人），资产经营部（2人）。

【服务退役军人】　2018年，昔阳县国资公司共帮扶符合条件的涉军人员138人，其中与120人签订劳务合同，每月为其发放生活费1520元，为83人缴纳养老、医疗、工伤保险。成立了昔阳县退役军人服务站党支部，成为退役军人联系政府、反映诉求的平台，为构建和谐昔阳做出努力。

【国企分离移交】　2018年，昔阳县国资公司根据晋中市国企分离办相关会议精神，开展国有企业职工家属区“三供一业”（供水、供电、供热、物业管理）分离移交工作，至年底，昔阳县涉及“三供一业”维修改造的企业有7家，各移交企业全部与相关接收单位签订“三供一业”维修改造正式协议，成立共管工作领导组，签订资产移交协议、管理职能移交协议，各移交企业的自筹资金及省补助资金共计5372859.58元，已汇入维修改造资金专户。

（耿海平）

农 委

【概述】 昔阳县农业委员会（以下简称昔阳县农委）属于政府组成部门，属于行政单位，正科级建制。主要担负着统筹研究和组织实施全县“三农”工作的发展战略、中长期规划、重大政策；组织协调推进全县乡村振兴战略实施；牵头组织改善农村人居环境；指导农业行业安全生产工作；指导乡村特色产业、农产品加工业、休闲农业、城郊农业以及新产业新业态发展工作；培育、保护地方农业品牌；负责全县种植业监督管理；负责耕地及永久基本农田质量保护管理工作；指导农产品产地环境管理和农业清洁生产；指导设施农业、生态循环农业、节水农业发展以及农村可再生能源综合开发利用、农业生物质产业发展；负责有关农业生产资料和农业投入品的监督管理；负责农业防灾减灾、农作物重大病虫害防治工作；负责全县范围内农业综合行政执法工作；指导农业农村人才工作；负责农委、农委下属单位及农业系统的全面工作。

农委内设机构6个，行政编制数11人，实有11人。下属单位21个，包括农业技术推广中心、蔬菜技术中心、果林技术中心、农业综合执法大队、种子管理站、农业开发中心、农产品质量安全监测站、12个乡镇农业技术推广站、农作物原种场、农业技术培训中心，全额事业编制数87人，现有人数65人；自收自支编制数7人，现有人数3人。

【转型指标全面完成】 2018年，昔阳县农发围绕“菜果猪菌药”五大特色产业，稳步发展、落实标准增强供给力，严格审核、加强监管提升公信力，加大宣传、强化推介提升影响力，加强“三品一标”农产品培育认证力度，全年新认证“三品一标”农产品11个，复查换证产品4个。

统筹实施乡村振兴战略，结合产业发展、农村改革、新农村建设积极拓宽农民增收渠道，增加就业岗位和创业机会，建立健全有利于农民增收的体制机制，提升公共服务水平，提升农民生活质量，实现经济发展和农民收入同步增长，2018年农村常住居民人均可支配收入完成9704元、增幅13%。

【项目支持】 2018年，昔阳县农委争取上级资金9357万元。其中，落实中央粮食补贴资金2283万元；农作物保险资金330万元；中央、省、市项目资金6744万元。其中，中央、省级新增粮食产能田间工程建设项目资金4875万元；省级农业发展类资金461万元；省、市菜果药产业扶持资金170万元；省级水肥一体化项目资金35万元；省、市美丽宜居示范奖补项目资金215万元；新型职业农民培训资金102万元；市级现代农业产业园创建扶持资金800万元；市级乡村振兴若干政策项目资金49万元；市级农产品安全追溯系统建设资金37万元。

【实施农业产业】 2018年，昔阳县农委推进农业供给侧结构性改革，提高供给体系质量和效率，实现农业发展绿色化，延长产业链、提升价值链、组合供应链，把产业链、价值链等现代产业组织方式引入农业，打造农业新业态、新模式，促进一、二、三产业融合互动。启动“万字号”工程：4万亩干果经济林提质增效工程、万亩板栗、1.5万亩连翘、万亩沙棘开发工程全部完成；万亩构树开发工程，因政策调整，规模稳定在300亩；新增食用菌产量300吨。兴起特色加工业，大寨构树饲料加工项目、张家庄有机肥加工项目、南横山有机肥加工项目、安家沟预混料饲料加工项目落地，东合丰牧1600万元的一期肉牛加工生产线投产，为农民分享二、三产业增值收益创造有利条件。

【引资上项】 2018年，昔阳县农委紧紧围绕乡村振兴的总体要求，在“产业兴旺”上做好做足文章，依托业已形成的“五大产业”基础，发挥龙头企业在管理、技术、市场、人才、成本及规模上的优势，建立和完善龙头企业与农户的利益联结关系，打造“龙头企业+基地+农户”“龙头企业+家庭农场（种植大户）”“龙头企业+合作社+农户”的产业联合模式，不断完善“种植、养殖、加工、流通、销售”的全产业链布局，推动农业组织化水平不断提升。开展农民合作社和家庭农场规范化建设行动，以创新农业经营体制机制为动力，注重小农户与现代农业的对接，引导农户组建合作社，上马产业开发项目，通过整顿规范合作社，创建服务能力强、农民广泛参与的县级示范社，发展规模适中、生产能力强、经营理念新的家庭农场。突出龙头企业引领示范作用、发挥供销合作社综合服务优势，积极发展行业协会和产业联盟，鼓励社会资本投入，着力培育一批带农作用突出、综合实力强、稳定可持续发展的农字号龙头企业，打造一批标准高、示范作用大、辐射面广、带动能力强的合作经济组织。同年，上马投资8亿元的山西新大象50万头生猪养殖农业产业化项目，发展投资3000余万元的山西厚基伟业330万只规模养鸡项目，引进投资70亿元的北京金沙江能源有限公司智慧农业科技园项目，走出一条具有昔阳特色的农业龙头企业带动乡村振兴之路。

【打造特色现代农业产业园】　2018年，昔阳县农委以国家级现代农业示范区为主战场，立足优势特色产业，着力在要素聚集、产业融合、功能齐备等方面创新理念、大胆实践、做出示范，以食用菌、中药材为主导产业，采用农林复合、种养结合的模式，打造集观光休闲、生态养生、循环经济为一体的山区特色现代农业产业园。建成南渡海特色水果采摘园、温室果蔬园、蛋鸡养殖场“两园一场”，全面完成现代农业示范区核心片区创建任务。建成北圪梁现代农业产业园，通过开发酵素、秋葵功能食品，发展盆栽叶菜阳台经济，建设旱垣优质果园500亩，林下养殖贵妃鸡600只，成功打造集观光休闲、生态养生、循环经济为一体的现代农业产业园。王家山反季节水果园正在建设。建成北亩村中药材标准化示范园，种植优质连翘350亩，配套完善示范园区苗圃、滴灌系统和园区路等基础设施，形成一个功能齐备、结构完善的中药材产业基地。

【完成增粮计划】　2018年3.2万亩高标准农田建设项目于11月全面动工，覆盖东冶头镇乔家峪沟、界都乡瓦邱沟2乡镇19村，修筑石埂4.7万米、11.6万立方米，整修田间道路102.9千米、30.8万平方米，增施精制有机肥7350吨，玉米秸秆粉碎还田1.9万亩。至此，为期10年增粮计划提前完成，总投资1.59亿元，建设高标准农田14.7万亩，修筑田间机耕路703千米，增施有机肥2.3万吨，玉米秸秆粉碎还田7万亩，为昔阳有机旱作农业之路奠定坚实基础。

【高标准农田建设】　2018年，昔阳县农委突出培育新型经营主体，推进适度规模经营，引导社会化服务，推进全产业链建设，打造新型经营主体的“双创”孵化区，遵循绿色发展理念，研发休闲、养生、保健等高端系列产品，建立农民广泛参与的利益共享机制，让农民在产业链、供应链、价值链的重构和演化升级中持续稳定增收。农广校、农业技术培训中心分工协作、紧密配合，对接山西农谷开展新型职业农民专业技能型培训712人次，开展新型经营主体带头人培训300人，认定100人，开办农民田间学校2所，招收农民中专学员55名，毕业学员110名，赴山东寿光、河北正定塔元庄实地观摩、学习借鉴，提升广大农民的科技素质，为昔阳“三农”队伍建设厚植发展动能。

【乡村振兴全面起步】　2018年，昔阳县农委围绕“巩固提升脱贫成效，加快推进乡村振兴”主题，提前谋划、主动工作，完成乡村振兴总规划、行动计划、5年实施意见的编制，出台3项示范标准，为昔阳绘就振兴蓝图。县领导、包联单位、帮扶企业包村全覆盖机制的落实，促成“政府引导，机关包联，企业帮扶，农户参与”多方联动、全民参与的大格局。3个示范乡镇、60个示范村建设全面启动，落实启动资金1760万元，撬动社会资金1.15亿元，总投资达1.3亿多元，拉开示范村基础设施

建设，特别是“三大革命”（厕所、污水、垃圾）补短板行动的序幕。（胡晋平）

畜牧养殖

【概述】　2018年，昔阳县畜牧中心在县委、县政府的正确领导下，围绕畜牧产业发展实际、明确目标、把握重点、强化措施，按照良种普及、区域化布局、规模化养殖、标准化生产、科学化防控、产业化经营的要求，完成年度工作目标，全面推进畜牧业持续健康发展。

【畜牧业发展】　2018年，昔阳县畜禽饲养总量达564.85万头（只），其中，猪、牛、羊、鸡饲养量分别达16.73万头、0.63万头、11.49万只、536万只。同比增长2%、20%、0.1%、50%；畜产品总产量达2.02万吨，其中，肉类总产量1.73万吨，禽蛋产量达0.24万吨，奶产量达0.05万吨；畜牧业总收入达3.75亿元，农民人均畜牧业纯收入达到1150元。

【动物疫病防控】　2018年，昔阳县畜牧中心抓好基础免疫工作，确保密度和质量。强化冷藏保苗措施，做好疫苗运输储备、防疫档案建立等各环节，完成春防、秋防工作，确保各类畜禽应免尽免。全年下发疫苗615.6万头份，重大动物疫病免疫密度达到100%；长期坚持集中消毒日活动，扩大消毒范围，提高消毒频次，确保消毒效果，使畜禽圈舍消毒率达到100%。加强疫情监测，严格应急值守。全年采集血样猪180份、牛180份、羊180份、鸡240份进行抗体检测，确保H7N9禽流感、口蹄疫等9种重大动物疫病基础免疫密度达到100%，群体抗体合格率达到省、市标准，无重大动物疫情发生。“六个全覆盖”抓好非洲猪瘟防控工作。加强疫情排查，对全县22个生猪规模养殖场，283个散养户，5.3万多头生猪开展排查；联合各成员单位加大对餐厨废弃物监管、养殖环节、市场监管环节、检疫人员管理等重点环节的管控。畜牧中心、乡（镇）兽医站坚持24小时领导带班和专人值班制度，明确值班人员职责，实行排查日报告制度；指挥部增加应急储备物资12.3万元。建立《关于非洲猪瘟防控有奖举报制度》，在省道市界出入口（1个），超限检测站（1个），高速公路出入口（1个），农村公路市界出入口（11个），乡、村路口设立临时检查点，确保非洲猪瘟疫情不传入昔阳县。

【畜产品安全】　2018年，昔阳县畜牧中心开展“安全生产月”活动。组织“安全生产咨询日”活动，发放资料300余份。下发“安全生产明白卡、告知书”，与各场户签订“安全生产承诺书”；全面开展饲料、兽药、生鲜乳、病死畜禽无害化处理等专项整治行动，共出动380余人次，做到经营摊点、场户全覆盖，夯实畜产品安全生产基础。依法开展检疫监督。全年共发放检疫证1850张。检疫人员严格依照检疫规程检疫出证，受理率100%。严厉打击经营病死畜禽不法行为。完成畜产品质量例行检测工作。根据县食安委下达的2018年畜产品抽检要求，及早行动，完成送检畜产品任务，抽检合格率100%。

【产业发展与转型升级】 2018年，昔阳县畜牧中心积极推进项目，新建项目2个、续建139个养殖专业合作社项目，完成验收130个。下拨补贴资金共计1905.15万元，扶贫产业的发展可以新增能繁母猪5934头，猪饲养量增加8万头；新增能繁母牛2297头、能繁母羊18748只；禽类新增73.9万只，特种养殖1.55万头（只），带动5523个贫困户，12633个贫困人口脱贫。畜牧业总收入增加6100万元。贫困户户均纯收入增收1136元。龙头企业发展壮大：新大象万头生猪养殖农业产业化项目主体结构基本完工，进行附属设施的建设；昔阳鑫泰养殖有限公司的2000头种猪场项目、大寨镇厚基伟业肉鸡养殖项目已经投产达效，实现肉鸡养殖企业发展规模化、集约化、智能化，全年已走肉鸡5批，共计150万只；三都东合丰牧肉牛屠宰加工项目已经投产达效。

【养殖业绿色健康发展】 2018年，昔阳县畜牧中心开展全国第二次污染源普查工作。依据国家、省、市下发的名录库，对全县500多个养殖场进行清查建库，对入普的66家养殖场（户）进行入户调查，了解和掌握不同畜牧业污染物的区域分布和产排情况。在全县150个规模养殖场开展畜禽粪污专项整治，抓好畜禽粪污资源化利用建设，到2018年年底，畜禽规模养殖场建设粪污池的共计128个，设施装备配套率达到85%，全县畜禽粪污综合利用率达到73.2%。（宫晓霞）

林业

【概述】 2018年，昔阳林业局以创建全域生态文化旅游区为目标，挖掘大寨精神的生态内涵，打造大寨精神的生态品牌，创建大寨国家级森林公园和石马寺国家级森林公园，打造森林公园建设品牌；以建设生态文明为主线，以打赢林业生态建设与产业脱贫攻坚两场战役为重点，不断优化生态、产业、文化三大空间；围绕核桃、板栗、连翘、沙棘等建设四大产业园区；科学规划、合理布局、综合施策、突出效果重点实施“森林质量提升、林业产业增效、城乡环境改善、林业改革创新、森林资源保护、生态脱贫攻坚”等六大林业工程，筑起昔阳的生态屏障；逐步实现“环城公园化，丘陵产业化，通道景观化，村庄园林化，县域景区化”的目标，在生态建设与产业开发、山上治本与身边增绿、规模发展与提质增效、资源保护与开发利用等方面取得新成效，林业建设质量与效益不断提升，走出一条乡村振兴、生态发展的新路子。

【建设生态体系】 2018年，昔阳县林业局坚持以山水林田湖草系统治理为方向，以造改退增抚管为主要模式，根据现有林地的现状，按照宜造则造、宜改则改、宜退则退、宜抚则抚、宜管则管的原则，突出“科学规划、合理布局、综合施策、整体见效”的工作方针，围绕太行山绿化三期工程、环京津冀生态屏障建设工程、退化低效防护林改造工程、干果经济林提质增效工程、退耕还林工程、有林地抚育管护工程等6大工程，共实施各类造林绿化工程3693公顷，正在努力建设一个林分稳定、景观优美、模式科学、效益突出的现代林业生态体系，筑起昔阳的生态屏障，不断优化昔阳生态空间。

【建设产业体系】 2018年，昔阳县林业局按照“生态建设产业化、产业发展生态化”的思路，建设林业产业体系，夯实乡村振兴基础，把打造绿水青山的过程作为脱贫攻坚和乡村振兴的重要路径，围绕板栗、核桃、连翘、沙棘等林业产业，出台多项扶贫惠民政策，加大资金投入，勇于改革创新，完善相关机制，走出一条具有昔阳特色的干果经济林产业发展之路。全年共建成市级干果示范基地十处，完成2667公顷核桃干果经济林低产低效林改造，利用昔阳的丘陵耕地和沟坡地带，新栽植山地板栗760公顷，种植连翘1000公顷，改造野生沙棘667公顷，建成核桃、板栗、连翘、沙棘等四个万亩生态产业园区，实现“东、中、西”林业产业大发展，助力全县114个贫困村，5870户贫困户，14964贫困人口，实现产业脱贫，最终达到“丘陵果飘香，兴林富万家”的效果。

【建设文化体系】 2018年，昔阳县林业局坚持自然与人文相结合，历史文化与城市现代化建设相交融，科学规划，合理布局，以乡土树种为主，通过乔、灌、藤、草等植物合理配置，营造各种类型的森林和以树木为主体的绿地，重点打造一批功能健全，景观优美的森林公园、环城防护绿地，加大松溪河湿地公园自然生态保护和水岸绿化，注重207国道、317省道和阳涉铁路等道路绿化与村庄周边自然、人文景观的结合与协调，使昔阳的通道绿化、村庄绿化、森林公园等景观林业建设形成景观网络，形成昔阳特有的环城森林生态廊道。

【推进改革创新】 2018年，昔阳县积极推进国有林场改革，激发国有林场发展活力。国有林场承担着保护和培育森林资源、维护县域生态安全、示范带动全县林业生态建设的重要职责。为适应功能定位，将昔阳县东风林场和昔阳县国营碧霞观林场合并组建昔阳县国有林场，纳入公益一类事业单位管理，副科级建制，核定事业编制38人，实现机构整合到位、编制核定到位，经费县财政全额预算保障到位。积极探索创新国有林场管理体制、经营机制和资源监管体制，探索建立林场管理购买社会服务新机制，走在全市的前列，妥善安置临时职工，实现林场改革平稳过渡，进一步激活国有林场的发展后劲。

【强化资源管理】 2018年，昔阳县在国有林场经营范围内合理建设管护站，合理安排护林员，在集体林地范围内，科学区划国家级公益林和未成林造林地，聘用巡山护林员，做到片片林地有人护，行行树木有人管，做到责任明确，制度严密，管理有方，成效明显。依据《昔阳县森林管护员聘用管理办法（2018）》共选聘巡山护林员167人，其中聘用建档立卡有劳动能力贫困人员 108 人，占聘用岗位的 65.3%。特别是全县 8.49 万亩国家级公益林采用 GPS 巡检系统管理，管护区内植被显著增加，森林蓄积量明显提高，局部生态环境得到明显改善，野生动植物种类不断增多，确保全县生态安全。

针对美国白蛾，松材线虫病等重大林业有害生物，做到日常严密监测，积极预防，制定预案，科学防治。2018 年，昔阳县共落实美国白蛾监测点 13 个，落实监测人员 13 人，悬挂各类诱捕器 100 套，通过监测预防未发现重大林业有害生物危害。

2018 年，昔阳县在森林资源保护上开展多项行动，坚决打击一切破坏森林资源的违法乱纪行为，逐步形成昔阳县森林资源管护严密的防护体系和责任体系，达到人人头上有指标，个个肩上有责任。全年共立各类行政案件 7 起，查处 7 起，共处罚金 13.38 万元，移交 5 起刑事案件，对依法打击破坏森林资源的行为保持高压态势。

（贾成刚）

扶　贫

【概述】　2018 年，昔阳县先后接受国务院和省政府、省贫困县退出第三方评估，考核成绩在全省 22 个省定贫困县中，分别位列第三名和第二名。2018 年 9 月 7 日，经省政府批准，昔阳县退出贫困县序列，成为全省首批、全市首个省级脱贫摘帽县。围绕巩固提升和乡村振兴两大主题，坚持摘帽不摘责任、不摘政策、不摘帮扶、不摘监管“四不摘”，全县脱贫攻坚工作取得新进展、巩固新成效、实现新提升。2018 年完成其余 5 个贫困村的整村退出和 400 户 650 名贫困人口的减贫任务，贫困发生率降到 0.39%。

【精准识别】　2018 年，昔阳县将“精准”贯穿动态管理全过程，确保“该进的一个不落，不该退的一个不退”。一方面，把好入口，按照“一核、二看、三比、四评议、五公示”贫困人口识别程序，对因病、因灾、因意外等困难群体重新识别、建档立卡。另一方面，把严出口，规范退出程序，注重全程留痕和群众认可，户脱贫要求贫困户、村干部、驻村工作队长、第一书记“四联签”，村退出要求县直相关部门出具评估报告。全县家庭人口自然增加 337 人，自然减少 267 户 680 人，重新识别 206 户 431 人，返贫户 1 户 4 人，错退回退 2 户 2 人，错评出列 4 户 12 人。另外，还对贫困村贫困户基础信息和地理位置信息进行采集，完善信息系统数据，确保线上线下一致。

【特色农业扶贫】　2018 年，昔阳县继续巩固壮大“菜果猪菌药”五大特色产业，以园区或基地为中心，积极打造“一乡一基地（园区）”扶贫产业集群，实施东部 4 万亩干果提质增效、万亩板栗工程，中部万亩连翘、万亩构树工程，西部万亩沙棘、百万平方米食用菌工程六个“万字号”工程，组建扶贫种植和初加工合作社 128 个、养殖合作社 186 个，上马新大象 50 万头生猪养殖、厚基伟业 330 万只规模养鸡项目，引进投资70亿元的北京金沙江能源有限公司智慧农业科技园项目，形成“上接市场、下连基地、联结群众”的产业群，打造一支“不走的扶贫队”。

【农村电商扶贫】 2018年，随着昔阳县路网、电网、互联网、物联网的快速发展，农村电商成为致富增收的又一重要平台。云创电子商务运营中心和农村淘宝昔阳服务中心共入驻企业37家，孵化涉农电商企业3家；全县5个县级运营中心、38个淘宝店、59个村邮站、380个服务点、108个物流网，以路为线，连线成网，加速物流大融通，快递收寄量达500余万件，土特产品走出深山，销往全国，680户贫困家庭受益致富。

【乡村旅游扶贫】 2018年，昔阳县围绕“红色大寨、山水昔阳、户外天堂”旅游发展定位，大力实施“双百双千”工程，精心打造全长540多千米的100条`精品徒步线路，沿途12个乡镇135个村串联发展“农家乐”、农家客栈等770余家，5800余户通过景区带动、旅游拉动，持续增收。

【林业生态扶贫】 2018年，昔阳县完成扶贫造林2.33万亩，完成新一轮退耕还林2万亩，4万亩核桃提质增效；成功探索林下种栗蘑、套种药材蔬菜、养鸡、养蜂等林下经济立体种养模式，成为种植户的“绿色银行”。全县1.2万人次通过生态扶贫受益。

【光伏产业扶贫】 2018年，昔阳县37个贫困村联建村级光伏基站59个，累计发电量1659.16万千瓦时，累计发电收益1625.97万元，列入本年度分配计划的发电收益1068.42万元，扣除成本后，分配到村收益817.03万元，每个关联村均收益达8.3万元。出台《昔阳县村级光伏电站收益分配办法》，进一步细化收益分配、结转流程，为贫困户安置公益岗位，共享“阳光收入”。

【教育扶贫】 2018年，昔阳县共资助“雨露计划”中职、中高贫困生784人，共发放资助金156.8万元；资助贫困大学生88人，共发放资助金44万元。

【易地搬迁扶贫】 2018年，昔阳县集中安置楼全面竣工，易地搬迁户喜迁新居后，加快综合服务楼建设进度，配套图书室、阅览室、活动室、洗浴室、心理疏导室、餐厅等“五室一厅”，实施小区绿化、硬化等附属工程，在小区建设仿真花、服装制衣等扶贫车间，提供就业岗位400多个，真正让贫困群众搬得出、住得稳、能致富。

【金融惠民扶贫】 2018年，晋中市下达昔阳县小额信贷任务为7250万元，昔阳县完成小额信贷总额8055.75万元，占市下达任务的111%，1657户家庭通过金融扶贫获益。贴息共计610.16万元。其中：户贷企用贴息201.85万元，贷资入企408.30万元。

【保险扶贫】 2018年，昔阳县创新脱贫举措，为建档立卡贫困户缴纳意外伤害险、住院津贴、返贫保险。为全县39614名贫困人口购买住院津贴保险71.31

万元，已理赔 2425 人，理赔金额 90.66 万元；为全县 39614 名贫困人口购买意外伤害险 49.04 万元，已理赔 15 人，理赔金额 65 万元；并为 39614 名建档立卡贫困人口购买返贫保险 63.38 万元，正在受理建档立卡贫困户理赔申请。

【健康扶贫】 2018 年，昔阳县继续加大健康扶贫政策宣传力度，全面落实“三保险、三救助”政策，为全县所有贫困户代缴基本医疗保险和补充医疗保险 713 万元，落实民政救助资金 190.1 万元，4.22 万人次享受到医疗帮扶补偿。全力推进“双签约”服务，全县共签约 5403 户 6068 人，签约率 100%；4042 名贫困患者享受到“先诊疗、后付费”及“一站式”服务，1021 人次免收门诊挂号费和诊疗费。组织家庭医生团队 350 余人进村入户，对 4647 户 5211 人开展宣讲服务，756 户 850 人进行电话随访，完成率 100%。

【社会扶贫】 2018 年，昔阳县继续实施“创业致富带头人培训”惠民政策，省下达昔阳县创业致富带头人培训任务为 300 人。其中：培训专业分别为电子商务 29 人，农产品加工侧重 59 人，外出务工侧重 71 人，食用菌种植 42 人，蔬菜设施栽培 99 人。大力推进“中国社会扶贫网”注册工作，构建社会扶贫信息服务网络，搭建社会资源与贫困对象的帮扶对接平台，实现供给资源和帮扶需求精准对接。全年昔阳县社会扶贫网累计注册爱心人士 858 人，注册贫困户 715 人。

【社会兜底扶贫】 2018 年，昔阳县加大社会兜底扶贫工作，对符合低保、“五保”条件的，由政府全面兜底，其中，建档立卡贫困户达 8395 人，贫困人口兜底率为 21%。农村“五保”供养标准、低保供养标准，分别由去年的 4290 元/(人·年)、3300 元/(人·年) 提高到今年的 4836 元/(人·年)、3720 元/(人·年)。截至年底，为农村特困供养对象 1953 户 1954 人，发放特困供养金及护理补贴 1204.87 万元；为农村低保对象 5074 户 8291 人，发放低保金 2121.64 万元；补贴农村经济困难高龄老人 698 户 751 人 26.25 万元；补贴失能老人 290 户 294 人 19.26 万元；落实孤儿救助金 5.76 万元；补贴农村贫困残疾人 1591 户 1710 人 97.96 万元；尤其在解决贫困户因病、因学、因灾、因意外返贫问题上，除享受相应的教育、健康、民政等政策外，为所有建档立卡贫困人口购买住院津贴保险、意外伤害险和返贫保险，真正兜牢民生底线、保障了特困群体。

【消费扶贫】 2018 年，昔阳县加大消费扶贫力度，开展“六进”直销。出台《昔阳县关于开展消费扶贫促进脱贫巩固提升的工作实施意见》，在全社会倡导爱心消费，引导机关单位、企业社区、超市网店等购买贫困户农产品；要求学校医院、工矿企业订购扶贫车间产品。宣传推介展销。参加全省贫困地区农特产品“五进”对接促销会，签订 18 万元的项目意向书；组织 20 家企业参展晋中市首届现代农业博览会，完成意向订单额 1.45 亿元，展区销售额达 50 余万元；成功策划首届农民丰收节十大系列活动，贫困户踊跃参与，农展会供销两旺。龙头企业订销。金谷阳光、华源药业、东合丰牧、厚基伟业等龙头企业与贫困户签订保底订单协议，并对收购农产品进行分级、包装和品牌设计，与市场精准对接，实现保值增值。商场超市带销。在家家利、方信、华联、嘉会等超市和农产品批发市场开设贫困地区农产品消费公益专区专柜，让消费者优先购买贫困村农特产品。电子商务营销。云创中心电商企业、县供销合作社开展网上宣传促销活动，扶持贫困户、贫困村借助阿里巴巴、京东、苏宁、乐村淘、农芯乐等各大电商平台，实现昔阳小米、石磨辣椒酱、杂粮、双孢菇、蜂蜜、压饼等产品的上行销售，网络零售额达1000余万元。旅游带动促销。在全县12个旅游景点设置扶贫产品购买点，吸引游客购买贫困地区农特产品，实现旅游扶贫与消费扶贫有机融合。帮扶单位助销。变单一给钱给物的“输血式”扶贫为“以购代捐”，市烟草公司、市人寿保险公司、市审计局、市信用联社和县委政法委等帮扶单位充分发挥思路宽、交际广、渠道多的优势，采用单位订购、朋友圈发布、向亲友推荐等方式，为帮扶村助销农产品，解决群众产品滞销难题，激发群众发展生产、致富增收的内生动力。

【环境整治】 2018年，昔阳县统筹资金350余万元，大力度推进各项工作，通过达标考核验收，全县151个贫困村15105户贫困户“五洁净”“六要六有”优秀率达93.4%。

【基础设施建设】 2018年，昔阳县投资2630万元实施赵壁河河道治理和梭罗峪村沟坝地治理项目；投资2881万元改造升级农村电网老旧线路；投资8500余万元实施“四好农村路”项目38个，建设太行山板块旅游路以及5条高标准通村公路，解决5个拟退出村的农村公路基础设施、道路“畅返不畅”、客运班车等问题。同年7月，昔阳县“交通扶贫”接受国家级复审，被交通运输部、农业农村部、国务院扶贫办联合命名为“四好农村路”全国示范县。

【便民服务】 2018年，昔阳县坚持公共资源、公共服务向贫困村倾斜，继续拓展“九个一”便民服务体系，又新建农村老年人日间照料中心11个，新建改造标准化卫生室20个，在全县15个乡村振兴示范村中实施“改厕、垃圾治理、污水治理”三大攻坚行动。农村养老院、农村超市、农村金融网点、农村物流配送中心等服务设施日臻完善，农村生产生活条件得到更大提升。

【项目库建设】 2018年，昔阳县共统筹整合扶贫资金18292.72万元。其中，省级资金7171.91万元，市级资金3363万元，县级资金7100万元，上年结转资金657.81万元。共安排扶贫项目287个，已全部纳入省级项目库及国扶系统管理。项目总投资72859.1万元，完工236个。

【政策保障】 2018年，昔阳县印发《昔阳县关于推进乡村振兴战略的实施意见(2018—2022年)》《昔阳县2018年乡村振兴战略行动计划》《昔阳县2018年脱贫巩固提升行动计划》，制定《昔阳县脱贫巩固提升三年（2018-2020）行动方案》，强化顶层设计，部署阶段任务，巩固脱贫成果，放大攻坚成效。结合脱贫巩固提升和乡村振兴战略实施，出台《昔阳县乡村振兴产业扶持政策》《2018脱贫攻坚帮扶政策》，共涉及九大类64项政策。

【资金保障】 2018年，昔阳县发挥财政资金引领作用，共整合各类涉农资金18292.72万元，支出17306.93万元，支出比例为94.6%；县财政预算脱贫攻坚资金7100万元，同比增长68.25万元，增幅0.97%。

【人员保障】 2018年，昔阳县发挥县领导、市县驻村工作队、第一书记、乡镇干部、村“两委”班子五支队伍作用，逐级签订责任书，层层立下军令状，人人头上有责任，个个肩上有担子；继续严格执行“五天四夜驻村”、微信日签到、月巡查、干部帮扶积分制管理等制度，强化日常督查和工作考核，督促干部在村履职，倒追工作责任落实；扎实开展“三级书记”遍访贫困村、贫困户行动，13名县乡两级党委书记和151名贫困村党支部书记身体力行、履职尽责，共走访贫困户13853户，覆盖率达67%，各级书记帮助群众夯基础、兴产业、解难题、促增收，工作成效明显，群众反响良好；注重在脱贫一线发现培养、选拔任用干部。

【营造宣传氛围】 2018年，昔阳县以扶贫干部为原型，排演晋剧现代戏《第一书记日记》，拍摄电影《岭上花开》，编撰《那山那村那些人》《风从田野来》《为了这方热土》等扶贫事迹读本；以纪念改革开放四十周年为主线，举办昔阳县第五届红叶文化旅游节、昔阳县首届农民丰收节等文旅系列活动；在贫困乡镇开展“乡约西寨·梦源清漳”、“七夕”荷花文化旅游节、“最美乡村·舞动三都”等乡村文化活动，丰富贫困地区精神文化生活，坚定干部群众不甘落后、自强自立的信心决心。（郭嘉玉）

农业机械

【概述】 昔阳县农业机械管理局成立于1972年4月，正科级建制。2011年机构改革中，昔阳县农业机械管理局更名为农业机械管理中心，简称昔阳县农机中心。至2018年，昔阳县农机中心设一正二副，事业编制33人。实际在编人员18人，其中管理岗6人，专业技术岗5人，工勤岗7人，缺编15人。主要负责宣传贯彻有关农业机械法律法规和政策，主管农业机械的管理、安全监督管理、农机技术推广、农机技术培训和农机化项目实施等。内设管理站、安全监理站、农机培训校、推广站、财务室、办公室、质量投诉站七个科室。

【农机购置补贴】 2018年，昔阳县农机中心争取国家补贴资金200万元，完成国家补贴资金173万元。带动农民购机投资510万元。其中：轮式拖拉机82台；配套机具155台；玉米收获机11台；种植机械2台；畜牧养殖机械4台。据不完全统计，2018年春秋两季作业，昔阳县出动拖拉机8500余台（包括手扶拖拉机），共计完成机耕29.84万亩，机播29.15万亩，机收9.9万亩，实现收入4000余万元。农业机械化水平明显提高。

【农机化项目实施】　2018年，昔阳县农业机械中心向省市县申报项目7个，完成总投资375.1万元。争取市农机局深松作业GPS监测智能终端20套，安装到昔阳县符合土地深松作业要求的拖拉机上。每台市财政补助2000元，共计补助4万元。秋季争取土地深松整理项目资金60万元，完成深松整地作业2万亩，每亩得到作业补助35元。

争取省级现代农机推广项目资金10万元，在界都乡长岭村的长兴农产品加工专业合作社和孔氏乡郝家村的龙豆种植专业合作社，分别实施日产10吨玉米高筋粉技术示范和核桃脱青皮榨油机械化。

争取市级电动农机奖补项目27万元，在闫庄乡赵庄村百科盛农牧有限公司，安装地轨和吊挂式运输车27台，大棚放风机31台。

【农机资产收益扶贫】　2018年，昔阳县农机中心争取省市农机资产收益扶贫资金90万元。在闫庄乡杏庄村润田农机专业合作社、东冶头镇东固壁村齐兴种植专业合作社、赵壁乡广达农牧专业合作社和万牛农机专业合作社，实施农机资产性收益扶贫项目。购买两行玉米收割机7台，大型拖拉机3台，以及配套的农机具。

【农机培训】　2018年，昔阳县农机中心以“提高农民综合素质、提升农民生产技能、助推农业农村发展、助力农民增加收入、助力精准扶贫”为总目标，积极争取上级新型职业农民培育资金12万元，培训新型职业农民和农机操作手120余人。

【农机安全监理】　2018年，昔阳县农机中心农机监理站共受理各类农业机械注册登记93台，办理农机驾驶证105人次，换证10人次；办理各类农业机械年度检验76台；开展安全教育活动及安全教育现场会5场次，发放安全宣传资料500余份，参加培训机手200人次，全年农机安全伤亡零事故。农机监理动态、信息数据做到及时上报，农机监理业务工作各项指标全面完成。安全生产全年共培训驾驶员四期，考试合格并发放拖拉机驾驶证105人。　（王占国）

农业综合开发

【概述】　2018年，昔阳县农业综合开发办公室实施的2017年农业综合开发项目全面竣工，全年高标准农田建设项目顺利推进。各项工作有序开展，项目建设进展良好，工程效益初步显现，实现农业增产、农民增收的目标。

【项目完成】　2018年，昔阳县农业综合开发办公室的东冶头镇、孔氏乡高标准农田建设项目，计划总投资330万元(中央220万元，省级103.4万元，市级6.6万元)。计划建设高标准农田2000亩。项目现已完工，完成高标准农田建设2000亩，完成总投资317.33万元，其中建设投资

303.39万元，科技培训投资3.3万元，监理费3.11万元，已支管理费7.53万元。未支出管理费2.37万元，未支出管护费3.3万元，结余资金7万元。产业化发展财政补助项目、2万吨罐头生产线新增设备项目、晋中市昔阳县200亩林下中药材种植基地建设项目、晋中市昔阳县50亩林下中药材种植基地建设项目、晋中市昔阳县200亩林下中药材种植基地扩建项目四个产业化发展财政补助项目已竣工。以上五个项目已于同年8月上旬全部通过了昔阳县政府组织的项目验收，验收工作全面完成。

【项目推进】 2018年，国家农业综合开发沾尚镇高标准农田建设项目位于沾尚镇广阳、胡丰、坡底3个村。计划总投资750万元（中央500万元，省级235万元，市级15万元），已全部到位。项目计划实施高标准农田建设5000亩，主要建设内容包括，衬砌干砌排涝渠、设置过路平板桥、修筑河岸护坡、改良土壤（机械深耕）、新修砂石路及混凝土田间道路及开展农民适用技术培训等。项目于7月17日开工。至年底，项目建设稳步推进，总体进度完成约80%，其中田间路等工程已建设完毕投入使用，很好地满足项目地村民的秋收活动需求。（王　超）

水 利

SHUI LI

【概述】 昔阳县水利局为昔阳县人民政府工作部门，正科级建制，内设机构共6个，分别为办公室、劳动人事股、财务股、水利股、管理股、水保股。下辖15个事业单位：水土保持监督监测站、水产站、河道管理站、水政监察大队、抗旱服务队、防汛抗旱办公室、水资源管理委员会办公室和8个水利工程管理事业单位分别为：郭庄水库管理处、水峪水库管理站、关山水库管理站、秦山水库管理站、杨家坡水库管理站、南郝峪水库管理站、洪水潜流管理站、闫庄供水站。

【赵壁河道治理】 2018年，昔阳县实施赵壁河昔阳县段河道治理工程，位于昔阳县赵壁乡，治理河道19.4千米。工程总投资2410万元。治理河段防洪标准分别达到10年一遇洪水标准和20年一遇洪水标准，切实提高赵壁河昔阳县段河道防洪能力，保护沿线经济技术开发区工矿企业及沿线人口1.8万人，耕地1.4万亩。

【实施广阳村新增粮食产能项目】 2018年，昔阳县实施沾尚镇广阳村新增粮食产能项目，总投资280万元。新建大口井3眼，配套水泵设备3台（套），铺设输配水管道9.03千米附属设施。新增灌溉面积0.12万亩。

【梭罗峪村沟坝地治理】 2018年，昔阳县实施赵壁乡梭罗峪村沟坝地治理工程，总投资220万元，规划土地整理448亩（新增耕地86亩）。

【水土流失治理】 2018年，昔阳县完成水土流失治理面积6.02万亩，沟坝地治理0.04万亩，坡改梯综合治理0.73万亩，水保林栽植4.63万亩，封山育林0.6亩。

【农业水价综合改革】 2018年，昔阳县成立农业水价综合改革领导组，制定出台农业水价综合改革实施方案（昔政办发〔2018〕50号），确定孔氏乡三泉村、小腰咀村为试点乡村，涉及灌溉面积370亩。完成水量核定工作，调整种植结构，2018年度改革任务全面完成。

【水利扶贫】 2018年，昔阳县在未脱贫的5个贫困村实施饮水安全巩固提升工程和通水工作。在郝家村、谷兴沟村和万家山村等3个村实施饮水安全巩固提升工程，共投入资金179.28万元（其中郝家（黄安）村131.62万元、万家山村24.23万元、谷兴沟村23.43万元），解决1545口人（贫困人口668人）的饮水不安全问题；通过协调水峪水库管理站、楼坪村、北岭沟村、李家沟村、脉山头村等对旮旯口村进行通水工作，解决旮旯口村吃水问题。东冶头镇活石村现取水水源为深井水，水质、水量、方便程度符合饮水安全标准；对照饮水安全指标认定标准对5个村进行饮水安全标准认定，5个村2300口人全部达到饮水安全标准，5个村安全饮水指标满足贫困退出条件。认定资料已报送县扶贫办。

对全县农村饮水安全情况进行调查评估。根据省水利厅《关于印发山西省非贫困县和2017年15个脱贫县农村饮水安全调查评估工作方案的通知》（晋水供排〔2018〕115号）文件精神，水利局编制《昔阳县农村饮水安全调查评估工作方案》，对全县农村饮水安全情况进行调查评估，掌握农村饮水安全实际情况。经调查评估，全县行政村322个，贫困村151个，农村总人口182940人，其中贫困人口39988人，达到安全饮水标准农村人口数量为182472人，全县农村饮水安全率为99.7%。

【实施中小型水库移民扶持项目】 2018年，昔阳县实施大中型水库移民后期扶持项目2个，总投资50万元。其中：大寨镇东沟村实施道路硬化工程，硬化道路1000米，计划投资25万元；大寨镇孟壁村实施亮化工程，安装路灯61盏，计划投资25万元。工程的建设改善两个村2091口人（其中移民人口828人）的生产生活条件。

【洪水河河道治理】 2018年，昔阳县实施洪水河综合治理工程，总投资769.78万元，治理洪水河8.20千米，石马寺支沟1.55千米河道清淤疏浚；新建浆砌石堤348米的堤防工程；修建4座漫水路工程；石马寺支沟生态治理工程，新修8座拦河坝、维修3座拦河坝工程。

【推进河长制工作】 2018年，昔阳县积极推进河长制各项工作的开展。编制一河一策方案。县管11条河流的一河一策方案已完成。承接上一年河长制改革任务，完成赵壁河昔阳县段河道治理工程建设任务；完成全年度清河行动任务。同年继续开展清河行动，投入资金45万元，完成河道清淤清障30.4千米，新建堤防144米，维修堤防50米，共涉及6个乡镇。

【防汛工作】 2018年，昔阳县落实各项责任制，明确防汛工作责任；落实各类预案，全县13座中小型水库按要求全部编制防汛预案和控运计划；物资储备（麻袋10000条；编织袋16900个；铅丝4.5吨；块石5500块；机动船只5艘；排涝设备100台（水泵），对讲机10对）；组建660人应急抢险队伍。积极开展汛前检查，下达防汛检查通知书20份，共排查出安全隐患6处，并全部完成整改。

【水资源管理】 2018年，昔阳县水利局编制完成《2017年度昔阳县实行最严格水资源管理制度考核工作自查报告》，上报《昔阳县2017年度实行最严格水资源管理制度考核工作目标完成情况复核计算资料》；下达《2018年度昔阳县取用水计划及工业企业取水许可单位取水计划的通知》下达2018年全年总用水量3340万立方米，截至2018年11月底用水3099万立方米；换发取水许可证72个，办理取水许可证3个，注销取水许可证1个，办理取水许可手续6家，水环境影响评价5个；2018年，市考核水功能区断面水质达标率目标值为70%。地表水功能区监测断面为11个，河干2个，参与达标评价断面9个，水质达标断面9个，监测9个断面水质全部达标，水功能区达标率100%。

【水行政执法】　2018年，昔阳县水利局强化水政执法，建立和维护良好水事秩序。始终保持对非法采砂、非法取水等行为的高压严打态势，维护良好的水事秩序，共出动检查车辆50余台次，出动检查人员150余人次，查处、制止河道非法采砂、无证取水、水污染、河道内非法造地等水事违法行为16起，水事违法活动得到有效遏制。（吴凡路　李国平）

工 业

GONG YE

工业综述

【概述】 2018 年，昔阳县规模以上工业增加值完成 408778 万元，同比增长 8.1%，在晋中市 12 个县市排第 9 位。

2018 年分月增加值情况表

单位：万元

	当月	累计	同比增长（%）	全市增速（%）
2 月	28373	54448	0.79	12.33
3 月	26527	79779	8.63	11.34
4 月	27138	106917	5.6	9.63
5 月	25470	144070	2.8	9.1
6 月	40089	184159	3.01	7.2
7 月	34823	219327	4.01	7.2
8 月	32349	251676	7.2	7.8
9 月	36236	287912	10.3	8.7
10 月	30484	318396	6.7	8.3
11 月	44817	363212	7.6	8.2
12 月	44926	408778	8.1	8.0

煤炭产业增加值占比降低率 2.2%：2018 年煤炭产业增加值 370345 万元，占规上工业增加值的比重为 90.6%（2017 年煤炭产业增加值 300501 万元，占比 86.7%）。2018 年煤炭产业增加值占比较上一年增长 3.9 个百分点。非煤产业增加值 38433 万元，占规上工业增加值的比重为 9.4%。

制造业增加值占工业增加值比重上升率 1.6%，全年制造业增加值完成 18289 万元，占全年工业增加值 408778 万元的 4.47%。比上一年降 2.83 个百分点。

规模以上企业综合能源消费量：2018 年全年规模以上企业综合能源消费量为 84.96 万吨标煤，同比下降 9.4%。

【煤炭行业】 2018 年，昔阳县煤炭行业完成工业总产值 64.1 亿元，工业增加值 37 亿元，同比增长 12.8%，煤炭行业增加值占比 90.6%，原煤产量 1467 万吨，均价约 390 元/吨。煤炭企业除了中煤黄岩汇矿 9 月中旬事故停产至年底、坪上煤业采面问题影响外，其他矿基本正常生产。

【电力行业】 2018年，昔阳县电力行业完成工业总产值5.1亿元，工业增加值1.64亿元，同比下降10.96%。昔阳县发电量12.68亿千瓦时，中煤安平电厂从4月1日—9月30日超低排放改造，两台机组停止发电（2018年10月底启动），其余发电企业正常运行。

【化工行业】 2018年，昔阳县化工行业完成工业总产值13.56亿元，工业增加值完成1.63亿元，同比下降34.96%。阳煤集团昔阳化工有限公司因环保问题，2018年4月下旬停产，与之链条关系的碧洲生物科技有限公司也随之停产，11月恢复生产。

【其他行业】 2018年，昔阳县天然气开采业完成工业总产值6108万元，工业增加值3744万元，同比增长12.56%。昔阳县规模以上工业企业煤层气开采只有漾泉蓝焰煤层气有限责任公司一户，漾泉蓝焰煤层气累计产量4409万立方米，同比增长23.4%。服装制造业完成工业总产值2180万元，工业增加值1009万元，同比下降2.95%。食品制造业完成工业总产值3016万元，工业增加值935万元，同比增长37.25%。

【工业重点项目】 2018年，昔阳县确定的重点工业项目11项。其中省级重点项目1项，市级重点项目8项，县级项目2项，总投资240230万元。其中已完成项目4项，投资金额91330万元。

【规模以上企业】 2018年，昔阳县新增规模以上企业8家，分别是：斯能新能源光伏发电有限公司、瑞阳煤层气有限公司、大唐风电、大寨新型建筑材料有限责任公司、宏源洗煤公司、晋美选煤公司、创新洗煤公司、恒顺洗煤公司。加上原有的17个，昔阳县规上企业数量达到了25个。

煤炭工业

【概述】 昔阳县煤炭工业局为昔阳县人民政府直属机构，承担煤炭行业管理和技术服务职能。内设机构有办公室、安全管理股、行业管理股、规划发展股、环保股、劳动用工管理中心、安全监控信息中心。下属事业单位三个：煤矿安全监管巡查队、煤矿安全纠察分队、安全生产培训中心。

【安全生产形势稳定】 2018年，煤炭工业局把煤矿安全生产作为头等大事来抓，把安全红线看作幸福底线。通过多措并举的安全监管措施，取得良好的成绩，促进昔阳县煤矿安全生产形势稳定向好。2018年昔阳县有1座矿井通过一级标准化矿井验收，其余矿井均维持在二级标准，为矿井的安全高效发展奠定了基础。今年县管煤矿中煤公司黄岩汇煤矿发生一起由于工人违章作业造成一人死亡的安全事故，事故调查后对该企业及相关人员进行处罚和撤职处理。

【经济指标提升明显】 2018年全县12座县管煤矿生产原煤925.89万吨，同比增长13.69%；销售原煤866.10万吨，同比增长5.84%。

主要指标完成情况：全年县管12座煤矿完成工业总产值431627万元，同比增长19.74%；完成销售收入408360万元，同比增长13.61%。2018年昔阳县煤炭企业固定资产投资完成57497万元。

【重点项目推进】 2018年，昔阳县重点推进项目有，寺家庄煤矿低浓度瓦斯发电项目，新建装机容量15兆瓦发电机组，投资额16000万元，已完成投资9283万元；50万吨环保节能自动化竖窑活性石灰项目，投资额22000万元，土建工程已完成17000万元；昔阳县鼎丰瓦斯发电项目，装机容量为20兆瓦，投资额11000万元，已完成投资7000万元。阳煤寺家庄双电源改造项目，投资额6000万元，已完成投资1879万元。（李　浩）

电力工业

【概述】 国网山西省电力公司昔阳县供电公司（以下简称昔阳县供电公司）成立于1963年，现下设7个职能部室、10个班组、12个乡镇供电所，承担着昔阳县8.99万户用电客户的电力供应任务。现有主业在册职工92人；农电工189人，多经职工18人，离退休人员54名。公司党总支部共有3个党支部，党员74名。被山西省文明委评为“2016—2017年度山西省文明单位”。被国网山西省电力公司评为“2018年省公司营销专业先进集体”。大寨供电所、冶头供电所被国网山西省电力公司评为“2018年第一批全能型乡镇供电所”。被晋中市评为“2017年度市级平安单位”。变电运维班被国网晋中供电公司评为“2018年度先进班组”。昔阳电网拥有220千伏变电站2座，总容量660兆伏安；110千伏变电站2座，总容量171.5兆伏安；35千伏变电站6座，总容量108.6兆伏安；35千伏公用输电线路15条，长度192.928千米；10千伏公用配电线路46条，总长982.157千米，10千伏公用配变769台，总容量101.9兆伏安。

【工程建设】 2018年，国网山西省电力公司昔阳县供电公司完成盂县电厂500千伏送出工程的属地协调工作。该工程66基铁塔已全部完工，相关占地补偿全部到位。晋中东500千伏输变电工程的属地协调工作正在有序推进。截至年底，500千伏线路涉及塔基已全部完工。变电站全面进入土建施工阶段。全面完成“煤改电”电网配套工程。在物料到货晚、确村确户工作相对滞后的情况下，国网山西省电力公司昔阳县供电公司按期完成该项民生工程、政治任务。新建配变11台，新增煤改电用户383户。圆满完成11所学校的煤改电任务，完成工业园区线路改迁工程的前期工作。10月份，完成政府民生工程胡窝百润小区的送电工程。新一轮农网改造升级工程有序推进，投资2881万元，涉及10千伏巴州线、10千伏南岩等四条老旧支线、簸箕洼等台区改造工程和10千伏城东II线新建工程，截至12月底已全部完工。

【安全生产】 2018年，昔阳县供电公司以本质安全建设为主线，做实“三个全面”，全面加强安全基础建设。开展触电人身伤害案件压降专项整治行动。共排查22个方面43项内容，发现问题14项，已全部整改。开展安全生产“六查六防”专项行动。围绕6个方面20项重点116条内容，深入排查整治安全薄弱环节。开展供电所安全督查。公司各级管理人员以“四不两直”的方式对供电所安全管理进行督查，共发现各类问题69条，整改69条。大力开展反违章纠察工作。1—12月共有54个作业现场，共出动作业人员519人次，领导干部和管理人员到岗到位108人次，发现违章26个，教育违章人员26人。完成昔阳县公司应急能力评估工作，19种应急预案在县经贸委审查并备案。截至12月31日，公司实现安全运行10041天。

【营业服务】 2018年，昔阳县供电公司践行服务客户“躬身”活动，提升供电服务品质，构建“六最”营商环境，开展业扩报装专项治理行动，印制下发《提升“获得电力”指标，打造“六最”办电营商环境文件汇编》和《国网昔阳县供电公司客户新装增容业扩报装实施细则》，加大用电普查力度，规范用电秩序。以创建“全能型”供电所为契机，深化基层供电营业窗口服务，强化服务培训，培养“一专多能”的复合型人才，解决窗口服务、业扩报装、故障报修等方面突出问题。以大寨供电所为龙头，12个供电所全力争创“全能型”供电所。2018年已实现大寨等3个“全能型”供电所、界都等3个四星级供电所和赵壁等5个三星级供电所的创建目标。继续深化“互联网+营销”服务转型模式，大力推广“电e宝”“掌上电力”APP、“网上营业厅”“微信缴费”等便民举措，极大提升客户满意度。线上办电率100%，网上营业厅推广完成率79.37%，线上缴费率68.44%，同比提高12.24%。组建配网抢修指挥班，落实“五个一”抢修理念，全面提高配网指挥抢修效率。 （赵 军）

交通　邮电

JIAO TONG　YOU DIAN

交通运输

【概述】　昔阳县交通运输局是县政府组成部门，负责统筹规划、建设、养护、管理、运营全县农村公路，营造统一、开放、竞争、有序的道路运输市场。内设机构有办公室、财务股、安全监察股、行政审批股、质监站，所属事业单位有农村公路管理所、交通运输综合行政执法大队、道路运输管理所、城市汽车客运管理所，所属企业有昔阳县通达筑路工程有限责任公司。昔阳县交通战备办公室挂靠县交通运输局，共有干部职工 210 人。2018 年 9 月 4 日，昔阳县被交通运输部、农业农村部、国务院扶贫办联合命名为“四好农村路”全国示范县。

【公路建设】　在昔阳县建制村实现 100%通硬化路的基础上，重点实施农村公路完善提质、窄路基路面改造、建制村通硬化路改造和三大板块旅游路建设，不断提升农村公路服务水平，服务脱贫攻坚，巩固提升脱贫成效，助力乡村振兴战略，全面完成晋中市交通运输局下达的目标任务。全年完成“四好农村路建设”35 个项目，完成投资 3014 万元。其中，投资 666 万元，完成建制村村通硬化路改造工程 9.2 千米；投资 1170 万元，完成窄路基路面拓宽工程 24.283 千米；投资 98 万元，完成 4 项（24 段）安全生命防护工程 10.92 千米；投资 1080 万元，实施完成养护提质工程 10 个、72 千米。全面完成 2018 年 5 个贫困村道路建设和村通客车任务，总投资 819 万元。其中投资 39.2 万元，完成郝家村道路建设；投资 162 万元，完成活石村畅返不畅道路工程 1.8 千米；投资 25 万元，完成万家山村窄路面拓宽改造工程 2 千米。投资 347.9 万元，新建 69 米长万家山桥一座；投资 233.3 万元，完成旮旯口至罗庄畅返不畅工程 1.4 千米；投资 12 万元，完成谷兴沟窄路面拓宽改造工程 520 米；2018 年昔阳县太行山板块旅游路建设，主线、支线、连接线工程全面开工。其中主线两段，一段为留马线库城至马岭关段，全长10.04千米，项目总投资4519万元，年内，路基完成10.04千米，路面完工6.5千米，完成投资3440万元；另一段为韩库线前岩至里岩段，全长2.5千米，现已完工，完成投资600万元；支线和连接线完成三段，其中，水磨头至口上旅游区支线2.43千米，完成投资424.19万元；龙岩大峡谷旅游区山上口至杓铺段连接线4.75千米，完成投资685.3万元；龙岩大峡谷吴家岩至河北界连接线7.48千米，完成投资1438.7万元。2018年共计完成太行山板块旅游路17.16千米，路基完工10.04千米，完成总投资6588.19万元。

【拆违治乱提质】　2018年，昔阳县交通运输局继续开展农村公路“拆违治乱提质”行动，结合养护提质工程，重点对10段72千米进行治理；组织开展以治理“四违”“道路运输扬尘”为重点的路域环境整治工作；开展“平安公路”创建活动。对具备条件的乡村路全部完成路田分家和路宅分家。继续充实完善乡镇公路管理站。村民委员会换届后充实完善各建制村村道管理议事小组。县有路政员、乡有监管员、村有护路员的路产路权保护队伍作用得到有效发挥，县乡农村公路管理机构运行正常，辖区内农村公路技术状况良好。爱路护路乡规民约、村规民约制定率达到100%。加大治超力度，对全县公示的67个源头企业进行巡查监管，对货物运输车辆超限超载行为进行严厉查处。运管所依法查处源头非法超限超载车辆6起，处罚25500元；石瓮公路超限检测站共检测车辆19121辆，卸载113.5吨，农村公路超限超载车辆控制在0.2%以内。进一步落实农村公路管理“路长制”。发挥县级路长、乡镇路长、公路路长、巡路路长和村级路长的作用，建立起责任明确、制度完善、运转高效的协同共管的工作机制。建立了路政执法、公安交警、乡镇公路管理站、村民议事机构联动共管的工作模式，大力查治处罚损坏路产、路权行为，保护农村公路沿线设施。全年收取损坏路产赔（补）偿费72644.94元，罚款1000元，路政案件发现率和查处率均达到100%，结案率达到100%。

【农村公路养护】　2018年，昔阳县交通运输局落实农村公路养护管理主体责任。贯彻落实《山西省公路条例》，制定农村公路养护实施细则，建立完善“县道县管、乡道乡管、村道村管、行业指导、部门协作、社会参与”的养护工作机制，真正实现有路必养、有桥必管、养必见效、管必到位。积极探索和创新农村公路养护机制，继续完善路基养护社会化、路面养护专业化、桥梁监管经常化、小修保养制度化的“四化”机制，围绕路面养护，落实经常性养护。昔阳县县乡公路1635千米，全部落实养护承包人员，签订养护承包合同，落实工作责任与工作量考核。昔阳县农村公路列养率达到100%，优、良、中等路比例达到85.2%。创新养护办法，提高养护质量。大寨等乡镇组建专业化养护队伍，提高机械化养护水平。赵壁等乡镇实施路肩种花种草，美化绿化公路，农村公路养护质量和品位得到进一步提高。

【巩固农村客运成果】 2018年，昔阳县交通运输局继续落实城乡客运一体化。促进农村客运与城市公交的有效衔接，真正使农村客运“开得通、留得住、有效益”。2018年，道路运输行业完成客运量445万人，旅客周转量15420万人千米；完成货运量959万吨，货物周转量74000万吨千米。为昔阳县经济社会发展和人民群众生产生活提供坚强有力的道路运输服务保障。

【构建农村物流网络】 2018年，昔阳县交通运输局构建县乡村三级物流服务网络。完成西沟、柳沟、车寺、脉山头、库城、方台、九龙关、松树岩、西掌、团前庄、贾家庄、葱窝、天圣庙、活石、里岩15个村的物流节点建设任务。同年昔阳县县乡村物流节点达到143个，2018年晋中市运管局首次列入补贴范围并验收50个，全面完成市局下达的目标任务；农村物流的全覆盖，极大促进昔阳县农村经济流、产业流、信息流的形成和发展，物流服务从业人员达到9000余人，快递收寄量达到45万件，外销农副产品及手工艺品总值达24多亿元。农村经济搭上“互联网+”“交通+”发展快车。

【污染治理】 2018年，按照山西省、晋中市决策部署，昔阳县政府成立昔阳县柴油货车和散装物料运输车污染治理领导组，成立联合执法行动办公室，办公室设在昔阳县交通运输局，昔阳县政府办公室副主任为联合执法办公室主任，常务副主任由昔阳县交通运输局局长担任，昔阳县交通运输局安排一名副科级领导负责日常工作，开展“昔阳县柴油和散装货车污染治理联合执法专项行动。”于2018年8月15日启动。从昔阳县交通运输局、昔阳县公安局交通警察大队、昔阳县城管大队、昔阳县住建局、昔阳县经商粮局、昔阳县环保局、昔阳县工商和质监局，抽调79名工作人员，抽调执法车辆。并根据工作需要，成立“一室四组四队”，昔阳县政府协调解决联合执法机构，到昔阳县煤炭运销公司大楼集中办公，执法行动坚持问题导向、主攻薄弱环节、强化联合执法，将柴油货车和散装物料运输车污染治理工作作为打好污染防治攻坚战，打赢蓝天保卫战的一项重要工作来抓。年内共张贴散发《通告》《公告》和相关宣传资料3000余份，制作大型标志标牌8块，宣传版面4块，宣传条幅8条，出动人员3940余人次，出动车辆897辆次，检查源头企业120余次，检查车辆13436辆，劝返804辆，查处违规车辆713辆。专项行动成效显著，被评为全晋中市第一。在太谷县柴油货车和散装物料运输车污染治理现场会上，昔阳县委常委、常务副县长作经验介绍交流，专项行动受到山西省和晋中市高度肯定。联合执法行动至2019年1月31日结束，按照上级安排，联合执法机构仍保留。

（冯晋秀）

国道省道建设

【概述】 昔阳公路管理段（以下简称

昔阳公路段）隶属于山西省公路局晋中分局，机关设“三股一室一队一中心”，即：综合办公室、财务资产股、工程技术股、安全资产股、路政大队和路面养护中心。承担着 G207 国道 31 千米，S317 省道 94 千米，共计 125 千米干线公路的养护管理任务。通过“省级文明单位标兵”考评验收，2018 年 2 月被省文明委表彰为“全国文明单位”。

【公路养护】　2018 年，昔阳公路段按照“重点路段创精品、一般路段保提高、薄弱路段保畅通、杜绝油返砂现象”的分级分类养护措施，对 125 千米路面使用性能评定为优良的路段加大预防投入，及时采取灌缝、贴缝、小型罩面等小修养护措施，防止病害扩展。累计路面灌缝 5547 米，处理沉陷 901.5 平方米等。对 48 千米评定等级为中、次的 317 线王寨、冶头、杏庄、沾尚等路段，采取沥青碎石同步封层养护措施，累计完成 269388 平方米，完成投资 179 万元。所辖干线公路路况提升上取得明显成效。年末，所辖干线公路优良路率达 86%，路面技术状况指数 MQI 为 82.37。

【小修养护】　2018 年，昔阳公路段结合大气污染防治行动，加大路面保洁力度。根据养护里程，保洁难易程度，科学配备清扫机械和保洁人员，确保所辖干线公路路面全天候干净整洁。抢抓有利时机，开展“大干 40 天，春季养护上台阶”集中攻坚行动。重点是对 207 国道孟壁至南冶头，317 省道马道岭至寿阳交界共计 31 千米等重点路段进行路容路貌、路域环境整治及碎落台、平台边坡整修等，所辖路段路域环境、路容路貌取得明显提升。

【路政管理】　2018 年，昔阳公路管理段争取地方政府、部门支持与配合，坚持问题导向和目标导向，认真谋划，主动出击，借助环保督查东风，对省道 317 线九龙关出省路段 46 个储煤场进行集中攻坚整治。通过彻底整治，该路段路域环境将大大改善提升，提高路政管理水平，推进路政共管机制。

【安全生产】　2018 年，昔阳公路管理段落实“党政同责、一岗双责、齐抓共管”的安全生产责任制，对安全工作目标和责任细化、量化层层分解，昔阳公路管理段班子成员定期不定期深入基层一线督查安全生产工作 57 次，履责全部实行台账登记，全程留痕。高标准按期完成国道 339 线（省道 317 线）边坡灾害处治工程，对 22 处边坡灾害实施安全隐患治理，完成投资 801.58 万元。通过地质灾害不良路段隐患治理工程，昔阳公路管理段所辖 125 千米国省干线公路临水临崖、下坡、急弯陡坡等事故易发路段安保工程建设基本实现全覆盖。截至年底，未发生任何安全责任事故。

（樊国华）

道路运输管理

【概述】　昔阳县道路运输管理所（以下简称昔阳县运管所）成立于 1979 年，是法律法规授权的行政执法主体单位，副科级建制。主要承担全县道路客货运输、客货运输站场、机动车维修、驾驶员培训、汽车租赁、源头治超等道路运输相关经营活动的行政许可、行政处罚、监督检查工作职责。内设办公室、计财办、客运办、货运办、维修办、驾培办、安全办、治超办、法制办、行政审批办、大寨站、稽查队、科技信息中心。事业编制37人，领导职数8人，所长1人，副所长7人。

【村村通客车】 2018年，昔阳县运管所针对农村客运市场波动大，运营基础不稳固的实际，协调客运企业的支持配合，在政策允许的范围内尽量提供便利和帮助，在巩固传统班线稳定运行的基础上，对部分运营线路进行微调，力求打造精细化科学运行客运网络。综合运用冷热线搭配、干支线打包、客运公司区域兜底等手段，充分调动客运企业保持客运村村通成果的积极性。为客运企业的经营利益考虑，在一定区域内，尽量稳定一个客运公司运营，达到经营效益平衡互补，全力保障村村通客车开得通、稳得住。2018年，重新规划调整农村客运班线28条，对地处偏僻、路面窄、出行人数少的18个行政村，由运营所属区域的客运公司吸收7辆小型客车，试行区域接驳运输，避免“通返不通”现象，巩固村村通客车暨“四好农村路”建设成果。

【农村物流网建设】 2018年，昔阳县运管所在农村物流网络体系建设上持续发力，2018年重点协助指导“昔阳汽车站农村物流配送中心”，充分利用农村客运车辆的通村优势，拓展农村物流网络的广度和深度，全年又新增西沟、柳沟、脉山头、车寺、库城、方台、九龙关、松树岩、西掌、团前庄、贾家庄、葱窝、天圣庙、活石、里岩15个农村物流节点，昔阳县村级物流节点增加到123个，农村物流服务保障能力进一步提升。

【优化营商环境】 2018年，昔阳县运管所贯彻落实国务院行政审批制度改革及交通运输部和省、市运管局贴近民生实事的政策举措，推动物流降本增效，优化道路运输市场营商环境。

机动车维修经营由行政许可改为备案管理。按照国务院决定和省政府通知，于2018年9月20日起正式取消机动车维修经营许可，对机动车维修经营实行备案管理。并严格按照主管部门的要求强化了事中事后监管，确保行业规范有序运行。

道路货运车辆“两检合一”改革政策落地实施。合并道路货运车辆安全技术检验和综合性能检测中涉及安全的检验检测项目，货运车辆综合性能检测直接采信安全技术检验结论，不再重复检测安全项目；普通货运车辆全省范围内的异地检测无须办理委托检验检测手续；昔阳县综合性能检测机构全面落实车主只排一次队、只交一次费、货运车辆所有检验检测事宜由检测机构工作人员一次性办结的“交钥匙工程”，减轻业户负担，提升服务体验。

开通道路运输相关业务网上办理通道。从2018年10月开始，业户申请道路普通货物运输经营和普通货物运输车辆年审，可登录山西运政网上办事系统直接办理，方便运输业户。

【源头治超】 2018年，昔阳县运管所不断优化源头治超工作部署，对政府公示的67户合法货运源头企业履行源头治超监管职责，从严落实源头治超巡查监管措施。治超执法人员坚持对涉煤企业隔日必查，重点企业不定期巡查，所有公示源头企业每月巡查不少于4次，货运源头企业监管率达到100%，并严格落实“一超四罚”“黑名单”和源头治超案件移送、抄告制度，规范昔阳县源头治超管理。

【运政稽查】 2018年，昔阳县运管所结合全县运输市场实际，进行广泛运政稽查行动。

开展运输市场污染治理。严格市场准入，对未通过燃油消耗量核查的车辆，坚决杜绝进入运输市场。对2辆排放不达标的营运类黄标车，注销道路运输证，强制退出道路运输市场。督促14户从事喷、烤漆作业的维修企业安装了VOC漆雾回收装置。加强执法检查，同环保、交警、路政等部门强化路面联合执法，集中整治货车扬尘抛洒现象，开展入境柴油货车尾气排放抽检，对排放不达标车辆进行劝返，严格控制输入性污染。

开展打击“黑加油车”专项行动。运管所将打击“黑加油车”作为阶段性行业监管工作重点，对“黑加油车”非法违法运营形成了持续打击的高压态势。共组织专项稽查行动6次，出动执法车辆12辆次，执法人员50人次。配合县经商粮局、交警、工商、消防、公安、安监、中石油、中石化多部门联合行动6次，出动执法车辆60辆次，执法人员200人次，共检查涉嫌非法从事运输、加售油的场所和车辆30余次，查扣“黑加油车”3辆，遏制“黑加油车”非法运营的现象。

开展非洲猪瘟疫情防控。为加强生猪运输环节非洲猪瘟疫情防控工作，运管所对昔阳县运输市场进行全面排查，对从事生猪运输的车辆及驾驶人员进行登记备案，做到底数清，情况明。加强与畜牧兽医部门联系沟通，及时掌握疫情最新动态和防控举措，第一时间对运输户生猪运输环节提出明确要求，全力配合做好昔阳县的非洲猪瘟疫情整体防控工作。

【强化安全管控】 2018年，昔阳县运管所强化安全生产责任制落实。建立健全道路运输企业和重点营运车辆挂牌安全监管责任制，昔阳县5户客运企业、1户危货运输企业、7户普货运输企业、4户维修企业、2户驾校和108辆“两客一危”车辆实现安全生产挂牌监管，安全管理责任进一步下沉，道路运输行业的本质安全度得到提升。

建立农村客运联合审批机制。按照交通运输部《农村道路旅客运输班线通行条件审核规则》，建立由县交通运输局牵头，相关部门参与的农村客运班线通行条件审核机制，将安全管理作为行业发展的必备条件。

加强物流安全管理。按照《晋中市道路货物运输行业实名寄递和开箱验视工作指引》《晋中市物流运输服务市场管理实施办法》，督促物流运营企业在道路货物受理、登记、开箱验视、运输等各个环节作业规范，确保货运物流各环节科学操作、有章可循、安全运行。

加强重点营运车辆联网联控管理。昔阳县104辆客车、1046辆货车接入市级重点营运车辆联网联控动态监管系统。车辆运行实现实时管控，超速行驶、疲劳驾驶等严重不安全行为明显减少。

全年，昔阳县道路运输行业完成客运量445万人次，旅客周转量15420万人千米，完成货运量959万吨，货物周转量74000万吨千米。为全县经济社会发展和人民群众生产生活提供坚强有力的道路运输服务保障。（贺海红）

汽车站

【概述】 昔阳汽车站创建于1952年，隶属山西汽运集团阳泉汽车运输有限公司。历经省、市级道路运输管理部门考核，核定为二级汽车站。应昔阳县人民政府城市规划要求2010年7月搬迁至207国道留庄村南端过渡，筹备新建。因昔阳县人民政府新城建设规划调整，汽车站选址变更，2012年8月，车站整体迁往昔阳县城白马街边过渡边建设。现有职工46名，其中：中共党员5名、具有大专以上学历职工12名。主要从事客运站场安全管理和服务、包车服务、小件快递等业务。设旅客行包安检岗、车辆例检岗，旅客售票、检票服务，车辆进、出站检查和站场秩序管理等岗位。严格按照“三不进站、六不出站”的规范要求。为进站客运车辆和旅客提供服务。承担着全县20余万人的安全出行和运输服务任务，员工全部经过培训持证上岗。现有进站营运车辆117台。日迎、送旅客超过1500余人。

【基础设施建设】 2018年，昔阳县汽车站安全及服务设施、设备齐全有效。现有微机售票系统一套，能够满足售票、检票、调度、结算等。行包安检仪一台，车辆例检地沟一条，发车位16个，治安、安全监控系统，LED显示屏。候车室设有售票处、旅客候车区、行包托运、调度、广播室、治安室、饮水处、特殊旅客专席。候车室、站场及办公区域消防设施齐备有效。

【业务拓展】 2018年，昔阳县汽车站抢抓旅游市场迅猛发展之势，有序开展旅游相关产业。制定完善旅游项目管理体系。结合市场发展需求，多渠道寻求发展。开办了太原服装城一日游、旅游包车、通勤车等新的业务，昔阳县汽车站营销部与当地景点合作，开辟了景区一日游专线，旅游集散中心积极与旅行社合作，开辟黄金旅游线路。

【发展农村物流】 2018年，昔阳县汽车站利用乡下班车通达偏远乡村的资源优势，补齐农村物流“最后一公里”短板，整合资源，与昔阳县政府积极沟通，得到了昔阳县政府的大力支持，进一步改善经营环境。（赵晓夏）

邮　政

【概述】　中国邮政集团公司山西省昔阳县分公司（以下简称昔阳县邮政公司）隶属于中国邮政集团公司晋中市分公司，担负昔阳县范围内的邮政普遍服务。内设综合办公室、市场营销部、金融业务部、渠道平台部、文化传媒部、包裹快递部、机要室，下设乐苑邮政所、新建路邮政所、南关邮政所及大寨、赵壁、皋落、东冶头、杜庄、沾尚、李家庄、界都、孔氏、闫庄、三都、西寨邮政所，从业人员122人，其中合同用工61人，各类劳务用工61人。2018年，昔阳县邮政公司认真贯彻落实省、市邮政工作会精神，在县委、县政府的正确领导下，以党建工作为抓手，以深化转型为主线，坚持以人为本和创新发展，努力做大做强重点业务，全年累计实现业务收入1430.45万元。

【提高服务水平】　2018年9月，昔阳县邮政公司推广并使用个人平常信件条形码。同年，对李家庄、界都、孔氏、闫庄、三都、西寨六个邮政所新增人员和设备，开办信件、单件重量不超过5千克的印刷品、单件重量不超过10千克的普通包裹、邮政汇兑等四项普遍服务业务。

【拓展金融业务】　2018年，昔阳县邮政公司以提高服务质量为目的，狠抓营销项目落地，举办第二届“幸福生活在三晋广场舞艺术节”“客户大走访活动”，各网点结合实际开展“微营销”“微沙龙”“首卖日”“拓展月”“客户节”等小型客户活动，促进各项业务良性发展。同年新增储蓄存款988万元，代收保险保费4391万元，存款余额达到74721万元。

【包裹快递】　2018年，昔阳县邮政公司巩固与县委政府相关部门业务关系，锁定政务文书文件类寄递市场，与公安部门沟通协调，理顺车牌照寄递业务流程，提高“二代身份证”邮寄转化率。采取“以投带寄，以投促寄”手段，拓展客户市场，全年包裹出口量超过3.6万件，进口量超过72万件。

【拓宽渠道平台】　2018年2月，昔阳县邮政公司在全县范围内试行农资产品线上销售，客户可搜索“晋邮乡情”网站下单，邮政负责配送。当月，销售化肥261袋。9月，首届中国农民丰收节当天，在大寨村活动现场发行“扎根虎头山大寨永相传”大寨首日封一枚。10月，举办“国之瑰宝·币邮所值”钱币集藏品鉴会，共邀约客户114人。　（胡晓莉）

通　信

中国移动通信集团有限公司昔阳分公司

【概述】　昔阳县移动分公司成立于1999年9月，为大型央企中国移动通信集团下属的有限责任公司，从事移动通信、IP电话和互联网等网络设计、投资、建设和设施的安装、工程施工、维修等基础及增值电信业务。通过多年发展，企业规模不断扩大。截至2018年年底，昔阳移动拥有在县城、各乡镇、各村落开设的自办营业厅专营店、普通代办点等多种方式相结合的有关营业网点84处，覆盖全部乡镇；下设市场部、综合部、集客部、网络中心、渠道中心五个职能部门；现有员工44人，其中合同制员工39人，劳务派遣制员工5人。

【生产经营】 昔阳移动分公司新建营业生产楼于2018年8月6日正式建成投入使用。在改善核心机房达标、客户服务工作环境的基础上，完善“五小”设施配备，为进一步提升企业形象、提高客户满意度、丰富员工业余文化生活解决了硬件设施建设问题。新建4处基站，基站机房达到包含2G基站、4G基站、无线直放站等360余处的规模；全年完成覆盖52个小区、5880个端口的宽带建设交维工作，宽带端口覆盖全县村落169个，小区97个，共计端口45000个；调用上级通信资源，成功为次峪沟火灾、大寨汽车越野赛、大寨国际马拉松赛提供了通信应急保障。

【4G网络覆盖】 2018年3月，昔阳移动新建大型自建卖场1家，为用户提供周到服务，拉低4G手机门槛，让用户可以买到便宜好用的手机。流量方面积极响应国家提速降费政策，在用户话费基本不变的情况下，流量提升183%，解决用户流量贵的难题。并推出扶贫购机，扶贫宽带等低于市场价50%的特殊优惠政策，助力乡村早日脱贫。电子渠道方面昔阳移动加快互联网进程，年内新开业务微店72家，让用户足不出户就能享受优惠便捷的服务。

【信息化建设】 2018年，昔阳移动为中国共产党昔阳县委员会信息中心“新华网政务发布”Saas云项目，提供了新华网政务发布平台。将昔阳县政务、民生等要务新闻第一时间在新华网发布。对加强昔阳县对外宣传力度，丰富昔阳县新闻信息载体，扩大昔阳县对外影响力起到积极促进作用，推动昔阳县融媒体的建设发展。为昔阳县教育局“云视讯”视频会议项目提供“互联网专线+云视讯”，为全县教育系统打造视频会议系统。针对昔阳县教育系统全区点多且分布区域分散，召集开会耗时费力等问题，通过视频会议系统可随时实现点对点交流、即时会议召开等功能。通过信息化手段提高工作效率，减少不必要的人力、财力损耗。完成第一阶段建设，为昔阳县14所学区开通视频会议室。与昔阳县教育局领导接洽考虑第二阶段建设，实现教育局对各学校及学区的实时会议布控。为昔阳县食品药品监督管理局“智慧食药云”项目提供“企业宽带+政企千里眼+食药云平台”。针对昔阳县食药局四品一械（药品、餐饮食品、保健食品、化妆品、医疗器械）监管工作涉及点多、面广、线长，监管人员不足等工作痛点，提供信息化解决手段。对内实现了昔阳县食药局管理层对内部执法人员的工作管理，对外实现了四品一械商户远程实时视频监督管理。除此之外，还有昔阳县林业局“和对接+林管通”巡检系统项目、昔阳县农业委员会“农产品追溯”系统项目；昔阳县政府办公室“云上昔阳WLAN”项目、大赛工贸园区管理委员会“互联网专线+IMS 电话”项目、阳涉铁路有限公司“IMS 电话”项目、人力资源和社会保障局“互联网专线+IMS 电话”项目。积极助力昔阳县各机关部门、企业信息化建设。（郭晓玉）

中国联合网络通信集团有限公司昔阳分公司

【概述】 中国联合网络通信集团有限公司昔阳分公司（简称昔阳联通）主要经营：固定通信业务，移动通信业务，国内、国际通信设施服务业务，数据通信业务、网络接入业务和各类电信增值业务，与通信信息业务相关的系统集成业务等。中国联通依托全覆盖的网络资源、客户资源和服务体系，凭借自身高水平的技术能力、深入的行业知识、完善的服务体系和丰富的人才资源，为客户提供从系统集成、应用开发及服务外包等业务的全面服务。昔阳联通公司设置一部三中心：综合部、公众客户运营中心、政企客户运营中心、建设维护中心。下辖 12 个生产班组，8 个营业网点。截至 2018 年年底，全公司共有员工 122 人，其中合同制员工 46 人，劳务派遣员工 74 人；31 人取得大专及以上学历；中共党员 33 名。

【生产经营】 2018 年，昔阳联通为更好地推进“提速降费”工作，推出了六大新举措：推进宽带接入网络的光纤化改造提速，建设双千兆网络；打造“双创服务平台”，助推中小企业双创发展；响应国家“一带一路”倡议，降低国际长途直拨资费；进一步降低国际漫游数据流量资费；推出固移融合全无限产品；面向中高端用户提供标清视频免流服务的“畅视计划”。全年，昔阳联通全面提供高速率宽带服务，将 100 兆接入能力提高到 200 兆及以上，部分区域可提供 500 兆带宽服务；宽带业务方面，全面提速至 100 兆及以上，宽带 100 兆以上用户占比大幅提升，大幅下调宽带使用费用。移动网络上，将 4G 网络峰值速率由 300Mbps 提升至 600Mbps。2018 年 7 月 1 日起，联通全面实施取消流量漫游费。

【拓宽业务】 2018 年，昔阳联通推出“冰激凌融合产品”“智慧沃家乐享系列融合产品”以及“腾讯王卡产品”，通过不限量产品、2I2C 产品，全面降低流量单价。通过流量单价的下降，全面助力用户放心用、随心用。昔阳联通切实通过“提速降费”各项工作举措，为权限个人、家庭提供优质服务，为企业提供信息化转型的有力支撑，全面助推山西进入通信普惠时代。

【智慧化升级】 2018 年，昔阳联通公司与昔阳县城建管理监察大队合作建成了城市巡查调度系统（智慧城管），应用 Internet、无线集群、GIS、卫星通信、无线通信、音/视频、快速网间数据交换、决策支持等多种技术，调用、组织多部门、多行业、多层次的已有系统和信息资源，实现日常巡查和对突发事件处置全过程的全影像跟踪、指挥，提升城市管理的精细化、智能化水平，推动城市管理向智慧化升级。

全年，完成了FTTH新建和改造扩容共计2576线，其中新建楼宇FTTH1680线，覆盖小区8个，楼宇35幢，住户2132户。新建移动宏站27个，开通三都应急基站4个，较2017年移动网行政村覆盖率提升7%。年内配合市政施工，投资100余万元完成大寨桥、沾岭路、巴州村、西峪村、新城中学等线路及设备改造、改迁11处，共涉及光缆35.8皮长千米。

【服务扶贫】 2018年，昔阳联通公司实施了公共服务提升工程，根据昔阳县人民政府《关于进一步完善贫困村基础设施和基本公共服务的通知》，针对部分贫困村无移动网络覆盖问题，投资200万元实施了偏远农村特别是贫困村移动通信网络建设项目，新建基站18个。此项工程虽然投入大、效益差，但为以上地区彻底解决了无手机信号问题，实现了普遍服务，为信息扶贫打下了基础。结合天圣庙村的实际情况，为更好地巩固脱贫攻坚成果，防止天圣庙村部分贫困户再次返贫，昔阳联通配合第一书记和天圣庙村两委主干协调作战，通过上下协调、走访调研和宣讲政策等各项措施，深入基层、摸底数，通过调取东冶头镇各站所记载的近3年天圣庙村农户的“五保”金、低保金、煤补、粮补和临时救助等各项发放金额信息，与贫困户本人面对面对接，逐条逐项核实信息，确保了真实准确。抓产业、保成果。依托当地的鑫泰养殖有限公司，转移消化劳动力，安排30多个贫困户在生猪饲养、饲料生产、拌料上料、母猪护养等车间实现就业，让贫困户以劳动力务工形式，促进增收致富。运用了“企业+贫困户+扶贫贷”的扶贫新模式，至年底，已有63户贫困户通过贷款入股企业，年底分红（政府贴息）的形式投入到新泰养殖有限公司，实现贫困户和企业的共同发展，推进产业规模化经营。30多名在猪场务工人员的收入稳定，贫困户与公司之间的贷款协议已签，新养猪场的筹备建设工程已经过半，各项工作正在有序开展，为巩固脱贫成果进一步夯实了基础。

【安全生产】 2018年，昔阳联通公司根据年初与晋中市联通分公司签订的安全生产责任书，每月召开由各部室中心负责人参加的安全生产专题会议，落实安全生产职责。各部门严格按照“谁受益，谁主管，谁负责”和“管生产必须管安全”的原则，责任到人。每月进行安全生产检查、隐患排查等，针对公司安全生产的特点，分公司通信枢纽楼、综合生产楼、模块局机房、基站及接入网机房等安装通信设备的区域严格执行禁烟制度，并在明显的部位张贴或悬挂禁烟标识。对农村接入网点的取暖、发电进行检查，做好防煤气、防明火、防废气工作，做到勤检查、勤巡视、勤透风。针对机动车安全生产的特殊性，做好公司机动车辆安全管理工作，车辆进出严格登记，出县境必须经领导同意，夜间所有车辆放入公司院内指定位置。另外，还组织所有驾驶人员进行车辆安全培训，要求驾驶人员重视冬季行车安全，杜绝无证驾车和酒后开车。通过以上措施，

确保全年安全生产无事故。（赵张锁）

中国电信集团有限公司昔阳分公司

【概述】 中国电信集团有限公司昔阳分公司（简称昔阳电信）是中国电信集团有限公司（中国电信股份有限公司）在昔阳县行政区域范围内设立的县级分公司。主要经营固定电话、移动通信、卫星通信、互联网接入及应用等综合信息服务。2018年年底共有员工16人，其中：劳务员工16人。中国电信顺应信息通信业智能化发展趋势，将着力推进网络智能化、业务生态化、运营智能化，实施网络、业务、运营、管理四大智能化重构，致力于做领先的综合智能信息服务运营商。

【生产经营】 2018年，昔阳电信建设800M频率的基站100个，1.8G频率的基站12个，覆盖贫困村包含东冶头镇里峪掌村、东冶头镇前峪掌村、昔阳雀鸣村、昔阳大庄村等。建设2598个光纤宽带端口，覆盖了昔阳县现代城小区、得润嘉园、金博园新城、学府华庭、运销公司宿舍、城中二区、书林苑小区、华宝嘉苑、公路段宿舍等小区。大力落实国家提速降费政策，资费从129元降到99元，从99元降到79元，从79元降到39元，而网速却从50兆提到100兆，从100兆提到200兆，从200兆提到300兆。

【服务地方】 2018年，昔阳电信完成旮旯口村、西固壁村、西丰稔等16个行政村40个基站建设任务，11个高密度住宅区的信号覆盖，两个超市的无线室分覆盖，共计投资约213万元。响应县委县政府安排，驻村扶东冶头镇白沙岩村脱贫攻坚。

【综治工作】 2018年，昔阳电信严格按照公司工作部署，认真贯彻落实国家、省、市、县的有关指示精神，始终坚持“安全第一、预防为主、重点监控、标本兼治”的方针，推进和谐企业建设、完美综治维稳体系，全年整体工作运行平稳，无任何大事发生，确保了企业安全生产。

（李　娟）

城乡建设 环境保护

CHENG XIANG JIAN SHE　HUAN JING BAO HU

住房保障和城乡建设

【概述】　昔阳县住房保障和城乡建设局（以下简称昔阳县住建局）负责规范昔阳县住房和城乡建设管理秩序的责任；负责昔阳县城乡规划的编制、实施、监督管理工作；负责住房建设和住房保障、工程建设、城市建设、村镇建设、建筑业、房地产业、市政公用事业及重点工程、工程勘察设计咨询业的管理工作。机关内设股室 10 个；下属单位 12 个，包括规划办、工程质量监督站、招标站、园林局、市政园林环卫所、保障性住房管理中心、房产管理所、自来水公司、集中供热供气中心、污水处理中心、城建监察大队、建筑设计室。

【规划编制】　2018 年，昔阳县住建局编制完成县域乡村建设规划和乡镇规划；编制完成了 10 个村的村庄规划；编制完成开发区总体规划；完成昔阳县城镇开发边界划定工作；完成昔阳县历史街区划定工作。

【安居工程】　2018 年，昔阳县保障性住房新开工 419 套（其中城市棚户区新开工 311 套，配建公共租赁住房 108 套），基本建成 257 套，年度累计完成投资 11620.5 万元（新建 10593.5 万元、续建 1027 万元）。城镇住房保障家庭复申和新申正在审核公示，待审核公示后租赁补贴全部发放到位。2018 年 7 月、10 月、11 月分别对 2017 年预分配保障对象办理房屋配租手续，共计分配入住 534 户；于 11 月 19 日对 2017 年申报并 2018 年复审符合条件的中低收入住房困难家庭，共 39 户进行了公开摇号及实物配租，已分配。

【市政公用设施】　2018 年，昔阳县住建局按照昔阳县委、县政府的安排部署，实施基础设施提升工程，完成市政公用设施建设投资 10512.14 万元。完成道路桥梁建设 9.175 千米，包括胡窝路拓宽改造工程、大寨桥拓宽工程及背街小巷改造工程，完成投资 7278.94 万元；完成雨污分流改造 1.95 千米，完成投资 110 万元；新建污水管网 2.562 千米，完成投资 389.9 万元。

新建供水管网 8.048 千米，完成投资 840 万元；老旧片区改造 466 户，管网改造 13.98 千米，完成投资 93.2 万元。燃气管网累计完成 6.762 千米，完成投资 355.1 万元。铺设供热管网 5.2 千米，完成投资 1445 万元。新增供热面积 20.47 万平方米。污水处理率 96.5%，中水回用率 5%。

【村镇建设】 2018 年，昔阳县启动乐平镇西南沟村、皋落镇北岩村、大寨镇大寨村、孔氏乡三教河村 4 处传统村落保护项目，北岩村污水管网改造工程稳步推进，已完成投资 30 万元；大寨村环境整治、旧街改造已完成投资 200 万元；西南沟村河道硬化、污水处理、环境卫生改造等已完成投资 95 万元；三教河村环境保护（污水处理设施建设、环境卫生整治等）、旧院修缮等方面已完成投资 230 万元。25 个绿色村庄已申报市局。瑶湾村乡村风貌提升工作累计完成投资 130 万元。入住 33 户。

【建筑工程质量安全管理】 2018 年，昔阳县住建系统安全形势总体平稳，市政运营、建筑工地未发生任何安全事故。2018 年，安全监督在建工程 14 项，工程安全监督率 100%，申报建筑工地市级示范项目工程 2 个，组织安全生产专项大检查 22 次，配合市、县领导对全县建筑工程安全大检查 6 次。为切实做好建筑施工现场扬尘污染专项整治工作，组织召开扬尘治理专项工作会议 11 次，所有工地全部配备环保除尘雾炮机，降尘效果明显，达到了“六个百分百”的要求。

【建筑市场管理】 2018 年，昔阳县建筑业完成生产总值 11.9421 亿元，同比增长率 7.29%。办理项目履约担保合同备案 22 项，担保金额 2517 万元。业主支付担保合同备案 16 项，担保金额 1679 万元。昔阳县建筑企业“双随机”检查率 100%。2018 年，农民工工资保证金累计预存账面余额共计 1330 万元，其中 2018 年收取农民工工资保证金共计 272.66 万元，涉及项目 15 项，返还农民工工资保证金共计 133.75 万元，涉及项目 5 项。

【房产市场管理】 2018 年，昔阳县商品房在售项目 8 项，面积 36.32 万平方米，共 3158 套，其中已售 2392 套，面积共计 27.51 万平方米，未售（库存）766 套，面积共计 8.81 万平方米。对昔阳县 18 个房地产开发项目的经营行为进行了不定期检查，共下达整改通知书 8 份。并对 4 家房地产企业动态考核。2018 年，新建绿色建筑共办理 15 个项目，面积共计 40.06 万平方米，绿色建筑执行率达到 93%；可再生能源利用面积共计 27.83 万平方米，执行率为 69.5%。节能专项验收工程 4 项，建筑面积共计 6.87 万平方米，验收率达 100%；共办理民用建筑节能审查意见书 47 份。

（赵宇生）

房产管理

【概述】 房产管理所，属全额事业单位，现有职工 8 名，其中：编制 7 名，副科建制，设立时间为 1974 年 11 月，主管单位为住房保障和城乡管理局，其职能为：实施对房产转让、房产抵押、房地产开发和房屋租赁的管理；实施房屋所有权的登记、交易及产权产籍管理；实施对房屋安全的管理；实施全县商品房销售登记、网上备案；实施公房出售、房屋交易、公有住房及公用设施管理维修。

【房产市场管理】 2018年，昔阳县提供新建商品房确认单875份，抵押确认单812份，规范确认单313份，二手房确认单156份，开出住房公积金证明570份，开具无房证明230份，其中经济适用房证明310份，廉租房证明880份，外地买房162份，法院查封解封证明37份。在规范产权产籍档案管理工作方面，整理档案800余卷，实现了档案归档率、完整率、准确率三个100%。向社会各界提供档案查询服务90余次。2018年房产管理所将存量房交易业务进驻政务大厅，房地产存量房交易业务全部纳入电子监察业务系统，缩短二手房交易的时限，精简审批环节、推进信息共享、开展关爱服务、强化主动协调、加强政务公开、加强政民沟通、提高办事效率，切实转变工作作风。加快房地产市场信息系统建设，与晋中市联网，完善商品房销售产权登记备案和网上新版合同的备案，规范房地产市场的秩序，与不动产登记系统对接，配合不动产规范发证业务。配合不动产进行档案移交并做了影像留存。实行了资金监管制度避免一房多卖。加大对物业的考核力度，提高小区居民的满意度和信任度。（耿月红）

环境保护

【概述】 2018年，昔阳县环保局以改善环境质量为核心，以解决突出环境问题为重点，以抓好中央、省、市生态环保督察问题整改为契机，全力打好打赢大气、水、土壤污染防治攻坚战，扎实推进生态环境保护工作。环境质量持续改善，污染防治攻坚战强势推进，环保行政执法力度空前，中央环保督察不断引深，重点工作和重点工程强力推进，“放管服”改革成效明显，环境宣教不断创新，脱贫攻坚任务基本完成，党的领导得到加强。

【环境质量监测】 在2017—2018年秋冬季大气污染综合治理攻坚行动期间，昔阳县大气环境质量达到了最好水平，成为没有被晋中市委、市政府问责的两个县份之一。2018年1—12月，县城区空气质量持续向好。综合污染指数为6.44，晋中市排名第四；优良天数达到246天，优良率67.6%，晋中市排名第二；$PM_{2.5}$浓度为53微克每立方米，同比下降7.0%，晋中市排名第四；二氧化碳浓度为36微克每立方米，与2017年持平，晋中市排名第二；PM_{10}浓度为112微克每立方米，同比上升1.8%，晋中市排名第四。4—10月，昔阳县获得晋中市空气质量改善奖励资金1428.64万元。水环境质量稳步提升。1—12月，昔阳县松溪河王寨国考断面、清漳东源祁家沟省考断面和潇河松曲市考断面3个断面水质全部达到Ⅰ类（全市24个考核断面，有6个断面达Ⅰ类水质，昔阳县3个，和顺县3个）。

【污染防治】 2018年，昔阳县环保局深入贯彻落实中央和省市县生态环境保护大会精神和《中共中央国务院关于全面加强生态环境保护坚决打好污染防治攻坚战的意见》，坚决打好打赢“蓝天、碧水、土壤”三大污染防治攻坚战，不断增强人民的环保幸福感。坚决打赢蓝天保卫战。研究制定了“控燃煤、调结构、抑扬尘、禁焚烧”的整体工作思路，完成26个大气污染防治项目。全面实施冬季清洁取暖工程。2018年598户完成“煤改电”改造任务（任务554户）。深入开展清洁煤球的推广供应工作，配送清洁煤球62万块，覆盖散户居民1301户。对建成区外8家8台19.5吨燃煤锅炉实施清洁能源替代或淘汰。完成中煤昔阳公司安平发电厂超低排放改造工程。阳煤集团昔阳化工有限责任公司对65蒸吨/小时及以上燃煤锅炉进行特别排放限值改造，并完成VOCs（挥发性有机物）治理及安装在线监测设备工作。2018年该公司已复产复工，锅炉监测报告已出具，各项指标均达标，VOCs治理工作正在按照阳煤集团招标备案程序进行。实施工业企业粉尘无组织排放治理，有5家完成任务，其余5家正在推进中。完成9家餐饮业油烟治理工作。集中开展孔氏乡、乐平镇“散乱污”取缔专项行动，共清理取缔82家非法配煤点。多措并举，下大力气对317省道安坪段开展扬尘管控，取得明显效果。着力打好碧水保卫战。《昔阳县水污染防治2018年行动计划》共涉及5大工程23个项目，已完成19项，分别是松溪河王寨国考断面水质自动监测站房建设工程、7个乡镇集中式饮用水水源地规范化建设项目、7个畜禽养殖企业污染防治设施配套建设工程和10个农村环境综合整治项目。其余4项正在进行中，分别是杨家坡水库防护围栏工程和3个畜禽养殖企业污染防治设施配套建设工程。扎实推进净土保卫战。深入开展固体废物及危险废物污染治理工作，建立企业矸石山数据库，开展煤矸石环境污染治理大检查工作，全县共产生煤矸石约190万吨、粉煤灰约19万吨，其他固废约11万吨，固废处置率100%。对固废管理不规范的企业，督促企业严格矸石规范化处置，自觉做到3—5米要分层，黄土覆盖要碾压，确保矸石不发生自燃现象。要求7家涉危企业开展清洁生产强制审核。

【环境执法监督】 2018年昔阳县环保局主要围绕蓝天保卫战部署和中央、省市环保督察，不断加大执法力度，在环境行政处罚工作中，用好用足环境保护法律法规，依法查处各类环境违法行为。截至2018年，共立案查处违法企业54家，其中罚款562万元，已缴纳530万元，采取查封措施4家，实施停产整治2家，实施按日连续处罚1起，适用行政拘留案件3起。特别是对黄岩汇煤矿原煤露天堆存、矸石自燃等问题，阳煤寺家庄煤矿矸石自燃等问题分别下达110万元、80万元的行政处罚。

【蓝天保卫】 2018年8月20日—12月15日，中央环保蓝天保卫战汾渭平原督察组对昔阳县共开展八轮督察，共发现问题105起。针对发现的问题，昔阳县严格按照相关法律法规进行处理处罚，下达行政处罚12起，罚款金额78万元，责令整改67家。截至12月底，督察组发现的105起环境问题已完成整改99起，整改率达到94%。

【生态治理保护】 2018年，昔阳县环保局深入推进矿山生态环境恢复治理试点示范工程。投资4000余万元实施白羊岭煤矿矸石山固废治理项目，工程于2018年3月28日正式开工，矸石场系统灭火防复燃、矸石场山体整形、截排水沟以及自然生态系统重建和引水、灌溉系统、原矸石体涵洞封堵等工程正在有序推进，预计2019年4月30日完工。扎实做好生态保护红线划定。先后对32家单位开展4轮意见征求工作，形成17条反馈意见进行上报，经省市采纳，生态红线面积占比从45.04%调整为38.12%，为昔阳县未来的经济社会发展提供合理的生态空间。切实做好二次全国污染源普查。2018年，已完成昔阳县污染源普查对象的清查定库工作，进入全面入户调查阶段，共涉及工业源136家，集中式污染治理设施2家，农业源畜禽养殖业66家。

【审批改革】 2018年，昔阳县环保局充分发挥环评审批对经济结构调整和发展方式转变的调控作用，开辟绿色通道，优化服务流程，提高审批效率。在昔阳县2018年四套班子领导所包的51项重点工程项目中，环保窗口受理37项，其中已办理环保手续31项，正在环评4项，不需办理环保手续2项。另外受理一般工业项目30项，审批22项，建设项目登记表备案79个。

【实施环保重点工程】 2018年，昔阳县委、县政府主要领导通过深入实地调研，督促工作进展，协调解决难点问题，推动近4亿元的环保工程取得阶段性成效，是昔阳县有史以来环保投入最多的一年。特别是三都露天矿投资8000余万元实施生态恢复治理工程，完成复垦绿化1336亩、生态恢复1951亩；投资4000余万元实施白羊岭煤矿矸石山固废治理项目，竣工后将给全县生态环境系统带来良好的社会效益和经济效益；安平发电厂投资7000万元完成超低排放改造工程，不仅保障县城330万平方米的集中供暖，而且为改善大气环境质量做出贡献，预计每年可减少二氧化硫1140吨，氮氧化物360吨；生活垃圾处理厂投资500万元实施技术改造工程，库区渗透液无害化处理已投入使用；阳煤集团昔阳化工投资7000余万元建设电石渣暂存库，提升改造纯水和废水处理系统；24个洗煤场、4个发运站投资过亿元建设封闭式煤库。

【环保督察】 2018年11月6日—12月8日，中央第二生态环境保护督察组进驻山西省开展“回头看”督察期间，昔阳县共接到群众反映问题21批次30件。涉及10个乡镇（孔氏乡2起、大寨镇6起、闫庄乡1起、赵壁乡2起、三都乡3起、皋落镇3起、城区社区6起、乐平镇5起、沾尚镇1起、东冶头镇1起），其中重点案件6起。按照督察组工作要求，已整改上报30件，办结30件。对中央督察组“回头看”交办的群众信访问题，昔阳县全部进行立查立改，共责令企业整改5户，处罚企业6户、非法经营业主2人，罚款金额14.135万元，约谈14人，问责13人。

【环保宣教】　2018年，昔阳县环保局强化措施，以环境主题活动日为契机，切实加大环境保护宣传力度，进一步提高群众对环保的认知度，营造良好的舆论氛围。2018年“6·5”环境日期间，昔阳县环保局开展“美丽中国，我是行动者”“6·5”环境日宣传活动，共发放环保知识手册1000余本，主题海报1500多份，环保购物袋、围裙、扇子共计3000余份，动员全社会形成人人都是环境保护的关注者、环境问题的监督者、生态文明的推动者、绿色生活的践行者的局面，在全县人民心中牢固树立习近平生态文明思想。开通县环保局微信公众号——昔阳环保发布，利用公众平台发布国家环境保护的政策、方针和法律法规，发布全县环境保护信息，形成“人人关心环保、人人关注环保、人人支持环保”的良好氛围。　（王桂森）

绿化环卫

【概述】　昔阳县园林局是县政府直属部门，属全额事业单位。主要承担着园林绿化、县城环境卫生管理、市政设施维修管护的工作。

【沾岭公园建设】　沾岭公园位于县城新城北段，厚庄路以南、迎宾东街以北、城东家园以东、阳煤小区以西，总占地面积1.5万平方米，投资850万元，全部资金财政拨付。于2018年5月2日立项，7月开工，10月竣工。公园东面占地面积6000平方米，新建300平方米的音乐喷泉和假山，并与园路和绿植相互映衬。西面有长廊、六角亭、祥云柱、拱门、盆景，东西两面遥相呼应，与绿树草坪融为一体。园中植被乔灌木品种多样化，栽植有白皮松、油松、法桐、金叶榆、榆叶梅、木槿、丁香、金叶榆球、华北卫矛球、红王子锦带等乔灌木，形成三季有花、四季常绿、春夏秋冬景色各异的独特景观。

【市政园林提档】　2018年，昔阳县园林局完成绿化建设总投资为1458.06万元，大小工程66项，新增绿化面积7.95万平方米，完成1.5万平方米的沾岭公园建设，对颐民公园、滨河公园绿化景观进行提质改造，补植季节性观赏植物，提升公园节点景观，新增荷花池3处，竹林2400平方米，颐民公园修建天壶一个，园林绿化景观得到进一步提升。按照公园建设新模式，打造健康主题公园、国防主题公园，公园建设规划得到进一步完善。

强化道路提升改造建设，对教师公寓巷、颐民街、翠溪路重新进行硬化改造，对三义街、崇仁路等8条道路进行铺油修补。

【美化亮化提质】　2018年，昔阳县

园林局强化县城夜景管理力度，对县城街道灯杆造型亮化，新增300余盏，对县城4050盏路灯进行日常维护，新增墙画小品20处，大型公园增设亮化。路灯设施完好率达100%，亮灯率达98%。

【城乡环境整治】 2018年，昔阳县园林局为使环境卫生真正实现城乡联动、统筹推进，强化环卫基础设施建设。新建滨河公园、沾岭公园、英雄一条街、杏坛公园公共卫生间；对县城4座公共卫生间进行提质改造。对生活垃圾处理厂进行提质改造，新建填埋库区四周防飞散网和垃圾渗漏液处理设施；县城道路机械化清扫面积达到87.1万平方米，机扫率达到91.43%，实现了机扫+人工清扫+洗扫的无缝对接，提高了作业效率。加强县城垃圾收运体系建设，投资购置垃圾压缩车、餐厨垃圾收集车、垃圾箱、桶，实现垃圾不落地，生活垃圾无害化处理率100%。2018年，为支持环卫工人劳动的良好社会风尚，促进环卫事业持续健康发展，经县政府研究决定对表现突出的60名“优秀环卫工作者”和24名“城市管理先进工作者”予以表彰。

【管理管护细化】 2018年，昔阳县园林局为达到建绿、养绿的园林建设效果，提升环卫保洁和绿化管护水平，实行“保姆式”管理，针对县城147万平方米的绿化养护和县城134万平方米街道保洁和垃圾清运工作。积极探索新路径和新方法，采取政府购买服务的方式，引入市场机制，经过公开招标，由腾益园林绿化有限公司和洁城清运公司，两家专业化公司分别承担相关任务，政府职能部门由“养人干事”转变为“监督管理”，实现“监管分离”。严格对照标准，检查考核，限时整改，扣分罚款形成一整套奖惩办法，科学有效地推动工作的开展。并且积极推进城乡市容市政环卫管理便捷化、常态化、智慧化，运用“互联网+卫生巡查+市政设施管控”智慧市政模式，成立市容市政环境卫生巡查执法队伍，利用无线视频技术，探索应急反应快速处置，提升监管执法效能，一线执法人员巡查常态化，形成日巡查、日上报、日汇总、日整改的工作机制，实现感知、分析、服务、指挥、监察“五位一体”，建立用数据说话、用数据决策、用数据管理、用数据创新的新机制。组建“城乡市容市政环境卫生整治工作群”，共下达各类整改通知2300余份，实现非现场执法新型执法模式。

（陈维华）

财　政

【概述】　昔阳县财政局是综合管理全县财政收支、实施财政监督、参与宏观经济调控的职能部门。下设国库集中支付中心、农发办、财政投资评审中心、行政事业资产管理中心等4个事业单位和13个基层财政所。局机关内设办公室、国库股、预算股、行财股、农财股、监督股、社保股、综合股、经建股、国资股、行政审批股（会计股）、农村综合改革办公室等12个业务股室。全局共有干部职工34人，其中党员19人。2018年县财政局荣获全省财政系统“三基建设先进典型”奖。

【财政收入】　2018年，昔阳县公共财政预算收入完成63578万元，占年计划60000万元的105.96%，同比增长11.47%，增收6540万元。其中：税收收入完成42210万元，占年初预算的107.27%，超收2860万元，比上年的34203万元增长23.41%，增收8007万元；非税收入完成21368万元，占年初预算的103.47%，超收718万元，比上年的22835万元下降6.42%，减收1467万元。

增值税完成19230万元，同比增长9.46%，绝对额增收1662万元。企业所得税完成3005万元，同比增加218.33%，绝对额增收2061万元。个人所得税完成930万元，同比增加19.85%，绝对额增收154万元。资源税完成9101万元，同比增长51.25%，绝对额增收3084万元。耕地占用税同比减收662万元，契税同比增收495万元。

【财政支出】　2018年，昔阳县财政累计支出191299万元，与上年支出175817万元相比，增加15482万元，增长了8.81%。其中，一般公共服务支出15303万元，国防支出117万元，公共安全支出8346万元，教育支出42381万元，科学技术支出683万元，文化体育与传媒支出3280万元，社会保障和就业支出26122万元，医疗卫生支出13583万元，节能环保支出6582万元，城乡社区事务支出12542

万元，农林水事务支出44616万元，交通运输支出5308万元，资源勘探电力信息等事务支出2004万元，商业服务业等事务支出537万元，国土资源气象等事务支出4440万元，住房保障支出4152万元，粮油物资储备事务支出220万元，国债还本付息支出1057万元。

【财政管理】 2018年，昔阳县财政局严把“三公”经费支出关口，从严控制现金支出，切实降低行政成本。截至12月底，昔阳县“三公”经费支出1019.95万元，同比下降2.8%，其中公务用车购置及运行维护费802.99万元，同比上升7.87%；公务接待216.95万元，同比下降28.87%；会议费支出183.15万元，同比上升46.59%。培训费支出907.18万元，同比上升161.53%。在基础设施建设及公共服务领域逐步推广使用政府与社会资本合作模式（PPP）。出台《〈昔阳县预算单位公务卡管理暂行办法〉的通知》，提高公务卡支出、报销比例，严格执行公务卡强制结算目录，规范财政资金支付行为，提高公务支出的透明度。截至年底，昔阳县共办理公务卡3428张，消费金额79万元，是上年同期的0.56倍。履行财政监督职责，完善监督管理机制。探索和建立覆盖财政运行全过程的大监督机制，实现由“一般监督”向“强化监督”转变；由“单一检查”向“全方位监督”转变；由“单兵作战”向“齐抓共管”转变。落实监督职权，拓展监督空间，整合监督力量，将财政监督列为“一把手”工程，推进财政大监督落实。对本年度城乡居民养老保险和农村合作医疗县级配套资金等项目开展预算支出绩效评价工作，提高财政资金的实效性和安全性。

【民生保障】 2018年，昔阳县财政局深入推进民生保障体系建设，完善民生保障制度建设，继续完善农村义务教育经费保障机制，拨付资金4166万元支持义务教育薄弱学校改善基本办学条件；拨付资金1276万元续建完工新城学校一座，解决了571名学生的就近入学问题；完善贫困学生财政资助体系，拨付资金739万元，使8034人次学生获得资助；拨付资金700万元继续用于落实高中教育免学费政策，保障教育均衡发展。投入181万元用于继续推进体育馆、文化馆、图书馆和乡镇文化站等公益性文化设施向社会免费开放，投入463万元用于宋金墓葬博物馆建设，投入131万元用于梵乘寺等文物保护项目，投入155万元用于乡村文化建设，投入450万元用于农村电视网络升级改造，提高公共文化服务质量，推进乡村文化产业多元融合发展。农村最低生活保障标准由原来的每人每年3300元调整为3720元，城市最低生活保障标准由原来的每人每月485元调整为515元，足额拨付城乡居民最低生活保障资金；投入5547万元保障了城乡居民养老保险的足额发放；投入262万元用于残疾人护理补贴；投入48万元用于高龄失能老人补贴；投入1205万元实现“五保”供养对象应保尽保；投入976万元促进了就业困难人员再就业，维护社会稳定；投入各项优抚安置资金 2169 万元，保障残疾军人、烈属、在乡红军老战士、农村老党员、老复员军人等优抚对象和涉军人员的生活补助；投入 514 万元用于养老院建设及运行，全力保障养老体系建设，积极落实各项社会保障财政补助政策，提升基本民生保障水平。2018 年人均基本公共卫生服务经费财政补助标准由 50 元提高到 55 元，全年足额拨付基本公共卫生资金 1264 万元；足额落实城乡居民医疗保障年人均财政补助标准提高到 490 元的补助资金，全年拨付城乡居民医疗保障县级配套资金 652 万元，并拨付资金 748 万元全额救助农村建档立卡 39614 名贫困人口缴纳医疗保险；推进城市公立医院体制机制综合改革，全年拨付公立医院改革各项财政补助资金 1040 万元；投入 212 万元用于重大疾病、慢性病防控等重大公共卫生项目；投入 843 万元用于基层医疗卫生体系建设，优化农民就医环境。安排用于农村“四好”公路建设、旅游路建设、公路水毁抢修的交通运输支出 5308 万元。解决低收入家庭的住房问题，2018 年新开工城镇保障性安居工程 419 套，基本建成 257 套，保障农村贫困户改造危房。

【财政改革】 2018 年，昔阳县防范化解政府债务风险。完善地方性债务管理制度，规范地方政府性债务管理，明确债务管理主体、有关责任及债务统计的范围，着重解决地方政府债务多头举借、多头管理的问题。通过政府预警机制强化对政府债务的举借、使用和偿还行为的约束，实现地方政府债务总体的计划性、规范性和时效性，保证债务收支集中和管理透明。12 月底，已偿还和核销到期债务 721.5 万元。按照上级财政部门要求建立隐性债务监控体系。推进县级行政事业单位国有资产管理提质增效。研究起草《关于进一步规范和加强全县行政事业单位国有资产管理实施意见》，预算管理改革继续深化、细化，预算公开全覆盖，预算绩效管理全覆盖，政府集中采购全覆盖，国库集中支付全覆盖，预算评审全覆盖，强化政府债务管理，成立债务管理领导小组，制定债务风险应急预案，保障“三基建设”的投入，实现钱往基层投的目标，健全完善重心下移、力量下沉、保障下倾的体制机制。加强非税收入管理改革。财政局相关股室根据《政府非税收入管理制度》《昔阳县政府非税收入收缴管理改革实施办法》等文件，用制度的形式加强非税征收和管理。对非税收入项目的设立、变更、取消、停止执行和非税收入标准的调整，严格按照法律、法规、规章和国家有关政策规定执行。在非税收入基金预算编制时，将各预算单位非税收入进行分类，合理确定预算单位非税收入年度计划。全县各行政单位的非税收入，全部通过非税收入系统集中缴入县财政专户，并加强对预算单位非税收入管理的监督检查，对非税收入征管、使用情况进行绩效评价。

【脱贫巩固提升】 2018 年，昔阳县财政局根据《昔阳县 2018 年实施脱贫巩固提升，统筹整合使用财政涉农资金管理办法》《昔阳县2018年统筹整合财政涉农资金实施方案》对整合后的资金规范管理。设立统筹整合脱贫巩固提升资金专户，资金使用严格按照规定进行。开展脱贫巩固提升专项贷款，完成全年省上批复下达的指标任务。配合有关部门积极衔接争取省级财政扶贫资金，整合财政涉农资金，精准实施脱贫巩固提升项目。强化贷款管理和财政扶贫资金监管，做好帮扶村的脱贫巩固提升工作。2018年共整合财政涉农资金18292.72万元，其中财政专项扶贫资金15691万元，县级财政投入资金7100万元。围绕脱贫巩固提升、民生改善、电子商务等，优选、申报一批拉动能力强、发展后劲大的项目。争取县级基本财力保障机制，奖补、生态功能区转移支付等转移支付资金和债券资金。组织项目建设，投资1530万元，实施农村公益事业建设、“一事一议”财政奖补项目，改善农村基础条件。

【廉政防腐】 2018年，昔阳县财政局内廉政建设实行制度化管理。建立廉政建设责任制，各股长与局领导签订《昔阳县财政局落实党风廉政建设责任书》；明确廉政内容、廉政要求和廉政职责，形成“一级抓一级、层层抓落实”的责任制约链条；以预防为主，组织全体干部职工学习《关于实行党风廉政建设责任制的规定》，增强干部职工廉洁自律意识，在财政局营造学廉、崇廉、敬廉的良好氛围，为规范权力运行，实现依法理财提供保障。在权力运行、重要领域和关键环节加强监督制约。如政府采购实行规范化管理，出台具体的操作规定，对政府采购的范围、计划编制、采购程序、采购方式、采购监督等整个操作过程都作了明确的规定。继续对工程类采购项目采取“抽取定标”的评标办法，规范招标文本，堵塞招标漏洞。进一步规范部门集中采购和采购代理机构的采购行为，提升政府采购的公平性和透明度，再如会计核算工作，严格执行财经纪律，加强会计监督。制定相应的管理制度，规范收支行为，有效地遏制腐败现象的发生。强化“收支两条线”管理。对各单位的行政、事业性收费和罚没收入，实行以加强管理为主，日常稽查、专项检查、重点抽查相结合的办法，严格执行“收支两条线”制度。进一步规范收费票据的领购、使用、核销和监督管理，坚持票据领购、使用、核销登记制度，对罚没票据进行“以旧换新”，防止出现罚没收入的坐支现象。

（赵小红）

国家税务

【概述】 国家税务总局昔阳县税务局（以下简称昔阳县税务局）正科级建制全职能局，为主管昔阳县税收工作、社保和非税收入征收的职能部门，实行以垂直管理为主、地方政府管理为辅的双重管理模式，担负着昔阳县3519户纳税人的税收征收管理。2018年7月20日昔阳县国家税务局、昔阳县地方税务局合并挂牌成立，10月25日召开“三定”大会，实现机构、编制和人员确定。现有22个机构，其中：13个内设机构（含2个另设机构），7个派出机构（6个分局1个所），2个事业单位。全局现有正式干部职工159人，平均年龄45岁，50周岁（含）以上79人。共产党员124人，占总人数的78%。2018年昔阳县税务局全面推进国税地税征管体制改革，落实组织收入原则，强化干部队伍建设，发挥税收职能，支持和促进县域经济发展。2018年原昔阳县国家税务局获得省级文明单位、省级平安单位荣誉称号；原昔阳县国家税务局机关一支部获得全省国税系统先进基层党组织称号；原昔阳县国家税务局团支部获得全省五四红旗团支部称号；原昔阳县地方税务局获得省级文明单位、市级平安单位荣誉称号；原昔阳县地方税务局党总支获得全市先进基层党组织称号。

【税收收入】 2018年，昔阳县税务局累计完成税收收入150387万元，同比增长25.45%，增收30512万元。分级次完成情况：中央级收入累计完成51213万元，同比增长27.32%；地方级收入完成99175万元，同比增长24.84%。其中，县级收入累计完成42575万元，完成县级计划39350万元的108.20%。分税种看：增值税累计完成71248万元，同比增长9.56%，增收6216万元；资源税累计完成44440万元（其中新开征水资源税累计完成3407万元），同比增长30.13%，增收10290万元；企业所得税累计完成17979万元，同比增长196.66%，增收11918万元；积极落实各项税收优惠政策，共计减免税收10616万元，同比增加2253万元，增长26.94%。其中：征前减免8143万元，退库减免2473万元。

【税源管理】 2018年，昔阳县税务局对管户进行摸底调查，分行业、分类型切实掌握管户情况，按照三定后的机构设置，重新整合征管资源，杜绝管户管理脱节漏管现象发生。加强内控机制建设，完善税收执法风险防控机制，依托风险管理系统和异地发票协查系统，加强重点税源、重点行业的风险识别、风险应对。2018年，开展风险评估22户/次，累计追缴税款316万元，其中包括增值税121.4万元，企业所得税193.8万元，其他税费0.7万元，追缴滞纳金47.9万元。

【社保费和非税收入职责划转】 2018年，昔阳县税务局成立社保专班，抽调7名业务骨干专门负责社保费和非税收入征管职责划转工作，确保工作稳步推进。4月到人社局开展调研3次，7月中旬，县局分管领导与县社保局、县财政局等单位负责人召开联席会议共同推进社保费征管职责划转相关工作，9月组织开展对窗口工作人员社保费专业知识、金三系统操作及缴费服务规范的重点培训。11月，会同县人社部门完成社会保险费存量数据的清洗、迁移和交接；12月，会同财政、人社、人民银行等部门完成全流程业务联调测试，实现征缴业务顺畅，信息系统互联互通，完成社会保险费划转的交接工作。和国库集中支付中心和金融部门进行业务对接，联合制作城乡居民养老保险全流程业务指南，确保广大城乡居民知悉登记、缴费等具体流程和需要向税务提供的各类入账凭证。2019 年 1 月 8 日，昔阳城乡居民养老保险已通过税库联网缴费成功。

【个税改革】 2018 年，昔阳县税务局成立个税改革专项领导组，组织召开了个税改革专题动员部署会，制定个税改革过渡期间工作方案和个税应急预案。组建个税推进专业团队，采取集中学习、能手讲解、小组讨论等多种形式的学习手段，提升全局内部对个税政策的掌握度。联系税友公司组织两期个税改革政策业务培训班，培训扣缴义务人 300 余人次，重点介绍过渡期政策和扣缴客户端的操作方法，确保各单位会申报、能操作，尽早享受减税红利。切实加大个税宣传力度。通过昔阳县电视台、县局宣传渠道和税务干部入企服务，播放和宣传个税相关政策，发放个税宣传资料，提高社会各界对新税法的知晓度。

【简政减税降负】 2018 年，昔阳县税务局落实优化企业注销程序。宣传优化企业税务注销程序的具体内容、办理流程与注意事项。2018 年，已通过优化版即办流程办理 80 户注销，容缺即办 3 户，一般程序注销 301 户。实现首次办证首次发票申领“一日办结”。新办纳税人首次办理发票票种核定，增值税专用发票最高开票限额不超 10 万元，每月最高领用数量不超 25 份；增值税普通发票最高开票限额不超 10 万元，每月最高领用数量不超过 50 份，将办结时间缩短到 1 日办结。

【入企服务】 2018 年，昔阳县税务局成立领导组，召开专项推进会议，选派 60 名干部，组成 30 个入企服务小组，对昔阳县 30 户重点工程项目、上市后备企业、“专精特新”中小企业等开展一对一帮扶服务，对照《税收优惠政策专项清单》，以“三问”（问需求、问困难、问建议）、“三实”（察实情、办实事、求实效）为主要服务内容，深入开展税源调查，重点了解企业生产经营状况，征求纳税人意见建议，深入排查纳税人办税过程中的痛点难点堵点，共计发放税收政策宣传资料 100 余份，发放调查问卷 50 余份，帮助企业解决实际困难 11 个，举办税收政策培训 2 期，收集问题 49 条，已全部解决。

【开展调研】 2018 年，昔阳县税务局“围绕纳税人需求找短板、围绕政策落地找不足、围绕服务效果找弱项”的工作重点，于 11 月 12—20 日，召开“问需求、查短板、帮发展”民营企业座谈会 7 场，参会纳税人代表 74 位，入企服务民营企业 71 户。开展座谈会、走访调研活动，主动回应民营企业合理诉求，共收集民营企业经济生产经营过程中的困难需求和意见建议 59 条，其中问题 36 个，已全部解决。

（郭　曦　白　伟）

金 融

JIN RONG

银 行

中国人民银行昔阳县支行

【概述】 中国人民银行昔阳县支行，现有职工25人，合同制工人5人，临时工3人，退休10人。支行内设两部两室，办公室、纪检监察审计室、综合业务部、金融管理部。其中在职党员17人，退休党员8人。

【货币政策实施】 2018年昔阳县加强货币政策宣传引导，发挥“窗口”指导。围绕昔阳县政府提出的“创建全市乡村振兴示范县”的目标，在调查研究的基础上制定出台《昔阳县金融支持乡村振兴指导意见》，明确全年信贷投放的重点领域、支持的重点项目。4月26日，支行组织召开“金融支持乡村振兴部署工作会议”，昔阳县政府分管金融工作副县长，金融办、银监办和各金融机构参加了会议，对工作进行具体安排和部署。6月8日，支行牵头召开2018年昔阳县政银企对接会，会上农业发展银行晋中分行与昔阳县政府签订战略合作协议。工行、中行、建行、邮政银行、信用联社与16家企业签订《企业融资意向书》，签约金额达7亿多元。工行、农行、晋中银行分别与5家企业签订《金融服务合作协议》。此次对接会为全县企业与金融深度合作，金融支持实体经济能力的提升，促进全县域经济持续发展起到助推作用。为加强窗口指导，昔阳县人行与昔阳县金融办、银监办创办《昔阳金融动态》，起到宣传货币政策，开展金融分析的作用，为地方政府经济决策提供依据。用活用好货币政策工具，向上级行申请争取扶贫再贷款1亿元，缓解农村信用联社扶贫资金紧缺问题。积极与财政、扶贫部门协调，制定《昔阳县扶贫小额贷款“一自三合”模式管理办法》，通过金融机构主动营销，新增扶贫小额贷款7258万元，占市政府下达任务的100.11%。至年底，全县各金融机构各项存款余额137.9亿元，较年初增加12.03亿元，增幅9.56%，各金融机构各项贷款余额 37.99 亿元，较年初增加 8.40 亿元，增幅 28.39%，是近几年增幅最大的一年。

【金融服务】 2018 年，工行昔阳支行与中支国库科沟通，经过前期的业务需求论证、中期的软件研发与技术攻关、后期的产品调试与测试，开发单机版《国库电子档案管理系统》。实现国库纸质档案向电子化的跨越。开展“移动支付便民推广工程”。按照《晋中市移动支付便民示范工程实施方案》要求，昔阳支行成立领导小组，协调指导发卡银行与商户联合开展“示范工程”。至年底，已完成新世纪购物中心 83 户，商街乐东路 93 户移动支付工具的布放。昔阳县农行、农村信用社在全县各村设立 316 个金融综合服务站，方便了广大农村居民小额现金支取、大额资金汇划，以及水费、电费、电话费缴纳。昔阳支行积极推广移动支付示范工程，各金融机构主动营销商户，推出兼容性较强的银联“聚合码”，实现移动支付“一码通”。全年共办理个人信用报告查询 7128 人次，其中司法查询 8 笔。中小企业信用信息数据库查询 71 笔，受理个人异议申请 1 笔，办理信用机构代码证共 292 笔，并开展二代征信系统试运行。

【金融与诚信教育】 2018 年，昔阳支行开展“金融与诚信教育‘五个一’工程助推昔阳金融扶贫”工作。为扎实推进“金融与诚信”主题教育活动，支行和县教育科技局联合，在省市“金融与诚信”主题教育的基础上，在全县中小学联合开展“金融与诚信教育‘五个一’工程助推昔阳金融扶贫”主题活动。为此支行牵头组织成立了以分管县长为组长、各商业银行行长为成员的领导组，制定了实施方案。全县各银行业金融机构和中小学校积极参与，县域的金融机构对接城区 7 所学校，农村商业银行基层网点对接所辖乡内的小学，实行一行包一校的责任制。开展读一本“金融与诚信”书，育一批“理财小能手”，树一批“诚信小明星”，帮一批“诚信家庭”工程，旨在巩固教育成果、提升教育活动、拓展金融扶贫的社会效应。

【金融监管】 2018 年，昔阳支行加强辖内金融机构监管。对建行、邮储银行、信用联社开展征信管理专项执法检查，对中国人保财险昔阳支公司开展了反洗钱现场检查，对 7 家金融机构国库经收处业务的现场检查，检查面达到 100%，针对问题提出了整改要求。完成辖内金融机构、证券公司、保险机构、小贷公司等 22 家机构的风险检测数据收集和录入。2 月 25 日接到昔阳县联社新建南路信用社违规上浮存款利率的举报后，昔阳支行立即对联社 30 个营业网点的存款利率执行情况展开全面排查，昔阳支行约谈了昔阳联社高管人员，并将排查后的事实与处理结果报上级行。对辖内金融机构进行信贷评估和综合评价。1 月份参与晋中中支对投保机构存款保险评级工作，监督昔阳信用联社按时足额缴纳存款保险金。4 月份对昔阳县农村信用联社开展恐怖融资反洗钱等级评估和支付结算等级评估，撰写《2018 昔阳金融机构综合评价报告》，向全县各金融机构进行通报，并以正式文件上报中支。9月份完成昔阳县农信社4个新设金融机构的申报并得到上级行核准。与政府协调出台《昔阳县人民政府办公室关于印发昔阳县清收农村信用社不良贷款工作方案的通知》，在昔阳县法院、公安部门的配合下，昔阳县信用联社催收不良贷款1300余笔，金额1.5亿元，为农村信用联社信贷资产真实性核查奠定基础。5月20日，昔阳农村商业银行股份有限公司创立大会暨第一次股东大会召开，昔阳联社实现由“社”到“行”的转变。开展“金融统计监测信息管理系统”异地救援应急演练。为提高应对数据报送风险的综合管理水平和应急处置能力，确保金融统计数据报送准确及时，按照中支“关于2018年晋中辖区金融统计监测管理系统应急演练的通知”，制定昔阳县“金融统计监测信息管理系统”异地救援应急演练实施方案，成立领导组，组织参演人员对应急预案和演练方案进行认真学习。10月23日开展昔阳县“金融统计监测信息管理系统”异地救援应急演练，演练取得预期的效果。（田长青）

工商银行昔阳支行

【概述】 中国工商银行股份有限公司（以下简称工行昔阳支行）前身为成立于1984年的中国工商银行，2005年10月28日整体改制为股份有限公司。中国工商银行股份有限公司昔阳支行，位于山西省晋中市昔阳县上城街15号，属工商银行晋中分行辖内的一级支行。支行拥有优质的客户基础、多元的业务结构、强劲的创新能力和市场竞争力，在全县范围内向客户提供广泛的金融产品和服务。以“服务实体，助力昔阳”为己任，在30多年的经营发展中，一直不忘初心、尽善尽美，成为昔阳县业务种类最全面、品牌价值最高、安全性最可靠的国有控股商业银行，并得到社会各界的广泛信赖、好评。2018年，工行昔阳工行下辖两个网点共有员工52人，其中网点服务人员26人，网点负责人2人，运营主任4人，柜员11人，大堂经理2人，客户经理2人，服务支持岗5人。人员配备符合现代银行业岗位需求，能在最大限度内保证客户在最短的时间内办理完业务，不断提升服务质量，提高客户满意度。支行网点柜员全部具备工总行认证的柜员资质，通过“反假币资格考试”。客户经理全部具备工总行认证的客户经理资质，持有“保险从业资格证”“基金从业资格证”。43名员工中，36人拥有大专以上学历和学位，其中5人拥有本科学位，1人拥有硕士研究生学位，2人拥有理财师资格证。较高的员工素质为客户提供最全面、最专业的金融服务。

【服务渠道】 2018年，工行昔阳支行有机构网点2个，离行自助网点1个。营业部位于昔阳县上城街15号，新建路支行位于昔阳县新建南路，离行自助网点位于昔阳县江口东街城中二区底商。昔阳支行始终将“打造一流网点，提供一流服务”作为重点工作，注重网点升级改造。支行物理网点地理位置、营业面积、营业环境、装修设计、便民设施等硬件水平在全县首屈一指，客户进入工行网点便能畅享尊贵金融服务。全辖拥有 7 台存取款一体机，并配备多功能自助终端、产品领取机、网银机、回单打印机等智能化设备。让客户无须等待，7×24 小时便享实时服务。昔阳支行加快推动互联网金融发展，从网上渠道、电话渠道、手机渠道三维度、立体化、全方位健全电子金融服务，推出融 e 购、融 e 联、融 e 行、融 e 借、工银直销银行等，让客户足不出户即可畅享集转账汇款、投资理财、网上购物、网上贷款、购物缴费等多元化服务。

【业务特色】 2018 年，工行昔阳支行积极响应县政府“全市争上游，东山创一流”的发展目标，把自身经营发展与地方经济建设有机结合，实现银企双赢。支行积极支持县城支柱产业发展和城镇化建设，加大对新型产业、民生产业和小微企业的金融扶持力度，自身积累了丰富的业务经验并形成核心优势，已成为业务种类最全、开办时间最早、资产规模最大、服务客户最广的银行。近年来，昔阳工行积极应对新常态，与时俱进，不断升级产品、更新业务体系，积极防范和化解各类风险，加大内控案防检查力度，打造“三晋最安全银行”，为客户的资金安全保驾护航。全年新发放的楼盘有学府家园、天泉幸福里、祯祥悦二期、北湾新城，2018 年新增发放贷款 6000 万元，累计发放贷款金额 1.9 亿元，帮助千家万户实现了安居梦。理财业务。大额储蓄存单、节节高 2 号、薪金溢；国债、“三利”系列、“灵通快线”系列、“步步为赢”系列本外币理财产品等。对公贷款业务。流动资金贷款、项目贷款、国内贸易融资、银行保函、票据贴现、银行承兑业务等。工行昔阳支行全年为中煤昔阳能源有限公司发放一年期营运期贷款 2.5 亿元，解决企业的燃眉之急。

中国农业银行昔阳县支行

【概述】 中国农业银行昔阳县支行（简称昔阳农行）是一支“立足县域、服务‘三农’”的大型国有股份制商业银行的分支机构，恢复设立于 1979 年。2018 年年底支行内设 4 个部门，为综合管理部、客户部、财会运营部和风险管理部，下辖 3 个营业网点（支行营业部、城关支行、新建路支行）和 4 个自助网点（城东家园、轻工家园、名仕家园、大寨红旗广场）。拥有员工 54 人，党员 46 人，其中在职党员 22 人，离退休党员 24 人。设立 5 个党支部：机关党支部、营业部党支部、城关支行党支部、新建路支行党支部和离退休人员党支部，实现党支部在网点全覆盖。先后获得全国金融系统职工体育达标先进单位、农总行服务“三农”先进集体、农总行案件防控先进单位、农总行第七届精神文明单位、省公安厅省级治安先进单位、省妇联“三八”红旗集体、市文明办精神文明标兵单位、昔阳县委县政府服务经济建设先进单位、支持昔阳经济发展先进金融单位等荣誉。

【业务经营】　2018年，昔阳农行以党建为引领，围绕服务地方经济建设这一主线，夯实业务基础，加快业务发展，强化风险管理，各项业务发展良好。至年底，各项存款余额达27.41亿元，贷款余额3.38亿元，实现净利润2227万元。

【服务“三农”】　2018年，昔阳农行秉承服务“三农”历史使命，精心打造以物理网点为骨干、以“金穗惠农通”服务点为支点、以“移动金融”为延伸的“三位一体”服务“三农”网络，走出一条具有农行特色的服务“三农”新路。至年底，共发放有效惠农卡88533张，设立惠农E通服务点192个，累计发放普惠金融小微企业贷款500万元，惠农E贷260万元，精准扶贫贷款500万元。运用“三农代缴费平台”开展新农保代收工作，在闫庄乡、皋落镇、李家庄乡、三都乡实现了试点代收。全年累计代缴电费、电话费、新农保费，4.56万笔，共计747万元。

【支持县域经济建设】　2018年，昔阳农行发放项目贷款、开展票据贴现等业务，满足企业发展资金需求，支持企业扩大再生产；发放个人住房按揭贷款，支持城镇、农村居民住房刚需；发放存单质押、理财质押等个人贷款，满足个体工商户经营资金需求；发放农户贷款，支持农村产业带头人，发展种养殖等农业产业项目。至年底，全行各项贷款余额达3.38亿元，较年初增加2859万元。

【金融安全】　2018年，昔阳农行持续深化创建“平安农行”工作，扎实推进“三化三达标”管理，以防范风险、转移风险、减少风险、排除风险、规避风险为主要抓手，加强案件防控和管理，各项工作制度、工作措施得以顺利贯彻落实。员工防范意识、防范能力进一步增强，防范措施进一步健全，安全保卫工作井然有序。

（张仓仓）

中国建设银行昔阳支行

【概述】　中国建设银行股份有限公司昔阳支行（简称昔阳建行）成立于2012年12月底，2018年在册员工24名，其中在职15名、退休人员5名、内退4名；在职员工中，其中男员工10名，女员工5名。

【主营业务】　2018年，昔阳建行一般性存款余额3.25亿元，全年新增9310万元，四行时点新增占比第二。其中对公存款日均新增7232万元，四行第二，储蓄存款日均新增2078万元，四行日均新增占比第一。信贷总额6.3亿元，公司类贷款4.7亿元，其他类贷款1.6亿元。全年小企业贷款发放18笔，金额1380万元，全年发放个人住房贷款275笔，金额4182万元。个人贷款发放在四行中占比第一。个人全量客户170578位，零资产64776位，有资产客户105802位，当年新增67153位。对公结算账户新增84户。信用卡发卡2031张，专项分期842万元，其中分期通521.3万元，装修分期313.5万元。

【拓宽金融服务】　2018年，昔阳建行累计为全县20家小微企业发放普惠金融贷款1566万元，通过产业扶贫的方式带动贫困户再就业 67 人。为阳煤电石、精博伟业等企业办理票据贴现 800 万元，解决企业的资金周转问题。贷款渠道不断畅通，大力推广线上快捷办理，进一步降低贷款利率，减少融资成本。同年，昔阳建行为 289 户购房居民发放个人贷款 4200 万元，圆了他们的安居梦。为 160 人办理信用卡分期 842 万元，支持个人大额消费、住房装修、购车出行。

【社保卡应用】 2018 年，昔阳建行共为全县城乡居民制作社保卡 20 万张，为了方便居民使用社保卡，在 12 个乡镇布放电话 POS 终端 78 台，开通裕农通服务点 32 个。 （任浩锋）

中国银行股份有限公司昔阳支行

【概述】 中国银行股份有限公司昔阳支行（以下简称中国银行昔阳支行）共有员工 15 人，地址位于山西省晋中市昔阳县新建南路（邮政综合楼），于 2011 年 1 月 13 日注册成立，主要经营办理人民币存款、贷款、结算业务；人民币信用卡业务；办理票据贴现业务；代理发行金融债券；代理发行、代理兑付、销售政府债券；外汇存款，外汇付款，外汇汇款；外币兑换；通过上级行办理代客外汇买卖；代理国外信用卡付款业务；经中国银行业监督管理委员会依照有关法律法规批准的其他业务（依法须经批准的项目，经相关部门批准后方可开展经营活动）。

2018 年，中国银行昔阳支行坚持“群策群力、尚贤用能、稳健经营、积极进取”的工作思路。至年底，昔阳支行各项存款余额 34754.45 万元；各项贷款余额 7088.39 万元。

【企业文化建设】 2018 年，中国银行昔阳支行经过 8 年发展，员工队伍建设有了新的变化。包括班子成员在内 15 名员工均为 80、90 后。思想活跃，但社交圈子窄，社会经验缺乏。班子成员管理经验不足。面对这种情况，首先坚持班子团结，重要决策互通信息。做到互相信任，充分授权。坚持并控制好每周例会的质量，鼓励员工提信息，提建议，凝心聚力谋划业务的发展。通过对每位员工思想及能力的摸排考虑，按照“合适的人干适合的岗位”的原则，加强了营销队伍的力量。合理配置岗位，明确职责分工细化，坚决杜绝推诿扯皮的不正之风。扎根当地，在业务的下沉上，坚持破零原则。在业务拓展上，坚持负责人带头亲力亲为。按照“坚持以人为本，激发发展活力”的要求，积极培养昔阳支行员工“敬业、专业、乐业”的工作态度和“用心、精心、细心”的工作作风。建立落实考勤制度、岗位职责、考核方案等规章制度，择机对人员岗位予以调整。对员工“人文上关怀、人格上尊重、人性上理解、发展上帮助、思想上提升、困难上解决”，增前员工的自豪感、幸福感和归属感。坚持每周一次案例学习，结合实际工作中出现的问题，分析并查找管理漏洞，改进支行管理工作。对各类通报、监控发现的问题，业务经理逐条逐项与当事人核实，分析原因，提出整改措施。坚

持“双十禁”学习，建立思想重视，行动规范的合规文化。（程 鹏）

晋中银行股份有限公司昔阳支行

【概述】 晋中银行股份有限公司昔阳支行（以下简称晋中银行昔阳支行）于2017年9月27日注册成立，位于山西省晋中市昔阳县新建南路24号，内设三条线：运营、零售、公司，在职员工15人，职工平均年龄29岁，本科以上学历占比100%，是一支年轻有活力的队伍。晋中银行自成立以来，秉承“源自晋商故里，服务天下晋商”的宗旨，坚持“扎根昔阳大地，支持地方经济，弘扬大寨精神，服务城乡居民”的服务理念，至年底，存款余额达4.34亿元，2018年新增2.74亿元，各项贷款余额达4700.8万元。

【内控管理与金融安全】 2018年，晋中银行昔阳支行以制度和绩效考核为主要抓手，积极提升内控责任管理水平，进一步健全内控管理制度，贯彻落实员工岗位职责与绩效考核挂钩的方针，使每位员工明确责任、履职到位，建立健全激励约束机制，确保风险防控措施落实到位，为各项业务发展奠定基础、提供保障，强化制度学习，加强员工思想教育和管理工作，使制度文件成为员工业务操作的标准，使员工熟知业务操作规定，避免发生操作风险，突出抓好员工案防案件防控和管理，各项工作制度、工作措施得以顺利贯彻落实。员工防范意识、防范能力进一步加强，防范措施进一步健全，安全保卫工作井然有序。构建高科技，智能化，集人防、物防、技防为一体的安全防范体系，有效地防范各类刑事案件发生，防抢、防盗、防诈骗、防涉抢、防火，保证金融资金安全。

【企业文化建设】 2018年，晋中银行昔阳支行内抓服务，外抓形象，以人为本，先后慰问北岭沟、窑湾村的贫困户，共计300余人；2018年7月联合乐风艺术学校组织了一场少儿模特大赛，报名参赛200余人；2018年11月举办昔阳县“晋中银行杯”广场舞大赛，报名参赛15支队伍，参与人数190余人；树立良好的行业口碑，支行内部进行“比、学、赶、帮、超”的工作氛围，打造一支“爱岗敬业、遵纪守法、诚实守信、业务精良”的团队。

【服务县域经济】 2018年，晋中银行昔阳支行以“服务地方经济、服务城市居民、服务中小企业”的市场定位，支持昔阳县经济发展，以优质高效的服务，充分发挥“快捷、方便、灵活”的特色，利用晋中银行一系列金融产品，为全县人民提供结算、汇兑、代收代发、小额周转贷款、住房按揭贷款、个人消费贷款等多种特色金融产品，为社会各界提供一流的金融服务。（李 静）

山西昔阳农村商业银行股份有限公司

【概述】 山西昔阳农村商业银行股份有限公司（以下简称昔阳农商银行）现辖30个营业网点，其中，1个营业部，29个支行，内设部门16个，现有领导班子成员7名，在职员工407人（在编在岗290人，劳务派遣117人）。班子成员7名，平均年龄45岁，平均从业年限26年，研究生2人，大学学历5人，中级职称4人，初级职称2人；职工平均年龄36岁，大专以上学历占比90%，平均从业年限17年。

【改制转型】　2018年，昔阳农商银行紧盯节点，主动对接省、市、县银监部门，于4月2日取得省银监局同意筹建山西昔阳农商行的批复，5月22日成功召开创立大会，9月16日召开2018年度第二次股东大会，于2018年12月30日实现挂牌开业。

【业务发展】　2018年，昔阳县共有30个营业网点、162个助农取款点，拥有237台商户支付设备，为昔阳县24万城乡居民提供存贷、结算和理财服务，金融服务惠及全县5镇7乡1社区，335个行政村；资产总额84.9亿元，存款余额64亿元，贷款余额23亿元，存贷份额占到46%和59%，是“三农”发展、金融腾飞的坚强后盾。

【支农支企】　2018年，昔阳农商银行依托4类18款信贷产品，加大对农户、城镇居民、小微企业的金融资源倾斜，深入巩固信用工程建设，持续推行“房贷通”“商贷通”等产品，围绕农业转移县城人口趋势，满足就业、创业、购置住房等金融需求，大力支持县域企业发展，小微企业贷款达111100万元，服务县域实体经济效果显著，贷款净增额达2.5亿元，助力昔阳经济发展。

【业务推广】　2018年，昔阳农商银行以“晋享”产品为依托，开展电子银行产品的宣传活动，以厅堂营销、社区营销、学校、企业等客户群为主，进行地毯式、渗透性地营销，年内发卡101342张，余额3.59亿元，IC卡占有率74.35%，个人网银开通2677户，企业网银开通420户，手机银行开通6033户，微信银行开通18251户，第三方支付开通39921户，便捷全县居民的生活。

【脱贫攻坚】　2018年，昔阳农商银行紧扣“精准扶贫”这一方向，创建金融扶贫示范县、示范点的相关工作，为农户及各类涉农主体提供存、贷、结算等一揽子金融服务，加快信用工程建设，以点带面，整体联动，支持当地支柱产业和“西菜东果”“双孢菇产业”“规模健康养猪”“中草药种植”等重点工程，累计发放扶贫类贷款3.13亿元，单位扶贫累放金额23492万元，个人精准扶贫贷款累放金额7790.45万元，共带动3335户贫困户致富，其中5321扶贫小额累放979户，金额4613.65万元，促进当地特色农业的发展和贫困户创业。

【服务县域经济】　2018年，昔阳农商银行主动参与社会公益捐款，助力学生高考，为贫困生送爱心、组织多频次的金融宣传，开展文化笔会进商行、冠名唱享松溪等活动，使昔阳农商银行的品牌形象深入广大客户心中，助力昔阳文化事业发展。

（杨　帆）

中国农业发展银行昔阳县支行

【概述】　中国农业发展银行昔阳县支行（以下简称昔阳农发行）成立于1996年12月13日，承担粮食购销企业、农业产业化龙头企业、农业中小企业、农业基础设施建设企业以及其他企业的现金收付、转账结算和信贷业务，为昔阳县农业和农村经济发展提供服务。自建行以来，已累计发放各类贷款91083万元，为昔阳县农业发展、农村稳定、农民增收作出了显著贡献，连续十年被昔阳县委、县政府评为“服务经济先进单位”，声誉良好。

【业务经营】　2018年，昔阳农发行坚持以党的十九大精神和习近平新时代中国特色社会主义思想为指引，以支农惠农为核心，聚焦“双1234”战略，突出“三大战役”和“四项重点”，狠抓“三个清单”目标任务，全面创新业务发展新举措，切实推动全年目标任务有效完成。截至年底，各项存款余额19485万元，各项贷款余额12066万元，贷款综合利息收回率78.17%。

【中长期项目营销】　2018年，昔阳农发行坚持“藏粮于地　藏粮于技”战略，开展“高标准农田建设”和“地下综合管廊PPP项目”营销工作。昔阳农发行作为全省系统内第一家，率先支持高标准农田建设，项目已获批；地下综合管廊PPP项目营销进度也日渐加快。项目公司已在农发行开立基本存款账户和项目资本金专户。

【易地扶贫搬迁】　2018年，昔阳农发行全力响应政府“脱贫攻坚　扶贫提质”服务战略，将易地扶贫搬迁作为工作切入点。通过精准发力、多方协调，昔阳农发行作为全市系统内第一家，实现7323.44万元易地扶贫搬迁贷款的投放，发挥党中央国务院赋予农业政策性银行金融扶贫主力军的作用。2018年9月30日，昔阳县易地扶贫搬迁入住仪式成功举行，2145人得到安置，真正实现昔阳速度。

【脱贫攻坚】　2018年，昔阳农发行全身心投入驻村帮扶，取得良好成效。协助举办缝纫、家政等技能培训，发展手工业；帮助实施规模种植，推广农业技术；开展“五洁净、六要六有”迎检工作，顺利通过验收；组织员工帮助贫困户收秋、销售农产品，确保农户增收；协调建成日间照料中心，改变村容村貌，切实提升农村基础设施建设。

【风险防范】　2018年，昔阳农发行将风险防范和内控合规作为履职尽责的重要抓手和举措，及时制定案防工作计划，组织员工签订防范和打击非法集资、非法收贷、金融诈骗目标责任书；深入开展“合规管理提质年”“学法规、促规范、提能力”和“防范和处置非法集资宣传月”等专项活动；多次举办安全教育、消防知识、保密知识、金融知识讲座，促进全体人员熟知风险底线，敬畏规则制度，规范业务经营行为，提升风险防范和内部管理水平。

（张　歆）

昔阳银监办

【概述】 昔阳监管办事处（以下简称昔阳银监办）是晋中银保监分局的派出机构，负责昔阳县内银行业与保险业金融机构的监管，现有编制3人。

【整治银行业市场】 2018年昔阳银监办开展辖内银行业金融机构员工轮岗交流情况监管抽查，并对辖内银行业金融机构2017年度案防工作进行评估。进一步夯实案防工作基础，对昔阳信用联社开展信贷资产质量真实性、资金脱实向虚、股东股权管理、公司治理及关联交易排查，促进昔阳信用联社改制化险、稳健运行；开展同业业务风险排查，全面掌握风险状况，确保依法合规经营，稳妥有序推进风险处置化解，强化抵抗风险能力；对昔阳县银行业金融机构进行金融许可证公示情况现场检查，督促各银行业金融机构进一步规范金融许可证使用管理；在全县范围内开展整治银行业市场乱象督导工作。重点整治信贷、票据、同业、理财、表外等业务层层嵌套，贷款三查、代理代销金融产品、交叉金融产品以及信访投诉管理等环节；按时与法人机构进行审慎监管会谈并提出监管意见；建立健全内控制度，完善公司治理架构；深化案件防控教育，强化全员案件防控意识；防范信贷领域金融乱象，从源头上遏制贷款纠纷类诉讼和信访投诉高发态势；严格控制资金业务风险，保证流动性充足；及时与辖区银行拟任支行行长进行任前谈话。

【支持乡村振兴】 2018年，昔阳银监办制订《昔阳县金融支持乡村振兴战略的指导意见》，并与各金融机构认真执行。持续做好脱贫巩固提升，完成“一稳定、两不愁、三保障、四联通、五洁净、六要六有”的整体目标；深入推进农村地区惠普金融发展，着力推动基础金融服务向行政村延伸，打通农村基础金融服务“最后一公里”，基础金融服务“村村通”实现了全覆盖；在“六一”国际儿童节来临之际，昔阳银监办为落实金融支持乡村振兴战略、提升农村金融服务水平，5月31日上午，赴赵壁乡赵壁小学举行“金融知识进校园”活动，并为孩子们送上节日祝福。

【扫黑除恶】 2018年，昔阳银监办设立独立办公室、安排专人负责专柜、设立扫黑除恶线索举报箱、张贴制度上墙；分门别类整理档案、建立电子档案及目录并保存于相应档案盒；强化政策制度落实、落实周报月报制度、加快落实排查清单；深入开展干部职工涉黑涉恶行为排查。督导辖内银行业金融机构做好扫黑除恶专项斗争工作。每月组织辖内银行业金融机构召开两次扫黑除恶专项斗争工作例会。了解各行扫黑除恶进展、排查情况、工作中遇到的问题，对下一阶段工作进行安排；要求各银行业金融机构对照清单，认真组织对涉黑涉恶组织和个人授信融资排查。对员工是否存在涉黑涉恶人员担任董事、监事、高级管理人员情形、是否存在涉嫌涉黑涉恶等异常行为情形、是否存在涉黑涉恶组织或人员参股、控股情形排查。对是否存在以故意伤害等非法手段暴力催收行为、是否存在因暴力催收接收和处理的信访投诉事项排查。对实行信用卡申请办卡外包、逾期催收外包、贷款催收外包的情况排查；时刻保持高压态势、加大督导问责力度。

【服务实体经济】　2018年昔阳银监办“三度合一”做好扶贫小额信贷工作。将扶贫小额信贷作为加快扶贫产业发展、促进贫困人口增收的关键举措，加强组织领导，加大政策宣传，完善配套机制，落实工作职责，确保扶贫小额贷款精准合规发放；陪同分管县长实地调研，听取各机构考察对接情况汇报，学习借鉴安徽扶贫小额信贷“一自三合”模式经验。督促各机构创新工作机制，强化监测调度，切实加快投放进度，不断提高贫困户获贷率。协调昔阳县扶贫办按照地方扶贫小额信贷风险补偿金及贴息资金管理操作细则，及时划拨风险补偿金到各银行账户。完善考核力度，制定考核方案，明确奖惩措施，按月上报进度，定期通报约谈，严格督导问责，共约谈5家机构10人次。3月24日召开全年重点工程项目政税银企对接会。6月8日召开第二次政银企对接暨培育资本市场推进会。15家企业与相关银行签订了贷款意向书，签约金额70330万元。5家企业与相关银行签订金融服务协议书。政银企进一步增进信任、加强沟通、精诚合作，共同推动政银企健康发展。

【昔阳联社改制】　2018年，昔阳联社按照现代企业制度规定，通过清产核资、优化股权、压降不良等，逐步完善公司治理，积极改制农村商业银行，2018年5月22日，召开了昔阳农村商业银行股份有限公司创立大会暨第一次股东大会；7月17日陪同王万应副局长及监管三科督导农商银行筹建期工作；10月16日召开了昔阳农村商业银行股份有限公司第二次股东大会；主任多次与昔阳联社主要负责人赴分局汇报改制工作及其他事宜。

【银税合作】　2018年，昔阳县银监办在11月银税合作暨小微企业金融服务宣传月活动中，利用各种机会积极宣传第五次全国金融工作会议精神及银监工作的监管工作重点，落实有关金融监管政策以及引导银行业如何服务实体经济、防范金融风险，支持供给侧结构性改革、精准扶贫、服务“三农”、扶植小微。　（吴姝亚）

保　险

中国人民财产保险股份有限公司昔阳支公司

【概述】　中国人民财产保险股份有限公司昔阳支公司（以下简称昔阳县财保公司）是全县唯一的国有财产保险公司，也是经营险种最全，市场份额占比最大的非寿险公司，公司下设综合部、理赔分部、业务部、营销部、出单中心，在职职工16人。2018年，昔阳县财保公司超额完成保费计划任务，完成率106.89%。

【主要业务】　2018年，昔阳县财保

公司主要经营的业务有各类机动车辆保险和第三者责任险、车上人员责任险、全车盗抢险及附加险、货物运输险、各类企业财产险、综合险、各类家庭财产保险、环境污染责任险、雇主责任险、公众责任险、监护人责任险、医疗责任险、学生校园方责任险和教职员工校方责任险、各类人身意外伤害险、建筑安装工程意外险、驾驶员及司乘人员意外伤害险、借款人意外险、学生意外险和健康险，重大疾病补充医疗险、各类信用保证保险、种植业和养殖业保险，能繁母猪保险、奶牛保险和苹果保险、森林保险、大棚蔬菜保险等 100 多个险种。

【指标完成】　2018 年，昔阳县财保公司累计实现保费收入 1648.75 万元，同比增长 294.59 万元，增幅 21.75%，其中车险累计保费收入 853.86 万元，同比增长 4.41 万元，增幅 0.52%，非车险累计保费收入 794.89 万元，同比增长 290.18 万元，增幅 57.49%，其中政府性扶贫核桃保险项目保费收入 230 万元，赔款 340 万元，已全部到户。

【车险业务】　2018 年，昔阳县财保公司明确车险发展方向由理赔分部牵头修理厂资源置换工作，制定相关的考核办法，成功利用送修资源进行保费置换。调研各乡镇，选择经济较发达，位置较中心的乡镇大力拓展农村家自车业务，并于大寨、冶头两个乡镇成功设立营销部，初见成效。

【非车险业务】　2018 年，昔阳县财保公司以非车险带动车险的思路开展工作，加强商非团队的专业建设，承保农业扶贫投资有限公司光伏财产保险 8 万余元，精准扶贫返贫责任险 63 万余元。在农业保险扶贫、大病保险扶贫、民生保险扶贫等方面取得积极成效，兜住因病因灾返贫的底线，降低返贫致贫风险。　（翟佩丽）

中国人寿保险股份有限公司
昔阳县支公司

【概况】　中国人寿保险股份有限公司昔阳县支公司（以下简称昔阳人寿公司），是昔阳县唯一的国有人寿保险公司。拥有多种销售渠道：即拥有个险、银保、团险等三大渠道，三支队伍的寿险公司。经营险种齐全：即人寿险、健康险、意外险三大类，数百个险种。市场份额占比优势大：即在昔阳县市场份额占到一半以上的人寿保险公司。公司下设经理室、个险销售部、银保销售部、团险销售部、综合办公室、B 柜面营业厅等六个职能部门。其中个险渠道拥有城区、两乡、收展三支个险销售队伍。两乡队伍分别在大寨镇、赵壁乡、皋落镇、李家庄乡、东冶头镇设有农村营销服务部。银保渠道和全县各大银行拥有代理业务关系。团险渠道所承保的对象，几乎覆盖昔阳县所有居民。公司现有在职职工 25 人，三大渠道销售代理人 500 余人。2018 年，昔阳人寿保险公司累计实现保费收入 12536.77 万元，同比增长 1127.42 万元，增幅 10.85%。其中个险渠道保费收入 11067.54 万元，同比增长 1568.49 万元，增幅 16.51%；银保渠道保费收入 1074.31 万元，同比增长-517.63 万元，增幅-32.52%；团险渠道保费收入 394.69 万元，同比增长 176.34 万元，增幅 80.76%；总保费市场份额 54%，位居昔阳县寿险公司第一。

【开展业务】 2018 年，昔阳人寿保险公司主要经营的人寿险业务有：人寿保险、健康保险、意外伤害保险、互动业务代理财产保险、政策性业务扶贫保险五大类业务。其中，人寿保险类业务涵盖子女教育、子女婚嫁、各类生存金、养老金、满期金、定期寿险、终身寿险等。健康险涵盖重大疾病保险、住院医疗保险、住院生活津贴、长期护理保险等。意外伤害保险涵盖意外身故、意外伤残、意外医疗、意外住院津贴等保险责任。互动业务代理财产保险涵盖车辆损失险、交强险、第三者责任险、家庭财产保险、企业财产保险、各类责任保险、工伤补充保险等。政策性扶贫保险涵盖大病医疗保险、贫困户住院生活津贴保险等。在售各类险种多达数百个品种。

【经营建设】 2018 年，昔阳人寿保险公司完成年度计划任务目标，市场份额大幅度提升，以明显优势位居昔阳县寿险公司第一，公司荣获 2018 年度市公司综合经营管理优秀奖。特别是在昔阳县脱贫攻坚战中做出优异成绩。 （光淑贤）

商　贸

SHANG MAO

商务综述

【概述】　昔阳县经济和商务粮食局，是县政府工作部门，正科级建制，行政编制20名，科级领导职数1正6副，其中：局长1名、副局长4名、总经济师1名、总工程师1名。至2018年底，全局实有在职公务员14名，事业人员2名。局机关内设办公室、企业股、能源股、商务股、粮食股、行政审批股。

【内贸工作】　2018年，限上社会消费品零售总额入统企业有昔阳县晋美商务酒店有限责任公司、昔阳县国贸大厦、昔阳县大寨加油站、山西延青商贸有限公司、山西厚基伟业商贸有限公司等16家，并拟新增限上社零入统企业5家。内贸主要经济指标昔阳县社会消费品零售总额完成291421.9万元，同比增长8%。

2018年昔阳县经济和商务粮食局高推进电商扶贫，已建成云创电子商务运营服务中心和农村淘宝昔阳服务中心2个园区，共入驻企业37家，新孵化涉农电商企业3家。昔阳县共建成农村淘宝、京东、农芯乐、乐村淘等5个县级运营中心，共建设村级服务站406个，共覆盖昔阳县110个贫困村，实现服务站乡镇全覆盖。建设1个仓储物流中心，顺丰、韵达、圆通等18家快递企业落户昔阳县，2018年昔阳县培训农村电商人员474人，共带动贫困人口110人。

【外贸工作】　2018年，昔阳县外贸企业共计3家，金谷阳光食品有限公司、山西碧洲科技有限公司和江尚工艺品有限责任公司。截至年底，金谷阳光食品有限公司和金谷阳光贸易有限公司出口暂时保鲜菇和鲜菇罐头，合计435万元人民币。为加大对外贸企业的支持力度，适时组织昔阳县企业参加省市商务部门组织的国际知名展会。10月，昔阳县组织金谷阳光食品有限公司参加法国国际食品饮料展览会SIAL。11月，组织昔阳县7家企业参加首届中国国际进口博览会。

【商务执法】　加强成品油监督管理。

2018年以来昔阳县经商粮局组织加油站开展多次自查，进行多次抽查。依据《成品油市场管理办法》等相关规定，重点对证照是否齐全、是否建立进销存管理台账、是否从具有成品油批发经营资质的企业购进油品情况、是否存在未经许可擅自改扩建等开展检查和整治，对涉嫌违反《成品油市场管理办法》违法行为予以立案查处。

2018年昔阳县双打办多次组织各乡镇人民政府、城区社区管委会及相关单位以城乡接合部、高速公路沿线、国省公路沿线、成品油经营网点集中地为重点区域，以成品油运输、批发、零售为重点环节，以非法经营、非法储存、非法运输为重点打击对象，严厉打击取缔黑加油站点。2018年以来，共接受群众举报6件，开展联合执法8次，出动联合执法人数200余人，查处摸排举报黑加油（站、点、车）12处，清理废弃油罐1个，查处地沟油炼油点1处。（闫　伟）

中小企业服务

【概述】　昔阳县中小企业服务中心为财政拨款事业单位，正科级建制，隶属于昔阳县经济和商务粮食局管理。内设办公室、财务股、企业股、综合股、经监股等5个股室，在职人数12人，主要职责是对全县中小企业进行规划、指导、协调、服务。

【实施企业成长工程】　2018年，昔阳县中小企业服务中心按照“创办一批、成长一批、壮大一批”的总体思路，全力推进小微企业创办、骨干企业成长、规模企业培育三项工程。在12乡镇及城区社区实施“一乡一企”工程项目32个，完成投资42000万元，孵化小微企业326个，打造省级“专精特新”企业和国家级高新技术企业各1个。加大服务力度，加强跟踪监测，助推斯能光伏、晋美洗煤、创新洗煤、恒顺洗煤、大寨新型建筑、宏源洗煤等6个企业顺利实现“小升规”目标，成为规模以上工业企业。昔阳县全县中小企业完成工业总产值274672万元、规模以上工业总产值完成257219万元，营业收入完成307287万元，实现利润总额21055万元，上缴税金39700万元，从业人员达到12300人，昔阳县中小企业经济运行呈现出稳中有进的良好态势。

【开展素质提升工程】　2018年，昔阳县中小企业服务中心以“走出去学习经验，引进来管理人才”的发展理念，全力提升企业家素质。推荐晋粮农牧负责人参加山西省中小企业局组织的清华大学董事长培训；推荐大寨制衣、丽云服装、碧洲生物科技等企业负责人共计28人次参加晋中市中小企业局组织的董事长总经理素质提升培训；组织部分骨干企业负责人赴深圳华为集团、立白集团、广东创投小镇、全国农博会、厦门大学等地实地考察学习；组织德盛达化工、平西实业等15家骨干企业进行股份制改造和投融资专题学习培训，并邀请专家深入企业进行现场调研指导；组织长鑫农业、金谷阳光等骨干企业，参加晋中市中小企业局规范化管理提升专题培训。一系列的学习培训活动，让昔阳县企业家更新观念，开阔视野，提升素质，为中小企业队伍建设提供有力支撑。

【提升企业规范行动】 2018年，昔阳县中小企业服务中心在金谷阳光、大寨制衣、长鑫农业等5家企业实施了“企业规范化管理提升行动”，聘请专业人员组建专家团队，深入企业指导服务，帮助企业完善法人治理结构，建立现代企业制度，转变发展方式，提升管理水平，5家企业均已达标。

【搭建银企洽谈平台】 2018年，昔阳县中小企业服务中心继续与建设银行合作，为符合条件的企业开展助保贷业务，共计发放贷款1340万元。其中，昔阳县华泰物流有限责任公司1000万元、昔阳县邦诚建筑有限责任公司190万元、昔阳县锦源新型建材厂150万元。

【产业集群建设】 2018年，昔阳县中小企业服务中心承接京、津、冀产业转移项目，盘活废旧厂矿、停产倒闭企业等闲置存量土地，解决企业生产办公用房用地难题，促使仿真花制作和服装加工两大产业迅速发展壮大，两大产业落地昔阳县企业数量分别达到17个和20个，仿真花产业作为初具规模的产业集群，获得市级集群项目扶持资金200万元。 （王立鹏）

供销合作社

【概述】 昔阳县供销合作社机关为县政府直属自收自支事业单位，内设6个股室：理事会办公室、监事会办公室、人事教育股、财务统计股、业务基层股、审计股。设有直属企业7个：农业生产资料公司、永丰土产果品有限公司、棉麻日杂公司、盐业公司、县社经销公司、县社印刷厂、国贸大厦。股份制企业1个，昔阳县万通供销商贸有限公司。所属基层供销社20个，城关供销社、大寨供销社、冶头供销社、闫庄供销社、西寨供销社、沾尚供销社、皋落供销社、赵壁供销社、凤居供销社、杜庄供销社、巴洲供销社、界都供销社、瓦邱供销社、白羊峪供销社、丁峪供销社、王寨供销社、安坪供销社、李家庄供销社、洪水供销社、三都供销社。

【经营业务】 2018年，全县供销合作社系统以综合改革为动力，以服务“三农”为宗旨，以密切与农民利益联结为核心，以服务创新、经营创新、组织创新和体制机制创新为重点，在开展基层供销社改造、培育农民专业合作社发展、强化基层供销社合作组织属性建设、构建农业社会化服务体系方面，主动作为、积极探索，取得明显成效。全年全系统购进总额完成11.59亿元，同比增长24%；销售总额完成12.87亿元，同比增长23.8%；生产资料销售完成1.58亿元，同比增长23.5%；农副产品完成1.46亿元，同比增长24%；完成利润260万元，占计划107%，同比增长12.3%。同年荣获“2018年度全省供销合作社系统综合改革先进单位”。

【改造基层供销社】 2018年根据市供销社下达的恢复改造供销社任务，完成对洪水供销社、李家庄供销社的改造建设项目。洪水供销社改造项目投资42万元，其中市、县专项资金30万元，自筹12万元，改造门店219平方米、改造仓库180平方米，对场地、办公设施进行改造。李家庄供销社改造项目投资36万元，其中市、县专项资金30万元，自筹6万元，改造门店、仓库600平方米。两个供销社通过改造建设，初步形成集农资、日用消费品、电商体验店、物流仓储中转等项目的综合服务中心。至年底，通过4年的恢复和改造基层供销社项目建设，已完成东冶头、闫庄、西寨、沾尚、皋落、赵壁、凤居、杜庄、洪水、李家庄共10个基层供销社的改造。增强供销社基础设施功能，提升服务“三农”能力。

【合作经济组织属性建设】　2018年把基层供销社合作经济组织属性建设，作为供销社综合改革的“重头戏”，县供销社根据市政府办公厅《关于强化基层供销社合作经济组织属性的实施方案》和市供销社制定的实施细则，坚持“重点先行、分步实施、注重内涵、强化属性”的原则。确定8个供销社作为强化属性综改单位，这8个供销社是：东冶头、闫庄、赵壁、皋落、西寨、沾尚、杜庄、凤居供销社。试点单位联系当地实际，积极参股入社，做到一个基层社参股一个专业合作社，加强专业合作社引领服务，扩大服务农民的覆盖面，真正做到“一村一品”“一社一业”，形成产业，带动农民致富。吸纳农民专业合作社入股供销社，以融合发展、功能互补、优势叠加，同年新入供销社社员6000人，折股金额650.1万元。吸纳农民专业合作社和当地村委负责人担任供销社理事会负责人。

【农业社会化服务】　2018年，昔阳县供销合作社根据中央关于乡村振兴发展战略，面向农业现代化，面向农村现代流通服务网络体系，主动承担服务“三农”公共职能，大力构建农业社会化服务体系建设。全年新建提升惠农服务中心1个、惠农服务站2个、引领农民专业合作社1个、发展示范专业合作社1个、提升完善电子商务运营中心1个、新建和提升体验店200个、提升改造新型庄稼医院1个、新增土地托管面积1万亩、新增土地服务面积1.5万亩，培训农技人员100人次。随着供销社综合改革不断深入，服务功能明显提升、综合服务体系不断完善。

（刘树芳）

招商引资

【概述】　2018年，昔阳县投资促进局共签约项目12个，签约总投资147.07亿元，完成签约任务120亿元的122.56%；开工项目7个，开工率为58.33%（市定任务为35%）；签约转型项目开工7个，开工率58.33%（市定任务为30%）。

【服务工作】　2018年，昔阳县出台《昔阳县改革和创新招商引资优惠政策实施细则》，成立由县委书记、县长任双组长的昔阳县招商引资工作领导小组，定期召开招商引资研判会，每月召开一次招商引资分析会，遇到问题及时解决。组建招商引资服务中心，实行招商引资挂图作战，突出精准招商，昔阳县财政提供经费保障，聘请第三方平台公司，专业包装项目10个，所包装项目基本达到预可研，做到对外可招商，对内可立项。县主要领导亲自协调招商项目，实行投资项目“一站式”“保姆式”全程服务，探索一名领导、一个重点企业、一个招商引资项目、一个重点建设工程的跟踪服务模式，对重点企业、重点建设项目实行挂牌保护。提升各部门人员的综合素质，明确各部门职责和权限，了解工作目标，杜绝“多头”领导状况，避免问题重复处理现象，构建内部沟通交流平台。针对2017年招商投资20亿元的尚太锂电项目，从立项、土地平整、拆迁、开工，乃至水电气通讯等，县委书记、县长多次到工地现场办公，达到该项目当年投资当年投产的效果。

【项目签约】 2018年招商引资签约项目12个，分别是阳煤10万吨普通树脂生产项目，总投资2.83亿元，已开工；学府家园8号、9号、10号楼建设项目，总投资0.65亿元，已开工；南关村城中村改造项目祯祥悦二区，总投资1.88亿元，已开工；煤田综合整治项目，总投资17.587亿元，已开工；原料石灰技改项目，总投资0.4亿元，已开工；安平发电厂超低排放改造项目，总投资1.26亿元，已开工；阳煤寺家庄选煤厂及储煤场改造项目，总投资0.68亿元，已开工；开发区污水处理项目，总投资6.5亿元，已在山西省发改委立项并送国家能源局审核；蓄光新材料项目，总投资3亿元，已在山西省发改委立项并送国家能源局审核；配套工业废物循环利用项目，总投资2亿元，已在山西省发改委立项并送国家能源局审核；多能互补集成优化示范项目，总投资60亿元，已在山西省发改委立项并送国家能源局审核；通用航空机场建设项目，总投资50亿元，已在昔阳注册公司，正在开展选址等前期工作。

【招商宣传】 县领导带头开展招商引资活动，先后到北京、上海、深圳、湖南等地进行项目洽谈对接，收集项目线索30余条，有效对接项目10余个。2018年9月21日，在大寨干部学院举办“相约大寨、转型跨越”2018招商引资推介暨重点项目签约活动，在会上推介项目10个，签约项目5个，总投资达到115.6亿元。5个签约项目分别是智慧农业科技园项目、生物质循环经济产业园项目、华润昔阳多能互补增量配网工程风电项目、招能风力发电项目、城市矿产循环经济产业园项目，涉及新能源、新技术、新材料等国家鼓励发展的战略性新兴产业和资源利用依赖性小、环境污染少、市场前景好的多个行业和领域。以小分队的形式走出去，主动出击开展招商引资活动，全年参加各类招商展会、推介活动15次，发放昔阳县招商引资宣传册1000余份，按照转型发展的要求，重新编制和制作昔阳县招商引资宣传册、宣传片。利用微信公众号平台加强对外宣传，2018年，发布由县委书记王根元亲自撰写的《致在外昔阳人的一封信》，三天点击率突破10万人次，形成“人人都是环境，我为家乡做贡献”的浓厚招商氛围，在外昔阳人主动提供各种招商信息32条，有效对接4项。（商 佳）

粮食购销

【概述】 昔阳县粮食储备中心主要职责是储备粮管理。财政拨款全额事业单位，正科级建制，隶属于昔阳县经济和商务粮食局管理。内设3个机构，分别是办公室、仓储调运股、财务股。编制12名，核定科级领导职数1正2副、股级领导职数3正。现有人员10名。

【“放心粮油”工程建设】 2018年，昔阳县粮食储备中心为巩固提高放心粮油工程质量和效益，确保放心粮油的保障供给，经过筛选，建立“放心粮油”配送中心1个、销售店6个、经销点12个，并与之签订《粮食应急供应（加工）协议书》，统一发放由晋中市商务粮食局监制的“放心粮油示范经销点”牌匾，统一授牌给符合“放心粮油”条件的企业（网点）进行挂牌管理。发挥“放心粮油”示范企业的引领作用，提高“放心粮油”产品的知名度和市场占有率，在昔阳县基本形成规范化、标准化、品牌化的“放心粮油”经营网络。

【产后服务中心建设】 2018年，昔阳县粮食储备中心根据山西省粮食局山西省财政厅《关于在全省粮食流通领域实施“优质粮食工程”的意见》文件精神，依托山西晋粮农业开发有限公司现有的粮食仓库和闲置场地，建立专业化的经营性粮食产后服务中心。计划在2019年新增玉米脱粒、清理、烘干等设备及设施，有偿为种粮农民提供“代清理、代干燥、代储存、代加工、代销售”的“五代”服务。项目实施后，可提升企业的粮食服务能力，有效降低农民粮食产后储存损失，化解农民粮食晾晒难、售粮难的矛盾，从而提高农民种粮积极性，促进农民增收。该项目已列入晋中市“优质粮食工程”项目。

【粮食安全宣传】 2018年10月16日是第38个世界粮食日，昔阳县粮食储备中心组织、协调教科局、妇联、农委、县电视台等单位，联合开展2018年世界粮食日和粮食安全系列宣传活动。4家主办单位集中摆台，通过悬挂横幅，摆放粮食日主题宣传版面，现场发放“把中国人的饭碗牢牢端在自己手中”宣传图、宣传册、爱粮节粮宣传资料等形式，广泛宣传粮食日主题内容、粮食安全知识、粮油食品健康知识和爱粮节粮的意义。深入学校、社区、粮食企业开展宣传活动。

【参加粮食交易会】 2018年8月17—21日，昔阳县粮食储备中心组织县品牌办和山西大寨农产品加工有限公司参加在哈尔滨国际会展中心举办的2018年中国粮食交易大会，全国人大代表郭凤莲为山西小米做形象代言，推动山西优质粮油的健康发展；为“大寨”牌系列产品做广泛宣传；9月5—7日参加2018山西粮食产销衔接会产品展示和项目投资工作，探索粮食行业的新产业、新业态、新动能，构建新型粮食购销体系，促进粮食产销衔接，推动粮食流通方式转型升级；10月19—21日参加在山西阳曲举行的中国小米产业发展大会，为昔阳县西峪小米做推广宣传。

【粮情监测】 2018年，昔阳县粮食储备中心加强粮食市场价格监测工作，除了每周一向山西省粮食局上报市场监测周报外，在收购期间，还增设粮食收购五日报工作，坚持做到一周一测，五日一报，一月一分析，提高监测信息的代表性和报送工作的连续性，及时掌控市场粮食供求情况和购销价格情况，并认真做好粮食市场走势分析。 （吴 鹏）

石油购销

【概述】 昔阳石油公司全称中国石化销售有限公司山西晋中昔阳石油分公司，成立于1979年1月20日，隶属山西晋中石油公司，下设六站一区，新建路加油站、树条峪加油站、青岩头加油站、瑶头加油站、北关加油站、北渡海加油站及大寨高速服务区，现有职工34人。

【石油销售】 2018年，昔阳石油公司经营业务分为轻油和非油两大块，轻油为汽柴油，非油为润滑油、烟、酒、百货等各类商品。全年成品油销售11436吨，非油销售834万元。

【综合治理】 2018年，昔阳石油公司对全员加强安全培训，每班设立安全员，强化安全检查，及时消除事故隐患，一年来做到安全无事故。积极开展“扫黑除恶”活动，紧密配合昔阳县委、县政府开展打击黑油罐、黑加油点、黑加油车的“三黑一土”行动，净化成品油市场环境，规范经营秩序。

【双罐双线改造】 2018年，昔阳石油公司改造了树条峪加油站，为达到环保工程“百年大计”，严把质量关，从工队竞标、材料质量、安全施工、工程监督、完工验收等环节严格把关。经过近40天的紧张施工，7月底，改造后的树条峪加油站竣工开业，经过双层罐改造，达到了形象提升、消除隐患的目的。昔阳石油公司积极协调上级部门努力推进县域内加油站“双改”进度。至年底，昔阳县域内中石化加油站未改站数量（2座）在全市、全省系统是最少的，昔阳县中石化系统加油站的双层罐改造总体进度领先于全市、全省系统平均水平。 （赵 滨）

烟草专卖

【概述】 昔阳县烟草专卖局（营销部），内设5个股（室）（站），包括综合办，专卖股，内管股，营销股，中转站。现有干部职工37名，其中领导职数5人，局长1人，副书记1人，副经理1人，副局长2人。

【卷烟销售】 2018年，昔阳烟草专

卖局共销售卷烟7488.86箱，实现销售收入16866.46万元，同比（16303.61万元）提高了563万元，涨幅3.46%。累计条均价89.97元，同比（82.57元）提高了7.4元，涨幅9%。全年昔阳卷烟销售7488.86箱，其中一类烟销售745.3箱，同比（665.1箱）提高了80.2箱，增幅12%。二类烟销售785.6箱，同比（594.8）增加了190.8箱，增幅32%。三类烟销售3299.3箱，同比（3142.1箱）增加了157.2箱，增幅5%。四类烟销售1951.3箱，同比（2168.8箱）减少了217.5箱，降幅10%。五类烟销售685箱，同比（1300箱）减少了615箱，降幅52.7%。重点品牌销售回暖，全年重点品牌销售5400箱，同比（5223箱）提高了177箱，涨幅3.4%。

【专卖检查】 2018年，昔阳烟草专卖局辖区内，总持证经营户877户，持证有效经营户866户，共核发零售许可证177户，办理延续292户，办理停业12户，歇业32户，注销70户。全年，专卖人员共对辖区内大户监管27户，每月平均对每户卖烟大户检查至少2次，共对辖区内卖烟大户检查150余次。共查获涉烟违法案件56起，查扣非法卷烟32.36万支，总案值19.39万元。其中真品卷烟29.10万支，价值13.34万元，假冒注册商标卷烟2.98万支，涉案标值5.90万元。走私卷烟0.28万支，价值0.15万元。

【安全教育】 2018年，昔阳烟草专卖局开展安全教育活动，时刻提醒全员始终树立安全第一的责任意识，在工作中注重安全、确保安全；人人签订安全承诺书；制定和修订了汛期应急预案、汛期值班表、车辆管理制度、夜间值班制度、夜间巡逻制度、门卫管理制度等相关制度。通过开展消防演练，更换灭火器等防控措施，确保安全制度落实到位、安全责任落实到人，有力地推动了全局的安全管理工作。

（张　鹏）

卫 生

WEI SHENG

卫生和计生管理

【概述】 2018年，卫生和计划生育局坚持以“健康昔阳”为主线，以“三个三”工作机制为引领，全面深化医药卫生体制改革，认真组织全面二孩政策实施，完成了2018年度卫生计生工作目标任务。先后获得了晋中市人口计生目标责任制考核先进奖，受到市政府表彰，获得晋中市医改工作先进奖，受到市医改领导小组表彰。

【管理服务】 2018年，昔阳县卫生和计划生育局坚持卫计、民政、公安、统计、教育五部门人口信息通报，开展人口数据大核查，提高全员人口信息数据质量。全县统计人口出生率7.02‰，人口死亡率6.43‰，人口自增率0.59‰，性别比99.3%。人口发展呈现出“两升两降”趋势（“两升”即出生人口和老年人口稳中有升；“两降”即劳动年龄人口和已婚育龄妇女人数逐年减少）。落实计生奖扶政策，提高家庭发展能力。全年确认计生奖扶对象26420人（户），发放资金1880.7万元；“生育关怀——情暖昔阳活动”紧急救助计生家庭42户，发放资金10500元；308名农村独生子女中考学生获得加分，448名基层计生专干享受了免费意外伤害保险。财政出资为113个计生特殊家庭成员办理全家意外伤害保险、住院护理保险、医疗保险、养老保险、发放帮扶金共计11.3万元；为计划生育特殊家庭落实联系人、就医绿色通道、家庭医生签约“三个全覆盖”，解决计划生育特殊家庭生活、养老、精神等方面的现实困难。开展计划生育审查，实施“一票否决”，全年完成村干部、公务员、“七一”入党、评优评先、干部提拔、文明家庭审核380余人次，否决3人次。

【县乡医疗卫生机构一体化改革】 2018年，昔阳卫生和计划生育局突破体制障碍，县乡医疗机构结成一体联盟，将20个乡镇卫生院的人财物管理权全部移交给县医疗集团，县医疗集团对县医疗集团乡镇卫生院及分院完成执行院长和副院长的任命，县医疗集团成立了集团党委，健全基层党支部，调整补充 8 个管理中心和 8 个业务中心管理工作人员，健全完善管理制度、工作职责、业务流程，加强了党的领导，完善了运行机制。

2018 年，卫生和计划生育局推进资源整合、县乡医疗卫生机构实现“六统一”管理。医疗集团成立“六统一”管理领导组。建立县、乡、村三级行政例会制度，定期安排部署工作，研究解决问题，实现了行政统一。出台集团人力资源管理细则，制定 2018 年卫技人员职称聘任方案，实现人员统一。开设医疗集团账户，对集团内各医疗机构财务完成第三方审计，从 5 月开始，集团定期为各院拨付人员工资、公共卫生经费、医疗保险、养老保险等各项费用，实现财务统一。集团制定统一质量控制考核方案、考核标准、质量考核细则。上半年组织基层医疗机构的质控人员进行集中培训、学习、工作指导、业务考核，实现业务统一。集团出台统一绩效考核方案，并对各单位医疗质量、护理质量、院感质量、公共卫生进行上半年绩效考核，实现绩效统一。集团制定药械统一管理方案，建立五统一实施方案，统一药品目录，按照上级文件精神，县医疗集团从 2018 年 9 月 9 日起，通过“山西省公立医疗机构药品阳光采购平台”实行网上阳光统一采购，关闭基层医疗卫生机构药品采购结算平台中乡镇卫生院的药品独立采购功能。各乡镇卫生院、分院每月定期提交采购计划，集团药品采购中心统一集中实行网上议价、采购、配送、结算，实现药械统一。

2018 年，卫生和计划生育局实行医保打包预付改革任务。与县社保中心协调对接，落实医保总额打包预付制度。县医疗集团与县医保中心签订《基本医疗保险总额预算打包付费协议》。确定 2018 年度医保统筹基金预算总额为 7735.3 万元，从 2018 年 11 月 1 日起，根据总额的 90%分解到月，按月拨付。

2018 年，卫生和计划生育局启动信息建设、县乡诊疗服务正在互联互通。县医院与山医大一院建立医联体合作关系，实现远程诊疗；县医院电子病历、住院信息软件系统与市相关部门实现互联互通；健康山西预约诊疗平台硬件和网络连接基础设施基本建成。大寨中心卫生院、城区社区卫生院部分信息化终端配套检查检验硬件实施设备配备完成。

2018 年，卫生和计划生育局三级专家坐诊、优质资源下沉，全力提高城乡居民就医可及性。2018 年 7 月启动运行以来，省、市专家到县医院诊治病人 1638 例；县级专家，到乡卫生院诊治病人 1283 例；乡级医师到重点村卫生室诊治病人 1114 例。专家工作室的组建，弥补乡村两级优质医疗卫生人才不足的短板，为实现“小病不出村，常见病不出乡，大病不出县”的医改目标发挥作用，让基层百姓在家门口就能看得上病，看得好病。

【健康扶贫】 2018 年，昔阳县卫生和计划生育局对因病致贫返贫贫困人员开展“双签约”服务。全县共签约5563户6299人，签约率100%；实施大病救治和慢病签约服务，全县救治大病患者1004人2020次（包括重病89人179次）；慢病签约服务5613人。实施“先诊疗、后付费”及“一站式”即时结算，服务贫困患者4710人；实施健康扶贫义诊全覆盖，5所民营医院和10所公立医疗卫生机构先后出动医护人员1760人次，深入335个行政村，开展诊疗活动12560人次，免费做B超、心电图检查18362人次。落实医保减免政策。全年贫困患者住院6889人次，补偿5310.18万元；全年贫困人员大慢病门诊3878人次，补偿452.31万元。贫困孕产妇县内顺产免费分娩61名，免费金额11.82万元。免除县域内医保定点医院普通门诊挂号费和诊疗费1174人次，免除金额4109元，全年培训护工200名。

【重要工程建设】 2018年，昔阳县卫生和计划生育局完成20个村卫生室达标建设，全县335个行政村卫生室全部达标，标准化建设实现全覆盖；完成东冶头中心卫生院和皋落镇卫生院两所医养中心达标建设。东冶头中心卫生院医养中心投入资金72.98万元，完成结构改造、维修装潢、工程评审、购置被褥窗帘，基本具备入住条件。 （李勤勤）

妇幼保健计划生育服务

【概述】 2018年，昔阳县妇幼保健计划生育服务中心认真贯彻落实《中华人民共和国母婴保健法》《中华人民共和国母婴保健法实施办法》《中国妇女发展纲要2011—2020》《中国儿童发展纲要2011—2020》，坚持“以人为本”的服务理念，突出保健特色，保障生殖健康，为全县妇女儿童提供优质健康服务。2018年，昔阳县7岁以下儿童11161人，3岁以下儿童4436人，活产1250人。儿科门诊诊治1013人，发现贫血患儿146人（其中：轻度121人、中度23人、重度2人），腹泻患儿119人、肺炎40人、佝偻病21人，入园体检1153人，微量元素检测498人，幼儿园幼儿教师体检410人次；妇科门诊诊治9591人次（其中：上环83人次、取环129人次、药流169人次）；完成免费孕前优生健康检查931对1862人；完成产前检查建档1523人，检查4846人次。完成“两癌”筛查4637人；完成0–6岁残疾儿童筛查15人。

【基本公共卫生服务】 2018年，昔阳县妇幼保健计划生育服务中心产前检查建档1523人次，孕期检查人次4846人次；产前筛查1270人次。孕产妇健康管理率100%；产后访视1207人，产后访视率96.4%，孕产妇死亡0人，住院分娩1250人，住院分娩率100%；7岁以下儿童保健应管理11161人，3岁以下儿童健康管理4436人，5岁以下儿童死亡9人。全年通过血清学产前筛查共完成1270人次，任务完成100%，筛出高风险人数80人，高风险筛查率6.29%，转诊到省妇幼保健院产前诊断中心 80 人，转诊率 100%，有效地降低了出生缺陷的发生。免费避孕药具提供服务人群 4014 人，免费发放价值 11518.31 元的避孕药具。

【重大公共卫生服务】 2018 年，昔阳县妇幼保健计划生育服务中心免费孕前优生健康检查 931 对夫妇；筛查出高血压 300 人，肝功能异常 180 人，内分泌异常可疑人群 136 人，肾功能异常可疑人群 62 人，甲状腺功能异常可疑人群 40 人，女性生殖系统疾病 38 人，超体重指数 520 人。农村 35-64 周岁妇女“宫颈癌、乳腺癌”免费筛查完成 13197 人（其中：检查发现乳腺异常 1135 人，确诊乳腺癌 9 人，宫颈异常 974 人，确诊宫颈癌 18 人，宫颈癌前病变 8 人），所有病人都进行了及时转诊和随访。发放叶酸 9426 瓶，服务人数1714 人次（其中农村 1546 人，城市 238 人）。

【宣传教育】 2018 年，昔阳县妇幼保健计划生育服务中心，分别在“3·8”国际妇女节“5·29”计生协会宣传日“7·11”世界人口日开展关爱女性，关注生殖健康的宣传活动；8 月 1 日上午，开展以“母乳喂养，生命之源”为主题的世界母乳喂养宣传活动；9 月 26—30 日举办主题为“高效避孕，孕育健康”的“世界避孕日主题宣传周”，广泛普及避孕节育科学知识，增强育龄群众预防非意愿妊娠的意识和能力。12 月 1 日是第 31 个“世界艾滋病宣传日”，宣传主题是“主动检测，知艾防艾，共享健康”。11 月 30 日，由昔阳县卫生和计划生育局、昔阳县红十字会牵头，昔阳县疾病预防控制中心、昔阳县妇幼保健计划生育服务中心、大寨中心卫生院共同主办，昔阳县教育和科技局、昔阳县公安局协办“12·1”世界艾滋病宣传日大型宣传活动。为扩大“世界艾滋病日”活动宣传覆盖面，昔阳县疾控中心联系、昔阳县教育和科技局协调，宣传活动走进昔阳县高级职业中学开展大型“艾滋病防治系列”讲座和外场宣传活动，提高青少年正确认识艾滋病，洁身自爱，珍爱生命，预防艾滋病的知识。

【业务培训】 2018 年，昔阳县妇幼保健计划生育服务中心组织相关专业人员 20 余人次参加省、市组织的相关培训。1 月 24 日参加晋中市预防艾梅乙传播项目推进会暨培训。2 月 1 日对各乡镇进行避孕药具规范化管理培训；4 月 19 日参加晋中市妇幼卫生监测工作培训。4 月 23—29 日参加山西省妇幼保健院阴道镜宫颈病变适宜技术培训。6 月 14—15 日，山西省托幼机构卫生保健工作管理培训，7 月 19—20 日全省免费孕前优生健康检查项目临床检验质量控制培训。8 月晋中市婚前保健业务技术培训，10 月 22—28 日全省农村妇女宫颈癌检查技术培训。12 月 15 日晋中市医院感染管理新规范、新标准培训。内容涉及宫颈癌筛查、产前筛查、乳腺癌专业技术人员培训，宫腔镜技术培训，妇女儿童保健，孕前优生信息系统培训等培训项目。

（贾建胜）

爱国卫生

【概述】 昔阳县爱国卫生运动委员会办公室（简称爱卫办）是全额财政拨款事业单位，核定编制5名，其中领导职数一正一副，现有编制3名，隶属于卫计局管理。主要职责是：环境整治、乡村清洁、病媒生物防制、全民健康教育、卫生城镇（村）创建、农村改厕工作。

【创国卫工作】 2018年，昔阳县爱卫办在荣获“昔阳县国家卫生县城”“大寨镇国家卫生乡镇”两个“国”字号卫生创建荣誉后，又启动了乐平镇国家卫生乡镇创建工作。爱卫办积极协调乐平镇严格按照《国家卫生乡镇（县城）标准》，从健全组织机构、强化宣传教育等方面着手，大力开展环境整治、“五小”行业整治、病媒生物防制等活动，并于同年10月顺利通过国家专家组的暗访。

【农村改厕】 2018年，昔阳县爱卫办农村改厕工作结合昔阳县人居环境建设三年行动实施方案，实行以15个人居环境示范村为基点示范引领，以48个省级卫生村、12个乡镇政府所在地行政村为轴线辐射带动，以150个人居环境整治村为扇面梯度推进，圆满完成3700户农户无害化改厕。

【乡村清洁】 2018年，昔阳县爱卫办进一步改善农村人居环境，完善乡村清洁管理机制，逐步实现乡村清洁市场化运行全覆盖，在2015年167个村庄的基础上新增63个村，乡村清洁市场化村庄覆盖率达到70%。

【健康城镇建设】 2018年，昔阳县爱卫办全面普及健康生活方式，满足广大群众健康需求，实现城乡建设与人的健康协调发展，制定出台《昔阳县健康城市健康村镇建设方案和建设规划（2017—2020年)》，确定昔阳县县城为首批省级健康县城建设试点；大寨镇为首批省级健康乡镇建设试点；大寨镇大寨村为省级健康村建设试点；乐平镇瑶湾村为市级健康村建设试点。爱卫办以“健全一个体系、实施二项工程、开展七大行动”（健全一个体系，就是健全爱国卫生组织管理体系；实施二项工程，就是农村污水治理、户厕改造工程；开展七大行动，就是城乡环境综合治理行动、乡村清洁市场化延伸行动、乡村卫生环境综合整治行动、生活饮用水安全巩固提升行动、生态保护专项行动、健康教育拓展行动、健康促进提标行动。）为路径，将巩固创卫成果与健康城镇试点工作有机地融为一体，进行积极探索。

（王晓芳）

疾病预防控制

【概述】 昔阳县疾病预防控制中心（以下简称昔阳县疾控中心）在中共昔阳县委、昔阳县人民政府的带领下，本着为提高疾病预防控制综合能力，提高卫生服务与效率，为人民服务，为社会主义现代化建设服务的宗旨，承担对食品、职业、环境、学校卫生等卫生学监测工作。

【省级慢性病防控综合示范区创建】 2018年12月底，昔阳县完成省级慢性病综合防控示范区创建验收工作，顺利通过验收。创建过程中，健全完善政府主导，多部门协同配合的慢性病综合防控协调机制，统筹各方资源，加大政策保障，在政策制定、组织管理、队伍建设、经费支持等方面给予充分支持，在环境治理、烟草控制、健身场所设施建设等慢性病危险因素控制方面采取有效行动。动员全民参与慢性病综合防控，坚持预防为主、防治结合、中西医并重，发挥医疗卫生服务体系的整体功能，提供全人群生命全周期的慢性病防治管理服务，推进疾病治疗向健康管理转变。

【免疫规划】 2018年，昔阳县疾控中心共下发BOPV 1039支，IPV 3372支，麻风1568支，卡介苗740支，乙肝疫苗4476支，乙脑疫苗3210支，A群流脑疫苗1240支，无细胞百白破5500支，甲肝2028支，麻腮风1620支，A+C流脑2650支，白破1030支。

2018年，共管理流动儿童54名，单苗接种率均达100%。开展脊髓灰质炎灭活疫苗补种调查摸底工作，应补种1695人（常住1607人、流动88人），实补种1690人（常住1602人、流动88人），补种率99.71%。

全年，共查验入托入学儿童7515人。开展疫苗相关病例、AEFI监测工作，昔阳县共报告疑似预防接种异常反应27例，均为一般反应。外地报至本地麻疹疑似病例1例，县医院报告麻疹疑似病例4例；经实验室检测排除麻疹、风疹病例。外地报至本地AFP病例3例，随访3例，均排除脊灰。2018年，卡介苗报告接种率99.91%，脊灰疫苗报告接种率99.63%、百白破报告接种率99.38%、麻风报告接种率99.70%、乙肝报告接种率99.64%、第一针报告及时接种率99.91%、乙脑报告接种率99.70%、A群流脑报告接种率99.77%。4周岁糖丸报告接种率99.38%、1.5—2周岁百白破报告接种率99.58%、1.5—2周岁麻风腮报告接种率92.14%、甲肝报告接种率99.53%、6周岁白破报告接种率99.30%、3周岁A+C流脑报告接种率99.43%、6周岁A+C流脑报告接种率98.93%、2周岁乙脑报告接种率99.64%。均达国家每苗每剂次达90%的标准。同年，创建医院产科新生儿接种信息管理系统，48小时内建档1494名。

【结核病防治】 2018年，昔阳县“三位一体”新防治模式已经全面落实到位，并且逐步体现出了其优势。2018年定点医院报告、诊疗肺结核病人53人，各乡镇卫生院和村卫生室按照属地原则，对53例发现的病人进行规范管理。2018年共处理学校结核病疫情1次，对病例所在班级学生和代课老师进行了筛查，对学校学生病例的管理给予技术指导，对学校结核病防治进行了督导。全年肺结核病人发病排位第四，报告发病率为26.3178/10万。

【传染病防控】 2018年，昔阳县共发生报告法定传染病14种1226例，发病率 528.9453/10 万，比上一年上升 9.18%。发病排前 5 位的依次为病毒性肝炎 641 例，其他感染性腹泻 311 例，梅毒 64 例、肺结核 61 例、手足口病 57 例，占发病总数的 92.49%。上升的病种有手足口病 200%；流行性腮腺炎 200%；流行性感冒 150%；梅毒 113.33%；痢疾 11.11%；猩红热 9.09%；肝炎 4.57%。下降的病种：百日咳 100%、急性出血性结膜炎 83.33%、艾滋病 33.33%、布病 26.67%、肺结核 15.28%、其他感染性腹泻 1.58%。细菌性痢疾（以下简称菌痢）是本县常发传染病之一，2018 年昔阳县菌痢发病情况：发病数 10 例，发病率 4.31/10 万。伤寒和副伤寒在本县每年都有散发病例发生，2018 年昔阳县伤寒副伤寒发病情况：发病数 1 例，发病率 0.43/10 万。乙类传染病昔阳县 2018 年梅毒报告发病情况：发病数，64 例，发病率 27.61/10 万，2018 年较 2017 年有所上升。昔阳县 2018 年淋病报告发病情况：发病昔阳手足口病 2018 年采咽拭子送检 22 例，CA16 肠道病毒核酸阳性 9 例，EV71 肠道病毒核酸阳性 2 例，A6 肠道病毒核酸阳性 8 例，EV 肠道病毒核酸阴 3 例。丙类传染病其他感染性腹泻昔阳县 2018 年发病数 311 例发病率 169.9873/10 万。2018 年传染病无漏报。2018 年无突发性公共卫生事件。

【艾滋病防治】 2018 年，昔阳县报告 1 例 HIV，及时地进行流调。本县艾滋病感染地理分布在乐平、大寨、李家庄、赵壁、界都、孔氏、皋落、三都、冶头 9 个乡镇。主要特点是：感染者主要发生在农村，多为女性；感染渠道多为规范用血以前使用流动有偿授血。2018 年对 90 名暗娼、300 名农民工进行行为干预，收到良好的效果。同年，疾控中心组织专业人员到现场对中小学生、娱乐场所服务生、建筑工地工人等进行艾滋病防治知识宣传。在 12 月 1 日世界艾滋病日，利用电视、广播、报刊，出动宣传车等形式，开展艾滋病知识的宣传活动。2018 年共举办各类讲座 2 次，发放宣传资料 3 万余份。2018 年共对 220 名看守所羁押人员进行了 HIV 抗体检测，积极开展 VCT 活动，接待 150 名自愿咨询者，对求寻者遵循自愿、知情、保密的原则，积极提供免费咨询和检测服务。

【卫生监测】 2018 年，昔阳县共采集食源性疾病病例信息 178 例，上报相关报表 39 份；根据上级食品安全风险县乡村一体化任务，对各乡镇卫生院负责食品安全风险监测的人员进行培训，共计 55 人次；与食安办联合开展食品安全风险相关宣传。全年中心常规监测共监测生活饮用水水样 117 份，共检项目 891 项，合格率 94.15%，国家饮用水监测项目共监测水样 90 份，共检项目 2982 项，合格率 32.22%，并将报告移交水利局、脱贫办、自来水公司等部门，生活饮用水水质分析结果按照《生活饮用水卫生标准》（GB/T5749-2006）进行评价。2018 年，继续开展环境卫生监测，监测乡镇更换为李家庄、界都、三都、沾尚、赵壁，调查期间共收集县基本情况调查表 1 份，乡镇调查表 5 份，监测点调查表 20 份，入户调查表 100 份，土样 20

份，学校调查表7份，在汇总分析后，上报国家农村环境卫生监测系统并及时存档。11月，疾控中心通过政府办发函，向煤炭局、安监局、人社局收集职业病各类报表，收集工伤保险待遇落实情况16人，单位职业病危害申报项目表50份，督导县医院并审核相关个案报告卡。

【实验室设备及修缮】 2018年，昔阳县疾病预防控制中心为优化实验室布局，改善实验室环境，完善实验室设备，提高实验室检验效率，使实验室更加规范、安全、现代和科学，于2018年进行大规模的修缮，并购进一台大型设备——流动注射分析仪。改造后，实验室安装玻璃门禁，更换LED吸顶灯，刮涂墙面和修整地面，使实验室更加地安全和整齐；安装通风系统和通风柜，减少有毒、有害气体的扩散，保护实验人员的安全；安装的实验工作台和试剂柜，使实验室更加规范、整齐；尤其是微生物实验室，经过改造及购进超净工作台等设备后，基本达到BSL-2实验室建设要求。购进的主要仪器有流动注射分析仪、超纯水机、菌落计数器等，尤其是流动注射分析仪能检测水质的4项指标，比常规的理化检测更加地高效和准确，大大节约了人力，提高了检测效率。

（乔雨潇　任志新　连　双　蔡晓溪）

农村合作医疗保障

【概述】 昔阳县医疗保险管理服务中心（简称昔阳县医保中心），负责全县职工基本医疗保险、职工生育保险和城乡居民基本医疗保险的业务管理，是隶属于昔阳县人力资源和社会保障局的副科级全额事业单位。现有职工43名，内设办公室、财务科、审核科、信息科、稽查科等科室。业务上实现五个公开，即政策公开、办结时限公开、经办流程公开、办理结果公开和办公电话公开，为群众提供公正透明的服务。2018年，城镇职工医疗保险累计参保23073人，完成市控任务的100.3%；基金征收9264万元，完成市控任务的117%；城乡居民医保参保195603人，完成市控任务的100.3%，基金征收3653万元，完成市控任务的113%。

2018年，昔阳县医保中心进一步加大征收扩面工作力度，城镇职工医保、工伤保险做到了当期费用应收尽收，以前欠费全部收回。提前基本完成了2018年城乡居民医保费用征收工作。2018年，城镇职工医疗保险办理住院3200人次，住院费用累计报销金额3056万元，个人账户支出2735万元，慢性病支出321万元，城乡居民医疗保险累计办理住院20176人次，补偿金额10094万元，大病保险报销980万元，城乡居民医保普通门诊报销555701人次，补偿金额1056万元。慢性病门诊报销653万元。

【贫困人口医疗保险服务】 2018年，昔阳县医保中心全面落实建档立卡贫困人口“一三六”政策“一站式”服务，县内定点医疗机构“一站式”服务“一三六”政策落实全面达标。通过认真细致及时整理录入贫困人口信息，昔阳县患者在省内异地住院的贫困人口患者享受“一站式”“一三六”直补服务，贫困人口直补率达到90%以上，补偿比例达到90%以上。对个别因其他原因未进行“一站式”直补的，县医保中心也及时通过中心系统结算进行直补。

2018年，建档立卡贫困人口累计办理住院5097人次，统筹基金补偿3070万元，大病保险补偿528万元，补充医疗保险补偿102万元，通过“三保险，三救助”政策，累计补偿3830万元，补偿率达到91.6%，全面落实建档立卡贫困人口“一三六”政策“一站式”服务，让贫困人口及时充分地享受到党的政策。

【医疗费用直接报销】 2018年，昔阳县医保中心全力推进异地住院直接报销工作，住院直接报销率达到了60%以上。医保中心对每一名转外就医患者及家属在转诊转院、社保卡激活使用、出省检验等环节上进行指导和跟踪服务，保证患者在可直补的医院进行直补。在县人民医院开通慢性病门诊直补，开展癌症病人靶向药的补偿报销，减轻群众就医负担。

【医疗保险付费方式改革】 2018年，昔阳县医保中心按医保制度改革的要求，落实医保总额付费制度改革，启动县乡医院总额付费。制定医疗集团打包付费改革的办法，并着手实施。根据晋中市医保中心关于《晋中市职工基本医疗保险2018年度付费总额控制实施方案》的通知要求，对在昔阳县人民医院住院发生的应由职工基本医疗保险统筹基金支付的医疗费用纳入总额控制范围，按照“按月定额、累计支付、合理超支分担”的结算方式，引导定点医院主动规范医疗行为，控制医疗服务成本，减轻参保人员的实际医疗负担，确保医疗保险统筹基金收支平衡。

2018年，昔阳县人民医院职工医疗保险全年总控标准为771.29万元，月定额标准为64.27万元；2018年昔阳县人民医院职工医疗保险住院统筹基金实际发生额为737.42万元，与总控标准对比后节余33.87万元，未超过2018年的总额控制标准。

【简化手续和流程】 2018年，昔阳县医保中心在城乡医保合并后，积极向上级反映，取消转往省外就医需要到晋中一院或阳泉一院办理转院审批的规定；取消异地就医转院审批表中患者需在就医医院签字盖章的环节；取消对长期异地居住和外出打工人员在居住地就医需回县医院办理转院的手续的情况，患者只需通过提供子女房产证或本人居住小区证明属异地居住即可享受正常待遇，这些措施的实施，真正体现了以人为本的服务理念。

（翟长清）

昔阳县人民医院

【概述】 昔阳县人民医院的前身为“大众医院”，成立于1942年，至今已有近80年的历史，现成为全县规模最大、科系齐全、设备先进、技术力量雄厚，集医疗、教学、科研、急救、康复和预防保健为一体的县级现代化综合医院。1995年被评审为“二级乙等”医院，2006年晋升为“二级甲等”医院。

昔阳县人民医院现位于县城乐东路，占地面积33490.89平方米，建筑面积28589.19平方米，其中业务用房面积24193.39平方米。是一所集医疗、教学、科研、急救、康复、预防、保健为一体的综合性二级甲等医院，系昔阳县“新农合”和城镇医保定点医院、职业病及健康体检定点医院。担负着全县24万人民群众的医疗救治、急危重症及疑难病症的会诊和急救、应急突发公共卫生事件、重大抢险任务。

昔阳县人民医院编制床位300只，科室35个，其中：临床科室11个、医技科室11个、行政职能科室13个。2018年在职职工514人。

昔阳县人民医院整体功能完善，基础设施齐全。主楼分门诊、急诊、住院楼三部分，另建高压氧室、后勤楼、传染病房楼，配有血液透析、中央空调、十人座高压氧舱及中心制氧供氧和具有先进层流净化设备的无菌手术间、传呼系统；装备有德国西门子1.5T磁共振、64排128螺旋CT、800MA数字胃肠机、悬吊式X光机CR、彩超，美国GE双排螺旋CT、血管造影机、东芝800速全自动生化分析仪、五分类血球计数仪、尿沉渣分析仪、V260奥林巴斯胃镜、24小时动态心电图、脑电图、心电网络监护系统、C臂、腹腔镜、电子胃镜、肠镜、阴道镜、膀胱镜、电切镜、超声骨密度、碳14等万元以上的大中型医疗设备150余台件；设有重症监护病房（ICU）、冠心病监护病房（CCU）；“120”急救中心拥有4辆医疗急救车及配套急救设备，提供24小时急诊急救服务。

2018年，昔阳县人民医院全院门诊和急诊总数123002人次，较2017年同期增长3349人次；出院人数13168人次，较2017年同期增长762人次；住院手术1803例，较2017年同期减少39人次；健康体检25277人次，较2017年同期增长320人次；120出车2248车次，较2017年同期增长38车次，接病人2141人次，较2017年同期增长93人次；住院1385人次，较2017年同期增长118人次。实际占用总床数108939天，较2017年同期增长4959天；出院者占用总床日数108793天，较2017年同期增加5682天；平均病床工作日363.1，比2017年同期增长16.5；出院者平均住院日8.3，与2017年持平。不定期邀请山医大一院各重点专科专家来院坐诊，使县域内的患者在家门口即可享受到优质医疗资源服务，获得患者的好评。

【一体化改革】 昔阳县人民医院与昔阳县中医院、昔阳县妇幼保健计划生育服务中心和12个乡镇卫生院、7个分院、1个社区卫生院于2017年9月合并为昔阳县医疗集团，成为其下设成员单位，归昔阳县医疗集团统一管理。其中，昔阳县人民医院承担全县医疗保健服务、基层技术指导和人员培训、突发公共事件急救等任务。昔阳县人民医院由昔阳县医疗集团集中管理。依据2018年卫技人员职称聘任方案，为8名卫技人员晋升了高、中级职称，激发了医务人员的工作动力，工作热情。从2018年5月开始，昔阳县人民医院人员工资、公共卫生经费、医疗保险、养老保险等各项费用由昔阳县医疗集团统一拨付。

业务管理上，昔阳县人民医院在昔阳县医疗集团的管理下实行统一的医疗服务标准、质量考核方案、细则和诊疗行为；不定期组织医务人员下乡对乡镇卫生院进行业务培训与现场指导。成立县、乡、村三级工作室，变“病人跑”为“医生和技术跑”，县、乡医院医生定期下乡村坐诊，让老百姓足不出户也能享受优质医疗资源。

绩效管理上，昔阳县人民医院由昔阳县医疗集团医疗、护理、院感、安全、公共卫生各管理小组，依据医疗集团综合绩效考核方案，对基本医疗服务、中医药适宜技术推广、安全生产和卫生应急、家庭医生签约、孕产妇健康管理等共计20余项工作进行统一绩效考核。

药械管理上，昔阳县人民医院统一使用医疗集团《基本用药目录》，严格执行药品采购“两票制”“五统一”管理实施方案，通过“山西省公立医疗机构药品阳光采购平台”实行网上阳光统一议价、采购、配送、结算。确保为患者提供安全、有效、合格的药品，保证人民的生命健康安全。

【优质资源下沉】 2018年，医疗集团与山西省第二人民医院、山西省中医院、晋中市第一人民医院三所三级医院共同签署了医疗联合体建设目标责任书，制订年度发展目标和三年发展规划。抓住国家优质医疗资源下沉的机遇，充分利用城乡对口支援帮扶的优势，带动昔阳县医疗技术水平的提高。三级医院在2018年度共派驻神经外科、耳鼻喉科、胸外科、骨科、影像、康复、护理等相关专业16名医护人员到昔阳县人民医院进行对口支援帮扶。9月份以来，集团在20个卫生院及社区设立了专家工作室，根据县医院实际和各卫生院工作需求，昔阳县人民医院通过派驻骨干医师定期到专家工作室坐诊、开展健康扶贫义诊等，为将来形成“小病在基层，大病进医院，康复回基层”的就医格局奠定基础。2018年共派出骨干医师75名，接诊患者1278人次。

【专科建设】 发展神经内科为重点专科，并为卒中中心建设做准备。2018年，昔阳县人民医院先后派神经内科医护人员参加山西省溶栓地图成立大会和晋中市溶栓地图成立大会及省卒中中心建设会议。根据国家卫健委办公厅《关于印发医院卒中中心建设与管理指导原则（试行）的通知》（国卫办医函〔2016〕1235号）及山西省卫健委相关文件，要求县级医院卒中中心建设启动并分步完成。加入山西省卒中中心联盟。按照卒中中心前期工作的建议，结合医院实际，着手进行相关制度、诊疗流程的制定以及地点的选择等前期准备工作。

发展骨科为重点专科。昔阳县人民医院骨科技术力量强，人才梯队建设较合理，2位主任均为副主任医师，3名主治医师，

2 名医师。其中取得髋关节置换技术资质的有 4 人，膝关节置换技术的有 3 人。医院具备可供关节置换技术的百洁手术室，为患者手术提供了有力保障。

力争心血管内科独立并逐步发展为特色专科，逐步为开展胸痛中心建设做准备。昔阳县人民医院具备心血管内科独立的条件，并且具备了开展冠脉介入诊疗技术的资质，为心血管内科独立提供了技术支撑。心内科专业共有 1 名主任医师，2 名副主任医师，1 名主治医师，1 名医师。计划 2018 年再增加 1 至 2 名医师。按照胸痛中心建设要求，结合县人民医院实际，着手进行相关制度、诊疗流程的制定以及地点的选择等前期准备工作。

细化外科专业组。分为普外专业组、神经外科专业组、泌尿外科专业组。

【健康扶贫】 2018 年，为认真落实“基层首诊、分级诊疗、双向转诊、急慢分诊、上下联动”的有序就医新格局，进一步满足不同群体的多层次健康需求，昔阳县人民医院选派责任心强、业务精、善沟通的医务人员 80 余人，深入各乡镇、村庄开展家庭医生“双签约”活动，对全县因病致贫家庭开展家庭健康状况评估，并根据评估结果，对签约家庭的重点人群制定个性化的健康指导方案，开具健康长处方。2018 年，家庭医生签约服务人数 113641 人，签约服务覆盖率达到 70%以上。重点人群数 81633 人，重点人群签约服务人数 63594 人，重点人群签约率达 77.90%。

昔阳县人民医院持续推进贫困患者“先诊疗后付费”“一站式”服务，2018 年，建档立卡贫困人口补偿人数 3167 人次，其中兜底人数 2764 人，兜底费用 4753726.52 元；补充人数 3167 人，补偿金额 718457.82 元。大病人数 519 人，补偿金额 1283289.5 元，民政人数 1438 人，补偿金额 1315398 元，医院自付 54965.63 元，贫困产妇 41 人，补偿金额 80550.53 元，医院自付 8314.22 元。

2018 年，圆满完成 103 个村的健康扶贫义诊任务，共出动医护人员 562 人次，接诊患者 9494 人次，内科义诊 1528 人次，外科义诊 551 人次，妇科义诊 187 人次，五官科义诊 448 人次，中医科义诊 490 人次，其他 109 人次，合计 3313 人次，心电图 2346 人次，B 超 1564 人次，血压 2137 人次，血糖 134 人次，合计 6181 人次。

2018 年，昔阳县人民医院进一步加强临床路径病种管理，在原先 40 个病种的基础上，根据临床科室出院病人疾病谱，增加了 39 种路径管理的病种。2018 年，应进入临床路径管理病例数 3370 例，实际入径例数 2407 例，完成临床路径管理病例 2232 例，临床路径入径率 71.4%，完成率 93%，临床路径覆盖率 48.9%。

【血液透析】 2018 年，昔阳县人民医院按照《中共中央、国务院关于深化医药卫生体制改革的意见》文件精神，积极推进分级诊疗的实施，有效缓解群众“看病难、看病贵”的问题，要求透析患者回当地治疗，昔阳县人民医院院领导和透析室工作人员，积极同患者及家属进行沟通，推进新增透析机的工作。5 月 29 日，邀请山西省第二人民医院血液透析专家张健主任进行了实地考察指导，开始着手进行房屋、水暖管道改造，透析机设备招标、挂网采购工作。9 月，昔阳县人民医院新增血液透析机 3 台，在线血液透析滤过机 2 台，开展了在线血液透析滤过，为透析患者提供方便，减轻患者的经济负担，进一步提高透析患者的生活质量。

【文化建设】　2018 年，昔阳县人民医院开展了丰富多彩的文化体育活动，在“五一”劳动节“5·12”护士节等节日期间举办职工主题演讲比赛和急救技能竞赛、职工羽毛球赛、职工拔河比赛等；创办宣传栏，宣传报道医院工作信息，好人好事，弘扬良好职业道德、服务意识和奉献精神，为患者提供人性化服务和人文关怀。

（王瑞珍　安子璇）

社会生活

SHE HUI SHENG HUO

昔阳县人力资源和社会保障

【概述】 2018 年，城镇新增就业 3024 人，城镇登记失业率 2.1%，实现了控制在 4.2%以内的目标任务。城镇居民人均可支配收入增长 6.8%，城乡居民基本养老保险、城镇职工基本医疗保险、失业保险、工伤保险、生育保险参保人数分别为 132600 人、23073 人、15774 人、19808 人、15904 人，均超额完成目标任务。大力实施全民技能提升工程，完成职业技能培训 3550 人，转移农村劳动力 3751 人，建档立卡贫困劳动力转移就业 1068 人。企业劳动合同签订率达 98%，劳动人事争议仲裁结案率 100%，劳动保障监察投诉举报案件结案率 100%，“社会保障卡”累计发放 20.8 万张。

【促进就业】 2018 年，昔阳县人力资源和社会保障系统完善就业创业政策，推进就业创业工作稳步发展。城镇新增就业人数 3024 人，完成年度任务 2400 人的 126%。城镇登记失业率 2.1%，实现了控制在 4.2%以内的目标任务。创业就业 832 人，完成年度任务 650 人的 128%；帮助失业人员再就业 625 人，完成年度任务 500 人的 125%；就业困难对象再就业 210 人，完成年度任务 100 人的 210%；转移农村劳动力 4030 人，完成年任务 3100 人的 130%。

【全民技能提升】 2018 年，昔阳县人力资源和社会保障局大力实施全民技能提升工程，为农村贫困劳动力提供免费职业技术培训，开展招聘活动，组织进行劳务输出。全年共完成职业技能培训 3550 人，其中职业技能培训 2550 人、岗前培训 1000 人，331 名建档立卡贫困劳动力通过培训实现就业。4 月 16 日，出台《昔阳县人社局关于昔阳县 2018 年全民技能提升工程实施方案的通知》（昔政办发〔2018〕28 号），为实施全民技能提升工程定下目标方向，2018 年共进行培训招标 2 次，昔阳县兴乐职业培训学校、昔阳县众惠职业培训学校、昔阳县新科职业技术学校、晋中惠众职业培训学校、晋中九州职业培训学校、昔阳县惠农职业技术培训中心6所培训机构中标，全年举办职业技能培训班51期，每班50人，完成培训2550人，培训课程包括中式烹饪、电工、家政服务、服装缝纫、护工等。4月11日，昔阳县人力资源和社会保障局与昔阳县就业指导中心联合发布《关于开展昔阳县小微企业岗前培训相关事宜的通告》，宣传资料通过五险统征办发放到相关小微企业，全年共为23家企业，1000人进行岗前培训。

【新建办公楼】　2018年7月20日，昔阳县就业和社会保障服务中心新建办公楼正式投入运行。新建办公楼位于昔阳县政务中心东侧，占地面积7.87亩，总建筑面积5300平方米，为地下一层和地上四层框架结构。项目总投资约1400万元，资金来源为中央、省项目资金及县财政配套资金。2018年7月20日就业和社会保障服务中心举行揭牌仪式，人社局机关、投资促进局、医疗保险服务中心、社会劳动养老保险所、机关养老保险所、城乡居民养老保险所等部门正式入驻中心开展各项业务。

【人力资源市场】　2018年，昔阳县人力资源和社会保障部门推进公共就业服务体系建设，发挥市场在人力资源配置中的决定性作用。公共就业和人才服务中心全年接受人事代理档案900余本，发放三个季度大学见习人员补贴53.6万元，新增高校毕业生就业见习48人，见习单位20个。2018年8月24日，在新落成的就业和社会保障中心人力资源市场举行首次现场招聘活动，招聘活动共组织用人单位40余家，提供就业岗位2400多个，超过1000名求职者参加应聘，130多人达成就业意向。昔阳县人力资源市场定于每月的5日、15日、25日定期开展现场招聘活动。

【开发公益性岗位】　2018年，昔阳县人力资源和社会保障局积极响应“开发公益性岗位安置就业困难人员就业”精神，帮助就业困难人员实现就业。县人力资源和社会保障局牵头组织，就业指导中心具体承办，用人单位协助配合，经过报名、审核、资格认定、双向选择等程序，全年开发公益性岗位64个，安置“两参人员”1名，“4050”人员14名，困难大学生49名。聘用单位与聘用人员签订劳动合同，合同期不超过三年，月工资按照昔阳县最低工资标准执行，享受养老、医疗、失业、工伤四项社会保险补贴。

【社会保障】　2018年，昔阳县人力资源和社会保障局积极推进社会保障工作。昔阳县已累计发放社保卡20.83万张。29600人参加城镇职工基本养老保险，完成年任务27800人的106.5%。企业基本养老保险参保20400人，完成年任务19900人的102.5%，其中企业养老保险（不含离退休）参保职工人数达到12300人，完成年度目标任务12300人的100%。机关事业单位共参保职工9200人，完成年任务7900人的117%，其中机关事业单位职工（不含离退休）参保职工人数达到5300人，完成年度目标任务4900人的108.2%。城乡居民基本养老保险参保132600人，完成年度目标任务132600人的100%。城镇职工基本医疗保险参保人数23073人，完成年度目标任务23000人的100.3%；城乡居民基本医疗保险参保人数195603人，完成年度目标任务194900人的100.4%；失业保险参保人数达到15774人，完成年度目标任务15500人的101.8%；工伤保险参保人数达到19808人，完成年度目标任务19800人的100%；生育保险参保人数达到15904人，完成年度目标任务15900人的100%。

【社会保障基金】 2018年，昔阳县人力资源和社会保障局扎实开展社会保障基金征缴工作。城镇职工基本养老保险基金征收34557万元，完成市任务17500万元的197.5%。企业职工基本养老保险基金征收24748万元，完成市任务10700万元的231.3%，其中机关事业养老保险基金征缴9809万元，完成年度目标任务6800万元的144.3%。城乡居民基本养老保险基金征缴收入达到1507万元，完成年度目标任务1360万元的110.8%。城镇职工基本医疗保险基金征缴收入达到9379.2万元，完成年度目标任务7900万元的118.7%。城乡居民基本医疗保险基金征缴收入达到4619.9万元，完成年度目标任务3150万元的143.7%；失业保险基金征缴收入755.45万元，完成年度目标任务420万元的179.9%。征缴工伤保险基金1763万元，完成年度目标任务1300万元的135.6%。

【社会保障服务】 2018年，昔阳县人力资源和社会保障局不断提高服务意识，增强社会保障服务水平。为248名机关事业单位工作人员、320名企业职工办理退休手续，按规定落实各项待遇。为符合条件的45户企业、4231名职工办理了劳动关系备案手续。

【提高社会保障待遇】 2018年，昔阳县人力资源和社会保障局为3750名退休人员人均增资165元。根据山西省机关事业单位工作人员死亡后遗属生活困难补助的规定，为40名新增生活困难遗属办理了相关手续，为全县586名符合要求的遗属每月增发补助116元。

【养老保险制度改革】 2018年，昔阳县人力资源和社会保障局积极推进养老保险制度改革，2017年12月开始实施机关事业单位养老保险统筹，2018年6月正式完成机关事业单位养老保险改革。

【机关事业单位医疗和工伤保险改革】 2018年，昔阳县人力资源和社会保障局积极推进机关事业单位医疗和工伤保险制度改革，机关事业单位职工参加职工医疗保险由财政统一代扣代缴改革为由单位专管并逐月申报征缴制度，事业单位参加工伤保险，2018年6月正式完成机关事业单位医疗和工伤保险改革。

【劳动保障监察】 2018年，昔阳县人力资源和社会保障局充分发挥劳动保障监察职能，维护昔阳县广大劳动者合法权益。2018年，昔阳县企业劳动合同签订率达到98%，全年接待工资拖欠问题投诉116批次，涉及农民工1445人，追讨工资

1765余万元，全年共检查用人单位46家，涉及工程33个，工人3500余人，规范用人制度，切实维护广大农民工的合法权益和社会稳定，为劳动者就业营造良好社会环境。

【劳动仲裁】 2018年，昔阳县劳动争议仲裁委员会共接到劳动争议申诉33件，立案33件，仲裁裁决16件，其中仲裁调解17件，涉及资金419000元，结案率为100%。

【公务员管理】 2018年，昔阳县人力资源和社会保障局依法持续规范公务员人事管理。完成2018年度公务员公开招录。严格规范公务员职位管理，全面推进公务员绩效考核。办理2018年公开招录的公务员的入编手续13名；完成2018年度公务员数据库更新工作，办理2017年公开招录的19名公务员、2016年公开招录的1名公务员定科员，完成20名公务员登记工作；为符合职务职级并行的2名人员进行了套改，晋升为副科级；为2017年度考核为优秀的167名公务员发放每人800元的奖金，共发放奖金133600元。

【公务员职位管理】 2018年，昔阳县人力资源和社会保障局进一步加强公务员职位管理。做好科级以下公务员转任、调任以及职务调整的审核、审批工作，严把人员资格条件关，杜绝超编制、超职数、超规格配备干部。

【军转安置】 2018年，昔阳县人力资源和社会保障局积极开展军转干部慰问工作。对34名企业军转干部和4名自主择业军转干部进行了慰问，发放价值1万余元的慰问品，补发工资差额32238元，发放2018年取暖费16240元。

【公务员绩效考核】 2018年，昔阳县人力资源和社会保障局会同县委组织部开展全县公务员考核奖惩工作专项检查，在单位自查的基础上，重点抽查部分地区、单位公务员日常绩效考核及考核结果运用等情况，对检查中发现的问题及时提出整改意见，并将其纳入县级机关绩效综合考评，有效推动全县公务员绩效考核工作的制度化和规范化建设。坚持公务员考核奖惩情况定期通报，落实全市公务员考核信息的互通共享。审核2017年度全县公务员考核结果，核发167名公务员年度考核奖。加强与有关部门沟通协调和跟踪督查，及时兑现年度考核结果使用，落实对优秀公务员在职务晋升、评先评优等方面的从优待遇和相关措施。

【人事制度改革】 2018年，昔阳县人力资源和社会保障局出台《昔阳县中小学一级教师职称评审实施方案》，成立“昔阳县中小学一级教师职称评审委员会”，建立专家评委库，评委会由县人力资源和社会保障局会同教科局负责管理。评审通过助理工程师资格23名；大中专生确认定级初级资格4名；办理中高级聘任46名，其中中级28名，正高4名，副高14名。对未报过的和新合并成立的25家单位岗位设置进行申报。

【健康扶贫】 2018年，昔阳县人力资源和社会保障局按照《昔阳县农村建档立卡贫困人口保障帮扶实施方案》（昔办发〔2017〕57号）要求，继续推进医疗健康扶贫，大力落实“三保险、三救助”“一三六”等各项惠民政策，解决贫困人口后顾之忧。县医疗保险管理服务中心为全县39614名建档立卡贫困户代缴基本医疗保险和补充医疗保险，总金额11091920元。全年建档立卡贫困人口住院人次6888人次，总费用5897万元；基本医疗支付3368万元，大病支付776万元，目录内兜底844万元，目录外医院承担4万元，补充保险137.8万元，民政救助229万元，残联免费适配辅助器具68万元，实际补偿比例达到92%；慢性病享受待遇3878人次，医疗总费用507万元。基本医保支付402万元，大病支付25万元，目录内兜底21万元，目录外医疗承担1.7万元，补充保险支付2万元，补偿比例达89.2%。定点医疗机构全面实现基本医疗+大病保险+补充医疗保险+医疗救助“一站式”结算。

【代缴建档立卡贫困户养老保险】 2018年，昔阳县人力资源和社会保障局为昔阳县16—59岁建档立卡贫困户代缴每人每年100元的养老保险（县财政70%，市财政30%）。（刘卫珍 张 凌）

民政服务

【概述】 昔阳县民政局内设“一室三股”，即办公室、优抚安置股、行政审批股、社会股；下设低保中心、社会福利中心。公务员编制9名，实有7名，缺编2名；事业编制10名，实有8名，缺编2名。领导职数1正2副，局长贾旭东，副局长王庆华、赵青山。昔阳县民政局是主管全县社会事务的行政部门。工作业务包括社会救助、救灾救济、优抚安置、区划地名、老龄工作、婚姻登记、福利、慈善、殡葬等。

【拥军优抚】 2018年，昔阳县共有各类优抚对象1824人。其中伤残军人141人、老复员军人75人、带病回乡退伍军人48人、三属53人、两参159人、60周岁退伍军人1195人、烈士子女153人。全年共发放抚恤补助金1088.2万元。其中，调整补助标准新增48.9万元。

为193名重点优抚对象，提供医疗救助52万元。对患有重大疾病，造成家庭困难的30名退伍军人提供医疗救助9万元。为300余名重点优抚对象免费体检。

县四大班子领导在“八一”建军节和春节前，走访慰问驻昔部队和重点优抚对象及松溪、万通帮扶人员，发放慰问金71万元。

符合安置条件的3名转业士官通过现场量化评分，全部落实了工作岗位。此次安置充分体现了公平公正，受到各界好评。

共完成7439名退伍军人及其他优抚对象的信息采集，采集工作任务基本完成。

9月30日，即全国第五个烈士纪念日，县四大班子领导，武警战士、公安干警、学校师生代表共计200余人在松溪公园革命烈士纪念碑广场举行烈士纪念日公祭活动。

全县认真贯彻党的十九大精神和习近平中国特色社会主义思想，紧紧围绕全县经济社会发展大局，积极探索新形势下"双拥"工作新机制，全面加强工作载体建设，不断完善保障体系，深入开展军民共建活动，省级"双拥"模范县创建取得丰硕成果，顺利通过省市考核验收。

【婚姻家庭】 2018年，昔阳县民政局设婚姻登记处。全年完成婚姻登记2505对。其中，结婚登记1210对、补结861对；离婚423对、补离11对。

【社会福利】 2018年，昔阳县共有3个公办养老机构。分别是晋祥养老院、光荣院、东冶头敬老院。养老床位1200张，集中养老人数200余人。争取上级资金60万元，新建农村老年人日间照料中心11个。全县农村老年人日间照料中心达到151个，县级运行补助费用达到185.5万元，2100余名农村特困对象、高龄老人、空巢留守老人享受日间照料服务，覆盖全县农村人口7万余人。

全年救助流浪乞讨人员41人次，救助率达98%，未发生任何重大责任事故和安全事故。

【行政区划】 2018年，经县政府（〔2018〕98号）文件批复，昔阳县撤并行政村18个，村转居2个，原322个行政村经撤并（转）后为302个，撤并（转）率为6.2%。全县辖7个乡、5个镇、1个城管委，302个行政村、19个城市社区。 （刘保庆）

老龄工作

【概述】 昔阳县老龄工作办公室为正科级全额事业单位，编制4人，在编3人，退休5人。主要职能为：以老有所养、老有所医、老有所为、老有所学、老有所乐为目标，不断推进昔阳县老龄事业发展；认真做好每年度全县60周岁及以上老年人数据统计工作，为80周岁及以上高龄老人发放优待金。

【发放高龄补贴】 2018年6月底，昔阳县老龄办通过乡级政府完成全县60周岁及以上老年人数据统计摸底工作，准确掌握2018年新增、死亡80周岁及以上老人各种情况。抽查、核实相关信息，防止冒领、少领等情况发生。"老年月"前为5306名高龄老人发放了高龄补贴171.9万元，实现全县城乡一体全覆盖。

【敬老活动】 2018年，昔阳县老龄办陪同县委书记王根元、县长许利伟、老龄委主任陈立军分别走访慰问了在昔阳居住的3名百岁老人，为每人送上1000元慰问金。乡、村主干拿着米面油送给百岁老人。县老龄办赠送老人助行器、坐便椅。全县百岁老人共有5名。为97名特困老人发放救助金4.85万元。

【关怀百岁老人】 2018年10月11日，昔阳县老龄办与昔阳县医护人员上门为3位百岁老人进行免费体检。先后到赵壁水深104岁的王丑和、东寨101岁的陈相珍及东冶头北庄101岁的常小妮老人家中，为老人量血压、做心电图、化验血常规等检查。全县6600余名贫困老年人得到社会各界上百万元资助。老龄办为所包白沙岩村6名80周岁以上贫困老人发放3000元特困救助。

【重阳节活动】 2018年，重阳节前夕，县委书记王根元到晋祥养老院走访慰问，发表了讲话。丰汇煤业集团及社会爱心人士捐赠价值1.8万元的面粉、食用油。2018年10月13日，政协委员走进晋祥养老院进行捐赠慰问演出。田甜书社、乐平诗社为老年人免费包饺子。老年书画研究会承办的“重阳节书画展”正式开展。100余幅新作装裱一新，展览一周，上千人参观。县信用联社邀请退下来的老干部回到新办公楼里建言献策，叙旧话新，展望未来，并为他们发放了养老金与慰问品。延青商贸公司多年坚持为河西村里的老年人发放20万元的慰问金及物资，受到社会一致好评。

10月14日上午，昔阳县老龄办牵头，柏康医院参与，在医院门口举行《老年法》专题宣传与义诊活动。展板内容详细，反映近几年全县老龄工作与老龄事业取得的成果。并为咨询的群众答疑解惑，为腿脚不便的老人发放20根拐杖。昔阳县松溪情韵队老年朋友表演自编自演的文艺节目，展现新时代老年人风采，让在场老人开心度过自己的节日。为100多名老人免费测量血压、体温、体重、身高，以八折优惠价格做心电图，化验血液。

10月17日，敬老示范村大寨村、石坪村、王家山村为老人举办“尊老敬老，恩惠老人”为主题文艺演出活动，请老人们共进午餐。乐平镇瑶湾村举办“重阳茶话会”活动。瑶湾村连续7年为老年人发放养老金，每人每年从1000元增加到7000元。新口上村举办的“重阳节”庆祝活动，是由村里26位中年人自发筹款组织的活动。

【扶贫工作】 2018年，昔阳县老龄办帮扶孔氏乡白沙岩村建档立卡贫困户9户22人。会同政协办、电信公司组织“两节”慰问，为全村贫困户免费提供5000元小米种子。“六一”前夕又进村入户，为全村老百姓送去3千元防暑物品。养牛50头与养鸡万只产业脱贫计划已经落到实处，合作社正常运转，争取到圈舍补助、新办公用房建设资金20万元，2017年贫困户入股集资买的20头牛，2018年增加到24头，人均收入增加682元。鸡厂分红每人652元。年初上报了20户的光电扶贫计划，落实每人增收500元。老龄办结合工作特点，进一步健全老年协会，完善制度，指导敬老文明村创建，给予2000元资助，并慰问6名贫困户老人。 （王　萍）

住房公积金

【概述】 2018年，晋中市住房公积金管理中心昔阳管理部（以下简称昔阳县管理部）以“稳增长、惠民生、防风险”为主线，紧紧围绕市中心确定的工作目标，抓重点、打基础，严格管理、强化服务、主动作为、勇于担当，着力推进昔阳县住房公积金各项业务的开展。2018年归集住房公积金15171.1万元，完成目标任务5700万元的266.16%；提取住房公积金5513.9万元，完成目标任务3600万元的153.16%；发放住房公积金贷款6958.6万元，共289户，完成目标任务4000万元的173.97%。

【住房公积金归集】　2018年，昔阳县管理部着力扩宽归集渠道，继续加大宣传力度，充分借助报刊网络、广播电视、微信公众号等主流媒体和网络平台，宣传住房公积金法律法规和政策，增强单位和企业缴存住房公积金的法制意识和政策意愿。为切实维护非公企业职工的合法权益，管理部积极开展带政策上门，送服务上门，与企业负责人开展交心谈心活动，让企业和职工了解建立住房公积金制度是单位的法定义务和职工的合法权益，进一步增强职工的自我维权意识。

【住房公积金贷款】　2018年，昔阳县管理部严格按照个人贷款管理办法有关规定办理贷款业务，建立“贷前严审、贷中规范、贷后跟进”的贷款风险管理机制，强化日常监控，通过各种手段加强对借款人情况的掌握，对可能造成贷款风险的情况及时处理，把风险扼杀在萌芽状态，截至2018年，昔阳县住房公积金贷款逾期率为“零”。全年共支持祯祥悦二期、书香门第、学府嘉园二期、城中二区、天泉幸福里、清华园共六个楼盘，为200多户购房职工解决实际住房问题。

【住房公积金提取】　2018年，昔阳县管理部进一步规范住房公积金提取管理，保证资金安全，提高办事效率，始终按照《晋中市住房公积金提取管理办法》及补充规定办理提取业务，并采取多项措施，严格操作提取流程，规范提取管理。

【信息化建设】　2018年，昔阳县管理部积极配合市中心实施住房公积金基础数据录入和接入全国住房公积金银行结算数据应用系统“双贯标”工作，经过精心组织、全员参与、加班加点，按时、按质完成管理部新系统运行工作，新系统实行“受理一体化，处理层级化”新体制，实现“账随人走，钱随账走”，提取、贷款等业务信息的及时推送办理。新管理信息系统和服务平台的建设，对全县住房公积金的管理服务具有里程碑的意义，使住房公积金的管理更规范、服务更便利、资金到账更快捷，群众满意度进一步提升。　（任　军）

教育　科技

JIAO YU　KE JI

教育管理

【概述】　2018年，昔阳县有各级各类学校（含幼儿园）48所，其中普高1所、职高1所；县直初中4所、乡镇初中6所、九年一贯制学校6所；县直小学8所、乡镇中心校16所（下辖完全小学40所、教学点18个、附属幼儿园75所）；县直幼儿园6所。全县共有教职工2554人，其中普高318人、职高146人、初中709人、小学1279人、幼儿园102人。全县共有学生29959人，其中普高2900人、职高1934人、初中7132人、小学13166人、幼儿园4827人。

【深化教育改革】　2018年，昔阳县教育科技局按照“留任一批、选聘一批、发现一批、储存一批、妥善安置一批”的原则，经过两个阶段的探索实践，以过渡性竞聘和公开竞聘两种方式，完成全县所有学校的校长聘任工作。

通过职级制改革，将全县原有的98所学校整合为现在的48所，整合比例达到51%。围绕县城形成2468办学布局（具体为2所高中、4所初中、6所幼儿园、8所小学），在乡镇形成6616格局（具体为6所乡镇初中、6所九年一贯制学校、16所中心校），兼顾区域，又统筹城乡。

昔阳县教育局借职级制改革东风，通过管理重构、资源整合、体制创新，重绘“教育新地图”。撤销原先的学区建制，成立16所农村中心校，将原先的72所乡镇小学、完全小学和教学点纳入中心校统一管理，实行“人事管理、财务管理、学生管理、教育教学管理、考核评价”五个统一。以瑶头中心校为试点，在中心校内部探索实施教师走教制度，致力于解决农村学校薄弱学科教师短缺的问题，实现优质教育资源共享，缓解城乡教育发展不平衡的结构性矛盾。

【基础设施建设】　2018年，昔阳县教育科技局实施中小学新建、改扩建项目，累计投入1.6亿元，建设昔阳中学、职业中学、新城小学、新城幼儿园教学楼等工程，基础设施更加完善。加强义务教育学校标准化建设，投资300万元按标准配备理化实验器材、音体美器材、图书资料、多媒体设备、升降桌椅等；投资22万元为17所乡镇学校配备心理健康教育设备；投资240万元，完成全县中小学旱厕无害化改造工程。加强教育信息化建设，投资200万元建设20个常态化录播教室；投资50万元搭建学业数据采集与分析平台；投资15万元安装云视讯网络会议系统；投资近300万元实施教育城域网升级改造工程。

【提升教学质量】 2018年，昔阳县的高考成绩实现质和量的双提升。普通高考：二本达线率全市第一，一本达线率全市第二，应届高中生姜寒勇夺全市文科状元，被北京大学录取。对口高考：二本达线人数突破百人，位列全市第一，赵江杰名列全省农科类第一名。

中考成绩一年一个新台阶，今年在去年的基础上又上升2个位次，位列全市第五。示范中学、乐平二中、厚庄学校、王寨中学跻身全市前50名。

小学阶段，更加注重面向全体学生发展，巩固率和参考率达到100%；更加注重学生整体发展，总合格率为94.07%；更加注重均衡发展，总平均分为79.10；更加注重优生发展，总优生率为37.59%。

幼儿教育，学前三年毛入园率97.6%，超过全省平均水平89%。全县幼儿园，办园条件逐步改善，办学行为逐渐规范，保教质量不断优化，全县学前教育的办园水平得到整体提升。

成人教育，大力开展校外培训机构专项治理行动，监督16家机构按照程序办理相应手续，依法取缔16家“无证无照”机构，追缴风险保证金56万元。在10月份，举办2018年全民终身学习活动周，广泛开展宣传活动。组织实施农村实用技术培训和农村劳动力转移培训，参加技术培训3万人次，转移培训1100人次。

【师资队伍建设】 2018年，昔阳县教育科技局加强校长队伍建设，通过职级制改革，一批学校中层领导、班主任、骨干教师、机关股室负责人被选聘到校长岗位，平均年龄45.8岁，校长队伍年龄结构进一步优化。校长队伍中拥有市级以上教学能手、学科带头人、先进教育工作者称号的占比53%，本科以上学历占比95%以上。

加强教师队伍建设，全年招聘特岗教师90人，免费师范生3人，事业编制12人。组织全县教育工作者参加国家、省、市、县各类培训，参培教师累计1307人次，教育管理者127人次。落实《昔阳县乡村教师支持计划》，为所有乡村教师落实乡镇补贴待遇，发放资金626.7万元，惠及农村教师943人。

【学生资助】 2018年，昔阳县教育科技局全面落实各项惠民助学政策，有效保障农村留守儿童、残疾儿童、家庭特困学生平等接受义务教育。建档立卡贫困生资助全覆盖，投入资金521.7万元，资助建档立卡贫困学生5324人次；推进生源地信用助学贷款工作，申请贷款资金1131.69

万元，共为1770名家庭困难的大学生办理助学贷款；实施农村义务教育营养餐改善计划，投入资金129.8万元，为全县22所义务教育阶段学校的2046名寄宿学生提供营养午餐；实施阳光助学工程，投入资金50万元，资助学生1054人次；加大控辍保学力度，全面落实“控辍保学”相关措施，投资20万元，建起4个留守儿童之家；完善送教上门和随班就读服务保障机制，投资32.2万元，建起3个特殊资源教室。

【科技工作】 2018年，昔阳县全面完成列入区域经济转型升级的考核指标。具体为：山西碧洲生物科技有限公司顺利通过国家高新技术企业认定；技术合同交易额（省内+省外）达0.5亿元；引进11台先进装备，分别为阳煤电石厂3台、县医院3台、妇幼保健中心2台、尚太锂电3台；先进装备投资额达941.38万元，超额完成700万元的指标；众创空间入驻创客34家，与上一年28家相比，新增6家，增长比例为21.4%。 （王 涛）

气象局

【概述】 2018年，全年平均气温偏高，冬、春、秋季高于历年平均值。全年总降水量偏多，且分布不均匀，7、8、10月降水偏多。全年日照时数为2239.3小时，较历年平均值2470.3小时偏少231小时。

2018年（1—12月）年平均气温10.2℃，比历年平均9.9℃偏高0.3℃。极端最高气温35.7℃，出现在6月6日；极端最低气温-18.4℃，出现在12月30日。

2018年（1—12月），年总降水量470.6毫米，与历年平均491.7毫米相比偏少21.1毫米；比2017年721.9毫米少287.4毫米。年一日最大降水量为49.7毫米，出现在7月9日；日降水量≥25毫米的日数为3日；日降水量≥0.1毫米的雨、雪日数为84天；冬季日最大降雪量为1.2毫米，出现在12月27日。

【主要气候事件】 大风，全年大风日数22天，其中年极大风速为26.2m/s，风向西北，出现在5月12日。初终霜冻，终霜冻出现在3月16日，初霜冻出现在10月12日，无霜期为209天。大雾，全年出现大雾日数为41天，其中年最小能见度为83m，出现时间为10月16日。

【气象监测预报预警】 在昔阳县气象局观测站安装光电式日照传感器及称重式降水传感器各一套。截至2018年，昔阳县建成新型自动气象观测站1个，区域气象观测站19个，自动土壤水分站1个，天气现象仪1套，小型测雨雷达1部。全年共发布重要气象信息10期，专项专题服务材料68期，发布气象预警信息50条。

【气象防灾减灾】 开展气象防灾减灾培训，50人次受训。更新《防雷安全重点单位库》。全年共制作发布《雨情快报》《一周天气预测》等服务材料122期；向县委、县政府、县直有关部门提供《重要气象报告卡》《重要气象信息》10期；发布节假日和高、中考等各种专题预报8期。与环保局建立联合会商工作机制，每周发布《空气污染气象条件周报》。

【人工影响天气】　在大寨蒙山风景区新建人工增雨烟炉一座。增雨烟炉的修建完成，为昔阳县人工增雨作业增加新的方式，扩大增雨作业范围，全年开展人影培训2次，人影作业指挥员及各炮点炮长、炮手全员参加培训。1—12月共增雨7次，发射火箭弹25枚，防雹作业12次，发射炮弹105发。（赵鹏明）

地　震

【概述】　2018年，昔阳县防震减灾工作以提升地震灾害综合防范能力，最大限度减少或消除灾害风险为目标，按照年度防震减灾工作目标任务要求，建立基础工作、重点工作、亮点工作三个清单，制定工作落实方案，着力推进地震监测、震害防御、应急救援体系建设，强化防震减灾公共服务，不断提升全县地震灾害风险防范能力，为昔阳经济社会建设提供地震安全保障。

【地震活动】　据山西地震台网测定，2018年1月1日—12月31日，昔阳县共发生ML≥1.0级地震7次，最大地震为2018年11月1日发生在北纬37.49°、东经113.91°的1.8级地震。

【地震监测预报】　2018年，昔阳县地震局推进地震监测现代化建设，建立县级地震信息平台，实现与省市地震信息中心互联互通，具备全省监测数据汇集共享、视频会商、应急信息交换、实时查询前兆监测数据和震情信息等功能，提升地震监测现代化能力。加强前兆监测仪器运行管理，定期对监测仪器和观测环境进行检查维护，保障电磁波仪器正常运行，获取连续、稳定监测数据，1—12月电磁波运行率99.9%。强化震情监视跟踪和分析研判，制定《昔阳县2018年震情监视跟踪工作方案》，建立震情跟踪与异常落实工作责任制，按时开展震情会商，全年召开月会商12次，季会商4次，形成月季会商报告16期。提取近3年来前兆数据信息，利用测震学研究方法，结合周边大形势，对山西中东部地区2019年度地震活动总体特征和前兆异常的发展趋势进行分析，对本区域未来一年或稍长时期地震形势进行研究，编制形成2019年度山西中东部地区地震趋势研究报告。

【地震应急救援】　2018年，昔阳县地震局加强地震应急准备，落实各项应急措施，提升地震灾害风险管理水平。开展地震灾害风险评估。实地调研全县城乡建筑物抗震性能、人口分布、次生灾害危险源分布、交通、避险场地条件等状况，结合昔阳县地震应急救援现状，设定地震模型进行分析评估，提出震前应急准备建议和震后应急处置要点，全面掌握本辖区存在的地震灾害风险和可能造成的灾害损失，编制完成昔阳县地震灾害风险评估报告。健全完善地震应急救援体系。县政府调整更新昔阳县防震减灾工作领导组成员，结合地震灾害风险评估结果，重新修订《昔阳县地震应急预案》，明确各应急救援单位职责和应急响应流程，县地震局修订地震应急信息报送模板与编报规程，明确震后应急信息编报规则和时间要求，确保震后应急行动迅速、及时、有章可循、忙而不乱。组织开展地震应急培训演练。10月组织全县地震宏观员和防震减灾助理员进行地震应急培训，重点培训震后应急处置流程、灾情收集上报方式及内容。组织全县“三网一员”队伍和机关全体工作人员开展4次地震应急演练，重点演练震后2小时内的应急处置程序、灾情信息的快速上报和灾害损失的预评估。通过培训演练，熟悉掌握地震应急处置流程，熟练应用地震应急信息平台，规范报送地震应急信息，强化内部协调联动机制，提升快速应对处置突发地震事件的能力。开展地震应急准备工作督查检查。县地震局于9月组织开展地震安全隐患排查检查工作，重点对全县人员密集场所、应急避险场所、地震地质次生灾害等管理单位的地震应急准备、预案编制、地震安全隐患进行排查检查，通过排查检查发现问题，及时提出相应整改措施，确保地震应急措施落实到位。

【地震灾害防御】 2018年，昔阳县地震局强化建设工程抗震设防要求监管。建立建设工程抗震设防无审批监管机制，变重事前审批为加强事中事后监管，制定《昔阳县建设工程抗震设防要求事前告知事中事后监管制度》，对需开展地震安全性评价的重大建设工程和提高设防要求的建设工程，实行事前告知，督促工程建设单位按要求确定抗震设防标准，对一般工业民用建筑工程重点加强事中事后监督检查，确保达到设防要求。2018年10月组织执法人员对全县新建建设工程执行第五代区划图情况进行检查，各工程建设单位按照《中国地震动参数区划图》确定抗震设防要求对建筑工程进行抗震设计，确定科学合理的抗震设防标准，全县新建建筑工程全部达到抗震设防要求。加强防震减灾群测群防管理，推进防震减灾“三网一员”体系建设，组织防震减灾助理员和宏观员进行培训，开展4次震情、灾情速报演练，充分发挥群测群防队伍在防震减灾工作中作用。

【防震减灾科普宣传】 2018年，昔阳县地震局加强防震减灾科普宣传，提升防震减灾公共服务能力。充分利用“5·12”“7·28”等防震减灾纪念日深入农村、社区、学校开展形式多样、丰富多彩的科普宣传活动。开展集中宣传活动，全年组织开展了4次集中宣传活动，通过展出地震科普展板、散发地震知识手册、开展咨询等方式将防震减灾知识传送给社会公众；组织全局干部自编讲稿，走进校园、走上讲台，为中小学生讲授地震科学知识；进社区、农村开展科普讲座，针对性地为广大居民讲解防震避震知识；利用报纸、电视主流媒体和地震微信公众号新媒体，开展防震知识宣传，通过微信公众号推送震情快报、防震避震自救互救知识等便民服务信息，增强防震减灾科普知识宣传效应；推进防震减灾示范创建，继续巩固提升省级防震减灾示范县创建成果，积极推进地震应急演练、开展地震科普讲座与避险技能培训。深入学校普及防震减灾知识，指导中小学开展防震减灾科普示范学校创建工作，提高中小学师生防御地震灾害的能力，西大街小学申报创建为省级防震减灾示范学校。（宋乃军）

昔阳中学

【概述】　昔阳中学创建于1952年，是一所全日制县直普通高中。2018年，实有教学班58个，在校学生2900余人。其中，昔中学籍44个班，学生2200名；东冶头中学学籍14个班，学生700名。高一、高二各20轨，其中高一昔阳中学14轨，东冶头中学6轨；高二昔阳中学16轨，东冶头中学4轨；高三18轨，昔阳中学14轨，东冶头中学4轨。教师编制总数318人，其中昔阳中学260人，东冶头中学58人；在编310人，其中昔阳中学258人，东冶头中学52人；在编在岗共279人，昔阳中学234人，东冶头中学45人。两校学生重新混合编班，教师优化配置，教学设施共享，优化内部管理，提高管理水平。尤其是校长职级制改革以来，学校踏上健康发展的快车道。

【基础设施建设】　2018年，昔阳中学标准化建设有序推进，育人环境进一步改善。3月，投资2137万元，面积7100平方米的教学综合楼正式动工，至年底，主体框架已完成，预计2019年竣工并投入使用；投资94万余元新建智慧教室7个；投资30余万元实现校园监控全覆盖；投资20余万元重新装配教师备课室；投资100万元修葺铺设教学办公楼、餐厅楼顶；投资10万余元重新布置校园文化环境。学校设施设备的配置完善将进一步推进全校的标准化进程，为适应新一轮课程改革奠定良好基础。

【2018年高考】　2018年，昔阳中学高考再创佳绩。应届大文大理二本B以上达线449人，全校二本B类以上突破600人，创历史新高；应届大文大理一本达线161人，开创学校一本达线人数新纪录；应届理科600分以上13人，文科580分以上9人。其中文史类考生姜寒以649分的总成绩勇夺晋中市文科第一名，位居全省第六名，被北大录取，尖子生培养取得重大突破。2018年，昔阳中学被评为“山西省教育系统先进集体”，获“晋中市教育教学质量显著奖”。

【中层领导选聘】　2018年，昔阳中学针对学校中层干部老化的问题，结合学校实际，在尊重老干部意见的基础上，于2018年9月，采用公开招聘的方式，选拔聘任12名爱岗敬业、年富力强的年轻教师担任中层领导干部，优化干部队伍结构，提升管理效能。选聘过程包括自主报名、资格审查、笔试、竞聘演讲四个主要环节。竞聘者最终成绩由笔试成绩和竞聘演讲成绩按一定比例组成。整个选聘过程由校党支部和校务委员会全程监督，确保选聘标准合理，选聘过程公开、透明，选聘结果客观公正。经过一周公示之后，新选聘的

12名中层领导正式上任。

【课堂改革】 2018年，昔阳中学进一步深化课堂教学改革，提高课堂教学效率。优化备课流程。要求教师按“课前听课—设计个案—集体备课—形成共案—教学实施—教学总结和反思”的基本流程开展集体备课活动。发挥集体优势，撰写精品课的教学设计，制作课件，设计习题，形成较为完整的校本教学资源库。优化教学流程。进一步优化“问题引领，学案导学”课堂教学模式，进一步规范课堂教学环节，精心设计“新授课”“习题课”“复习课”教学流程，打造高效课堂，让老师乐教善思，学生乐学善思、合作探究，并享受学习带来的快乐。开展示范研讨。先让教学能手、学科带头人上示范课，发挥示范引领作用，7月份组织“同课异构”研讨活动，在此基础上，初步形成各科课堂教学流程，11月份，按照“示范课 研讨课 展示课”三步，进一步优化“新授课”“复习课”“习题课”三类课型，提高教师的教学水平。

【高考备考】 2018年，昔阳中学积极推行领导蹲组督导机制，校级领导既面向全校履行好各自的工作职责，又承担相应年级组的建设任务；完善年级组建设工作，年级组长全面负责教育教学管理工作，实施层级化管理、精细化管理、量化考核。采取“走出去学”的办法，组织骨干教师去外地学习考察，学习名校课改成功经验，返校后，召开会议进行二级培训，提高全体教师的课改意识。完善《昔阳中学教师量化考核实施细则》，规范教学行为；坚持青年教师业务考试，提升教学水平；出台《昔阳中学班主任绩效年级组考核方案》，完善学生自律制度和校园惩戒制度，落实学生日常行为规范管理，提高学生管理效能，促进内涵发展。班级管理精细化，建立班级学习小组实行教师导引制度和“人盯人”策略，搞好激励教育，营造良好的学习备考氛围。利用课间操时间，组织优胜班级班主任、学生代表发言、宣誓。每次考试之后，评选出优胜级部、优胜班级、优胜学生、进步最大学生、学习最努力学生，进行公开表扬，发放荣誉证书。关注尖子生培养，明确培养目标，加强跟踪训练，落实方法辅导，完善奖励机制。

【教师业务研修】 2018年，昔阳中学为提高教师的业务水平及教学能力，积极为教师创设学习平台，为教师的专业发展搭桥铺路，使中青年教师精英脱颖而出，成为学校教育教学活动的中坚力量。2018年，分批次组织分管领导、年级组组长赴山东、河南考察，学习名校在课程改革、年级组管理、尖子生培养、党建等方面的经验；组织高三教师分批次赴太原、榆次参加高考复习研讨会，优化迎考复习策略、赴平遥考察学习尖子生培养的经验；组织课题研究负责人赴太原参加课题研究培训会，提高课题研究水平。聘请省教科院数学教研员薛红霞进校做数学讲座；聘请晋中市教研员任守权、尹宏伟，文综团队、理综团队进校开展教研活动。

积极开展校内研讨活动。7月份组织为期一周的“同课异构”活动，11月组织“示范课”“研讨课”“展示课”教学活动，还组织青年教师业务考试。在2018年山西省中小学实验教学活动中，程姣姣荣获特等奖；在2018年晋中市中小学实验教学说课中，石鑫、冯晓芳、乔倩获三等奖；张吉美被评为“山西省第十二届中小学教学能手”。

【活动育人】 2018年，昔阳中学做好常规管理工作的同时积极开展丰富多彩的主题教育活动，实现活动育人。开展“我是‘昔中’形象大使”主题教育活动，进一步规范学生的文明行为举止；开展系列主题班会活动，把“立德树人”的育人目标落到实处；开展“两会一节”文体活动，张扬个性，培养特长，增强学生的集体荣誉感；开展“纪念改革开放40周年”主题演讲比赛，引导学生树立与时代主题同心同向的理想信念，勇于担当这个时代赋予的历史责任；开展防震防灾应急演练活动，提高学生的防灾减灾意识，提高自护自救能力。开展体育、心理健康教育、食品卫生、法制、交通等安全教育活动，促进学生健康全面发展；开展优生暑期研学活动，组织优秀学生参加学科竞赛，为学生适应自主招生政策、冲击名校奠定基础。在2018年全国中学生学科能力竞赛中，27名学生获全国奖，68名学生获省级奖，其中全国一等奖1人，二等奖10人，三等奖16人，省级一等奖12人，二等奖21人，三等奖35人。（丁保生　张利祥）

高级职业中学

【概述】 昔阳县高级职业中学校是一所国家重点中等职业学校，也是昔阳县唯一一所职业高中，学校位于城南207国道西侧，占地面积11.4万平方米，建筑面积2.8万平方米。2018年，学校实有教职工140人。其中专任教师129人，行政教辅人员5人，工勤人员6人。专任教师中高级讲师50人，讲师61人，助理讲师16人，无职称2人。2018年，现有36个教学班，在校生1934人。开设10个专业。其中园林技术、焊接技术应用、社会文化艺术是山西省示范专业。计算机应用、会计专业为晋中市骨干专业。园林技术、社会文化艺术、制冷与空调、汽车运用与维修、旅游服务与管理、会计专业为校骨干专业。学校现有焊接、园林技术、计算机、电子电器应用与维修四个省级实习实训基地。

2018年，昔阳县高级职业中学328名学生参加对口高考，104人达本科录取线，是晋中市唯一本科达线过百人大关的职业学校。特别是农科专业学生赵江杰在2018年对口高考中荣获全省第一名的优异成绩。在2018年省市技能大赛上，56名师生参加省市中等职业学校技能大赛，获得一等奖4个、二等奖17个、三等奖74个，获奖成绩排名晋中市上游。在学生就业上，学校始终坚持以就业为导向，以能力为本位的办学理念，不断拓宽学生就业渠道。

通过实行联合办学、校企合作、工学结合、社会培训等多种办学模式，先后与浙江舜宇集团、江苏骏升科技（扬州）有限公司、柳州五菱汽车工业有限公司山东分公司等多家大中型企业及院校建立长期稳定的合作关系。

【教育教学】　2018年，昔阳县高级职业中学校从干部管理上完善管理制度，选任配齐中层干部，明确校级领导、中层干部及各处室、年级组、学科组的岗位职责，制订工作目标，理清工作流程；完善领导干部年度考核测评制度、规范考核程序，明确中层以上干部年度个人述职、民主测评、综合考评的具体细则。完善教学制度，理顺管理程序，同年，晋中市信息化教学大赛中，昔阳县高级职业中学校有4人获得市级奖，25人获得县级优秀；山西省教研课题评定中，旅游服务与管理专业的“文化旅游研究”课题被认定为省级课题；全年教师在省级以上教学刊物发表论文30余篇。

【专业建设】　2018年，昔阳县高级职业中学校通过巩固提升龙头专业，拓展延伸传统专业，培育发展新型专业，全力打造骨干专业建设，现已发展到10种专业。其中，园林技术、群众文化艺术专业被认定为山西省重点专业；汽车应用与维修专业被认定为山西省学徒制试点专业；计算机、会计专业被认定为晋中市骨干专业。电子电器应用与维修、计算机技术、旅游服务与管理、老年人服务专业为校骨干专业。同年，本校汽车应用与维修、旅游服务与管理已经成功被认定为省级实训基地，会计专业已成功认定为省级重点专业。同年12月，本校被评为山西省改革发展示范校，成为全省职业教研深化产教融合、校企合作的试点学校。专业建设不断提升，项目建设也在稳步推进。完成投资500万元的园林技术、计算机应用、电子电器应用与维修三大省级实训基地建设工程外，还启动投资700万元的园林技术、会计两大省级重点专业，汽车应用与维修专业、焊接技术、旅游服务与管理等三大省级实训基地建设。这些重点专业及实训基地建设的完成，从根本上改善本校的基础办学条件，提升专业教学和社会培训能力。

【制度建设】　2018年，昔阳县高级职业中学校狠抓制度建设，制定完善十余项规章制度。以班主任考核为核心的制度，完善《昔阳职中班主任考核方案》《昔阳职中文明班级考核办法》；以教师量化考核为核心的制度，细化完善《昔阳职中教职工职称推荐考核方案》《昔阳职中教职工绩效工资发放办法》；以教学常规为核心的制度，制定完善《昔阳职中教师考核管理办法》《昔阳职中教案作业检查办法》；以教师专业成长为核心的评教制度，制订《昔阳职中教师评价考核办法》；以校园安全为核心的制度，修订《昔阳职中“十防”安全责任制》《昔阳职中平安校园建设方案》。这些制度的制定和完善既具有系统的管理理念，又充分体现人本管理的精神。

【基础设施建设】　2018年，昔阳县高级职业中学校倡导“以营造家庭和谐幸福般的情怀去营造和谐的校园人际关系”，倡导“工作即生活”的理念，引导教职工“做事先做人”。组织实施校园文化墙、宣传栏、温馨提示牌等文化基础设施建设工程，组织校史编撰工作，建立大寨精神红色文化传承基地，并实施一系列校园基础设施建设工程：完成煤改气工程，彻底结束昔阳职中用炭做饭的历史；进行用电改造，解决了学校多年来电路混乱、经常断电的情况；实行食堂社会化招标，解决教职工伙食花样单调、质量不高的问题；进行取暖管道改造，改变冬季取暖困难、供暖不畅的问题；进行信息化改造，启动校园《三通两平台》建设，为教职工创造良好的学习工作环境。教学综合楼建设工程，该工程是昔阳县2018年重点建设工程之一。主体已经完工。

【招生工作】 2018年，昔阳县高级职业中学校秋季共招收高一新生668人，组建农学、医护、财经、计算机应用、机电、旅游服务与管理、电子电工等10个专业班，超额完成全年招生任务。招生完成率位居晋中市职业高中前茅。

（禹志刚　梁晓东　赵瑞卿）

文化 体育 旅游

WEN HUA TI YU LV YOU

文化工作

【概述】 2015 年 2 月，根据《中共晋中市委、晋中市人民政府关于印发〈昔阳县人民政府职能转变和机构改革方案〉的通知》，将昔阳县文体广电新闻出版局名称规范为昔阳县文化局。正科级建制，核定编制 9 人，为昔阳县人民政府工作部门。2018 年，昔阳县文化局设 5 个内设机构，综合办公室、文化体育股、广播电影电视股、新闻出版股和行政审批股。管理的文化部门事业单位共 7 个，分别为县文化馆、县图书馆、县文管所、县文化市场行政综合执法队、县广播电视台、县体育中心和县电影公司。

【群众文化活动】 2018 年，昔阳县文化局按照省、市文化部门要求统一标志标识，本着“全民参与、全民享受”的理念，为庆祝改革开放 40 周年，组织开展一系列的全民文化季活动。县城举办大型专场文化活动 14 场，各乡镇举办各类文艺会演 20 余场。组织参加省、市的各项庆祝活动，在全省农民画展中获得个人奖项 13 个。昔阳县文化局被授予山西省庆祝改革开放 40 周年系列文化活动优秀组织奖。

同年，春节期间举办昔阳县第二届春节联欢晚会、2018 年元宵节群众文艺展演；在县图书馆举办春节年俗展和猜灯谜活动；举办“4·23”世界读书日的阅读推广活动。八一期间在市政广场组织八一群众文艺节目展演，文化馆艺术培训专场，界都乡文艺展演专场，昔阳县总工会“职工消夏文艺晚会”专场。8 月，组织全县 12 个乡镇 4 个社区共计 16 支队伍 640 人举办庆祝改革开放四十周年“全民健身广场舞展演”活动。9 月，举办昔阳县第五届红叶文化旅游节活动以及昔阳县首届农民丰收节活动。举办山西、大寨中国汽车场地越野锦标赛，国际山地马拉松赛。在 2018 年山西省庆祝改革开放 40 周年系列文化活动中被授予优秀组织奖。

界都乡、乐平镇在“七一”期间组织纪念改革开放 40 周年“庆七一·颂党恩”

主题党日活动，西寨乡举办“乡约西寨 梦源清漳”西寨乡第一届消夏避暑文化旅游节活动，东冶头镇组织“七夕”荷花文化旅游节系列活动，皋落镇举办“纪念改革开放四十周年 助力乡村振兴战略实施”皋落镇迎国庆文艺会演活动，三都乡举办庆祝改革开放四十周年“最美乡村·舞动三都”系列活动等。

【基层文化建设】 2018年，昔阳县文化局根据晋中市政府的统一部署，县委、县政府高度重视示范区创建工作，按照创建国家公共文化服务体系示范区的目标要求，通过大力建设公共文化服务设施，丰富公共文化服务内容，提升公共文化服务质量，建成覆盖城乡的公共文化服务体系。达到功能完善、机制完善、服务完善的创建标准，于2018年8月顺利通过文化旅游部的评估验收。全年，文化馆开设了15个专业60个免费艺术培训班，共培训学员2000余人。图书馆通过举办各类阅读活动，共有3500余群众参加馆内馆外读书活动。

【公共文化服务】 2018年，昔阳县图书馆按照总分馆制的实施，将各乡镇文化站、学校图书阅览室图书硬件软件并入总馆，此外图书馆每月定期向文化站和13个群众阅览活动室配送图书期刊，让群众享受到便捷的文化套餐。帮助基层图书室、农家书屋、文化站、电子阅览室进行业务培训辅导。而后用3个月时间为12个乡镇文化站、13个重点村及昔阳中学和新城小学进行图书录入工作，真正实现在总馆带领运行下通借通还，总馆拥有2万册电子图书、纸质图书、电子期刊等，藏书质量有大幅提高。2018年外借书刊达到4万册次以上，图书馆藏书量、借书率等相关服务指标均能达标。同年，开通图书馆网站，将开展读书活动、讲座、培训、流动图书借阅服务活动及时展现给群众，扩大了服务范围。

【文化艺术培训】 2018年，昔阳县文化馆免费艺术培训全面启动。开设成人声乐、钢琴、古筝、二胡、语言、书法、扬琴、小提琴、武术、舞蹈、琵琶、唢呐、葫芦丝、萨克斯、合唱与指挥15个门类的培训班，全年共开设培训三期，培训学员800余人。暑假期间开设声乐、钢琴、古筝、二胡、扬琴、书法、小提琴、武术、舞蹈、琵琶、唢呐、葫芦丝、萨克斯13个门类的少儿免费培训班，共培训学生580余人。文化馆对外全部实行免费开放培训，各个活动室各种职能服务得到了提升，网站、微信公众服务平台各个栏目设置内容丰富，通过公众服务平台鉴赏文化艺术作品，传递文化信息，参与文化活动，聆听理论讲堂等，达到文化资源共享。通过手机、电脑等载体，利用线上线下资源，推广全民艺术普及，为数字化文化馆建设奠定坚实的基础。

【文化惠民】 2018年5月，昔阳县文化局通过招标确定组织昔阳县春城晋剧团到12个乡镇免费送戏下乡90场。组织大寨干部学院晋剧艺术团赴闫庄乡峰洼村、乐平镇瑶头村、界都乡柏叶底村、东冶头镇葱窝村、皋落镇皋落村、社区河西村、李家庄乡石坪村、赵壁乡赵壁村、沾尚镇沾尚村、孔氏乡马驯岩村共举办12场脱贫攻坚免费慰问演出。

2018年，由大寨干部学院艺术团晋剧演出队赴全县各乡镇进行新编大型现代晋剧《第一书记日记》慰问演出，每乡一场共12场，在大寨干部学院进行教学演出20多场。

按照国家“2131”工程部署，昔阳县文化局全年完成农村公益电影放映场次3936场。农村寄宿制学校22所，完成放映场次198场。全年完成城市公益电影放映任务360多场，丰富了广大市民的业余生活。

2018年正月期间，深入全县12个乡镇开展送非遗节目下乡活动，进行非遗节目展演和非遗培训作品展览共12场。把扶贫工作与非物质文化遗产保护相结合，在所包村沾尚镇中大寨村组织贫困户在内的22名妇女进行为期一个多月的刺绣、剪纸培训。组织民间手工艺雕塑、面塑、农民画、八音会和民间舞蹈“燕山大板”的培训，均为期一个多月，培训学员共计60多人，制作雕塑作品和面塑50余件，面临失传的民间舞蹈“燕山大板”得到传承，收到很好效果。3月，组织县非遗节目三都《昔阳拉话》、孔氏“燕山大板”、南思贤《音锣鼓》、北石龛《迓鼓》、铺沟《威风锣鼓》、北掌城《足足马》、张保凤《昔阳评书》等赴全县12个乡镇进行免费展演12场。

【文化市场管理】 2018年，昔阳县文化局全面推进文化市场综合执法规范化建设，扎实履行执法监管与服务职责，严格执法。以“扫黄打非”“安全月宣传”“扫黑除恶”等专项行动为平台，采取制作宣传版面、悬挂宣传横幅标语、发放宣传资料、设立咨询台等多种形式，开展法律法规和安全生产宣传。对文化市场负责人就消防安全、法律法规等方面进行集中培训，全年共出动检查300余人次，对文化市场进行全面检查，形成良好的市场环境。

组织开展了“两节”期间、暑期校园周边以及“利剑”等文化市场专项检查行动。对校园周边的二元店、书店、网吧、娱乐等文化市场经营单位就证照是否齐全、安全设施是否完善，是否出售有盗版图书，是否有内容涉及恐怖、迷信、低俗、色情、赌博性和反政治性等非法出版物等方面进行检查；高、中考期间开展文化市场噪声专项整治行动，要求歌舞娱乐、网吧等场所要规范经营，禁止在规定时间以外营业、杜绝接纳未成年人等，并降低音量分贝，尽可能缩短营业时间，露天广场跳舞健身人群在高、中考期间停止音响播放，为考生营造一个和谐、安静、舒适的考试环境。

开展扫黄打非“清源”“净网”“固边”“护苗”“秋风”五大专项行动。对全县营业中KTV、歌舞厅内等曲库内容是否含有违禁歌曲或违禁MV逐一排查；对所有涉及盗版、淫秽色情出版物的商铺进行地毯式检查，发现一处清理一处；与县网安大队、网信办联合，对全县的贴吧、微信公众号、重点网站等新媒体进行监管，发现非法信息及时跟进处置，严厉打击网络文化市场各类违法行为，保障网络文化环境清洁有序。多次联合县消防大队、派出所执法人员针对公共场所人员流动性大、人流密集，各种诱发火灾的因素进行安全大检查，重点检查场所内消防设备是否齐全完好、消防安全通道是否畅通等。检查是否按要求登记营业日志，显著位置是否悬挂有禁毒、禁赌、禁烟等警示标志和“12318”举报电话等内容。

全面深入推进70个“扫黄打非”基层站点的规范化、标准化建设。根据上级2018年底前完成总量占比20%的基层站点规范化标准化建设要求，县“扫黄打非”领导组结合实际，研究确定了昔阳县2018年“扫黄打非”基层站点规范化标准化建设名单，重点建成12个乡镇联络站和10个重点行业联络点，48个村级“扫黄打非”信息建设点，县扫黄办争取经费为各站点建立健全制度化、规范化、常态化的基层“扫黄打非”工作体制机制，明确站点职责、建设标准和工作规范；明确标准配置：标牌上墙、人员情况上墙、工作职责上墙、工作制度上墙、宣传有阵地、举报有渠道；明确了8个规范制度；明确重点部位；明确三支队伍；明确依托平台。基本建成覆盖全县乡镇、村（社区），以及与“扫黄打非”工作关系密切的重点单位、重点部位的“扫黄打非”工作站点，基本形成有办公条件、有骨干队伍、有相关制度、有依托平台、有工作经费、有宣传阵地的体制机制保障。（孔旭婷）

文　物

【概述】　昔阳县文物管理所是由昔阳县文化局管理的事业单位，成立于1985年3月，全额事业编制，副科级建制，编制5人，现有在编人员4名。截至2018年年底，昔阳县经各级人民政府确定并公布的重点文物保护单位有71处。其中：全国重点文物保护单位3处（昔阳崇教寺、石马寺石窟、大寨人民公社旧址）；省级重点文物保护单位4处（明长城遗址、卧佛寺、离相寺、福严寺）；市级重点文物保护单位1处（梵乘寺）；县级重点文物保护单位63处。

【文物普查】　2018年，昔阳县文物管理所开展自第三次全国文物普查以来最大规模的文物核查行动，对昔阳县第三次全国文物普查登录的308处不可移动文物进行全面核查，发现有15处不可移动文物消失、有3处不可移动文物归属权变更，截至2018年底，昔阳县实有登记不可移动文物290处。

【文物保护】　2018年，昔阳县文物管理所积极利用各级财政专项资金，先后实施崇教寺保护修缮工程和梵乘寺保护修缮工程，完成第六批省级文物保护单位的申报工作，并对全县所有县级文物保护单位和普通不可移动文物划定保护范围并建设控制地带。其中63处县级文物保护单位的保护范围和控制地带已经县政府批准，向社会发文公布。

【文物考古】 2018年，昔阳县文物管理所为配合城市基建工程，5月，在城中二区建设工地抢救性发掘清代古墓葬3座，出土随葬器物20余件套。

【文物宣传】 2018年，昔阳县文物管理所利用每年的“文化和自然遗产日”，开展形式多样的宣传活动，还编辑印刷内部资料《昔阳县第一次全国可移动文物普查成果汇编》。

博物馆

【概述】 2018年，昔阳县博物馆在习近平新时代中国特色社会主义思想的理论指导下，积极开展免费开放工作，全年共接待县内外参观人数上万人次。结合自身特点，先后举办“三春晖——白莲 张永乾回乡中国画展”“昔阳县中小学生书法作品展”“庆‘七一’书画展”等一系列特色展览，并利用“5·18”国际博物馆日等活动契机，开展形式多样的文博宣传活动。

【宋金文化博物馆开馆】 2018年12月29日，昔阳县博物馆分馆——昔阳县宋金文化博物馆正式举行开馆仪式。馆址位于县城红旗街西侧原中医院旧址，是依托在该处发现的宋金古墓葬建设的一座以展示宋金文化为主的专题博物馆。该馆建设项目于2016年3月立项，同年5月开工，由山西五建集团有限公司中标实施。项目总投资1500万元，主体建筑为地下一层、地上二层的楼房一幢，钢筋混凝土结构，内部由办公区、展区和文物库房三部分组成，总建筑面积2744.96平方米。

（王殿梁）

图书管理

【概述】 昔阳县图书馆属全额事业单位，编制8人，是面向全社会免费开放的公共图书馆，是专门收集、整理、保存、传播文献，并提供利用科学、文化和教育的服务机构。馆内建筑面积1825平方米，藏书6万余册，电子阅览室电脑30台，电子书及特色数字资源3TB，电子借阅机一台，报刊机一台，少儿阅读机一台，馆内设有成人阅览室、少儿阅览室、视听室、图书借阅室、多功能报告厅等公共免费开放场所。

【“4·23”世界读书日活动】 2018年，为迎接4月23日世界读书日，昔阳县图书馆全力推动书香社会建设，共同倡导全民阅读，进一步贯彻落实党的十九大精神，坚定文化自信，让读书给人们带来美好的生活，特举办了全民阅读系列活动。“4·23”全民阅读推广活动暨“扫黄打非”宣传活动。4月23日上午，在图书馆门前广场举办“4·23”世界读书日宣传活动，通过展板宣传《公共图书馆法》和“扫黄打非”及数字图书馆阅读推广，并为广大群众现场发放全民阅读倡议书和数字阅读卡。亲子阅读推广活动。全年在图书馆一楼少儿阅览室开展，让孩子从小就喜欢阅读，养成阅读的好习惯，从家长做起，给孩子树立学习阅读的榜样。绿书签行动。通过宣读倡议书，现场发放绿书签，传递尊重知识，尊重创造，同心协力营造绿色文化环境的心愿。“扫黄打非”全民征文活动。昔阳县图书馆与县文化局、文明办、少工委、新华书店共同举办“手拉手、传爱心”关爱农村留守儿童图书捐赠公益活动，共捐赠图书1200余册，发放到农村留守儿童手中。昔阳县团县委授予昔阳县图书馆“青年之家”称号，在4月23日举行授牌仪式。

【春节活动】 2018年，昔阳县图书馆开展以“同筑中国梦，共度书香年”为主题的元宵节猜灯谜活动。本次活动在昔阳县图书馆举办，活动时间为3月1—3日三天，活动规则是一人最多只能猜两条谜面，猜对谜底的按秩序排队到抽奖箱抽取奖品，每条谜面都有精美礼品赠送。

【开设国学经典读书会】 2018年，习国学精髓，继往圣绝学，随着国家公共图书馆法的出台，在习近平总书记大力弘扬国学文化倡导全民阅读的影响下，昔阳县大批国学爱好者走进图书馆参加每周一期的国学经典读书会，由昔阳中学优秀教师张建荣主讲。

【全国科普日系列活动】 2018年9月14日开始，昔阳县图书馆以“创新引领时代　智慧点亮生活”为主题，组织开展一系列深入基层，服务基层的科普活动。向公众全面普及了科学知识，激发广大公众的创新创造热情，营造全国科普日浓厚的宣传氛围。9月14日“创新引领时代智慧点亮生活”的专题展览，图书馆展出科普挂图幅，散发宣传资料5000余份，宣传、咨询、服务群众万余人，全面普及生态环境相关知识，提高市民环保意识，促进生态文明建设，并充分发挥示范引导作用，带动全县13个分馆科普日活动的蓬勃开展。组织图书馆分馆，深入农村、社区、学校等开展广覆盖、多形式的科普宣传活动，将科普图书，科技信息资源送到基层，重点宣传与群众密切相关的环保、环境整治、生态环境等相关科学知识，营造全社会共同关注、维护环保事业，保障人民群众生活环境的良好氛围。

【“三下乡”活动】 2018年，昔阳县图书馆组织开展科技、卫生、文化“三下乡”活动，引导农民解放思想，更新观念，提高素质，增强致富能力，通过“三下乡”活动，使得各部门的业务工作结合起来，服务农民，加强自身建设，培育农村文化市场，提供多渠道，更便捷的服务，引导扶持农村文化科技卫生事业的繁荣发展。

【图书下乡】 2018年，昔阳县图书馆向全县12个乡镇，322个行政村免费送书下乡。活动中，昔阳县图书馆精心挑选一批农技、种植、养殖、保健、文学类等图书供广大农民朋友阅读，受到农民朋友的一致好评，称之为送到家门口的图书馆。

【图书捐赠】 2018年8月7日，昔阳县政协文史委举行图书捐赠仪式，向昔阳县图书馆捐赠嘉靖、乾隆版乐平县志等各类图书共计210册，充实地方文献的馆藏量。昔阳县政协文史委主任陈风鸣主持仪式活动，县政协秘书长李越胜、县文化局局长赵海柱、档案局副局长王继红、乔洪昭、原任图书馆馆长梁瑞钢、图书馆新任馆长和徊良、书籍作者本人以及“昔阳农民四大家”后人出席参加。

文史委捐赠书籍分别是：《乐平县志》嘉靖、乾隆版上下集各一套、昔阳群众文化四大家系列丛书之《史掌元创作歌曲选》《李居鹏诗词选》《李济胜文艺作品选》《高毛孩画集》《秦怀录作品选》《王雷笑文艺作品集》上下集、《昔阳馆藏文物》《昔阳抗战记事》《放歌新时代——宫连生创作歌曲选》《王会林书法》《张胜利民俗风情画》、昔阳民间藏书《敦裕堂诗集》、长篇小说《大东峪纪事》、散文集《梅之姝语》等。此次捐书是由县本土作者编写的本土的历史、地理、风俗、人物等。

（翟晓霞）

广播电视

【概述】 昔阳县广播电视台于2010年由原昔阳县广播电视中心改为昔阳县广播电视台，属全额正科事业单位。负责昔阳县广播电视新闻报道宣传、专题、广告的制作播出，广播电视事业建设，负责转播全国农村中央广播电视节目无线覆盖工作。广播电视台内设办公室、财物后勤部、广播电台、电视台、广视文化传媒部和蒙山发射台。2018年，人员编制42个，实际在编在岗30人，其中科级4人，一般工作人员26人，台聘工作人员83人。其中本科学历35人，中专及以上人员81人。

县广播电视台加快农村数字微波电视“村村通”工程建设步伐。2018年，农村微波数字电视用户已发展到3万余户。全县12乡镇实现微波信号覆盖。广大农村地区可以收看到包括晋中台、昔阳台和央视一、三、五、六、八等频道在内的57套数字电视节目。

【新闻报道】 2018年，昔阳县广播电视台紧紧围绕县委、县政府的中心工作和不同阶段的工作部署，把握正确舆论导向，唱响主旋律，打好主动仗，重点突出对中心工作的报道，脱贫攻坚、乡村振兴、重点工程项目建设、招商引资、三基建设、扫黑除恶、全域旅游等，围绕中心报道的比重占到70%以上；主题突出对重要会议的报道，县三级干部大会、人代会、政协会、招商引资会、脱贫攻坚、乡村振兴大会等，在报道中对会议中的内容、重要事项进行详细解读，对会议落实的情况进行深度跟踪报道；深度挖掘对重大活动的报道，对第二届春节联欢晚会、好人颁奖晚会、汽车场地越野赛、中国大寨国际山地马拉松赛、首届农民丰收节、红叶文化旅游节等活动全程报道。

此外，县广播电视台还推出脱贫系列报道《那山　那水　那些人》，还对县政府的十大惠民工程落实情况、优秀教师、人大代表、昔阳好人事迹进行系列报道，加大重大主题报道的深度和力度。2018年，《昔阳新闻》共计播出1600余条。

【对外宣传】 2018年，昔阳县广播电视台在《晋中新闻联播》《晋中县区特别报道》《晋中零距离》共报道700余条；《山西新闻联播》《新闻午报》《晚间新闻》及山西人民广播电台共报道20余条。3月，晋中广播电视台授予昔阳县广播电视台“2017年度上传稿件采用量各县（区、市）第三名”荣誉证书。

11月21日，协助中央广播电视总台“中国之声”庆祝改革开放40周年大型节目《中国改革现场——山西大寨场》全面报道了新时代、新大寨，展现大寨40年巨变。节目在“中国之声”“乡村之声”及央广网视频进行了同步直播，时长达一个小时。

【电视专题】 2018年，昔阳县广播电视台开设的专题栏目有14个，分别为《新闻关注》《交警在线》《安全聚焦》《热土清风》《昔阳警视》《道德与法治》《昔阳漫生活》《百姓视窗》《生活与健康》《科技进农家》《唱响松溪》《家有宝贝》《戏曲赏析》《光辉40年》。2018年为纪念改革开放40周年，广播电视台新开设的《光辉40年》是昔阳县改革开放40周年巡礼专栏，全方位、多层次记录昔阳县改革开放40年来各行各业的发展变迁。

【广播电台】 2018年，昔阳县广播电台在规范化管理、标准化制播、特色化自创上下功夫。在栏目设置、节目创作上突出地方性、趣味性和大众化，开设《昔阳新闻》《畅所欲言》《乡情乡音》《生活百科》等15个自办广播节目，一些特色节目，也在网站与微信平台上进行大力宣传。

同年，广播电台节目每日不间断播出14小时，其中自办节目每日8小时，使县委、县政府的声音和人民群众的心声通过调频98.4兆赫这一新的信息平台传播到广大城乡地区。另外，还积极推进传统媒体与新型媒体的融合工作，大量节目还在网站和微信平台上转播。

【开设微信公众号】 2018年，昔阳县广播电视台开设“昔阳广播电视台”微信公众号，每日对新闻、专题及广播节目进行上传、更新、发布，扩大宣传的途径和效果。

【服务管理】 2018年，昔阳县广播电视台重点在维护管理、提升服务上下功夫。在实施农网工程中，始终坚持发展和服务并重原则，对于用户故障报告，做到态度热情、用语文明、解释耐心，反馈及时。在接到村网故障通知后，维修人员在第一时间到达指定现场，一般故障24小时内完成，重大故障72小时内完成。对一时无法解决的问题，向群众做好解释工作，并告知片区维护人及联系电话。 （毛昊亮）

新闻工作

【概述】 昔阳县委新闻中心全称中国共产党昔阳县委员会新闻中心（又叫昔阳县人民政府新闻办）为财政拨款事业单位，正科级建制，隶属于中国共产党昔阳县委员会宣传部管理。科级领导职数一正二副。根据《关于县纪委监委设置派驻纪检监察组机构编制有关事项的通知》昔编办字〔2018〕3号文件精神，昔阳县成立十三个派驻纪检监察组，新闻中心编制被调剂1名，核定财政拨款事业编制由原来10名减为9名。2018年，新闻中心通过山西省党群公务员考试招录1名工作人员，现有工作人员6名，其中，正科1名、副科2名、科员2名、实习生1名。2018年，县委新闻中心在县委、县政府领导下，按照县委提出的"打造乡村振兴示范县、转型综改主阵地、对外开放桥头堡、宜居宜业明星城"四大战略目标，围绕脱贫攻坚、项目建设、乡村振兴、扫黑除恶、民生工程等重点工作，强化新闻策划，提高编校质量，内宣突出导向、讲好昔阳故事，外宣加大宣传力度、树立昔阳形象，为全县经济社会发展营造良好舆论氛围。

【内宣报道】　2018年，《昔阳报》刊发37期。作为内宣工作主阵地，积极配合县委、县政府各项活动，努力做好新闻宣传工作。2018年，《昔阳报》呈现专刊多、专版多、专栏多的特点。共开设《十九大精神进基层》《在习近平新时代中国特色社会主义思想指引下——新时代　新作为　新篇章》《牢记习近平总书记嘱托谱写新时代山西新篇章》《三个清单任务落实》《壮阔东方潮　奋进新时代——纪念改革开放40周年》《扫黑除恶进行时》《中央生态环境保护督察"回头看"进行时》《幸福是奋斗出来的》《强化安全发展观念　提升全民安全素质》《新春走基层》《卫生与健康》等15个专栏，从政治、经济、文化、旅游、项目建设等各个领域全面宣传报道一年来昔阳县各项工作成就。

【外宣报道】　2018年，昔阳县委新闻中心外宣紧紧围绕学习贯彻党的十九大精神、改革开放40周年、党建工作、脱贫攻坚巩固提升、乡村振兴、项目建设、旅游发展、扫黑除恶等中心工作，以《山西日报》《山西晚报》《晋中日报》《晋中晚报》等报纸及人民网、中国新闻网、今日头条、山西新闻网、黄河新闻网、晋中新闻网等网站为重点目标，积极向省、市及中央媒体宣传推介昔阳。同年，报纸发稿456篇，其中，央级2篇，省级26篇，市级429篇（其中，《山西日报》头版头条1篇，《晋中日报》头版头条2篇，《晋中晚报》头版头条2篇，专版17个，千字以上重点稿件40余篇）；网站发稿1481条，其中，新华网、中新网等央级网站发稿311篇，山西新闻网、黄河新闻网等省级网站发稿1170篇。

【接待工作】　2018年，新闻中心以良好服务搞好记者接待工作，配合中央广播电台、《山西日报》《山西晚报》《晋中日报》《晋中晚报》、晋中电视台等国家、省、市主流媒体在昔阳县开展各类采访活动。同年，新闻中心共接待各级各类新闻记者70余批260余人次。其中，中央人民广播电台"中国之声"纪念改革开放40周年大型直播《中国改革现场》走进大寨活动，涉及中央、省、市各级媒体记者，人数多，情况复杂，突发情况多，要求不一，接待中，新闻中心统筹协调，多方沟通，圆满完成接待任务。

【专题报道】 2018年是改革开放40周年，新闻中心以《昔阳报》为平台，以内外宣为抓手，积极做好庆祝改革开放40周年宣传报道。《昔阳报》开设专栏《壮阔东方潮　奋进新时代——纪念改革开放40周年》，刊发报纸5期。围绕纪念改革开放40周年主题，回顾40年来昔阳县改革开放的发展历程，展示40年来令人瞩目的发展成就，总结40年来丰富宝贵的实践经验，激发全县人民继续奋斗和奉献的热情。外宣积极配合省市新闻媒体关于改革开放的宣传报道。其中，省级报纸媒体，《山西日报》头版头条刊发《壮阔东方潮　奋进新时代——庆祝改革开放40年　大寨，勇立潮头唱大风》稿件1篇；《山西日报》5版刊发《庆祝改革开放40周年·新时代新作为新篇章——讲好山西故事　老家的炉灶》稿件1篇。市级报纸媒体共刊发稿件45篇、专版9个。央级网络媒体发稿62篇；省级网络媒体发稿91篇。

（张冰清）

体育运动

【概述】 昔阳县体育运动中心是主管昔阳县体育工作的全额事业单位，为正科级建制。内设办公室、群体股、竞训股、少体校、体育经济管理股。2018年，机构在编14人，其中：行政管理人员6人、专业技术人员8人。其主要职责：发展体育事业，全力推进全民健身运动深入开展，组织各级各类赛事，提高体育运动水平、促进社会主义物质文明和精神文明建设融合发展。

【登山步道建设】 2018年，国家体育总局等12部委下达了建设登山健身步道的要求，县体育运动中心积极向县委、县政府争取顺应供给侧改革之势，全面贯彻国家12部委联合下达的《百万公里登山健身步道实施方案》，高起点规划，大手笔运作，整合全县的山水资源，借助一条条“砍柴路”“放羊路”，开启以“百线走百村、千里带千家”为主题的“双百双千”昔阳登山健身步道建设惠民工程。昔阳登山健身步道规划全长500千米，其以山为基、以绿为带、以文为脉、以水为廊、以景为珠、以村为本，穿越全县50余座高山，途经全县50余个文物保护单位和7个古村落，横穿黄河、海河两大水系数十条溪流，串联以大寨4A级景区为龙头的三大森林公园、10个旅游景点，覆盖全县12个乡镇125个村庄。昔阳登山健身步道全部建成后，将构成一个宏大的环形路径，让广大健身爱好者和域内外游客实现春来踏青看花、夏临溯溪避暑、秋到登顶赏叶、冬至戏雪观冰，为广大人民群众户外运动提供运动锻炼的“健身房”，休闲交流的“会客厅”，并成为昔阳全民健身、全域旅游、全面小康的重要载体。

2018年，昔阳健身步道累计完成步道建设150千米，该项工程受到了省、市领导的高度关怀，9月5日山西省人民政府副省长张复明到昔阳调研期间亲临步道现场考察步道建设情况；10月30日山西省人大常委会文卫工委副主任尹天五、山西省人大常委会文卫工委副巡视员张汉文、山西省体育局群体处处长张文智等领导在昔阳调研督导工作期间对昔阳登山健身步道进行专项调研并对昔阳登山健身步道工作给予高度评价。

【公共体育服务】 2018年，昔阳县文体活动中心继续免费向社会开放，为全县人民提供高品位、高质量的健身场地，并相继在体育场馆举办昔阳县三级干部会、“五一”职工篮球赛、羽毛球赛、昔阳县2019年春节晚会等大型会议和文体活动。5月18日，全国柔力球培训班在体育馆隆重开班，来自全国各地的100多名柔力球爱好者齐聚昔阳，参加了为期三天的培训。同年，昔阳县体育运动中心努力健全完善体育单项协会组织和健身站点建设，5月，新成立昔阳县徒步运动协会，培训与新增社会体育指导员200余名。

【全民健身】 2018年2月，昔阳县体育运动中心组织体育大拜年系列活动，包括：昔阳县“迎两节”闫庄—瓮山休闲徒步观光活动、职工象棋赛、农民象棋赛、毽球赛等；3月8日，“我运动，我快乐”昔阳县2018年女职工趣味竞赛在县体育馆举办；4月9日，由昔阳县体育运动中心策划，昔阳县教科局举办的昔阳县中小学“剑桥杯”青少年校园足球联赛在文体活动中心田径场开赛；4月16日，昔阳县体育运动中心组织李家庄乡“桃花节”踏青健步行活动、昔阳县第四届石马寺古庙会文化旅游节徒步活动；4月23日，昔阳县体育运动中心在昔阳县体育馆组织2018“健康杯”职工羽毛球比赛；5月，昔阳县体育运动中心配合县委县政府组织“5·19”初夏千人全域徒步活动；9月，昔阳县体育运动中心组队参加了2018年晋中市第四届广场舞暨第六届百姓健康舞比赛；9月16日，在昔阳县第五届红叶文化旅游节开幕式中，昔阳县体育运动中心组织了“峡谷风情”环南营徒步活动；10月10日，昔阳县第四届职工乒乓球比赛在昔阳县体育馆开赛。

【承办大赛】 2018年3月18日，“大寨杯”特步体育321跑步活动在大寨红旗广场激情上演，来自省内外的180余名运动员参加本次比赛；9月6日，“昔阳安顺杯”山西·大寨全国汽车场地越野公开赛在大寨汽车文化主题公园隆重开赛，来自全国10多个省市的40余支车队、100余辆赛车、200余名赛车手在为期四天的比赛中，逐鹿赛场；10月6日，“山乡之都·2018中国大寨国际山地马拉松赛”在昔阳登山健身步道隆重开赛，来自俄罗斯、喀麦隆、贝宁、乌干达、孟加拉国、尼日利亚等10个国家和全国22个省份的1200余名选手参加了本次比赛。 （刘贵元）

史志工作

【概述】 2018年，昔阳县史志研究室重点完成并出版《昔阳年鉴（2018）》和

《记忆·改革开放40周年》，完成《中国共产党昔阳历史》初稿编写任务，加快《昔阳人物志》征稿工作，全面铺开《昔阳村史志》《昔阳民俗志》资料编辑整理工作。加快信息化建设，继续扩大微信公众平台影响，发挥平台宣传教化作用。完成《山西年鉴》《晋中年鉴》《晋中人物》《山西省改革开放口述史》《晋中市改革开放实录》供稿任务。帮助贫困村——前车掌村成功申请国家传统古村落。

【《昔阳年鉴（2018）》出版】 《昔阳年鉴》是一部系统记述昔阳县2018年自然、政治、经济、文化、社会等方面情况的年度资料性文献，全书共设25个类目，总字数约46万字。其体例完备、资料丰富，具有较高的使用价值和收藏价值，为读者了解昔阳、认识昔阳、研究昔阳、投资昔阳、建设昔阳提供帮助。此书于2018年12月由方志出版社出版发行。

【《记忆·改革开放四十年（1978—2018）》出版】 2018年，昔阳县史志研究室编纂出版《记忆·改革开放四十年》，全书共分《辉煌历程》和《口述历史》两部分。《辉煌历程》从工业、农业、旅游、交通等多个方面记述昔阳改革开放40年来经济社会的发展历程，《口述历史》主要记述老干部口述史料及回忆性文章，从某一方面反映改革开放所取得的成就。全书共21篇文章，22万字，200多幅图片，为研究昔阳的近代历史保留重要的历史资料，也对昔阳新时代的发展给予借鉴和精神滋养。

【扩大昔阳史志公众号影响】 2018年，昔阳县史志研究室继续加强昔阳史志微信公众平台的运行和管理。昔阳史志微信平台的主旨是唤醒沉睡历史，激发乡愁记忆，传播优秀文化，推进魅力昔阳。平台分三大模块：昔阳党史，包括抗战烽火、红色大寨、当代风采、历史动态四个小板块；昔阳县志，分历史沿革、春秋人物、地域特色、部门工作几个小板块；昔阳文化，分为走遍昔阳、美丽昔阳、艺文荟萃、传奇故事、方言民俗5个小板块。为了扩大平台影响，让史志平台发挥其应有的作用，2018年，昔阳史志研究室与昔阳县教育局合作，向各学校下发“爱家乡”有奖征文通知，推动史志进校园。与乡镇合作，开通“每周一域”，从史志的角度积极宣传昔阳各地特色，为助力地方发展献力。昔阳史志微信平台影响力进一步扩大，在全国党史地方志最有影响力榜单中，月最好排名是全国第8名，单日最好排名是全国第2名，这一成绩位居全国、全省市前列。

【党史研究】 2018年，昔阳县史志研究室完成《中国共产党昔阳历史》的初稿编纂工作。全书记述新民主主义革命时期、社会主义革命和建设新时期、改革开放和社会主义现代化建设新时期三部分。全书110万字，是对昔阳县共产党历史的全面总结。全年，为《晋中人物》《晋中市改革开放实录》《山西省改革开放口述史》供稿14篇。

【史志工作改革创新】 2018年，昔阳县史志研究室针对撤村并村步伐加快和机构改革全面推进的新形势，向县政府提出成立专项资金、加快村志部门编纂进度的建议，并积极与县领导沟通，争取20万元的地方志发展专项资金，出台了资金管理办法。凡在当年出书的村或单位给予出版费用30%的资金补助，解决村志、部门志资金困难，激发基层编纂志书的热情。在队伍建设方面，成立史志研究专家队伍，聘请退休老干部、老教师、老职工等有志于地方志事业的人员，从事史志研究和编纂工作。2018年底，专业队伍已发展到10人，为昔阳的史志事业贡献力量。

【加强地方志开发整理】 2018年，昔阳县史志研究室全面铺开地方志研究整理工作，出台了《昔阳县地方志事业发展纲要》，明确了5年工作规划。全面启动《昔阳村史志》《昔阳民俗志》和编纂等工作。《昔阳村史志》主要是整理每个村的历史发展脉络、历史沿革、姓氏渊源，尽最大的努力去整理村的发展历史，为后人留下更多值得研究和回忆的东西。全书分三卷，每卷百个村，每年完成一本，到2021年全部出版。采用政府部署，乡里负责，各村承办，聘用人员主抓的方式，全面推进这项工作。《昔阳民俗志》以民风民俗、生活习俗为载体，全面展示昔阳自然人文、历史、生活等方面的民俗风貌，填补昔阳民俗志空白。2018年年底《昔阳民俗志》完成初稿30万字。 （李 彤）

档案管理

【概述】 昔阳县档案馆于1960年1月8日正式成立，属于昔阳县委、昔阳县人委直属机构，工作由昔阳县委直接领导，主要集中管理昔阳县委、县人委直属机构文书档案。2007年，昔阳县机构编制委员会办公室以昔编办字〔2007〕14号文件指出：将昔阳县档案馆（挂档案局牌子）调整为昔阳县档案局（挂档案馆牌子）。现为参照《中华人民共和国公务员法》管理的正科级事业单位，编制10名、现有工作人员9名，内设四个科室，分别为：综合办公室、信息技术室、监督指导室、档案管理室。2018年，昔阳县档案局以建设“三个体系”为核心，以服务民生为主线，强化档案安全意识，确保档案万无一失；强化业务指导，规范基层档案管理，宣传法律法规，提升全民档案意识；开展业务知识培训，提高档案人员业务素质；接待查阅群体，提高服务质量。

【重大活动档案管理】 昔阳县档案局对接收的重大活动档案设立专门全宗，建立重大活动档案资料目录。2018年收集2018“昔阳安顺”杯山西·大寨全国汽车场地越野公开赛活动、相约大寨转型跨越昔阳县招商引资推介暨重点项目（大寨）签约活动、昔阳县登山健身活动、山乡之都·2018中国大寨国际山地马拉松赛活动、昔阳县首届农民丰收节暨昔阳县第五届红叶文化旅游节活动、晋中市农村道路交通安全管理工作（昔阳）推进会、全市秋季造林暨森林防灭火（昔阳）现场推进启动会共7个重大活动档案50件，照片近100张。

【宣传工作】 昔阳县档案局于2018

年6月9日国际档案日开展以“档案见证改革开放”为主题宣传活动。在活动现场悬挂横幅标语一条，展出版面七块，散发档案宣传资料1000余份、《小红的兰台奇遇记》宣传读本50本，向群众普及档案知识，宣传档案法规。2018年9月5日档案法颁布纪念日开展档案法学习宣传活动，在活动现场悬挂横幅标语一条、展出版面六块、散发传单600余份、现场解答广大群众问题。

【接收征集】　2018年，昔阳县档案局接收档案1673卷5620件进馆，征集有价值档案资料进馆，征集到《杨赵河传家记事》《城南王氏族谱》《乐平县志·嘉靖》上下、《乐平县志·乾隆》上中下、《放歌新时代》《王会林书法》《昔阳馆藏文物》等26种207册资料进馆。

【档案鉴定开放】　2018年，昔阳县档案局鉴定馆藏1988年档案，鉴定80个全宗，鉴定档案744卷，其中开放576卷、1.24万条，控制168卷、689件、7310页，接待前来查借阅利用档案资料人员800人次，查阅档案资料2100卷。

【档案信息化建设】　按照“存量数字化、增量电子化、服务网络化”的目标，昔阳县档案局加快馆藏档案数字化步伐。2018年，录入目录1.9万条，全文扫描5万页，确保档案数字化建设稳步推进。

【档案安全体系建设】　2018年，昔阳县档案局建立档案安全应急管理制度，制定应急预案，完善档案安全责任制，对档案库房进行全面细致排查，控制档案库房温湿度，定期更换防虫药剂，做好档案防潮、防霉、防虫工作；加强对涉密信息系统、涉密计算机和涉密载体的安全保密管理，严防文件、档案在传输过程中失密泄密，确保档案信息安全。

【档案规范化指导】　2018年，昔阳县档案局业务指导人员深入基层，指导县委办、政协办、纪检委、政法委、扶贫办、公安局、地税局、疾控中心、城区社区管委会、环保局、煤管局、卫计局等18个单位开展档案规范化整理。

【档案业务知识培训】　2018年8月28日，昔阳县档案局召开档案业务知识培训和能力测评工作会议，92个县直单位100人参加。档案指导科人员详细讲解档案专业基础知识，并对参加人员进行档案岗位专业能力测评。　（梁　静）

旅　游

【概述】　2018年，昔阳县旅游发展委员会抓住山西省打造“太行、长城、黄河”三大板块和晋中市创建国家级全域旅游示范区的有利契机，坚持“山水昔阳·户外天堂”发展定位，大力推进全域旅游发展。在2018年中国避暑休闲百佳县排行榜上，“农耕壮歌”昔阳县位列榜单第59名。据不完全统计，昔阳县全年游客接待量318.05万人次，同比增长24.78%，旅游综合收入27.79亿元，同比增长25.52%。

【规划编制】　2018年，抓住晋中市创建国家全域旅游示范区的契机，紧扣昔阳县旅游发展现状、资源优势定位，在财政评审、公开招投标的基础上，委托北京华汉旅公司编制《昔阳县全域旅游发展总体规划》和三年行动方案，着力突出前瞻性、实用性、可操作性，构建昔阳县全域旅游发展新格局。2018年11月，规划初稿已编制完成，并经昔阳县旅游发展领导组审定。以村级为单位进行旅游资源的收集、整理、分类，初步建起旅游资源项目库。

【旅游扶贫行动】 2018年，经晋中市和昔阳县旅游、农业、扶贫三个部门联合推荐，昔阳县界都乡长岭村、昔阳县三都乡西峪村、昔阳县孔氏乡马鞍岩村成功入选山西省首批100个旅游扶贫示范村，并在这三个村设立旅游扶贫商品销售点，委派专业团队为上述村编制旅游发展规划，为乡村旅游的开发及旅游扶贫事业的发展树立典范。

【旅游执法体系改革】 2018年，按照《关于组建晋中市旅游警察、旅游工商所和旅游巡回法庭的工作方案》（市政办发〔2017〕116号）文件要求，结合昔阳县实际，设立昔阳县公安局东冶头旅游警察大队、昔阳县公安局孔氏旅游警察大队、昔阳县公安局皋落旅游警察大队、昔阳县公安局大寨旅游警察大队、昔阳县工商和质量监督管理局东冶头旅游监督管理所、昔阳县工商和质量监督管理局大寨旅游监督管理所、昔阳县人民法院东冶头旅游巡回法庭，并于2018年8月16日正式揭牌。公安局旅游警察大队办理涉及侵害旅游活动参与者人身和财产安全的违法犯罪案件；查处破坏旅游市场秩序的强买强卖、销售假冒伪劣商品等违法犯罪案件；配合旅游、工商等职能部门开展联合执法；依法监督、检查、指导各旅游景区（点）内部安全保卫工作；接受游客的报警、求助，开展景区（点）治安秩序维护、巡逻防范、服务游客等工作。旅游监督管理所负责对销售假冒伪劣商品、欺诈消费者、发布虚假广告、商业贿赂等扰乱旅游市场秩序的违法行为进行查处。旅游巡回法庭负责及时高效解决旅游过程中发生的旅游服务合同、人身损害、财产损害等纠纷案件，有效开展法律服务，使用简易程序就地化解矛盾纠纷，切实保障游客和旅游经营者的合法权益。

【宣传推介】 2018年，昔阳县旅游发展委员会精心策划多种主题活动，运用“旅游+”“+旅游”的理念，以文旅融合、农旅融合、体旅融合三大产业融合为突破，全方位、多角度推广昔阳旅游。在文旅融合方面，举办昔阳县第五届红叶文化旅游节、第四届石马寺古庙会、莲花山桃花旅游文化节、推出冀晋销售精英“相约梦园挑战嶂岩彤壁漂流”活动、京晋名画家“纪念改革开放40周年”昔阳写生行、“金秋欢聚龙岩峡谷”快乐行、“爱上晋中·牵手深圳”“山水昔阳·户外天堂”文旅推介等系列活动，从不同角度展现多彩昔阳，让游客体验深厚民俗文化，领略昔阳独特的地域风情；在农旅融合方面，大寨红旗广场举办昔阳县庆祝改革开放40周年暨首届农民丰收节、东冶头镇举办首届农民文化旅游节、闫庄乡举办“苹果之乡魅力闫庄”首届水果采摘节等多项主题活动，通过农旅结合、以农促旅、以旅强农，提升农民的荣誉感、获得感和幸福感；在体旅融合方面，注重打造高品质景区（点），还注重开展群众喜闻乐见的养生休闲活动和举办高水平的国际国内高端体育赛事，打造“体育+旅游”模式，如举办“5·19”中国旅游日千人初夏徒步行、“1314”三都乡徒步线路徒游活动、南营稻香园养生垂钓等健身休闲活动，举办2018“昔阳安顺”杯山西·大寨全国汽车场地越野公开赛，特别是依托昔阳特有的山水地势，按照“一核、一圈、三区、四线、多环”的空间结构布局，采取原生态施工法建设，打造“百条千里”登山徒步线路，将沿线散落各地的景区（点）、传统古村落、文化遗迹、户外运动场所、农家乐及产业基地有机串联，并且依托步道的建成和推广使用，成功举办2018中国·大寨国际山地马拉松赛等，这些活动及赛事的举办，促进以低碳、环保、健康、休闲为主题的现代旅游业发展，极大地提升了昔阳的知名度和美誉度，助推了全域旅游发展。

（张　扬）

景　点

【红旗一条街】　红旗一条街是昔阳县保存最完整的一条具有学大寨时期风格的红色街道。它不仅形式红，而且内容也红，从学大寨到今天，从这条街走出去的县处级干部达140余人，省部级干部10余人。在学大寨时期，这条街是昔阳的政治、经济和文化中心，许多著名的活动都在这里发生，承载着昔阳厚重的红色文化内涵。近年来，坚持“尊重历史、修旧如旧”的原则，突出红色主题，对红旗一条街进行了修复改造，已接待游客10万人次以上，受到来宾的一致好评，为昔阳县发展以大寨为主的红色旅游业增添了新的亮点。

【龙岩大峡谷】　龙岩大峡谷景区位于太行山中段主脊西侧，昔阳县东南部孔氏乡境内，有优美的山水风光，丰富的物种赋存，多样的植被覆盖，优越的避暑气候，鲜明的地域文化和宝贵的历史遗迹。

景区内有曲峡碧湖、虎涛飞瀑、丹崖挂柏、巨壁长墙、奇峡三连、云顶草原、拴马巨桩、天门四开、长城古关、大院神庙十大景观。

景区建成后，将形成以观光为主，兼休闲、度假、避暑、地质和生态科普、山水写生、避暑度假、美术摄影、山乡风情体验于一体的多功能旅游胜地。

【崇家岭生态村】　昔阳县乐平镇崇家岭村，是昔阳县乐平镇西的一个边陲山村。崇家岭山林蓬勃旺盛，气候凉爽，自然生态良好，是昔阳乃至晋中不可多得的避暑胜地。

崇家岭村，风景秀丽，气候宜人，又因“西水东调”工程时期修建的水利工程遗址的留存而极具旅游开发价值。规划定位突出崇家岭绝佳的自然山水和私密性等特点，整合资源和建设用地，以养生度假品牌为核心，打造集商务社交、高端培训、乡村度假为一体的精品旅游度假区。

【石马寺】 石马寺位于山西省昔阳县城西南12千米，距大寨景区8千米，是国家级重点文物保护单位、国家级AAA景区。石马寺是一座石窟造像与寺庙殿堂融为一体的宗教建筑群。石马寺石窟始建于北魏永熙三年（534年），距今已有1480多年的历史。寺内所有石刻造像均分布于三块巨石的七个崖面上，现存石窟3个，佛龛178个，摩崖造像1500多尊，大者5米，小者5厘米，造型优美，刻工洗练，风格朴素，面形和服饰都具有典型的民族特色，为保护石刻，历代随地形广狭建殿筑阁，构成一座石刻造像与庙堂建筑相结合的佛教建筑群。整体建筑依地而置，布局合理，既保持了中国传统建筑的对称工稳，又显得灵活多变，错落有致。雕刻艺术之精美，造像内容之丰富，与云冈石窟、龙门石窟有异曲同工之妙，被誉为我国石窟艺术的“小家碧玉”。

北魏石刻、千年古刹，浑然天成、独具魅力；自然奇观、人文景观，交相辉映、绮丽无比；灵山秀水、奇石古树，别有洞天，仿佛蓬莱仙景，让游客徜徉徘徊，流连忘返。

【毛家老宅】 毛家老宅位于昔阳县乐平镇西南沟村，距县城6千米。宅院始建于清嘉庆年间，至今已有200多年历史，它历经清朝嘉庆、道光、咸丰、同治、光绪、宣统六朝，历史悠久、造型庄重、情趣别致、古朴典雅布局规整，太行风情浓郁。

毛家老宅起家于农耕，发家于勤学、农商，具有典型的太行山耕读文化特色。毛家老宅背山面水，依山而建，整个建筑由一街、两巷、两堂、四组大院、15个相互贯通的小院组成。石雕、木雕、砖雕是毛家老宅的特色建筑装饰，这些装饰结构简洁明快又不乏精巧高雅，虽经岁月沧桑，保存基本完整。

【黄庵垴】 黄庵垴自然名胜风景区地处太行山中段，位于昔阳县城东60千米，皋落镇境内。海拔1774米，景区面积38平方千米。山顶蔡林茂密，植被丰富，视野开阔，极目远眺，可观两省三县（山西、河北省，赞皇、内邱、昔阳县），古称黄庵垴为“望川楼”。

登黄庵垴，观日出以壮精气，览云海以品神韵，探溶洞以识地理，瞻佛光以净心灵。黄庵垴不仅有大自然鬼斧神工造就的自然景观，千百年来的种种传说又为她平添了更多神秘感。引发多少人的好奇，纷纷上山去探寻当年的足迹。

【井沟村】 昔阳县三都乡井沟村，位于太行山中段西麓，距县城35千米，是山西省新农村建设示范村、文明村、和谐村、民间花灯制作地，近年来，着力打造“村在林中，房在树下，人在花里”的绿色环境，努力建设山西省最美乡村。

井沟村将打造为“农耕文化主题公园，农业文明博览园，中国农民精神家”的太行乡土博览园、山西省最美乡村。

【水磨头渔乡】 坐落在太行群峰、松溪河畔的水磨头村，位于昔阳县东冶头镇，距昔阳县城30千米。这里山环水绕，峰秀洞奇，鹤飞鹳舞，山泉喷涌，村民开塘养鱼，辟田种稻，早被誉为“世界桃源，太行渔乡”。

“春来鸟语花香观农耕，夏临青山秀水荡轻舟，秋至满山红叶寄乡情，冬到冷泉垂钓赏河草。”这些只有在江南水乡才有的绝美景致在昔阳县水磨头渔乡景区已成为现实，是一处集山水风光、渔乡风情、户外生存、休闲度假为一体的旅游目的地。

【中山自由呼吸生态开发园】　自由呼吸生态庄园位于昔阳县沾尚镇中山村南面，园区总面积2000余亩，周边空气清新、景色如画，是旅游、观光、休闲、拓展运动的好去处。园区由自由呼吸生态农业有限公司开发，现已利用河滩地、荒山地建设了百亩油菜花观赏园、农家接待中心、垂钓园、采摘园、田园文化园。是一处集养殖、旅游、休闲、娱乐、餐饮于一体的生态庄园。

【潘掌村生态园】　潘掌村生态园是大寨特色旅游经济圈里的一个重要的生态农业观光园，距昔阳县城15千米。走进村里，不仅能欣赏到石文化的天姿国色、水文化的灵动毓秀，而且还能了解到村里潘、杨两姓几百年和睦相处、同生死、共患难的精彩故事。山水林田如诗如画，青山绿水的自然环境让人如痴如醉，是强身健体的天然氧吧，休闲娱乐的一流场所，是消夏度假的绝好去处。

【瓮山景区】　瓮山景区位于山西省东部，太行山西麓。地处晋冀两省六县交界，昔阳县城东南45千米处。

景区，分区内、区外两个单元。区内有牌坊门楼、出入停车场、餐饮休闲中心、树屋宿营、养鱼池、山林野炊等。区外有观景台、世外桃源、万象石、山村文化展示区、太行山民居、打麦场、放牧区等旅游项目。自然景观、人文景观，交相辉映，浑然天成。灵山秀水、奇石古洞，似太行蓬莱，如人间天堂，令游客流连忘返。

【大寨旅游区】　闻名于世的大寨，位于太行山西部，山西省东侧，物华天宝，人文荟萃，风景秀丽，是国家级AAAA景区、全国农业旅游示范点、山西省最美乡村和山西省著名旅游景区。山负虎踞龙盘之雄，水占含华毓秀之胜的省级大寨森林公园，松涛浅唱，秀色四季。诸美迭见，亭台廊榭与自然景观水乳交融，宛若天成。

大寨是举世无双的世界名村，人文名胜得天独厚。众多的中央领导，军界将领，社会名流及五大洲政坛要人曾到大寨参观访问，七沟八梁一面坡留下了他们的足迹身影，特殊的文化沾润使大寨益发显得诗意葱茏，魅力无穷。

大寨是华夏文明的佳作名篇。首战白驼沟、三战狼窝掌、奋力战洪灾、三不要三不少、搬山填沟造平原、科学种田等至今脍炙人口，留下足迹斑斑。陈永贵故居、陈永贵墓地、郭沫若诗魂碑、叶帅吟诗地、周总理三访大寨纪念亭、大寨展览馆、大寨文化展示馆、名人遗踪展、军民池、大柳树等，众多特色景点构成全国著名的红色旅游景区，旖旎动人的精神画卷，令人思绪万千。

乡镇（社区）

XIANG ZHEN（SHE QU）

乐平镇

【概述】 乐平镇位于太行山西麓，晋中市东侧，北接李家庄乡，南邻大寨镇、西与西寨乡、沾上镇毗邻，东与界都乡相连，阳涉铁路、207国道贯穿南北，317省道横贯东西，交通极为便利，是昔阳县政治经济文化中心。全镇总面积182平方千米，辖48个行政村，18个自然村，共有人口1.4万户，3.03万人，耕地4.97万亩。乐平镇地下矿藏丰富，尤以煤炭、石灰岩、黏土、陶土和沙板石为丰。煤炭是全镇的主导产业，在煤炭业的带动下，建材、铸造、运输、机电、饮食、商业服务在全镇蓬勃发展。水利资源丰富，鸣水、沾水、松溪河等三大河流交汇于此，为农业生产提供了得天独厚的条件，农作物以蔬菜、玉米为主。特种养殖以肉鸡、肉鹅、鸵鸟、山猪为特色，特色种植有双孢菇、油牡丹、柱状苹果、药材等。2018年，全镇国民生产总值实现22亿元，人均纯收入达11000元。农业产值约4860万元，粮食总面积35100亩，总产量达3120千克。第二产业产值约8.61亿元，第三产业产值约12.9亿元。

【乡村振兴】 2018年，乐平镇推进乡村振兴战略，积极探索资源开发、产业拉动、服务创收、生态旅游、商贸租赁等村集体经济破零模式，重点打造瑶湾、巴洲、西南沟、瑶头、崇家岭、庞家峪、安坪、李家沟、下思乐、野峪10个乡村振兴示范村。48个行政村集体经济全部突破5万元，其中收入100万元以上2个村，50万元以上1个村，10万元以上12个村。2018年，乐平镇在做好玉米等传统农业的基础上大力发展设施农业，积极发展蘑菇棚、日光温室和塑料大棚种植。有10个村发展蘑菇棚，共57个大棚，种植面积50038平方米，合计75.06亩；有1个村发展日光温室，共19个大棚，种植面积58594.14平方米，合计87.9亩；有4个村发展塑料大棚，共87个大棚，种植面积106657.5平方米，合计160亩。乐平镇2018年共有7个村9个合作社从事中药材种植，种植面积为2470亩，涉及的药材种类有板蓝根、柴胡、射干、丹参、决明子、油牡丹等，大大拓宽了农民的增收渠道。2018年，乐平镇养殖业主要涉及27个村、8个合作社及27家个体户，以养殖猪、牛、羊、鸡等禽畜为主，重点扶植特色养殖。李家沟弘农农牧专业合作社的万头猪场已经投入使用；天景力圆农牧专业合作社的100只鸵鸟养殖和崇家岭村泉丰养殖专业合作社的500头山猪养殖为乐平镇畜牧业的发展“增资添彩”。2018年，乐平镇重点打造了崇家岭村生态游、西南沟毛家大院文化游、瑶头凤凰山休闲游。以旅游带动乡镇振兴。崇家岭成功举办“魅力乐平镇·相约崇家岭”红叶文化旅游节，配套设施完善，旅游路线精品，促进旅游和文化协调发展；西南沟毛家大院的民居群古色古香，文化底蕴浓厚；瑶头村大力开发发展凤凰山旅游，成功举办了两届高规格的门球比赛，真人CS（反恐精英）场地建设别具一格；北掌城村和李家沟村，已成功申报国家级古村落，正在逐步进行后续的旅游开发。

【镇政府搬迁】 2018年，乐平镇积极改善乡镇办公条件，镇政府投入资金累计100余万元，对原中医院办公大楼进行综合改造，于6月23日迁入新办公大楼，新办公地址占地4070平方米，三层共55个办公室，进驻22个站所，体现“节俭、适用、高效、便捷”的原则。

乐平镇政府分为前院和后院，前院为办公场所，后院为生活服务场所。房屋总建筑面积为2737平方米，其中办公室面积1804平方米，其他用房近1000平方米，停车位33个，“五小工程”建设全部到位，有食堂1间，水冲式厕所6座，公共浴室1间，设有图书室、阅览室和文体活动室。

【脱贫攻坚】 2018年，乐平镇扎实抓好三年度扶贫项目入库、脱贫摘帽反馈问题整改、帮扶责任人调整衔接、“五洁净、六有六要”达标、动态管理信息采集录入、政策举措落实等工作。坚持把扶贫开发与加大基础设施建设有机结合起来，着力强化道路、水利等基础设施建设。投资314万元实施思乐川污水管网工程；投资463万元完成思乐河道治理工程；争取省妇联“母亲水窖”资金96万元，修建安平、石亭2座水窖；发展大杏庄蔬菜大棚247亩，年收入80余万元。村村建起红白理事会、村级卫生室、村级公共法律服务室，乡贤会等。通过产业扶贫带动180户287人，金融扶贫带动76户152人。扶智与扶志相结合，培训贫困人员40余人。实现应保尽保，对641户建档立卡贫困户中的492户722人实施社会兜底保障。继续巩固发展城乡医疗保险，做好健康扶贫双签约工作。

【环境整治】 2018年是乐平创建国家卫生乡镇的关键之年。全镇上下认真落实上级全面创卫工作要求和决策部署，结合创建国家卫生乡镇涉及的10大项、52小项的标准，精心谋划，主动作为，扎实开展国家卫生乡镇创建工作，在11月顺利通过省级暗访。实施厕所革命，在11个行政村先期铺开卫生户厕改造工作，全年，改造1027座，接近昔阳县年度改造总量的1/3。

【河道治理】 2018年，乐平镇实施思乐河河道综合治理工程。思乐川河道综合治理工程起点位于城西桥，终点位于乐平镇中思乐村，全长1600余米，宽13米，高1.5米，由山西业诚岚建筑工程有限公司承建。2018年8月25日开工，工程概算投资460万元，共完成思乐河右岸新砌河堤1641米，河道加宽清淤外运土方45000立方米，河堤脚防护315米，河道左岸防护栏安装14米。思乐河污水管网工程起点位于乐平镇上思乐村，终点接入松溪河污水管网工程，全长2130米，由山西四建集团有限公司承办。工程概算投资约340万元，2018年6月1日开工，至年底已完成投资310余万元，工程已铺设完成400管400米，500管1362米，800管800余米，安装检查井60余座。

【项目建设】 2018年，乐平镇的重点工程项目有3项。崇家岭富禾生态康养中心建设项目，该项目预计投资1.1亿元，已经立项，土地指标已流转完成，下一步将进入开工阶段。褚峪搬迁项目，投资1.3亿元，搬迁选址地点为城区社区钟村的小狐沟地段，现该项目由县政府与阳煤寺家庄矿、昔阳县鑫阳顺建筑公司初步达成协议，正在办理前期手续。昔阳县田园综合体生态农业科技项目投资9300万元，由昔阳县更生农业科技服务有限公司建设，该公司与上思乐村、中思乐村、下思乐村联合成立了山西更生农牧专业合作社，签订了土地租赁协议40余份，同年已种植油牡丹50亩，拓宽道路2千米。

注重投资小、见效快、带富能力强的仿真花项目，以安坪为中心，辐射带动15个村300余人就业。旅游发展投入更足，以西南沟传统村落建设项目为契机，深度打造崇家岭生态游、毛家大院文化游、凤凰山休闲游，充分吸收剩余劳动力，增加农民收入。

【民生改善】 2018年，乐平镇重点实施“6+2”惠民工程，建立完善24个红白理事会、1个便民服务大厅，48个便民服务代理点、48个村级卫生室、8个日间照料中心、2个党建主体公园；有13个支部创建为示范性党组织，20个支部创建为达标型党组织；5个后进支部的整顿稳步推进，人民群众幸福感和满意度大大提升。

【文化事业】 2018年，乐平镇围绕县委、县政府的中心工作，紧扣乐平镇创建“全县乡村振兴示范镇”和“国家级卫生乡镇”的“双创”目标，以群众喜闻乐见的表现形式开展了一系列丰富多彩的主题文化活动。元旦举办乐平镇“学精神、抓党建、促脱贫、奔小康”文艺会演；2月10日举办昔阳春晚分会场节目展演；5月14日召开乐平镇文物保护工作安排会；6月30日，举办“庆七一、颂党恩”群众健身文化活动及书法展；8月7日，由瑶湾村舞蹈队代表乐平镇参加全县“纪念改革开放40周年”全民健身广场舞展演；8

月11日，组织全体镇干部参加继承红色基因虎头山健步行；8月17日，代表昔阳县组织近300人的老年人体育健身活动展示；9月11—13日，组织了近70人的广场舞培训；9月28日，组织全体镇干部参加“清风进万家”家风故事巡讲活动；9月29日，举办“魅力乐平镇相约崇家岭”红叶文化旅游节登山活动、垂钓比赛；10月，对全镇行政村的综合文化活动场所进行评价。另继续开展33个村的公共文化服务示范区创建工作。

【农村集体产权制度改革】 2018年，乐平镇全面启动产权制度改革。54个村完成第一阶段清产核资工作，完成率达80%，进入身份界定阶段，已有10个村完成身份界定。

【信访稳定】 2018年，乐平镇受理的信访案件有29件，办结27件，办结率93%，信访形势总体稳定。乐平镇信访矛盾主要涉及个人权益保护、村务管理、村干部违纪、环境保护、矿山地质环境、交通出行环境6大类型。结合“扫黑除恶”工作，由各片长牵头，组织包村干部、相关负责干部针对农村重点群体（刑释人员、社区矫正人员、缠访闹访人员），深入农户开展“问题”和“苗头”的双重梳理和摸排，做到心中有数、目标清晰。

【安全生产】 2018年，乐平镇紧抓安全生产不放松，始终把安全生产作为发展的根基。印发《乐平镇2018年安全生产大检查实施方案》，安排部署2018年安全生产重点工作，与各村签订责任书。对辖区内的46家“散乱污”企业进行取缔，其中，洗煤厂9家，小储煤场37家。按照年度计划表，2018年完成矸石治理6处，分别为安坪敬老院、李夫峪旧煤矿、西南沟老水渠沟、梁庄村、穆家、巴洲矸石山洗煤厂矸山治理。共查处黑加油点4处，黑加油车2辆。完成废弃矿井整治关闭37处、私开点13处，立碑32通。在私挖滥采点共制作宣传墙3处，县挂宣传标语16条。

【平安乡镇创建】 2018年，乐平镇党委积极采取措施，推进全镇平安创建工作的开展。积极响应县委号召，在全镇开展“昔阳好人”的评选工作，选树典型，积极寻找发现推评身边好人，积极探索实施村级便民站轮流值班服务制、48个行政村网格员全程代理服务制、集中受理限时办结服务制、组团下乡便民服务制等各项工作制度，重点加强镇政府便民服务中心的管理，服务人员实行“首问负责制”，借助网格化信息管理平台，努力全面掌握信息，责任分解更明确，服务群众更便捷。

【土地增减挂】 2018年，乐平镇涉及土地增减挂项目第二轮179.07亩，第三轮155.62亩，第四轮77.55亩。第二轮涉及4个村，包括梁庄47.85亩，中思乐16.5亩，野峪96.85亩，北掌城17.87亩，已全部复垦。第三轮涉及7个村，包括瑶头32.65亩，安坪12.87亩，西南沟4.73亩，瑶湾30.4亩，巴洲13.02亩，下思乐5.43亩，褚峪56.52亩。其中瑶头、安坪、瑶湾、巴洲、下思乐为采矿用地，西南沟、褚峪为村庄。第三轮土地增减挂褚峪村因为村庄搬迁还未完成拆迁，其余6个村全部拆迁完毕，等待复垦。第四轮涉及3个村，包括梁庄28.6亩，下思乐12.09亩，褚峪36.86亩，还未进行拆迁。

【特色村庄】 乡村振兴示范村——瑶湾村。乐平镇瑶湾村距县城1.5千米，全村830口人，29名党员，耕地、林地面积834亩。改革开放以来，瑶湾村凭借村办煤矿、小型加工厂和运输业，成为全县第一批先富起来的先进村、典型村。通过对全村土地、山林、滩涂、矿产等资源进行核查清理、资源评估等程序，对可经营性资产进行量化，并通过协议的方式，将村级资源转变为企业、合作社或其他经济组织的股权，探索出集体资源股份化、农村资源资本化的模式，有效盘活闲置资源。党支部通过“四议两公开”程序授权村委会流转土地，将土地全部收归集体经营，全部用于开辟创业园区、城建和招商。通过“借鸡生蛋”，规划建设中小企业创业园，先后引进洗煤厂、木材加工厂、仓储物流中心等企业，年上缴利税200多万元，解决村民就业80多人。着力打造休闲旅游基地，利用平整耕地300亩，引进林语农业生态园项目，采取“公司+农户”形式种植花卉苗木，使20多个失地农民成为农业工人。

先后建成群众文化活动中心和便民服务中心、实施“六个一”工程，新建老年人日间照料中心、超市、卫生室、群众文化活动广场等基础设施，并投资200多万元接入民用煤层气，使村民享受到城市社区化服务。在每年为60周岁以上老人发放养老金4000元基础上，定期举办“重阳茶话”活动，营造尊老敬老氛围。结合“昔阳好人”选树，评选“五好家庭”，使全村成为一个无越级上访、无邪教活动、无刑事案件、无黄赌毒、无偷盗强盗的和谐新农村。

国家级传统村落——西南沟村。西南沟位于昔阳县城西7千米处，距乐平镇政府驻地北11千米，东与安坪、背峪沟村接壤，南靠上庄，西接居仁村，北与梁庄村隔河相邻。北距317省道仅1千米，安坪川、思乐川环形路从村中通过，公交车直达大寨，交通十分便利。

西南沟村隶属乐平镇，全村293户，常住人口720人，其中农业人口678人，劳力356个，60周岁以上老人132人，非农人口25人，暂住人口17人。本村共有贫困户6户6人（一人低保、五人“五保”），于2017年底全部脱贫。全村耕地面积1400亩（除退耕还林地370亩），人均耕地1.54亩，主要以粮食种植为主业及外出打工维持生活。

现有图书室一个，约60平方米，藏书2000多册，文体活动室2个，约80平方米，业余文艺表演队1支，约40人，文艺队逢年过节进行形式多样的街头演出，丰富广大村民的精神文化生活。

有线电视全覆盖，且安装了调频广播喇叭，移动电话普积率达95%。街巷硬化实现了户户通。

本村现存太行毛氏民宅一处，始建于

清朝嘉庆年间，历经大清6朝，经光绪、民国初年改扩建，建成了三益堂、九德堂，形成了一座占地8350平方米，房屋120余间，窑洞20余孔，2堂2街，4组大院，15座小院的民宅建筑群，完整再现了太行民俗风情。

【党组织建设】 2018年，乐平镇深入开展“两学一做”学习教育常态化、制度化和“不忘初心、牢记使命”主题教育，以“三会一课”和“道德讲堂”为平台，认真组织党员干部深入学习党的十九大精神和习近平新时代中国特色社会主义思想；督促基层支部扎实召开村支部组织生活会，扎实开展主题党日活动，先后组织开展“党员干部赛三才”“书记登台讲党课”“脱贫巩固党员先锋行”“庆七一、颂党恩”大型健身活动、书法展演活动，组织“继承红色基因”虎头山健步行、崇家岭红叶文化旅游节徒步等活动；2018年有25个基层党组织到延安、梁家河、西柏坡等革命圣地学习，深受教育；新打造党建主题公园2个，促使党建文化融入日常生产生活；积极组织镇村干部到大寨干部学院参加学习，为基层干部经常性“充电”。2018年在环境整治、项目建设、环保治理、扫黑除恶、信访维稳、安全生产等急难险重工作中，党员干部得到锤炼，在党员干部引领下，有13个支部创建为示范性党组织，20个支部创建为达标型党组织，5个后进支部的整顿稳步推进，市级文明乡镇创建通过初验，15个村被命名为县级文明村，村企共建硕果累累，各项工作齐头并进，人民群众幸福感和满意度大大提升。发展党员5名，转正13名，慰问困难党员124名。（郭海亮）

大寨镇

【概述】 大寨镇地处山西省东部，昔阳县城南郊，由原大寨、洪水、杜庄3个乡合并而成，北与县城接壤连片，西与和顺交界，东南与赵壁乡、三都乡毗邻，属典型的北方干石山区。境内山峦叠嶂，沟壑纵横，起伏不平，气候属温带大陆性气候，四季分明，平均降雨量500—600毫米，平均海拔1420米。全镇总面积182.99平方千米，约占全县总面积的9.4%，下设57个行政村，14个自然村，总人口13445户，30797人，耕地面积5.16万亩，经济总收入达3.2亿元，农民人均纯收入达9750元。大寨镇的主导产业为农业和旅游业，其中农业以玉米、豆类、蘑菇种植和牛、羊、猪养殖为主，旅游业以大寨村、虎头山森林公园、石马寺等旅游资源为主，此外全镇境内还有丰富的煤炭、耐火材料、石灰石等矿产资源。大寨镇是全县的农业大镇、经济强镇、旅游名镇，也是全国首批特色小镇、全国重点示范镇、国家卫生乡镇、省级文明乡镇、园林乡镇和红色文化旅游名镇。

【农业农村】 2018年，大寨镇紧抓脱贫攻坚和乡村振兴的历史性机遇，把加快农业产业结构调整作为打造品牌农业的重要抓手，坚持因地制宜、连片发展、典型示范、以点带面，逐步调整产业结构，推进特色农业发展壮大。全镇双孢菇棚总种植面积达到11.86万平方米，蘑菇棚124个，保鲜库12个；核桃种植总面积8897.89亩。特别是创新“公司+合作社+农户”的发展模式，在安家沟村打造全市最大的肉鸡养殖基地，年出栏肉鸡240万只，带动3个乡镇17个行政村1194户贫困户脱贫增收；在北亩村打造昔阳县最大的田园综合体，完成造地2500亩，种植核桃、苹果300亩，苗圃200亩，连翘350亩，引进梅花鹿养殖；在杜庄村打造昔阳县最大的千亩枸杞种植基地，流转土地1000亩，用于种植红黑枸杞及土鸡养殖，二期烘干厂及枸杞附属产品如枸杞压饼、枸杞鸡、鸭等正在实施。积极探索新时期大寨农业转型项目，在孟壁村试种无公害香米120亩，水稻喜获丰收，年产值达50万元。此外，有机肥、仿真花生产、构树种植、双孢菇产学研等特色农业项目同步实施。完成了200亩的退耕还林、1.5万株的四旁植树工程及6个村800亩的育苗工程。

【并村简干】 2018年，大寨镇按照露天煤矿整合搬迁优先考虑的原则，因地制宜，充分征求村两委意见，将露天煤矿搬迁的蔡岭等5个行政村合并为“松溪源村”，经村民无记名投票，赞成率达80%以上，并村工作已基本完成。

【专业合作社建设】 2018年，大寨全镇共有71个种植合作社，38个养殖合作社。

好亚好专业合作社继续投资1000万元，在杜庄、河南2个村流转土地1000亩，发展枸杞种植及特色养殖，完成苗木的补种定杆工作，新建枸杞烘干、枸杞食品等配套项目，建成枸杞观光采摘园和农民培训基地。在河南村栽种花卉5万株，盆栽干鲜水果2万盆。

昔阳县盛之鑫农牧专业合作社发挥孟壁村水土优势，投资70余万元，垫地120亩，建设无公害百亩稻田试验基地。大寨牧业有限公司的杂交构树种植，2017年试种的260亩构树取得成功，2018年继续扩大种植规模。盛大农牧专业合作社投资1500余万元，在郭庄村建成占地400亩的干鲜水果培育观光园区，种有玉露香梨、红星苹果、葡萄等水果品种，发展林下经济，实施中药材和果树套种项目。

【壮大集体经济】 2018年，大寨镇借势“特色种植、规模养殖、乡村旅游”，壮大集体经济。大寨村通过发展旅游业、工业、特色种植业；河南村利用闲置土地流转发展枸杞种植和房屋租赁；石马村租赁村内荒山、荒地；洪水村盘活村集体废弃煤矿的资产，出租村集体闲置房屋；杜庄村流转土地种植千亩无公害枸杞；水泉村集体投资发展肉鸡养殖和油牡丹种植；南郝峪、北郝峪借力“蓝焰煤层气”，均有效实现村集体经济收入壮大。

【土地确权】 2018年，大寨镇除因露天煤矿开采搬迁的5个村（3139.68亩）和后龙凤垴村未开展（781.02亩）外，51个行政村（14个自然村）涉及10373户，27610人，调查面积43628.5亩，其中二轮承包地面积 39121.91 亩，国家征用 128.72 亩，退耕还林 7463.13 亩，全部开展土地确权工作。截至年底，大寨镇完成 65 个发包方，7738 户 32448.93 亩的土地确权任务。

【基础设施建设】 2018 年共投资 110 余万元，实施了会议室改扩建、澡堂、水冲厕所维修和五小工程改造升级工程，实现了宿办分离、办公设备应配尽配、活动设施应有尽有的既定目标，机关干部职工的办公及生活环境大大改善。

【易地搬迁】 2018 年，大寨镇易地搬迁共 96 户，涉及水泉 59 户、上元 16 户、大南山 14 户、小南山 7 户。96 户搬迁户已全部入住，根据县委、县政府应拆尽拆的原则，通过政策宣传、与贫困户作思想工作、实地勘查等措施，已完成 19 户的旧房拆除任务。

【项目建设】 2018 年，大寨镇按照以煤为基、多元发展的原则，吸引实力企业进驻，投资 7.7 亿元实施国新能源昔阳煤层气热电联产项目，年发电量 6 亿千瓦时，可保障新城 110 万平方米的居民供热面积。投资达 2 亿元在麻汇村实施丰汇煤业瓦斯发电项目，年发电量可达 1.8 亿千瓦时左右，年销售大约 7000 万元，可以上缴利税 1000 余万元。在加快煤矿技改进度的基础上，投资 5000 万元实施大寨晋龙洗煤厂建设工程。投资 6000 万元实施大寨中策水泥厂技改工程。投资 1400 余万元实施煤矸石高效利用项目，生产新型环保建筑材料，均以完工投产。大寨镇积极推进中小企业的发展，成立昔阳县酬勤工贸有限公司，为江苏好孩子集团加工半成品来料及童车布套，在杜庄村成立江尚仿真花加工有限公司，在北亩村投资 1500 万元建设年产 5000 吨双壁波纹管等，均创造大量就业岗位。2018 年 11 月，新兴际华“三五零二”职业装有限公司与大寨制衣有限公司合作正式启动，使大寨品牌与先进制衣技术实现了深度融合，使昔阳服装业实现转型跨越。

【打造特色产业】 2018 年，大寨镇围绕昔阳县委、县政府“山水昔阳　户外天堂”的旅游定位和发展全域旅游的思路，初步构筑大寨、石马、潘掌三大旅游新格局。打造以红色文化为特色的大寨旅游。大力度推进大寨景观路拓宽改造、大寨剪纸文化一条街、大寨旅游服务中心、大寨旧民居恢复改造、大寨文物精品馆、虎头山观景台、狼窝掌体验园、名人活动园及旅游公共设施配套工程，大寨旅游景区、景点升级为国家 AAAA 级景区，大寨红色文化的发展魅力和市场竞争力得到增强，大寨的知名度和影响力明显提高。打造以宗教文化为特色的石马旅游。石马村先后完成千亩生态林建设工程，修筑了蓄水坝、鱼塘、凉亭、涵洞、文化广场，清理河道，绿化广场，硬道路，整修千年古寺，积极申报第二批山西省旅游名村。围绕“生态立村、产业兴村、旅游富村”的总体思路谋发展、找出路，以产业结构调整为突破口，成立了股份制经营的荣叶农林专业合作社，吸引村民入股分红，先后筹资 2600

万元，治理荒山、发展干果经济林、种植中药材、新建采摘园、新建景观鱼塘，建成以天然氧吧呼吸、农家生活体验、休闲娱乐垂钓、时鲜蔬果采摘、民俗文化展示五大功能为一体的休闲度假生态园，实现生态效益和经济效益的双增长。镇政府积极配合县委县政府，协办昔阳县首届农民丰收节，中国大寨汽车场地越野赛、国际山地马拉松赛等国际重大赛事。

【乡村振兴】 2018年，大寨镇提出了“一局、一带、两体、双百、双千、双万、双千万”的乡村振兴发展思路，在产业扩规提质上再发力。9个示范村根据各自实际情况，从现有资源上求突破，从市场需求上动脑子，大力度吸引资金、吸引人才，坚持特色，聚力打造乡村振兴示范镇。大寨村主动作为，积极响应县委县政府“以大寨景区为龙头，创建全域旅游县”号召，组织召开大寨发展研讨会议，聘请专家对大寨发展进行详细规划，完成了大寨旧村改造首期工程。大寨虎头山森林公园以创建国家AAAAA级森林公园为契机，积极争取上级部门资金支持，对公园内办公区进行维护，对水池至黑凉子林的1500米道路进行维修，并健全景区的护林防火标识、标语，进一步提升景区服务水平。

河南村投资30余万元，完成400平方米广场硬化、2000平方米小绿园、维修300米通公园道路等工程项目，完成了村庄面貌的提档升级。引进山西美好之家花卉种植50亩，各类盆栽干鲜水果2万盆，打造集观光休闲和现场采摘为一体的小型田园综合体，聚力发展乡村旅游，放大窗口效应。

南垴村积极践行“一室一田三化”发展计划，投资5万元修复梯田20亩已完工，投资4万元实施亮化工程，投资4.5万元的水池维修工程和投资6万元的800平方米活动广场硬化工程均已开工建设。

孔家沟有效利用自身资源，对接深圳清联室内建筑设计有限公司，先后投入资金100余万元，将村内22孔窑洞升级改造为太阳花民俗农庄，可实现60人的高标准接待。该项目于4月20日正式投入运营。先后迎来了房车协会汾河景区6辆车30余人和阳泉竹品教育学生220余人前来观光休闲、体验民俗、义务植树、共绘蓝图。

南郝峪村大力开展人居环境整治和乡村旅游工作。入春以来，投资3万元清理了河道300余米，砌筑完成蓄水大坝150米。开展村庄亮化工程，完成道路两边的路灯电线杆栽植。此外充分发挥该村自然生态优势，对“幽谷叠瀑”线路进行提档升级，已完成徒步健身景观栈道60米安装。

北亩村以美丽乡村示范带建设为亮点，计划投资300余万元，实施村庄整体美化工程和1000米的河道水系治理提标工程。目前已完成河道清淤765立方米，铺设清污分流管道780米，硬化河道4095平方米，硬化主路面1000平方米、建设进村主干道护路坝285米，累计完成投资230余万元。40盏景观路灯安装、560平方米公园人行道硬化、170余平方米的文化墙和400平方米的红白理事会工程正在建设当中。

杜庄村投资 20 万元，对村两委办公室进行维修改造，工程完工后将正式实现党建阵地从无到有的零突破，进一步增强支部的战斗堡垒作用。引进山西美好之家有限公司实施枸杞与菊花、麦冬等千亩中药材套种项目，扩大种植规模，进一步提高村民土地种植收入。

【基础设施建设】 2018 年，大寨旅游景区提档升级。实施大寨景观路改造，全长 2540 米，由原有的路宽 16 米拓宽至 29 米，按城市道路三块板结构进行改造，机动车道为双向四车道设计；拓宽工程共拆迁沿线违建 1.3 万余平方米、硬化道路 6.3 万多平方米、铺设给排水管道 2540 米，完成沿线绿化 8000 余平方米。

大寨旅游风貌环境整治，由旅游服务中心区、景区生态停车场、绿化区三个部分组成。其中：旅游服务中心建筑面积 2500 平方米，公共厕所建筑面积 200 平方米；停车场占地面积为 11113.39 平方米，设计车位 143 个、其中大车位 50 个，小车位 93 个；绿化区面积 2340 平方米。

武家坪村住宅小区建设，将学大寨时期建设的三排窑洞进行了整体改造，恢复武家坪村这一历史时期的原有风貌和建筑风格，打造大寨“农”字文化旅游线上的新亮点。完成投资 1304 万元，改造立面 13000 平方米、新修公厕 6 个。

大寨村保护改造，该工程包括“农业学大寨”时期大寨旧民居恢复改造工程、“国宝”大寨人民公社旧址保护改造工程、大寨村门楼立面保护改造、亮化工程及大寨供销社沿街立面、室内经营恢复改造工程等。大寨博物馆建设，投资 2 亿元武家坪村建成了大寨农业博物馆。大寨干部学院建设，投资 1 亿元对大寨国际旅行社及周边进行改造，建成了集干部培训、红色文化学术交流、农业讲坛等为主综合性学院。本年，杜庄、后龙凤垴、北郝峪等 6 个村实施人畜饮水工程；共计投资 1049.66 万元，实施公路改造提升工程 24.361 千米。

【民生改善】 2018 年，大寨镇圆满完成二轮土地增减挂 230.02 亩的拆除任务，完成任务量占到全县的 50%，此外顺利推进三轮、四轮土地增减挂工作，共计实施 589.71 亩。在土地收益的运用上，由农经站严格把关，仅用于村级基础设施建设和公共服务提升。大寨、高家岭、洪水实施村民暖居工程；在孔家沟、土巷、后龙凤垴、南郝峪等村开展危房改造工程；在北亩、南峪等村实施 2.5 千米的美丽乡村示范带建设工程；顺利完成 700 余亩土地增减挂的拆除和摸底任务，扎实推进了厚庄中学、洪水中学、杜庄小学、麻汇小学、孟壁小学等 5 所薄弱校改造工程；通过村委评议、民政审核，新增低保 63 户，123 人，“五保”18 户，发放低保资金 188.5684 万元，“五保”金 145.6735 万元，完成 820 名退役人员信息采集和走访慰问工作；实施垃圾、污水、厕所三大革命，改厕 15 个村 623 个，占到全县比例 20%，实施垃圾分类试点村 3 个，铺设污水管网 6 千米；按时足额发放农村医疗救助款、优抚金、爱心煤款，各项支农惠农政策得到有效落实。

【重大赛事开展】 2018年，大寨镇举办了首届“昔阳县农民丰收节”；举办2018年迎新春文艺会演；组织“唱响红歌·寻梦大寨”旅游专列进大寨活动；用“山西·大寨”冠名，以“越野昔阳 寻梦大寨”为主题，先后举办“一汽大众”杯中国汽车拉力锦标赛、“沁园春矿泉水”杯、“山西安顺”杯中国汽车场地越野锦标赛、“长寿·读者”杯门球挑战赛等一系列国家级体育赛事，通过中央电视台等国家平台的宣传推介，推动大寨品牌冲出山西，走向全国，品牌影响力进一步彰显，综合经济效应不断放大。

【环境整治】 2018年，大寨镇畅通举报渠道，对小散乱污企业和“三黑一土”采取零容忍的态度，敢于动真碰硬，对镇内的16家散乱污企业、4处黑加油站、1处土炼油点、2处大棚房予以彻底取缔，全镇安全生产形势平稳。镇政府严格按照市县“五抓五提升”拆违治乱提质环境大整治工作要求，共计拆除118处违建，涉及31个村，总拆除面积15139.6平方米，实际腾退土地43576.04平方米，全镇国、省、县、乡、村道重点区域违建实现清零目标。共计投入约636.51万元，57个行政村实现“全行动”，集中打造大寨、河南、洪水、杜庄、潘掌、石马6个一村一景特色村，对230处进行有效整改。在“拆违治乱提质”环境整治和基础设施配套的基础上，按照一村一街景一墙一主题进行乡风文明建设，鼓励各村因地适宜建设文化墙，建设完成5500多平方米，形成特色规模的村7个。

【扫黑除恶】 2018年，大寨镇政府提高政治站位，严格按照“造声势、攻案件、建机制”的三年斗争工作要求，积极配合县委开展工作。悬挂流动标语200余条、村村制作固定标语，发放传单1万份，广大群众充分了解扫黑除恶的工作概念。组织镇村两级干部开展大走访活动，对全镇所有常住人口进行地毯式摸排，累计入户1.5万余人次，做到线索摸排全覆盖。各站所、各村实行台账登记常态化，每周报线索，随时更新工作动态，保持高压态势。

【基层党建】 2018年大寨镇机关党员干部认真贯彻中央、省、市、县各项会议决策部署，2018年共组织开展“书记讲党课”58次，各类干部培训19次，平台宣传30次，乡村两级干部意识形态进一步增强。

按照市县“三基建设”工作精神，共计投资110余万元，实施了会议室改扩建、澡堂、水冲厕所维修和五小工程改造升级工程，实现了宿办分离、办公设备应配尽配、活动设施应有尽有的既定目标，机关干部职工的办公生活条件大大提升。向各支部下发《基层党支部标准化建设三年行动方案》，打造河南、洪水等12个示范村党支部，形成“领头雁”效应，对后进支部“抽鞭子”，通过抓基础设施建设、抓“三会一课”制度落实，解决后进支部信访矛盾突出，班子战斗力不强等问题。

镇党委扛起党委主体责任，先后邀请县纪委、农经办、党校及老干部对乡村两级干部职工进行党风、政风、家风宣讲教育。大力支持镇纪委履行监督责任，2018年办结案件11件，其中立案审查3件，给予党纪处分3人，在全镇范围内形成“全面从严治党”的浓厚氛围，干部纪律意识进一步增强，对违法违纪行为形成强大震慑。（郭唐琪）

李家庄乡

【概述】　李家庄乡是昔阳县的北大门，东邻界都乡，北与平定县交界，南、西与乐平镇接壤。乡政府所在地位于南渡海村，距县城5千米。李家庄乡属丘陵地带，地势西高东低，平均海拔960米，境内最高山峰莲花山海拔1087.1米。全乡总面积38.05平方千米，占全县总面积的2.0%，耕地面积19176亩，占全县耕地总面积的4.16%。下辖安阳岭、黄龙沺、石寨沟、王家山、东庄、南庄、西庄、北南沟、石坪、北渡海、南渡海、先掌、铺沟、王家庄等15个行政村。全乡共有6691户，16877人。矿产资源丰富，有煤、铝矾土、耐火黏土、石灰石等。煤炭储量广、煤层浅、易开采，含煤面积11.4平方米，已探明储量9600万吨，胜利煤业和北坪煤业两个整合矿井，年产量分别为45万吨、90万吨。农业以种植玉米、谷子、豆类为主，近几年正在兴起以双孢菇种植、温室大棚蔬菜种植、经济林种植为主的农业产业化建设。

【乡村振兴】　2018年，李家庄乡认真贯彻落实昔阳县三级干部大会精神，全力实施乡村振兴战略。至年底，李家庄乡煤改气工程已完成10个村，2018年争取实现全乡气化。在农村实施景区化建设，开展农村“垃圾、污水、厕所”三大革命，建立乡村环境长效治理机制，打造一批以北渡海为代表的美丽宜居样板村。全乡的垃圾由万通公司统一集中清运，东庄、南庄已实现垃圾分类，2018年计划再完成两个村的垃圾分类；改厕工作已在5个村开展，共建旅游厕所3座。

【标杆村与示范村建设】　北南沟：结合人居环境整治及美丽乡村建设，将北南沟新农村建设成为集住宅、办公、教育、文化活动、公园绿化为一体的综合住宅小区，打造成美丽宜居样板村。2018年，李家庄乡继续巩固脱贫成果，加大乡村振兴力度。主要工作就是将村里的三个产业（山水农牧合作社、鑫堂农牧合作社、晋蔬山珍专业合作社）做大做强，吸纳更多的村民入社，增加他们的收入。北渡海：继续打造李家庄乡莲花山山地公园，着力打造李家庄乡“桃花节”，宣传推介蟠桃节，形成以产业带动旅游，旅游促进产业的双赢局面；全力推进李家庄乡乡级党校建设工程，现正在进行布展。南庄：积极申报国家级传统古村落，二月河故居囍字院的修缮保护工程已完工，并对门窗进行了做旧保护处理及夜间亮化。安阳岭：通过乡党委、政府前期努力，“母亲水窖”已完工，彻底解决了村里的安全饮水问题。以北圪梁农业产业园为依托，种植西红柿、发展农家乐，打造成以休闲、旅游、观光、采摘农业、农家乐为主体的千亩连片产业园。

【脱贫攻坚】 2018年，李家庄乡大力推进产业促脱贫。王家山村“晋蔬山珍专业合作社”，拥有20座双孢菇大棚，种植面积达到12000平方米，设计年产量15万吨，是全县规模较大的双孢菇示范基地。常年用工22人，每年每人可增加收入6000元，仅此一项可为村民增收13.2万元。山水农牧合作社，吸收362户贫困户入社，每户分红200元。该合作社现种植玉露香梨1200株，红星苹果树1800株，占地70亩，待到盛产期预计每亩可收入5000元，入社贫困户年增收可达700元。合作社可为贫困户提供就业岗位30个，每人可增收6000元。由帮扶单位李家庄乡政府出资10万元注入贫困户王胜堂成立的鑫堂农牧合作社，养羊102只，带动贫困户114户，2017年—2018年分红每户200元。

【项目工程建设】 2018年，李家庄乡投资500万元，创建现代农业示范园。具体为合作社240万元，生产性企业232万元，种养大户28万元。投资1000万元，总规模320亩，在安阳岭村建成北圪梁农业产业园。本年，项目主体设施已基本完成，正在完善附属设施。园区完工后，将生态园打造成休闲、采摘、观光体验、假日旅游一站式服务的生态观光园。使园区变景区，田园变公园，劳动变运动，农产品变礼品。让城里人“招得来、留得住、吃得舒心、玩得开心”。投资200余万元，建设北渡海村莲花山山地公园。乡村两级共同筹资，改善莲花山基础设施，在山顶新建观景台，在山底硬化场地300余平方米，增设健身器材，新建体育运动场，供村民及外来游客娱乐。

【产业转型】 2018年，李家庄乡以合作社为引擎，在安阳岭、王家山、南渡海新建1.2万平方米反季节水果蔬菜大棚，完成投资1000余万元。其中：安阳岭北圪梁产业园区新建2000平方米日光温室、1200平方米蔬菜大棚、1000平方米冷库；王家山山水农牧专业合作社投资160余万元新建2个反季节大棚共计3200平方米；南渡海创新种植专业合作社，投资40多万元种植水果约200亩，包括果树、梨树、黄桃、樱桃等14000余株。投资130万元建设反季节大棚5个，种植草莓和西红柿，吸引县城及阳泉来客采摘，日接待100余人，收入近万元。

【实施民生工程】 2018年，李家庄乡对标介休龙凤镇，全力实施乡村振兴战略。生态宜居工程。在农村实施景区化建设，打造一批以北南沟、北渡海为代表的美丽宜居样板村。2018年，北南沟新村6栋住宅楼室内工程及小区内配套工程基本完成，已达到入住条件，完成投资6000余万元；北渡海莲花山山地公园完成公园入口、环山步道的建设，在山顶修建运动场、停车场、观景台等，共计完成投资300余万元。水利交通工程。投资44.8万元完成“母亲水窖”工程，彻底解决安阳岭村民的生产、生活用水问题；建成了原西庄口至黄龙辿村4千米、王家庄村内1.6千米两条农村“四好”公路。垃圾改厕工程。垃圾实行集中清运，东庄、南庄已实现垃圾分类；改厕工作已在5个村开展，共计278个旱厕、4座旅游厕所，推进厕所革命。户户通工程。煤改气已完成10个村，二期工程正在施工，共计505户；黄龙辿、安阳岭、石寨沟、王家山、王家庄5个村有线电视入户，共计2265户。

【煤改气】 2018年，李家庄乡专门配备一名副乡长和一名工作人员，协调处理李家庄乡“煤改气”的所有工作，至年底，临时气站点占地已经协调到位，达到施工条件，确定的实施“煤改气”的八个村（石坪、北南沟、南渡海、北渡海、铺沟、王家庄、东庄、南庄共计2448户）已全面开工。王家山村是李家庄乡的唯一贫困村，贫困户数372户，摸底实施“煤改气”达465户，乡党委政府正与中燃集团积极协商，已经把李家庄乡的唯一贫困村列入“煤改气”的实施范围。

【环境综合整治】 2018年，李家庄乡针对“五抓五提升”环境综合整治攻坚行动中凸显出的问题，因地制宜、一村一策，实行精细化管理。至年底，全乡已拆除违建223处，共计28798.5平方米，腾退土地39686平方米（前期摸排周边误差），完成率100%。207国道沿线已完成绿化带补植补种1900米，其中包括400余棵油松、420株灌木黄刺梅、46株海棠，粉刷国道两侧立体墙面8700余平方米。全乡15个行政村共计投资404万元，已完成墙面粉刷4万余平方米，新建小公园5个，各类文化墙2300余平方米。

【扫黑除恶】 2018年，李家庄乡多措并举深入开展扫黑除恶专项斗争。进一步强化宣传发动。细化宣传举措，创新宣传形式，充分利用各种宣传媒体，多手段、全方位持续进行全覆盖、无死角宣传；强化对各村社会宣传部署情况的督导；开设扫黑除恶舆情专班，对涉及扫黑除恶网络舆情，做到随时发现上报、及时分析研判；加强基层组织建设，完成软弱涣散党组织整顿，建强基层党组织战斗堡垒；突出基层党员先锋旗帜作用，教育引导广大群众积极参与，为纵深推进扫黑除恶专项斗争提供坚强组织保证；完善线索核查和深挖彻查“保护伞”工作机制，落实深挖黑恶势力“保护伞”线索签字背书制度；强化工作保障。加强业务培训，提高全体参战人员业务素质。

【信访维稳】 2018年，李家庄乡牢牢把信访维稳工作抓在手上，各村、各站所把信访稳控工作作为一项压倒一切的政治任务来抓，确定当前重点信访事项、重点人员，明确近期信访工作的重点和方向，做到信访人的动态时刻在掌握之中。对可能发生越级访、进京访的人员，加大思想教育和法制宣传教育力度，引导信访人通过正当程序和途径，以理性合法的方式表达利益诉求。2018年，李家庄乡共解决疑难复杂信访案件9件。

【基层组织建设】 2018年，李家庄

乡党委以党的十九大精神和习近平新时代中国特色社会主义思想为引领。以“两学一做”学教常态化制度化为载体，并结合“维护核心、见诸行动”主题教育、专题培训、“七一”党课等载体筑牢“四个自信”“四个意识”“四个服从”，使政治建设贯穿工作全程、统一“学做”过程。2018年，党员干部积极融入脱贫巩固、乡村振兴一线，累计走访贫困群众2000余人次，驻村帮扶163次，为群众办实事200余件。以换届后村“两委”建设为契机，整顿转化胡峪、南庄2个后进支部，化解矛盾5起。2018年集中约谈干部4次、100余人次，谈话函询4人，查处3人，进行警示教育4次，切实增强了拒腐防变能力。精心制定了《李家庄乡党委中心组学习计划》和5项意识形态制度，组织党员干部专题学习5次，撰写心得体会50余篇，组织参加知识大讲堂50余人次。大力弘扬社会文明，践行核心价值观，成功举办了北渡海桃花节、基层公共文化服务乡村展演等一系列活动；创建了一个县级文明村，2018年安阳岭村正在申报市级文明村。深入推进党支部标准化建设。按照县委“1+8+1”体系建设要求，立足10个方面、对20个支部开展了标准化创建行动，有效提升了党组织制度化、规范化、科学化水平。4个党支部均达示范标准，占总数20%；8个党支部达标，占总数40%。紧紧围绕县委“六条路径”，全面壮大村级集体经济。9个村收入破5万元，占全乡的60%。严格按照25项流程运行，新入党5人，转正9人，并确立积极分子11名，为农村可持续发展奠定组织基础。以学习贯彻十九大精神为契机，乡党委书记带头讲党课3期，举办农村干部培训班5期、600余人次，参加大寨干部学院培训50余人次，坚持每周集中学习制度，并及时组织“三农”实用技术培训，不断增强党组织的辐射带动作用。强化党建阵地建设。按照“三个五”标准，投入20万元，升级乡党委、政府办公条件。落实村级党建补助经费80万元，继续推进南庄、胡峪村级活动场所提档，全面夯实党建阵地。精细化落实“并村简干”工作，西庄“村改居”工作行动快、措施实，迈出实质性步伐。2018年，换届圆满完成，共选出支部书记、村委主任各15人，其中，“一肩挑”的3人，支部成员69人，村委成员73人，全过程始终保持稳定。（韩纲纲）

三都乡

【概述】 三都乡位于昔阳县域南部，地理坐标为北纬37°26′—37°32′，东经113°40′—113°44′。属山地地带，地势东南低、西北高，平均海拔1052米，属温带大陆性气候区，年平均气温9℃。北边、西边紧邻大寨镇，南接和顺县，东连赵壁乡，界李线、毕路线、杜北线在境内纵横交错，交通极为便利。全乡总面积70.13平方千米，约占全县总面积的3.6%。下辖14个行政村，4个自然村。全乡共有人口9852人，占全县总人口的4%，人口密度为140

人/平方千米。共有耕地13179亩，人均耕地为1.34亩。煤、铁、铝矾土资源丰富，特别是铝钒土探明储量达2100万吨，是昔阳县的经济强乡。境内有著名的西峪惨案遗址，是省级国防教育基地和省级爱国主义教育基地，红色旅游景区。三都乡政府下设13个机构，其中包括财政所、纪检委、畜牧站、林业站、水利站、民政所、劳保所，农技推广站、合医办、妇联、文化站、土地所，共计30人。14个农村党支部，1个机关支部，共610名党员。其中，村党支部书记14人，其余支委65人，村委主任14人，其余村委65人。

【产业发展】 2018年，三都乡发挥能人带动作用，采取“企业+合作社+农户”等模式，加快脱贫产业发展，创业带头人李云美创办丽云服装加工有限公司，以入股形式带动5个贫困村集体经济增收，50多个贫困户家庭就业；返乡能人陈冰峰投资1600万元成立山西东合丰牧农牧产品开发有限公司，带动6个合作社300多户贫困户增收；以申邦强峪小杂粮加工和雪龙合作社为代表的9个合作社，带动650户贫困户，户均增收1000元以上。以开发“山乡之都”旅游项目而设立的三乡之都旅游开发公司，把红色西峪、民俗井沟和雪龙生态等旅游资源联片开发，集中资金搞好高标准基础设施建设，成功承办“山乡之都”中国大寨国际马拉松山地越野赛国际级赛事。大大带动景区第三产业的发展，15家农家乐的建设开业带动贫困户增收。

【乡村振兴】 2018年，三都乡按照乡村振兴“产业兴旺、生态宜居、乡风文明、治理有效、生活富裕”二十字总方针，按照“北片搞养殖、南片搞旅游、中片生态治理”的总体发展格局，抓重点、强基础、创特色、促发展，以巩固提升脱贫攻坚成果和实施乡村振兴战略为抓手，以发展壮大集体经济为主线，把培育壮大富民产业作为工作的重中之重全力推进。全乡10个村集体经济收入突破5万元，占全乡行政村比例80%以上。扎实推进民生工程，全面提质人居环境，三都煤业环境治理工程复垦造地1640亩，绿化植树10万余株，新修黑洼、翟絮、韩家沟、旮旯口、李家河共13.5千米的乡村道路，并完成旮旯口至翟絮4千米的路基，在西峪村实施以工代赈项目，完成5.3千米田间路硬化，投资206.31万元完成黑洼、翟絮、西峪、吕二岩、郭家庄五个村的饮水安全巩固提升工程，完成5666亩提质增效高质量农田，安装路灯200余盏，村村建起高标准的卫生室、阅览室、活动室和街心公园。全乡低保、“五保”户，做到应保尽保；84户贫困户易地移民搬迁至胡窝集中安置点；落实教育扶贫资金29.13万元，受益贫困学生223人次；贷资入企86户，分红23.65万元；落实扶贫水毁项目7个，144户贫困户增收30万元。

【综合治理】 2018年，三都乡紧紧围绕“平安三都”建设的奋斗目标和总体要求，严格按照上级要求推进三都乡社会综治工作中心建设，严格落实工作职责和工作制度，确保全乡范围内安全稳定。创新工作思路，推行乡统一指挥，村级群防群治，民警包片联合防控工作体制，完善防控预案，集中整治突出治安问题，杜绝各类案件的发生。通过开展安全生产隐患大排查、大整治行动，妥善处理各类信（上）访事件，全面加强矛盾纠纷化解，全乡各级调解委员会共排查调处各类民间矛盾纠纷124起，成功调处124起，调处成功率100%。

【信访维稳】 2018年，三都乡共接待来访群众130余人次，收到网上信访件、上级批件和群众来访，共登记信访案件42件，其中反映村矿矛盾18件、占地补偿2件、宅基地纠纷2件、户口办理4件、安置补偿14件、土地纠纷2件。全年办结信访案42件，与上一年相比，上访案件数量呈下降趋势，信访秩序明显好转。

【扫黑除恶】 2018年，三都乡成立以乡党委书记为组长、分管领导为成员的领导组，成立专门的扫黑除恶办公室，设立群众举报接待室、举报箱，并制定三都乡扫黑除恶工作实施方案，召集乡村两级干部认真学习领会各级有关扫黑除恶工作的文件精神，形成“文件及时传达、工作及时落实”的工作机制。同年共召开领导组会议15次、专题会议5次、乡村两级干部会议6次。按照“乡不漏村、村不漏户、户不漏人”的原则，以多种形式宣传手段开展工作，共印制各类宣传彩页6260余份，发放相关单位公告和乡级公告420余份，悬挂条幅72条，发放扫黑除恶调查问卷8000余份，打击破坏生态环境违法行动调查问卷800余份，在重要路口制作巨幅版面三块。对14个村两委主干开展关于扫黑除恶工作的谈话，共谈话28人。

2018年共摸排原任村干部、党员侵占集体资源线索六条，并办理六起案件；接到扫黑除恶举报线索三条，并办理一起案件，剩余两条举报线索移交司法机关。

【文明创建】 2018年，三都乡继续开展“优秀共产党员”“三都好人”“和谐家庭”“创业带头人”四个评选活动，宣传正义美德、弘扬正能量。加强文化基础设施建设，继续推进公共文化服务体系示范区建设，完善提质各村的图书阅览室和综合文化服务中心，激发群众参与文艺活动的热情；积极配合文化部门开展好文化下乡活动，丰富人民群众的文化生活。送戏下乡工程稳步推进，参加县纪念改革开放40周年广场舞展演，深入推进乡村文明建设，通过各项活动的开展，村风村貌得到改善，人民群众精神文化素养得到提升。

【健康社区建设】 2018年，昔阳县创建省级慢性病综合防控示范区，三都乡人民政府作为成员单位参与创建工作，按照县委、县政府的安排部署，结合三都乡的工作特点，专门成立工作领导小组，开展慢性病防治工作。制定规章制度，建立健全台账，开展健康讲座和健康培训。发放宣传资料1000份，支持性工具100余件。配备健康工作室，配置血压计、体重泵、腰围尺，定期为居民检测血压体重。为单位职工免费体检一次。积极落实节育奖励政策、独生子女奖励政策和计生特殊困难家庭慰问工作。

【土地增减挂钩】 2018年，三都乡土地增减挂钩总任务167.27亩，第二轮增减挂规划面积34.65亩，已经全部完成，第四轮增减挂规划面积117.82亩，三都村的59.85亩已经拆除56.95亩，剩余4户及三都小学2.9亩未拆除；葫芦拐村的57.97亩已经拆除11亩，剩余的46.97亩待葫芦拐村搬迁后已全部拆除。第五轮增减挂任务14.8亩，经过前期实地勘察比对，预计可实施23亩，共涉及葫芦拐、路家峪、李家河3个村。

【基层党组织建设】 2018年，三都乡党委制定《三都乡2018—2020年党建工作规划意见》，与班子成员和各支部书记层层签订党建目标责任书，将责任层层压实，坚持每月召开一次党建工作例会，每季度听取一次支部建设情况汇报，分析研判工作中存在的困难和问题，进一步增强三都乡党委和各支部班子成员落实党建主体责任的意识。以支部标准化建设为基础，推进乡村党组织建设，打造西峪、路家峪等示范党支部，完成郭家庄村后进支部的整顿工作。组织开展“三都好人”“优秀共产党员”“创业致富带头人”“和谐家庭”以及“两示范一标兵”等评选活动，激发广大干部群众的工作热情。

【廉政建设】 2018年，三都乡党委制订《三都乡党政班子领导干部党风廉政建设责任书》和《2018年三都乡党委领导班子成员党风廉政建设目标责任清单》，将党风廉政建设目标责任细化到人，并切实将责任制延伸到村两委一级。认真落实谈话制度，工作约谈8人、廉政约谈26人、纪律约谈3人并做约谈记录。

【后进支部整顿】 2018年，三都乡党委把改造软弱涣散村级党组织作为基层组织建设的一项重要任务，对郭家庄村党支部采取有力措施，通过全面整顿干部队伍，强化干部廉洁履职意识，对基层干部有计划、有步骤地开展警示教育，加强监管，完善对基层干部的监督管理机制，郭家庄村党支部班子核心作用明显加强，干部队伍素质明显提升，基层基础得到明显改善，民主管理水平明显提高，社会稳定形势明显好转。

【特色旅游开发】 2018年，三都乡重点打造山乡之都旅游区。项目总投资30613.63万元，规划面积21.76平方千米，包括西峪、小嘴龙底，井沟三村全境。该旅游区是三都乡贯彻五大发展理念，建设绿色三都，助力脱贫攻坚，实现乡村振兴的重点项目。截至2018年年底，该旅游区已经形成西峪红色旅游区，小嘴龙底青石古村、井沟太行民俗区、1314徒步线路，“三点一线”的旅游格局。西峪村主要以纪念碑、纪念广场、展览馆、纪念亭为主要景点，深挖红色资源，突出爱国主义教育，让游客体验红色文化。小嘴龙底村主要展示青石古建，生态种植，突出绿色文化体验。井沟村主要展示独特的太行民俗文化、井文化，给游客以金色民俗体验。境内两座山峰海拔1314米，故推出“1314徒步线路”贯穿三点，游客可以徒步由西峪经小嘴龙底到井沟，在高皇寨体会抗战艰辛，在青石村感受岁月变迁，在1314峰感悟爱情友情。旅游区内布局合理，基础设施健全，餐饮零售规范，住宿干净整洁，形成集红色教育、休闲度假、生态观光为一体的特色旅游目的地，太行深处最美乡村休闲地。

【美丽乡村建设】 2018年，三都乡重点建设乡村振兴标杆村——西峪村。西峪村隶属于三都乡，位于昔阳县东南，距县城25千米。耕地面积1315亩，农业主要以种植玉米、谷子、大豆等为主。现有286户646人。为全力打造西峪村乡村振兴示范村，建设生态宜居、美丽乡村、助力发展红色旅游示范村产业项目，西峪村两委一班人，在资金紧张的情况下，主动筹集各方资金，对村内各处环境进行整治，投资15万元维修学大寨时期的涵洞250米（原名团结洞），投资30万元垒堎整修东西路沿1200平方米，投资45万元修建旅游停车场1800平方米。

【产业脱贫】 2018年，在上一年小杂粮加工项目基础上，继续做好产业项目承接的工作，加强产业利益联结监管，进一步完善各种运营机制和营销措施，保证产业利益惠及贫困群众，调动更多贫困户加入合作社的积极性。

【小杂粮加工】 2018年2月，三都乡小杂粮加工项目产品加入昔阳谷物发展协会，使用“昔阳小米”农产品地理标志，西峪村利用各种新闻媒体不断宣传小杂粮加工项目的产品，确保小杂粮加工产品的品牌效益。

【实施有机旱作农业】 2018年，三都乡坚持把生态建设放在首位，将传统技术和现代农业紧密结合，完善有机旱作技术体系，以耕地质量提升为前提，完成四个项目工程立项：南岭造地工程200亩，田间道路修复工程6千米，完善修复水毁地堎工程2000平方米，建设高效农田500亩。按照有稳定区域、统一技术、统一标准、统一服务、统一销售的模式打造有机旱作，为进一步打造有机旱作农业附属工程的实施，促进有机旱作农业增收项目顺利实施，在晋中市审计局驻村工作队的大力支持下，争取到财政特色产业资金5万元，用于购置农机具主机及配套机具两台，为打造西峪小杂粮加工产品品牌，创造有力支撑条件。

【特色企业建设】 2018年，三都乡重点扶持山西东合丰牧农业开发有限公司建设，该公司在西峪农场新建肉牛屠宰基地，总投资3400万元，满负荷生产能力年屠宰加工肉牛、羊5万头。公司产品借助北京东合丰牧食品有限公司销售平台销往北京、天津、上海、广州等省市，可实现销售收入7.5亿元，纯收入3000余万元。有效拉动县域及周边县市的牛、羊养殖业，直接提供多个就业岗位。公司安装美国进口屠宰设备和实验器材，拥有一流的产品研发团队，精准快速的冷链运输车队，为客户提供高品质的产品和全方位的服务。

（乔旭东）

赵壁乡

【概述】　赵壁乡于2001年由原赵壁、凤居、白羊峪三乡合并组成。地处昔阳东南部，全乡国土面积254.44平方千米，下辖40个行政村和6个自然村，现有11528户，24821口人。有贫困户3923户8641人。全乡耕地总面积70165.7亩，占昔阳县的六分之一，粮食产量3997万千克，是昔阳县传统的米粮川。赵壁乡是昔阳县双孢菇产业的发源地，现种植面积30万平方米，年产值近3000万元。2014年以来，随着阳煤化工入驻，赵壁乡北部形成了以化工产业为主的经济开发区，赵壁已成为全县最重要的工农业大乡。2018年，赵壁乡落实“三个三”工作法，抓住“三基”建设、扫黑除恶、乡村振兴示范村建设、脱贫提升、集体产权制度改革、项目建设、安全稳定、文旅产业、环境保护、美丽乡村十项重点工作，突出机关办公场所建设、公路亮化、流动养老院、文化旅游节、古村落建设、南横山农牧产业园六项亮点工程，全乡经济社会各项事业取得明显的进步。

【脱贫巩固提升】　2018年，赵壁乡党委、政府认真贯彻落实中央、省、市、县的决策部署，坚持脱贫帮扶与自主增收相结合，产业扶持与劳务增收相结合，脱贫退出与稳定增收相结合。全乡全力实施脱贫提升十项工程。按照“两不愁三保障”要求，完成剩余的凤居、赵壁、北石瓮3个非贫困村贫困户的退出任务；全面完成市县多次回头看和“六要六有”抽查，以及晋中市扶贫现场会观摩；认真完成脱贫返贫动态季度监测；全力以赴完成易地搬迁任务，全乡易地搬迁涉及9个行政村，6个自然村，56户139人，大力扩展光伏扶贫，优化利益分配机制，要求各村贫困户通过公益劳动获取光伏收益报酬；落实贫困户返贫保险、住院津贴险和意外伤害险；联系农委、人社局和学院专家教授开展各种各类产业培训10期，培训人员1500人次。破解人才难题，全面建立乡级在外人才库，在各村成立乡贤会，发挥第一书记和工作队聪明才智，巩固脱贫成效；推进健康扶贫，强化“双签约、三保险、三救助”政策，开展35—46岁妇女两癌筛查。完善村级基础设施。先后完成北思贤、北岭沟、梭罗峪村内路硬化工程，完成贾家庄等4村的人畜饮水安全工程。完成乡村级“一事一议”财政奖补项目24个，完成投资184万。实施产业扶贫。全乡在双孢菇种植的基础上，新发展川口、南横山20万只肉鸡养殖，东丰稔、川口百亩西红柿种植，东平原、有仁村400亩苹果种植园，完成33村5290亩的干果经济林提质增效；新增农民专业合作社12个；稳定前东峪等18个村药材种植1670亩，扩大订单种植辣椒、荞麦、黑小米、含硒谷物面积140亩；利用乡文化旅游节推广梭罗峪笨鸡蛋、楼坪黑小米、前东峪蘑菇干、梨园掌玉米面、脉山头苦荞面、东寨脱皮玉米面等农产品品牌，扩大赵壁农产品影响力和知名度，助推农业产业提档升级。投资3亿元年产60万吨的佳弘钙业项目在南思贤村开始实施，土地手续已经批复。全县最大的有机肥厂聚恒生物有限公司在南横山村落地生根。

【乡村振兴】 2018年，赵壁乡抓住乡村振兴示范乡建设机遇，推进村庄环境整治、环保、文旅产业融合、基础设施建设等工程。在农村环境整治方面，实施凤居至赵壁至东平原道路14.1千米的道路路灯亮化工程，400盏路灯已经全部安装完毕。新增市场化保洁村17个，市场化率达到70%。申报建设绿色村庄3个，全面开展“五洁净、六要六有”行动，改善贫困户居住环境，完成改厕200个，完成贾家庄等人畜饮水安全工程4个。引进南横山聚恒生物科技公司年产8万吨生物有机肥项目，助推双孢菇废料和禽畜粪便无害化处理利用。引进大户实施玉米农机收割项目，推进秸秆综合利用，减少冬季焚烧空气污染。在文化旅游产业融合发展方面，通过举办凤居和柏岩山文化旅游节、开展徒步活动，全力打造川口状元村、南横山尚书村两个历史名人村，东寨、楼坪两个国家级古村落，白羊峪、南横山两个昔阳县的学大寨10名村，推动金刚禅寺、前口庄坐化赳2个宗教生态游景点，打造梭罗峪农家休闲和井沟徒步路线，全力培育新兴旅游景点和品牌。示范村引领乡村振兴。东平原村大力实施污水池升级改造、新建健身文化长廊和农耕民俗博物馆、经济林蓄水池及滴灌设施、有线电视网络全覆盖等13项乡村振兴示范工程，全村基础设施和公共服务有质的改变。川口村则以“产业惠及民生”为主题，实施流动养老院升级改造、全村亮化、复垫耕地、肉鸡养殖和西红柿种植园建设等12项工程，其中白羽肉鸡养殖和西红柿订单种植已初见效益，流动养老院也已正式运行。梭罗峪村投资100万元大力实施村庄整治和牛场扩建，东寨村实施古村落建设和村容环境整治，凤居村完成牌楼翻新、春风图书室改造，整村面貌均有大发展、大变化。

【社会保障】 2018年，赵壁乡共有低保户859户1376人，其中建档立卡贫困户低保858户1169人。共有“五保”户277户277人，其中，建档立卡贫困户272人，集中供养8人，分散供养269人。优抚对象305人，其中，重点优抚对象60人。当年赵壁乡共为22名60周岁以上退伍军人办理退伍补贴，对821户涉军人员进行系统录入。民政救助155户，共计金额62.24万元。为584名80周岁的高龄老人发放补贴。全乡共有21个老年人日间照料中心正常运行，提供一日三餐和休闲娱乐的场所，保证老有所养，老有所乐。2018年12月，乡领导及各村包村干部、村干部对赵壁乡1000余名退役军人及其他优抚对象进行入户慰问，发放慰问品。乡村便民服务网络全部建立。全乡公共卫生服务水平逐步提升，赵壁中心卫生院被评为“国家级群众满意卫生院”。大力推进脱贫提升工程，积极推进健康扶贫，强化“双签约”“三保险”“三救助”政策，积极落实贫困户返贫保险、住院津贴险和意外伤害险；在水峪村和川口村新建两个流动养老院。

【开展文化旅游活动】 2018年8月12日，赵壁乡在柏岩山风景区举办“赵壁乡首届乡村文化艺术节暨柏岩山文化旅游节”。节日期间，开展“特色农产品及手工艺术品展销”活动，组织赵壁乡具有鲜明地域特色的农业类产品进行展销，加大宣传力度，打响特色旅游产品品牌。举行赵壁乡首届乡村文化艺术节暨柏岩山文化旅游节文艺会演，组织赵壁乡各村文艺团体进行文艺节目会演，展示新时代农民的新形象和新风采。邀请昔阳县文联组织文学艺术创作团到赵壁乡，国家级传统古村落东寨、金刚禅寺、国家级传统古村落楼坪、大寨酿酒有限公司、柏岩山风景区进行采风。

2018年7月30—31日，赵壁乡在凤居村举办赵壁乡首届乡村文化艺术节。7月30日上午，在凤居村舞台举行赵壁乡首届乡村文化艺术节开幕式。7月30日、31日，在凤居村舞台举行赵壁乡首届乡村文化艺术节文艺会演；7月30—31日，在凤居村文化活动广场举办“特色农产品及手工艺术品展销”活动。7月30—31日全天，在凤居村主街道举办“物资交流”活动。7月31日上午，在凤居村舞台举行上海交通大学文化扶贫图书捐赠仪式。7月31日上午，在凤居村会议室举行推动乡村文化建设培训会。7月28日晚至8月1日晚，在凤居村舞台举办晋剧专场演出。

【企业发展】 2018年，赵壁乡重点扶持昔阳县大寨酿酒有限公司，公司位于昔阳县赵壁乡前口庄村（原昔阳县仙鹤中学），占地面积约42亩。

公司现有大寨铁姑娘、大寨老窖、大寨红色经典、昔阳大曲、跃进大曲、新时代大寨、大寨春等白酒系列，现有职工80人，其中大专以上学历有12人，高中学历有25人，年龄结构以年轻化为主，为周边乡村提供多种就业岗位。年设计白酒生产能力200吨。同年，公司实现经济收入1200万元，同比增长30%，完成全年任务指标的70%；实现利润118万元，比上一年增长26%，完成同年预算指标的76%。2018年，在晋中市品牌创新成果评价会上荣获四等奖。在产品质量上加强技术培训、严抓产品设计，实现产品设计业务结构的成功升级。新开辟邢台、石家庄，平定、阳泉、榆社等市场，市场收入比重得到明显提高。

【环境整治】 2018年，赵壁乡严格落实属地监管职责，先后查封取缔小散乱污企业11个，存在多年的白羊峪无证灰窑得到了彻底封闭捣毁。引进大户实施玉米农机收割项目，推进秸秆综合利用，减少冬季焚烧空气污染。乡河长制领导组严格执行河道巡查制度，开展专项行动，对全乡河道乱搭、乱建和排污口依法依规清理整治，保障河道的清洁畅通。

【开发区建设】 2018年，赵壁乡围绕昔阳县开发区建设的总体部署，争当排头兵，提高站位，主动出手，在时间紧，任务重的情况下，为陆美斯、科莱固废等项目完成征地 150 亩，为综合管廊、电力塔等项目完成临时征地 200 余亩。为黄岩底旧村整治化解遗留矛盾，确保整村平场得到顺利推进。以“六最”环境为目标，紧盯阳煤化工在生产过程中出现的安全、环保等问题，做好村企矛盾化解。

（赵京雁　乔德庆）

闫庄乡

【概述】　闫庄乡位于昔阳县东南腹地，距县城 25 千米。东接孔氏，南邻皋落，西连赵壁，北靠界都、东冶头。是一个典型的纯农业乡镇，也是全县的重点产粮区。全乡国土面积 105.39 平方千米，辖 14 个行政村，3013 户，8940 口人，可耕地面积 30571 亩。

【农村管理】　2018 年下达闫庄乡的退耕还林任务是 500 亩，以基本落实到地块和农户；乡村干部队伍建设，抓好乡村两级干部管理。抓班子队伍建设，坚持党委会及党政班子会议制度，重大事项全部上会，统一共识，确保班子成员全部参与进来，分管责任到位。抓村级队伍管理，全乡村主干平均工资已达 1.6 万元，乡会计工资也已提高到接近村主干工资水平，在保证待遇的前提下，严格考核机制。对全乡的中心工作、重点工作，特别是党委会、乡村干部大会上部署的工作进行定期检查，打分，奖优罚劣，倒逼各项工作落到实处。重点抓好致富带头人培训，全年开展多期产业培训班，到寿阳上湖乡常村参观梨树产业发展，到和顺马坊乡参观重要药材种植，到乐平镇杏庄村参观旱地辣椒种植等，提高领头雁带头致富能力。通过领头雁培训、日常学习和赴西柏坡学习等、加强党员思想教育、提高党员党性修养。

【产业布局】　2018 年，闫庄乡把产业发展当作乡村振兴的治本之策、重点发展。玉露香梨和药材种植三大产业。全年制定“1234”产业发展规划，即：“1”指的是“有机农产品”的生产，充分发挥和利用全乡的环境良好，无工业污染、高海拔、大温差的天然优势，为发展高品质有机农产品提供生态保障。“2”是指，以发展“循环、旱作”为主题定位全乡农业，立足本地现有产业的特点，科学合理配套相关生产管理技术，打造“猪—粪—秆—肥—果—菜”全产业无残留综合利用的模式，完善区域内自循环、闭合式全产业生态圈的融合发展，形成独具特色的高效、生态、优质、循环的产业园区。“3”是指，打造三个产业圈，即：在中心村附近及沿主干线两旁交通便利，资源要素集中，管理方便示范带动作用较强的区域打造高产高效高收入中心产业区，重点发展水果、蔬菜等产业，第二个圈为靠近林区陡坡荒山荒坡等不适宜机械化作业，生产成本高的地块重点发展野生中药材或药用灌木，既可以产生较高效益，减轻防火压力；介于第一和第二圈之间保持原有粮食生产功能，确保国家粮食安全保障和农民最低收入。“4”是指努力推动“果菜药猪”四大主导产业协调发展。倾力做好四个万字号工程，努力实现万亩水果、两万头猪、万亩旱地菜、万亩中药材，实现人均一亩果、一亩菜、一亩药、两头猪、人均收入破两万元的目标。围绕这一目标，6—9月份，全乡135亩旱地自封顶西红柿试种成功，亩均纯收入达到1万元，并已联系榆次、太原、阳泉等7个固定的大客户，销售无后顾之忧。同年新增从赵庄至河下8村10千米2000亩“有机、旱作”水果产业核心示范区。完成种植面积1200亩，主要品种为玉露香梨，全乡果树种植面积达到5000亩，水果产业长廊已具雏形。杏庄村种植的金银花亩均纯收益3000元。张家庄村的宏翼达生物有限科技公司已基本建成，可实现“猪—粪—秆—肥—果—菜”全产业无残留综合利用的模式自循环。河下村新建冷库，民安村新建果蔬烘干房。赵庄百科盛公司的大棚西红柿种植业实现当年投产当年回本当年营收的良好效果，同年仅赵庄村就发展200多亩，全县带动发展4个乡镇6个村600多亩，总投资800多万元，直接与浙江客商签订收购合同，保证市场销售渠道通畅，栽植旱地辣椒等品种，为全乡的产业升级和结构调整提供新的发展模式。

【项目建设】 2018年，闫庄乡共争取的建设类项目29个，总投资840万元，重点集中在修路、造地、建水窖等方面，基本实现当年开工建设当年完工的好成绩。东庄村投资181万元的进村路及街道硬化工程全部完工。当年投资120万元新修610米县级公路，彻底改善该村的交通状况；台上村、杏庄村投资59万元新建水窖2个，储水800立方米，缓解两村的吃水困难；光彩事业基金80万元助力楼上村改建红白仪式大厅和街心公园，台上村整修7000立方米水池一个，张家庄硬化村文化广场，闫庄村翻修硬化村级道路；民安、河下村争取帮扶单位投资100万元，用于田间道路的硬化，建设烘干房、保鲜库和购买农机，增强集体经营能力，为农业农村的进一步发展奠定基础；张柱、茶叶洼、张家喜全部进行吃水管道的改造；11个村利用“一事一议”项目支持，投资100多万元，修路、建桥、铺管、亮化、整修办公场所等，进一步增强村集体的功能。

【脱贫巩固提升】 2018年，闫庄乡在门店收入、光伏收入和机动地承包收入的基础上，通过盘活集体资产、充分发挥帮扶工作队和帮扶企业的合力和集体合作社经营等方式壮大集体经济。同年，全乡14个行政村中有13个村村集体经济收入超5万元，主要包括11个贫困村和赵庄、台上两个非贫困村。其中村集体经济收入超百万元的一个，即张家庄村（重点为占地补偿收入），20万以上的两个，张柱村和民安村，10万元以上的为东庄和峰洼村，其余8个收入均在5万元以上。创新发展模式，在河下村开展土地托管试点，村民以土地入股集体，由集体统一管理，统一经营，用工优先聘用贫困户并付劳动报酬，年底集体盈余按股分红，规模化经营提高抗市场风险能力，也提高村民收入。借助帮扶单位力量，民安村和河下村分别投资 20 万元和 10 万元新购置农机设备，集体发展底气更足，村民农业生产更加便利。

【发展文化事业】　闫庄乡已经连续 8 年被评为市级文明乡，2018 年已正式申报省级文明乡，已成功申报市级文明村 1 个（闫庄）县级文明村 5 个，正在申报县级文明村 2 个，特别是闫庄村成功创建培育和践行社会主义核心价值观示范村。完善村规民约，推行善行义举，宣传好人好事，营造良好的民风社风。特别是张家喜村民梁怀元坚持 30 年如一日为村民代购商品，不求牟利只为方便村民。他被县委宣传部评为“昔阳好人”候选人，投票数据显示在前列。同年，闫庄乡根据上级统一部署及实际情况，先后举办庆祝建军 91 周年暨纪念改革开放 40 周年徒步、县广场舞文化季活动、知青返乡、开展文明创建系列活动。此外，闫庄村“丰收广场、幸福大院”的推出，在省市县电视台逐级播出，自媒体直播平台点播人数已达 5 万人，极大地宣传和推广闫庄的特色农产品，促进农家乐等旅游产业发展。

【环境整治】　2018 年闫庄乡主抓拆违治乱五抓五提升环境整治工作，重点是村容村貌上下大力气整治。闫庄乡推进五洁净六要六有。开展“六要六有五洁净”创建工作，共计投入 15 万元，由乡村两级和帮扶单位共同发力，配齐院墙大门，美化人居环境，全部通过市级检查组的验收，贫困村的村容村貌、贫困户的户容户貌得到全方位的改善和提升，于 6 月底全面通过市级验收。闫庄乡聘请专业的嫁接师傅，在赵庄至陈村的 5 千米道路两旁沿线国槐树上，改接金叶槐，在 7 月已经基本上看到效果。

【扫黑除恶】　2018 年，闫庄乡党委政府多次召开动员推进会，要求各村召开支委会，发动党员分片入户进行宣传，共计发放宣传资料 3000 余份。在各村悬挂粉刷条幅 20 余条，摸排上报线索 4 条。安排各村每个星期摸排一次，随着扫黑除恶工作深入开展，确保全乡社会治安的进一步优化，为社会各项事业的发展奠定良好的基础。

【政府硬件建设】　2018 年，闫庄乡全力推进机关五小工程建设，总计投资 42.5 万元，解决乡政府冬季取暖的问题。硬化乡政府场地，规范停车位，绿化美化乡政府大院，改了食堂，配套现代化的厨房用具，新建职工餐厅、职工澡堂。改建职工文体活动中心，乡镇干部生活条件得到极大改善。新建现代化的档案室、独立的文印室，整修乡会议室，高标准打造乡机关党员活动室，办公场所进行规范标识，公示栏，在岗牌等一应俱全，机关办公环境进一步优化。

【基层建设】　2018 年，闫庄乡重点加强村级党组织标准化建设升级达标。对闫庄、峰洼等 6 个村的村级活动场所进行改造，更新党建版面、配齐办公桌椅、规范活动场所标识、促进村级活动场功能更完善。开展全乡基层党组织标准化（示范化）建设工作，严抓组织制度落实，支部作用发挥，高标准地打造杏庄、台上、河下三个示范村，赵庄、闫庄、峰洼三个达标村。结合闫庄实际，对村主干及村骨干党员，开展党的十九大精神培训、多期产业培训，到寿阳上湖乡常村参观梨树发展，到和顺马坊乡参观药材种植等，提高领头雁带头致富能力，增强基层党支部带领群众发展能力，整顿软弱涣散党组织。闫庄乡已按照相关整顿要求，配备工作组，制定乡村两级整顿方案，明确具体的整改措施，截至2018年年底，整改工作已全部完成。

【闫庄新村建设】 2018年，重点推进闫庄乡建设，全村上马玉露香梨种植150亩，并实施70亩旱地辣椒和23亩旱地自封顶西红柿种植，为全乡产业转型发展起好头。养牛发展30头，养羊突破200只，养猪年出栏量突破3000头。充分挖掘和利用本地优势，投资20万元将占地18亩的收秋集中玉米堆场进行改造，建设“丰收广场和幸福大院”，进行集中展销本地特色农副产品，集中文艺节目会演、传统农事体验、特色小吃品鉴等，连续进行3场大型文艺会演，举办首届闫庄乡玉米文化丰收节，连续在县、市、省新闻联播进行播出，并于大年初一登上央视新闻联播。形成新型农业旅游业融合发展的一种新模式，成为全县一张特色农业名片。

【特色企业建设】 山西晋粮农业开发有限公司位于闫庄乡闫庄村，占地120亩，仓储设施2万平方米。引进中粮装备工程公司制粉设备，选用国家优质小麦产区河北柏乡的优质新小麦，采用轻研细分先进工艺，按国家等级粉标准加工生产，年加工“晋粮”牌特一粉、特二粉1500万千克，产品遍及昔阳县，占全县面粉需求总量的60%。从企业起步时的康达面粉，到后来的大寨面粉，再到现在的晋粮面粉，一直深受昔阳县广大消费者的青睐和好评。面粉厂2018年被山西省劳动竞赛委员会评为“工人先锋号”。粮油配送中心位于昔阳县城新建路，下设放心粮油中心店2个，放心粮油代销点210个。经营种类有面粉、大米、桶装油、挂面、杂粮、方便食品、鸡蛋、调味品等。辐射昔阳县10个乡镇141个行政村，辐射人口18万人。年可为昔阳县城乡居民供应放心粮油3600万千克。公司先后被列为国家扶贫龙头企业、山西省农业产业化经营龙头企业、山西省重点良种猪扩繁场、山西省放心粮油示范加工企业和山西省守合同重信用企业。

（王　震　马翠红）

皋落镇

【概述】 皋落镇地处昔阳西部沾岭山上，最高海拔1848米，国土面积188.32平方千米，辖18个行政村，5332户，11971口人，耕地43176亩，森林覆盖率52%，年均降水量700毫米，无霜期110—120天。皋落镇内杨赵河穿越翁山，山环水抱。境内山多坡广，水源充裕，气候凉爽，昼夜温差大，玉米种植是全乡的主要产业。皋落镇政府下设13个机构，其中包括财政所、纪检委、畜牧站、林业站、水利站、民政所、劳保所、计生站，农技推广站、合医办、妇联、文化站、土地所，共计22人。18个农村党支部，1个机关支部，1个农民经纪人联合会支部，共698名党员。其中，村党支部书记18人，村委主任18人，女性2人。2018年，皋落镇党委、政府紧紧围绕市委“三个三”工作思路举措和县委、县政府重大决策部署，建设“粮食种植、果蔬培育、旅游特色”三大目标，坚持“改革创新、绿色生态、转型发展、民生保障”四个理念，抓好“结构调整、产业创新、脱贫巩固、‘三基’建设”四项重点。

【产业建设】 2018年在库城村发展西红柿大棚100亩，每亩产量达到9000千克，按每千克1.5元计算，比种植玉米每亩能增收1.2万元，解决70人就业，明年计划继续发展200亩，达到300亩的规模，大棚也将全部采用钢架结构。皋落镇把招商引资作为产业发展的重头戏，将招商工作落实到具体项目上，全年累计引进资金1.05亿元，投资400余万元的晓宇农牧有限公司现已投产运行，解决劳动力40人，每人每月平均增收2500元；投资1500余万建成仿真花厂3个，解决劳动力800余人，每人每月增收2000元；投资3000余万元的鑫锦石英石厂开始试运行，解决劳动力60人，每人每月平均增收3000元；投资4000万元建设泰荣顺石英砂有限公司，主体已基本完工，正处于调试阶段，投产后可解决劳动力70人，每人每月至少增收3000元；投资2600余万元的晋晶石英砂厂正在进行基础设施建设，解决劳动力100余人，每人每月平均增收3500元，通过产业带动，解决1140人就业问题；皋落镇围绕全县“山水昔阳，户外天堂”的旅游发展定位，大力发展红色文化游、自然风光游、田园体验游、穿越徒步游和古村自驾游，投资300万元对传统古村落北岩进行修缮，规划南北岩、铺上两条徒步线路，南北岩徒步线路正在建设之中，新建农家乐20家，利用清凉夏日游等主题旅游活动，全面推介宣传皋落资源。

【乡村振兴】 2018年，皋落镇按照乡村振兴“二十字”方针，确定车寺、南庄、库城、桃躯、碧霞观5村为先行先干的示范点，以点带面、串点成线、从线到片、全面铺开。车寺村投资20万元新建150平方米的红白议事大厅，推动移风易俗，弘扬文明新风；南庄村投资20余万元重新硬化3000平方米村街巷道，制定村规民约，全面弘扬忠孝文化，推动农村社会风气向善向上向好。库城村对十字道进行综合整治，建设集餐饮停车、住宿休息、车辆维修为一体的集散中心，现已投资20余万元完成一期工程建设，拆旧建新15间房屋，投资10万元对村内的环境卫生进行整治，村容村貌有很大改观。桃躯村投资20万元新建150平方米东廊房，建成村民文体活动中心。碧霞观村以旅游产业为依托，大力发展田园风光游，投资20万元对村内环境卫生进行全面整治、新建停车场、小公园和牌楼。为全面夯实村级集体经济，巩固基础执政地位，18 个行政村全部开展农村集体制度产权改革，现已全部完成资产、资金清查，通过盘活集体资产，18 个行政村集体经济全部破零，皋落、车寺等 9 村集体经济收入突破 5 万元。

【发展全域旅游】 2018 年，皋落镇党委、政府坚持把发展全域旅游作为富民强乡的重要抓手，举全乡之力推进。修建翁山、铺上、南北沿健身步道。修建了库城到疙瘩店旅游路。

【环境治理】 2018 年，按照市委的新要求，皋落镇扎实推进五洁净六要六有工作。由乡村两级共同发力，对贫困村和贫困户进行集中整治，配齐院墙大门，美化人居环境，全部通过市级检查组的验收，贫困村的村容村貌、贫困户的户容户貌得到全方位的改善和提升，于 6 月底全面通过了市级验收。

【生态保护】 2018 年，皋落镇严厉打击“散、乱、污”企业，全力以赴抓好森林防火，因地制宜处置秸秆污染，禁止焚烧。扎实推进退耕还林工作，全年退耕还林 1100 亩，其中油松 6 万株 500 亩，连翘 7 万株 450 亩，涉及 13 个村，已全部完成栽植任务。

【文化服务中心建设】 按照昔阳县创建国家公共文化服务体系示范区的要求，皋落镇积极推进基层综合性文化服务中心建设，70%的村（14 个村）综合文化服务中心都达到《山西省村综合文化服务中心建设服务标准》，且每个示范村都配备 1 名文化管理员，引导群众积极参与昔阳县广场舞比赛活动。为提高公共文化服务水平，加快构建文化强县提供有力支撑。

【农村改革】 2018 年，皋落镇全面推进土地确权工作，全镇 18 个行政村 2 个自然村已全部完成，完成率达 100%；农村集体产权制度改革工作已全面展开，在清产核资，成员身份认定工作中，18 个行政村，2 个自然村已完成，咬定目标推进“增减挂”，二轮 23.15 亩拆造工作已完成，三轮 39.24 亩拆除已完成，四轮 30.75 亩完成测绘工作。

【经济普查】 2018 年 10 月全国第四次经济普查工作开始。皋落镇的清查总量 254 家，规定在 10 月底完成清查工作，由镇长为组长，分管副镇长为副组长，组织皋落镇会计统计等 34 人，分组划片，细化职责，明确任务，加班加点，走街串巷，经过半个月的努力工作，按期按时间节点完成清查工作。

【社会保障】 2018 年，皋落镇发放计生奖励补助金 21 万元，高龄老人补贴金 8.7 万元，残疾人补贴金 4.95 万元，临时救助 20 人，4.7 万元，医疗救助 55 人 20 万元，本年度全面完成低保 417 户 699 人、“五保” 124 户 124 人。城乡居民医疗保险参保 4527 人，99.59 万元，参保率达 96%。收缴城乡居民基本养老保险参保 3392 人，参保金额 34.69 万元。

【安全工作】 2018 年，皋落镇牢固树立稳定是第一责任的意识，时刻紧绷稳定这根弦，把稳定工作摆在重要议事日程，定期分析排查工作中的各种隐患。无论是信访维稳还是安全生产，无论是森林防火还是防汛抗旱，无论是环境保护还是私挖滥采，皋落镇都扎实安排、慎重对待，压实责任、加大排查，把各种矛盾隐患尽力化解在基层、消灭在萌芽、遏制在源头。土地确权、清产核资等工作都存在不小的隐患，都有潜在的矛盾，铺上村的村矿矛盾、青岩底村的占地矛盾以及其他村的信访，甚至个别信访事项还找县领导上访，这些影响安全稳定的事情，皋落镇都耐心细致地一一进行化解，特别是针对省市重点工程太行旅游路建设、金寨风力发电一期项目等项目都涉及村集体或个人占地补偿，或多或少会有一定的矛盾纠纷，皋落镇全力以赴化解，耐心细致给群众解释，确保工程顺利进行，努力做到小事不出村、大事不出镇，矛盾不上交、群众不上访。特别是2018年6月皋落镇邀请市县纪委、人大代表、政协委员就簸箕洼村多年的土地纠纷举行全县首家信访事项听证会，取得良好的社会效果。

【护林防火】　2018年皋落镇党委、政府对护林防火工作高度重视，常抓不懈，全面落实防火安全责任制。强化乡村干部、专业巡逻、各村防火人员三支队伍。严管特殊人群、放牧、入山等三类人员。抓好宣传、设卡、包山包坟头三个重点。确保全乡护林防火工作扎实有效，全年无一起森林火灾发生。

【民生改善】　2018年，皋落镇全面落实各项扶贫政策，对贫困户实施动态调整管理，慰问实现全覆盖。全面推进农村有线广播电视网络全覆盖工程，南庄、寨背、碧霞观、铺上、青岩底5村已入户安装完成，其余村也正在紧张地布线施工；整合9个村“一事一议”项目资金，在公路沿线村23.6千米的主路、进村路安装297盏太阳能路灯，极大地方便群众的生产生活。有力推动“厕所革命”，在皋落、库城、碧霞观、柳沟9村全面铺开，639户完成改厕工作。争取上级资金，高标准铺设小东峪的出村路，加宽西庄、罗家井两条出村路，现已开工建设投资5000余万元库城至疙瘩店旅游路。按照集中连片经营，新地取土便利的原则，以盘活耕地存量、扩大耕地总量、激活耕地潜力为切入点，西庄、青岩底两村集体完成造地400亩。各项惠民政策的落地实施，极大地提升群众的幸福感和满意度。　（邓晓霞）

界都乡

【概述】　界都乡位于县域中部，由原界都乡、瓦邱乡合并而成，东邻冶头镇，南靠闫庄、赵壁两乡，北与李家庄乡和平定县接壤，西与乐平镇相连。317省道横贯东西，形成“一川四沟”布局，交通便利。乡政府驻北界都村，距县城17千米。界都乡地势西南高，东北低，由一川四沟构成，属山川地带。平均海拔1050米，最高处1349.9米。四道沟内山多地少，道路崎岖不平，沟深坡陡。松溪河穿境而过，但枯水期潜流于地下，导致水资源缺乏。年平均气温9.3°C，无霜期155~162天，平均降水量480毫米左右，且分布不均，是昔阳县特别干旱的区域。界都乡总面积130.35平方千米，约占全面积的6.7%。下辖23个行政村，4个自然村。界都乡共有6243户，13802人，占全县总人口的5.8%，人口密度为106人/平方千米。耕地面积为39471亩（承包到户35454亩），占全县耕地总面积的8.4%，人均2.86亩，高于全县平均水平0.86个百分点。界都乡2018年经济总收入9152.07万元，其中农业收入1658.92万元，实现农民人均可支配收入6858.56元，同比增长13.8%。其中，人均工资性收入实现6918.3元，同比增长12.51%。界都乡传统种植产业以玉米、谷子、大豆为主，新型种植产业以中药材种植为主，主要品种有板蓝根、决明子、连翘等。养殖业以猪、牛、羊、肉鸡等养殖为主。另有农副产品加工业、光伏、仿真花制作。界都乡共有村级组织活动场所23个、标准化幼儿园4个、大众食堂8个、村民活动室23个、红白议事大厅5个、街心公园9座、老年人日间照料中心13个。

【经济开发区建设】 2018年，界都乡配合县开发区完成锂电池一体化项目、污水处理厂征地300亩，迁坟43座，地下管廊建设临时占地协调完毕。北界都村50万吨环保石灰窑“三通一平”、办公楼、卸料平台和粉碎机基座已建设完成。

【脱贫巩固提升】 2018年，界都乡加大脱贫攻坚工作力度。长效机制运行良好，成效明显，23个行政村“五洁净”“六要六有”全部达标，脱贫成效考核效果良好。村级光伏收益，合作社分红，贷资入企等各类分红资金到位，易地扶贫搬迁户78户入住。车掌沟河道治理工程、前车掌深井配套工程已完工，瓦邱沟五村安全饮水工程年内开工，年底完工。

【农业产业开发】 2018年，界都乡瓦邱村新增粮食产能项目，已召开协调推进会，各项工程均已开工，柏叶底村上马采摘园，完成樱桃30亩，苹果20亩，黄桃10亩，共计60余亩。长岭村上马采摘园种植寿桃，樱桃、苹果、梨、杏等经济林80亩，栽种林下药材芍药40亩。完成退耕还林连翘种植3000亩，荒山绿化3000余亩，再加上野生连翘，界都乡连翘保有量达到7000余亩。辣椒试种植120亩。

【环境整治】 2018年，界都乡重点对23个行政村的“四堆”问题、特别是背街小巷的脏乱差问题进行了整治，增设了小绿园，对绿化带进行了补栽补种。农村改厕工作顺利开展，截至2018年底，已完成改厕277套。加大对秸秆焚烧、大气、水等污染的治理力度，全乡煤改气工作年底完成7个村改造任务。

【安全生产】 出动检查人员120余人次，车辆35台次，不间断对全乡所有涉安全生产的177个企业、场所、摊点进行排查，彻底清除了安全死角和盲区，实现安全生产零事故，加强5个地质灾害点（村）监测点巡查力度，安全度汛。

【长岭古村】 长岭古村，坐落于山西省中部东境，太行山西麓。环山叠翠，僻静风雅，土地肥沃，草木丛生。东南有海拔 1350 米的云南垴，东北有海拔 1282 米寨垴山，两山夹有笔架山，恰似躺着沉睡的老人。南有庙眼沟原始森林，山势形如太师椅环抱村庄。北有沟嶝梯田，西有通往榆赞省道。

东山足下有天然矿泉水，供给人们日常生活用水。西坡底下有 206 米的深井水，储水量丰富，灌溉田地。村里有一条沟谷季节性河流，从东向西流入松溪河与呼沱河汇合。温带大陆性季风气候，年降雨量约在 600 毫米，无霜期 120 天，适宜农业发展。

村庄建于寨垴山底部西下的一条长长的黄土蛾眉大岭上，顾名思义长岭村。村庄地形东高西低、北高南低，形似一条长龙，有“龙岗”“龙脉”之说。村落依山而建，与地形有机结合、呈阶梯状，属典型的山地四合院型制。整体建筑雄踞在整个一面向阳的坡上，由西到东，大大小小、错落有致排列，中部为集中连片的传统建筑区，约占全村建筑的 65%，东部、西部为新旧建筑结合区，其中古建筑占 65%。古建筑融封闭性、等级性、坚固性、审美性为一体，属多进式山地四合院，院院相通、院院不同、高低错落、别有韵味。

古建筑群。串珠式对称四合院，17 处古老四合院落——陈家大院，既独立又相通，高低错落、鳞次栉比。院落有的为层楼式建筑，有的为多进式建筑。层楼式建筑下层为出檐青石碹窑，上层为砖木结构房屋；多进式建筑，花墙、闪屏相隔，厅堂厢房分明。厅堂楼阁的房屋多为三间、五间、七间，厅堂石碹窑多为三孔；厢房多为三间，厢窑多为一孔一门两窗，也有门窗连体的爬头框或三线框。院落多呈“工”字形，人们进出院落行闪屏门，上下院落步普通台阶与“品”字台阶。12 个古建筑大街门，样式各异，大气规整。其民居尽管经历了岁月的沧桑，大部分院落依旧保存完好，保持着当年的风貌，蕴藏着丰富的历史信息和文化景观，保留着中国农耕文明的遗产。

寨垴山上嶝沟有牛圈多处，寨垴山中腰有残留的古城墙，山脚下有双井寺庙，村南面有北庙，院落格局及地基还在；村里有官坊、关武庙，保存完好，风貌犹存；文昌阁、虫王庙、五道庙、山神庙、牛王庙，小张柱、场垴的仙神庙，皆已破坏。村官坊东面、南面各有旱池一个。村通往南道架石桥一座，官坊西侧有贞节牌楼一座，麻地有双斗旗杆石牌楼一座，现仅残存。

【示范村建设】 柏叶底立足昔阳经济开发区，结合本村作为县经济开发区“知青小镇”的优势，从实际出发，以农作物、干果经济林、药材等种植为基础，以抗日教育基地、山区观光旅游、度假休闲娱乐、农家乐为起点，村集体规划发展集观光、采摘、住宿、餐饮、垂钓一体化的乡村旅游，拓宽农民增收渠道，加快转变农业发展方式，构建现代农业产业新体系，重点打造三区一景观。

采摘垂钓区，打造进村路两边的观光

景观大道和张家峰片区的绿色采摘乐园两处采摘区，其中进村路50亩，张家峰片区150亩（张家峰50亩，三场100亩）。采取“集体+合作社+农户”的模式，集体统筹，农户以地入股，种植桃树、苹果树、樱桃树等经济林，分户管理，促进转型增收，实现小康村建设目标。

观光旅游区，打通从村内抗战地道至后山摩天垴的观览山景人行道路，将龙王庙、大王庙、山神庙等古建筑串珠引线，打造文化遗产旅游景观。开发日本鬼子当年侵华所建造的据点和用于观望到县城、黄岩、冶头三个方向的瞭望哨所，打造红色旅游景点。

餐饮住宿区，动员和培训村内10户农户搞农家住宅和农家乐饭店，统一标准，统一管理，打造星级农家乐，全面带动整村致富奔小康。

农耕文化景观，打造农耕文化体验馆，设置传统石磨、斗升量粮、纺车织布，绿色采摘等体验走廊，让游客在休闲娱乐当中体验淳朴的乡土气息和原生态乐趣。

（郭永孝　王　静）

东冶头镇

【概述】　东冶头镇东与孔氏乡接壤，南与闫庄乡相连，西与界都乡毗邻，北与平定县相接。省道317线、冶（头）赵（壁）2条公路在这里交汇。地势西高东低，山势缓和，水利资源丰富，自然条件优越。海拔在639.4—1006.8米，松溪河由西向东贯穿，自然地理分布在松溪河南北两大部分。境内南北长21千米，东西宽7千米，总面积133.63平方千米。

东冶头镇历史悠久，人杰地灵，是春秋时期“肥子国”所在地，很早便形成传统的集镇，商贸流通向来比较发达，现在每月初三、十三、二十三开集，前来赶集的老百姓络绎不绝。

东冶头镇辖25个行政村，共6105户13839人，党员808人，农业劳动力5563人，耕地面积24247.4亩。2018年全镇国民生产总值约1.12亿元，人均收入5896元。

2018年，东冶头镇党委、政府将积极贯彻昔阳县委、县政府的各项安排部署，全面推行“三个三”工作方法，统筹全镇各项工作，全力抓住党建这个支点，积极推进三基建设，努力提升党建水平；继续深化脱贫攻坚，巩固提升脱贫成效；深入开展扫黑除恶，大力宣传发动和走访摸排，营造出对黑恶势力人人喊打的氛围；时刻紧抓廉政建设，主动落实“两个责任”，确保干部作风持续好转；大力推进农村改革，盘活农村资产，进一步激发农村干部活力；不断深化精神文化和文明乡风建设，建设和谐文明乡村；切实紧抓安全生产，全力确保全镇安全生产平稳运行。

【基础公共服务设施建设】　东冶头镇是传统集镇，基础设施完善。镇区商业街共有各类经营店铺70余家，有餐饮饭店、诊所药店、杂货店、电脑维修、理发、蔬菜食品、花卉园艺、汽车摩托修理、装潢装修、建材批发等。驻镇站所或单位有派出所、法庭、工商所、电管站、中心卫生院。全镇现有学校六所，1所初级中学，5所小学校（东固壁、静阳、东冶头、葱窝和北庄）。全镇25个行政村都建起了标准化的村级组织活动场所、卫生室和群众文化活动广场。全镇有15个村建起老年日间照料中心。

【镇政府搬迁】 2018年8月底，东冶头镇人民政府搬迁至原煤检和原镇计生指导站，新办公区面积约为1600平方米，其中办公室24间446平方米，大会议室5间101平方米，综治中心5间101平方米，卫生间2间33.4平方米，库房5间60平方米（其中新建3间32.6平方米）；所有办公室均配备电脑、打印机、桌椅、文件柜、热水器，统一定制悬挂办公标识；院内外安装监控摄像头，规划设计停车位。生活区共三层约800平方米，安装有自动伸缩门及电子刷卡锁，有职工宿舍13间、客房2间、厨房和餐厅、浴室2间、阅览室和活动室各1间。

【产业布局】 东冶头镇是纯农业乡镇，主要产业为种植业，90%以上为玉米种植。特色产业有双孢菇、大棚设施蔬菜、莲菜、优质红薯、黄桃、干果核桃；有虹鳟鱼养殖、生猪养殖、蛋鸡养殖、肉鸡养殖、肉牛养殖、山羊养殖。天圣庙鑫泰养殖和育肥项目竣工投产；新大象生猪养殖项目工程建设顺利完工；全镇退耕还林连翘种植1800亩，每亩享受政府补贴5年共2300元。

【项目建设】 道路建设：活石村入村道路建设顺利完成，道路全长1.7千米，投资140万元；辿上村入村道路建设工程完工，道路全长1.5千米，投资115万元；投资350万元的万家山入村桥梁建成通车；安全饮水：里峪掌村实施入户管网配套工程，投入资金30余万元；万家山村（段家山）新建200立方米集雨池，投资约25万元。

【肉鸡养殖】 2018年，昔阳县瑞祥农牧专业合作社4万只肉鸡养殖项目稳步经营壮大，新吸纳活石村64户贫困户入社，扶贫项目的成效凸显。昔阳县吉隆养殖专业合作社4万只肉鸡养殖项目顺利投产。

【水稻种植】 2018年东冶头村“荷塘月色”生态休闲旅游观光示范园引进绿色水稻种植，共种植水稻100亩，亩产800千克。稻米供不应求，一上市就被抢购一空。

【旅游开发】 镇党委、政府依托本地特色，致力于建设商贸大镇、文化名镇、旅游强镇，以“江南渔乡”水磨头村为轴心，西起东冶头村荷塘月色生态观光园，东至“边塞雄关”口上村白皮关，途经317省道、县道韩库线、口上水库库区观光路，倾力打造一条旅游观光徒步的经典路线。

到东冶头村荷塘月色生态园，赏莲花、品莲菜、颂莲花。向南3千米便是水磨头渔乡，这里山环水绕，峰秀洞奇，鹤飞鹳舞，山泉喷涌，村民开塘养鱼，辟田种稻，被誉为“世外桃源，太行渔乡”。20世纪80年代建起全县第一家虹鳟鱼养殖场。村两委因地制宜，以松溪河、黄沙岭山系为载体，以世外桃源水磨头渔乡为中心，以山水整治为重点，把河域治理、荒山绿化、新农村建设、自然生态旅游有机连接，精心打造太行山独树一帜的集山水风光、渔乡风情为一体的休闲、体验、探险、娱乐、度假旅游胜地；沿库区道路行进，最终到达口上村，这里有明长城遗址，历史上的泥澄口阻击战在这里打响，此役激战3昼夜，共击毙日军400余人，八路军、游击队132人负伤，58人牺牲。这一战，被刘伯承元帅作为经典战例写进《刘伯承军事文选》，徒步登上白皮关，放眼四周，表里山河，层峦叠嶂，惟余莽莽，远山的雄、奇、峻、险尽收眼底，呈现一派太行风光。

【环境整治】 2018，东冶头镇在大力开展“拆治提”行动的基础上，结合脱贫攻坚工作的具体要求，深入开展“五洁净”“六要六有”工作，以片区为单位逐人逐户逐一排查，发现短板立即整改。2018年，全镇“五洁净”和“六要六有”工作共投入资金210余万元，有效地改善贫困农户的生活条件和环境。全镇共新建公园、绿园4个，植树3000多株，垒矮墙2000多米，喷涂墙面近4万平方米。

【扫黑除恶】 2018年，东冶头镇以十九大精神为指导，全面落实中央和省市县扫黑除恶专项斗争会议精神，扫黑除恶专项行动迅速在全镇开展起来。强化领导重部署。镇党委召开会议对全镇扫黑除恶工作作动员部署，制定出台《东冶头镇扫黑除恶专项斗争实施方案》，成立由镇党委书记任组长的东冶头镇扫黑除恶专项斗争领导组，全面指挥和安排扫黑除恶工作的开展和推进，为扫黑除恶工作的顺利推进奠定有力的组织保障。扩大宣传造态势。进一步扩大宣传，让扫黑除恶的决策部署深入人心，对涉黑涉恶人员形成强力的威慑。全镇书写标语30条、悬挂横幅45条，村喇叭早中晚进行广播、建立微信群开展宣传。特别是利用“逢三赶集”人流量比较大的优势，在赶集当日组织志愿者开展宣传活动2次，发放宣传单500余份，在全镇营造出良好的扫黑除恶氛围。设置扫黑除恶案件线索举报箱，公开举报电话，畅通信息渠道。部门联动无漏洞。镇党委牵头，组织镇机关各站所、驻镇各单位以及各村村委会在全镇范围内开展摸排检查，坚决做到“黑恶必除，除恶务尽”。

【脱贫攻坚】 2018年，东冶头镇把脱贫攻坚作为首要任务来抓，脱贫攻坚工作取得明显成效。2018年实现活石和万家山两个贫困村和21户56人的脱贫任务。

【生态保护】 2018年，东冶头镇对于环境保护始终树立“红线意识”，一旦有人触碰绝不放过。全镇对施工场所开展扬尘污染治理，对散乱污企业进行无缝隙排查并鼓励群众举报。2018年共取缔散乱污企业4个，整改不达标企业2个。

【农村改革】 2018年，东冶头镇全力推进农村改革，努力促进乡村振兴。制定出台《东冶头镇农村集体产权制度改革实施方案》，明确目标任务和计划：2018年全镇所有村完成农村集体清产核资和集体经济组织成员确认工作；里岩村作为试点村率先完成经济合作社股份制改革；全年的工作任务已经全面完成。并村简干工作按照要求积极推进，已经实现三个村的合并计划，韩信井和阳坡并入里峪掌村。土地确权全部完成。在2017年完成34个单位土地确权后，截至年底，水磨头村土地确权顺利完成，至此全镇土地确权工作全部完成。

【精神文明建设】 2018年初，东冶头镇成功举办“迎新年文艺会演”，参演节目40余个，参演人员500余人，所有节目均为各村村民自编自导自演，而且节目质量很高。全镇25个村都自发组建文艺活动队伍，不但丰富百姓的精神文化生活，而且还弘扬社会主旋律。搭建平台创新文化活动。镇党委、政府将文化活动的开展与宣传推介和旅游发展结合起来综合推动。同年成功举办“第一届农民文化节”“七夕荷花文化节”以及徒步活动，很好地宣传介绍东冶头，推动旅游的发展。积极推进“昔阳好人”评选。全镇2人入围评选昔阳好人。

【社会保障】 2018年，东冶头镇全力做好“五保”低保工作。2018年度发放“五保”金91.88万元，其中分散供养169人、集中供养20人，并不断加大敬老院建设和管理的力度，逐步完善敬老院配套设施建设，建立健全敬老院各项管理制度。通过入户调查复核取消低保72户145人；新增低保96户155人。共计低保389户650人，其中建档立卡贫困户332户558人。共发放低保资金124万余元。为123户困难农户申报了医疗救助，争取救助资金42.31万元；临时救助99户199人，救助金额1.57万元。

积极推进双拥工作。对当年退伍军人的优待金足额兑现64.34万元；顺利完成所有退伍军人信息采集工作；为重点优抚对象看病交纳住院保险和合作医疗金。

认真开展老龄工作。对80周岁及以上老年人进行复核摸底调查，核实并上报80—89周岁340人，90—94周岁29人，95—95周岁6人，100周岁2人，合计发放高龄补贴12.85万元。

高度重视残疾工作。东冶头镇残疾人共计500余人，享受护理补贴的一、二级残疾人共计146人。保持每季度一复核、每季度一办理，全年发放护理补贴8.76万元。

【美丽乡村建设】 东冶头村位于昔阳县东部，距县城约25千米，毗邻317省道，是东冶头镇政府所在地。全村共有农户715户1700余人，共有党员57名。是东冶头镇政治、文化、经济中心。2018年继续实施“荷塘月色生态休闲观光园”项目，在节水莲菜的基础上，增加生态水稻种植、鱼虾养殖、农家乐餐馆、小型动物园、野营烧烤等，打造集特色种植、特色养殖以及休闲旅游为一体的“荷塘月色”生态休闲观光园的建设，带动165户贫困户平均每户增收5000元。2017年新大象生猪养殖项目落户东冶头村，投资1.2亿元新建万头种猪场，项目经过近两年的建设，到2018年年底，基建工程全部完工，设施设备安装到位。

2018 年实施校园街集中改造，铺设下水管网并对街面及两侧环境进行集中整治，彻底改变过去污水横流的脏乱面貌。

2018 年，东冶头村承办东冶头镇首届社火节。社火活动主要有威风锣鼓表演、舞龙队表演、旱船队表演以及群众文艺会演。

2018 年新的景区道路建成通车，为景区的发展奠定坚实的基础。

【安全生产】 2018 年，东冶头镇以“平安冶头”创建为统领，始终牢牢抓好各领域安全稳定，为经济社会发展提供有力保障。

信访维稳防患未然。东冶头镇积极学习并努力推广“枫桥经验”，主动深入农户走访，掌握矛盾纠纷和信访苗头，及时消除；建设过硬矛排队伍，将村两委成员、村民代表、退休干部、法律工作者以及村里的能人进行有效整合，形成全民参与的纠纷调解格局；针对上访户实行领导包案制，努力做好稳控，积极想办法解决上访户的问题和困难。最终实现“小事不出村，大事不出镇，矛盾不上交”。

无缝开展安全检查。开展大棚房排查清理活动，严厉打击汽柴油黑窝点，积极预防非洲猪瘟，深入排查“一土三黑”，对镇区饭店、药店的食品和药品安全进行抽查，2018 年没有发生安全生产事故。

【基层组织建设】 东冶头镇始终把基层党的建设作为头等大事来抓，持续推进“三基”建设，努力提高党建水平。

加快标准化建设，基层组织凝聚力战斗力全面加强。强化落实基层党建“第一责任人”职责。建立书记抓党建联述联评联考机制，制定书记抓党建“三个清单”，层层签订党建目标责任书，形成抓党建工作合力。强化阵地建设，打造标准化规范化宿办场所。2018 年，在县委、县政府的大力支持下，筹资 200 万元对原东冶头煤检站和计划生育指导站进行改扩建，并于 8 月底完成整体搬迁，达到“五要、五有、五规范”的标准，实现真正意义上的宿办分离。

规范党内政治生活。严格落实民主生活会、组织生活会、“三会一课”等制度，规范党内政治生活；建立党费收缴台账，严格党费收缴手续，每月定期收缴党费。多措并举，整治软弱涣散党支部。针对 2 个软弱涣散党支部存在的问题，制定针对性强、可操作的整改方案，制定具体整改措施，规定完成时限；整顿一个，验收一个，销号一个，全力推动软弱涣散党支部转化升级。

开展常态化教育，基本能力稳步提升。强化党员干部学习培训。坚持把学习教育抓在日常，采取多种方式学习党的十九大精神和习近平新时代中国特色社会主义思想，逐步提升党员干部的思想政治素质和服务群众能力。开展系列主题党日活动。同年“七一”期间，全镇 27 个党支部中，有 15 个先后赴延安、西柏坡等红色教育基地参观学习，有 12 个村召开党员干部座谈会、参加义务劳动、组织文艺会演等多种形式开展党日活动。创新管理模式，加速

“智慧”党建步伐。按照“智慧党建”的要求，为25个村党支部配齐懂信息技术，能熟练操作电脑的手机客户端管理人员，积极完成智慧党建各项工作。

【廉政建设】 2018年，镇党委、镇纪委对镇村干部加强教育，2018年以来组织镇村干部大会进行警示教育5次，其中观看警示片2次；党委集中学习廉政准则3次；通过学习培训进一步为镇村干部敲响了警钟，消除麻痹大意的思想。

切实落实“两个责任”。结合扫黑除恶、脱贫攻坚等重点工作继续深入落实“两个责任”，东冶头镇制定“七个一”工作方法，月底汇报工作落实情况，相互对比，查缺补漏，推动工作落实。

积极推进案件办理。始终坚持对腐败“零容忍”的态度，对群众反映的案件线索高度重视，尤其是结合扫黑除恶工作的开展，对群众反映的涉黑涉恶以及“保护伞”问题深挖彻查，绝不放过任何一个黑恶人员和腐败分子。全年，办理相关案件6个。

【荷花文化旅游节】 2018年，东冶头镇党委、政府开展“与改革开放同成长，与文化冶头共奋进”纪念改革开放四十周年暨“七夕”荷花文化旅游节系列主题活动。活动内容包括“莲清品自高”主题廉政培训、晋剧专场演出、“物资交流”活动、广场健身舞展演、东冶头镇荷花文化节“莲”“廉”“连”主题朗诵活动、游客观光等。

【志愿服务助力脱贫】 2018年10月17日是全国扶贫日，东冶头镇组织广大党员、群众开展志愿服务，激发和凝聚脱贫攻坚正能量。活动地点为东冶头镇东固壁村，活动内容有：眼科义诊、科学技术宣传、免费拍照、义务理发、义务劳动、东固壁小学捐助活动、关爱贫困残疾、孤寡老人服务。 （张立军）

孔氏乡

【概述】 孔氏乡位于山西省昔阳县东北部，面积220平方千米，317省道穿境而过，东与河北省赞皇县接壤，是昔阳县的东大门。全乡辖21个行政村、5个自然村，共11699口人，4870户，耕地8839亩。孔氏乡属典型的山地丘陵地貌，山多坡陡沟深，景观与众不同。由于海拔较低，无霜期长，水源充足，适宜多种农作物生长。因有种植水稻、小麦的传统和物产丰富的特点，孔氏乡素有“昔阳小江南”之雅号。全乡发展经济林3.7万亩，其中核桃树3万亩（含本地、矮化两种）、板栗树2000亩，其余干果林3000亩，果木树2000亩。孔氏乡是文化乡，多次被市、县命名为文化先进乡，策划编排方台村的“弦腔”剧目，现已申报市级非遗。孔氏乡是旅游名乡，境内有龙岩大峡谷旅游区，还有卧佛寺、娘娘庙、晒书台，南营村有千年古树，孔氏村有千年唐槐。

【基础设施建设】 2018年，孔氏乡实施20千米丁里线通道绿化工程，进一步改善龙岩大峡谷景区的生态环境；实施龙岩大峡谷景区河道治理工程，提高龙岩大峡谷景区内的整体防汛能力；实施乡村公路建设工程，吴家岩至洪川公路，杓铺进村公路，郝家、北泉、刀把口进村路拓宽等工程相继完工，加快龙岩大峡谷景区开发进程；实施龙岩大峡谷山泉水厂项目，由四通公司投资750万元建设，已于2018年6月9日正式开业，是山西省内首座包装饮用山泉水水厂。

【乡村振兴】 2018年，孔氏乡围绕南营、马鞊岩、三教河、孔氏4个乡村振兴示范村，三教河村推进三教河古村落修缮保护工程，实施古房修缮，污水处理设施建设，下水道管网建设、整村环境整治等工程；南营村开发南营稻香园主题公园，建成鱼塘6个35亩，种植有机水稻70亩，高粱50亩，占地3200平方米的餐饮住宿综合大楼主体已经完工；马鞊岩村积极开展美丽乡村建设，以“美丽庭院”“美丽街道”为主题改造马鞊岩村，加固河西护村坝及“一线天”景区入口护坡，铺设了污水管道，对村委办公室进行“民俗式”立面改造。孔氏村进行土地开发整理，实施200亩以工代赈护地坝及中低产田改造项目。

【特色产业】 2018年，孔氏乡实施核桃树提质增效项目，共计1.6万亩，分布在九龙关、洪川等村，不断提高核桃产量和质量，延长干果产业链条；实施万亩板栗种植项目，进一步扩大九龙关、郝家等村板栗树种植规模，打造孔氏乡板栗种植园；实施中药材及水果特色农业项目，在丁峪、南营、小腰咀、孔氏、郝家等村发展中药材柴胡400亩、黄芪130亩、紫苏50亩，发展樱桃50亩，推动农业产业多元化发展。

【脱贫攻坚】 孔氏乡辖21个行政村，5个自然村，总人口1.17万人。2018年，为顺利完成郝家村整村脱贫任务，孔氏乡总投资210余万元，用于基础设施、产业发展等方面的建设，郝家村5300米农村饮水巩固提升工程、635米护村坝工程、整村环境卫生整治等项目先后完工，建起核桃加工厂，黄安新发展栗蘑2.5万棒，这些项目的实施为郝家村脱贫奠定坚实的基础。孔氏乡采取有效措施巩固保证20个已整村脱贫村的脱贫成果，保证脱贫不脱帮扶、脱贫不脱政策、脱贫不脱项目，增强贫困群体的“造血”功能，确保脱贫不返贫。

【环境整治】 2018年，孔氏乡以省、县、乡三级公路沿线为重点，推动全乡环境整治工作，丁里线沿线李家庄、马占岩、三教河、里沙瑶等村经过通道集中绿化、龙岩大峡谷景区河道逐段清理，山、水、路等环境面貌焕然一新。杓铺进村公路，吴家岩至洪川公路的通车，加上沿线村的大力环境整治，使杓铺、朱石铺、洪川等村的环境卫生有质的提高，郝家村在整村脱贫过程中，通过整村环境大整治，沿街立面大改造，一改过去脏乱差的局面。

【环保工作】 2018年，孔氏乡认真贯彻落实上级关于环境保护工作的安排部署，进一步落实环保责任，加快解决重点、难点环境突出问题。对中央环保督查组发现的方台洗砂问题进行清理取缔，坚决整改属地范围内存在的环保问题；对全乡的非法储售煤场、洗砂场、王寨小化工等“小散乱污”企业进行全面清理取缔；严格管控秸秆焚烧，将禁烧工作目标、任务、职责层层落实，坚决保证在全乡范围内不发生焚烧秸秆现象。

【社会保障】 2018 年，孔氏乡围绕全乡脱贫攻坚，通过社会兜底、社会保障、基础设施改善等方式帮助全乡群众解决实际困难和问题，努力做好民生工作。社会兜底方面，2018 年年底，全乡共有 1014 户 1703 人享受低保政策，180 户享受“五保”政策，39 户 83 人享受临时救助，194 人享受重度残疾人护理补贴，359 人享受 80 岁以上高龄补贴。社会保障方面，全乡共有 2316 人享受农村养老保险，发放养老保险金 25.05 万元。全乡医疗保险参合率达到 96%以上。为孔氏乡内的 8 名原民办代课教师，办理到龄补贴。为解决部分村的吃水问题，孔氏乡完成里沙瑶、三教河、郝家等村人畜饮水工程。

【旅游开发】 2018 年，孔氏乡成立峡谷风情旅游公司，确立龙岩大峡谷景区开发的主体；太行崖柏博物馆投入运营，融崖柏根艺展厅、餐饮、住宿、会议培训、旅游观光为一体；投资 45 万元，实施龙岩大峡谷景区河道清理工程，截至 2018 年年底，一期 9 千米工程已完工，二期正在施工中；完成步游路建设 200 余千米，包括环刀把口线、环三教河线、环构铺线等 17 条徒步线路；完成景区农家乐、农家客栈建设 100 余家，建成旅游厕所 7 个，景区内的基础设施不断完善。

【社会管理】 2018 年，孔氏乡狠抓森林防火工作，依托村综治员、村主干、乡政府日常巡逻等综合手段确保全乡全年无火点发生。安全监管方面，强化安全生产监管，确保社会稳定，确保全年无重大安全事故发生。信访维稳方面，孔氏乡党委政府根据孔氏乡范围内反映的合理诉求，积极与各村委会沟通，并多次与法院、民政、国土等部门进行协调，积极推动问题的解决。

【基层组织建设】 2018 年，孔氏乡党委政府班子带头学用习近平新时代中国特色社会主义思想和党的十九大精神，大力推进支部标准化建设。通过制定方案，完善制度，严格标准，示范带动，先后打造南营、松树岩、李家庄、马鞍岩等一批党建示范村。大力推进乡镇机关办公和生活改善。投资 200 余万元，高标准建成了 1100 平方米的文化活动中心，改善乡镇干部工作生活环境，打造抓基层党建的核心阵地。大力推进后进村整顿。全面落实“三带一包”制度，精准选派精干力量，对症施策推进整顿，制定转化方案 2 个，整改措施 8 条，顺利完成刀把口和里沙瑶两村支部整顿提升工作。大力推进农村集体经济发展。围绕壮大集体经济“六条路径”思路，从发展产业、盘活资源入手，全乡集体经济收入 5 万元村达到 11 个。大力推进并村简干工作。按照立足现状，稳妥实施思路，顺利完成下达任务。组织全乡14个党支部200多名党员赴红色教育基地西柏坡开展主题党日活动，加强沟通交流，撰写心得体会，增强党员的凝聚力和归属感。

【重要活动开展】 2018年秋，昔阳县第五届红叶文化旅游节启动仪式暨“峡谷风情”杯南营稻香园垂钓比赛在孔氏乡南营村举办。县四套班子相关领导，孔氏乡党政班子一把手，县政府旅游部门负责人，峡谷风情旅游公司负责人及县钓鱼协会、徒步协会、长跑协会等团体出席本次启动仪式。本次启动仪式由晋中市旅发委副主任赵晓波致辞，县政府副县长陈立军致推介词，县委常委、统战部部长李怀仁致欢迎词，仪式最后由县委书记王根元分别向承办地孔氏乡、徒步协会、长跑协会授旗，并宣布昔阳县第五届红叶文化旅游节启动。

【特色村庄建设】 马鞍岩村位于龙岩大峡谷的景区，是太行崖柏的发源地，2018年，该村编制旅游发展规划，打造集生态旅游、休闲娱乐、观光采摘、饮食住宿为一体的旅游产业链，在原有13家农家乐的基础上，又新发展4家，带动10余户贫困户增收致富。山西省广播电视台《寻美山西》栏目组在马鞍岩村录制乡村旅游专题节目，进一步提升旅游知名度。同年，马鞍岩村被评为山西省首批省级旅游扶贫示范村。

洪川村位于昔阳县东南角、晋冀两省交界的太行山中，山高沟深，交通不便，是一个不足百户的偏僻山村，自然条件不足没有挡住洪川村人民旧貌换新颜，脱贫致富的决心。20年间，村党支部书记时双印带领洪川村民开荒辟地，挖土填沟，在荒山上栽下10多万株板栗，打造一个生态环保的绿色银行。2018年，洪川村已成为全省农村调整产业结构、农业转型发展的特色村，被省科协命名为“山西省农村科普示范基地”，获得晋中市“一村一品示范村”等荣誉。

南营村是昔阳县的乡村振兴标杆村，该村两委加大资金投入力度，总投资35万元高标准建设包括村民活动室、红白议事大厅、日间照料中心、大众澡堂等在内的“6+2”民生工程项目；总投资10万元建成1905平方米的村民健身广场；总投资8万元，在村内垒挡墙护墙460余平方米，喷涂墙面8000余平方米，硬化场地600余平方米，在村内路边安装护栏410余米、路灯12盏，新建垃圾池9个，在317省道沿线植树绿化900余米，栽树1000余株。南营村现在呈现出天蓝、山青、水秀、地净、气爽、环境美、生活美、人文更美的景象，群众的幸福指数上一个新台阶。（聂　嘉）

沾尚镇

【概述】 沾尚镇位于昔阳县西部，扼昔阳县西大门。东与乐平镇相连，南与西寨乡、和顺县毗邻，西与寿阳县接壤，北与平定县交界，317省道贯穿沾尚境。全镇管辖有26个行政村，7个自然村，总面积259.88平方千米，总人口8844人，地域面积较大。沾尚拥有特殊的自然资源，沾尚的林地面积有15.2万亩，森林覆盖率达到28%，植被良好。潇河水贯穿沾尚全境，水源丰富，无公害蔬菜、小杂粮是本地特产，林、牧、菜是三大传统优势产业。沾尚拥有红色文化资源。这里曾经发生过有名的广阳伏击战、有昔西县委旧址、朱德故居、彭德怀故居，还有昔阳八大景之一“沾岭托蓝”，沾尚有丰富的生态资源、水利资源、风光资源，还有人文景观。

【“三基”建设】 2018年，沾尚镇实施“五小工程”。维修办公场所，新建了澡堂、水冲厕所等生活设施，配备办公生活用品，基本实现集中办公、集中休息、集中活动。完成并村简干。通过全镇上下的努力，采取多种办法，将3个行政村进行了合并。开展党建标准化规范化建设。整理出10方面44项党建规章制度，列出33项工作、88项具体党建任务清单，完成后进支部2个村整顿转化，更换19台远程教育电视。落实“三个清单”，梳理出基础工作4大项24小项，重点工作7项，亮点工作4项，明确分管领导和牵头站所，将责任落实到岗到人，做到心中有底。尝试3人小组抓农村支部建设，充分发挥驻村第一书记、包村镇干部、村支书各自优势，群策群力抓好支部建设。在镇党员家门口悬挂“我是党员我带头，争做五种人”牌匾，亮出党员身份，强化党员责任，规范党员行为，营造和谐氛围。开展镇村两级党员干部赴西柏坡开展“不忘初心、牢记使命”主题党日活动、清风进万家活动，邀请市委党校讲师培训农村党员骨干。开展党委书记、支部书记讲党课活动，发展党员40人，建立后备人才库。通过党风带民风，沾尚的村风逐渐好转，2018年在新口上村建起村级公共祠堂，全村各大家族不去山坡坟头烧纸，统一在村内公共祠堂祭祖，既减轻防火压力，又实现文明祭祖，乡风文明正在兴起。

【乡村振兴】 2018年，沾尚镇按照中央提出的“产业兴旺、生态宜居、乡风文明、治理有效、生活富裕”的20字方针，结合昔阳县三级干部大会精神，结合沾尚实际，创建8个产业型、文化型、生态型、法治型、富裕型等特色鲜明的示范村，分别是新口上、广阳、沾尚、松曲、瑶村、中山、谷兴沟、坡底，重点打造3个村，分别是新口上村、沾尚村、广阳村。文化型示范村创建。主要突出生态宜居、乡风文明、治理有效，重点在新口上村进行打造，实施“31111”工程。即3条街、1面墙、1公园、1敬老院、1祠堂。3条街就是党建文化、法治文化、廉政文化主题街，一面墙是村规民约和社会主义核心价值观，一公园是生态休闲园，一敬老院就是孤寡“五保”户老人集中食宿，一祠堂就是建设村级公共祠堂。产业型示范村创建。实施“花、油、菌、牛、光伏”工程。主要突出产业兴旺，重点在沾尚村打造。同年仿真花已经投入生产，厂区用工20人，人均月工资1500元，带动200余家庭妇女在家插花生产，人均月收入可增加600元左右，生产制作10余个品种，销往天津、河北等全国各地。同年建一个胡麻油厂，依托沾尚镇特有的气候和资源，把种植的胡麻加工成油。建设40个球盖菇种植大棚。种植茴子白、北瓜等，共计400亩。养牛羊涉及4户，共计80余头。光伏产业，就是村级光伏电站，村集体年收入9万。富裕型示范村创建。实施“地果企业光伏”工程，主要突出生活富裕，重点在广阳村打造。广阳村共造地2000多亩，造好的地出租承包给大户，截至年底，已经承包出1000亩，每亩每年180元，一次性承包5年，集体收入90万元，老百姓分红，每人1000元。全年栽植500亩梨树和果树，已栽植玉露香梨120亩，这项收入主要归村集体所有。企业主要以金星硫化厂为主进行生产推动，带动90余人就业致富。光伏产业每年集体收入9万元。

【脱贫巩固提升】 2015年沾尚镇脱贫2个村167户405人，2016年脱贫10个村426户850人，2017年完成8个村458户965人的脱贫任务，2018年沾尚镇重点完成谷兴沟的脱贫任务。谷兴沟全村共有59户129口人，其中贫困人口28户61人，2017年脱贫退出25户58人，2018年3户3人退出。同年，在各级各部门的帮助下，谷兴沟村发展羊肚菌种植项目，项目总投资323万元，建设48个大棚，菌种种植也于9月全部种植完毕，解决村里劳动力闲置问题，带动相关产业发展；投资20万元，新修潜流一处，铺设管道1800米，阀门井2个，硬化管道路面434平方米，引水入户，彻底解决村里的吃水问题；投资7万余元，加宽进村道路540米；修复破损路面392米；修建道路挡墙165立方米，使老百姓出入行走更加方便安全；出资20余万元，整治环境，绿化公园1500平方米；硬化路面（含街心广场和大棚通道）1400平方米；建设公园路150平方米；建设公共厕所一处，改变村容村貌和村民居住环境；光伏带动贫困户20户46人；金融贷款涉及14户31人；种植白菜20亩、北瓜10亩，带动8户18人；发展杂粮种植20亩，带动10户24人脱贫；健康签约涉及7户13人；社会兜底办理，低保2户3人；易地搬迁8户22人。全村集体经济收入达到1.4万元，基础设施水、电、路、房、网基本完备，基本公共服务、低保、养老保险、医疗保险、卫生室、教育入园巩固率都达标。

【产业项目建设】 2018年，沾尚镇大力发展种植产业。全镇共种植中药材1821亩；种植黑木耳1.2万多棒，涉及3个村；种植羊肚菌53亩，在谷兴沟村建设48个大棚，配套水、电、路、厂房、料场等基础设施；种植玉露香梨200亩；种植高产玉米44亩，试种脱毒马铃薯100亩，种植小杂粮367亩；种植绿色蔬菜1638亩。养殖产业。全镇牛存栏1061头、羊4510只、鸡7300只、猪141头，涉及20个村。大力发展光伏产业，全镇共有6个村建有光伏电站，带动周边14个村享受光伏政策，建站村每村享受2万元的补助，非建站村每村0.9万元补助，周边14个村享受6万元的补助。上海斯能光伏有限公司在中山村建站，投资2.7亿。沾尚镇引进天津仿真花工艺制作产业落地沾尚村，安装40多台机器，占地600平方米，已投入运行。该企业正常运行后，主厂区用工50人，人均每月收入1500元左右；散户带动400—500人，通过手工制作，人均每月可稳定增收600元左右，是全村贫困户脱贫致富奔小康的有效途径。原火辣椒加工，主要从事鲜辣椒种植和辣椒酱的加工、销售，注册资金50万元，计划三年内投资120万元左右。2018年，已开发出“原火”系列辣椒酱产品4个，并已投向市场。同年，辣椒酱还代表沾尚镇参加昔阳县第一届农民丰收节，深受好评。

【民生事业发展】 2018年，沾尚镇在谷兴沟、前小寨、里小寨实施人畜饮水安全工程，总投资33万元，已竣工；道路建设，完成谷兴沟道路拓宽硬化工程，全长0.52千米，总投资9.8万元，已完工沾尚镇横河村至平定县冶西镇界段道路工程，全长1.52千米，项目总投资178.6万元，工程于同年7月6日开工，8月20日完工；生态建设，沾岭山森林生态系统建设工程总投资达到2000万元，其中上级资金750万元，县级配套资金1250万元，建设总规模达到3.1万亩，在沾尚镇此沟村实施；高标准农田建设，工程总投资750万元，建设高标准农田5000亩，涉及广阳、胡丰、坡底三个行政村；猛彪村新建卫生室；发放民政救助1.1万元，惠及3户7人；医疗救助7.4万元，惠及14户14人；新办理低保户34户56人，“五保”户20户20人；完成26个村清产核资工作。

【扫黑除恶】 2018年，沾尚镇把扫黑除恶工作作为重点工作之一，积极部署。4月、5月召开两次工作推进会和一次业务培训会，6月开展宣传活动推进会，张贴公告；4月共计悬挂27条“扫黑除恶”宣传标语，全部覆盖26个村，实现标语全覆盖；为扩大宣传效果，6月悬挂条幅，每村至少3条，共计80余条；全镇共计涂写墙体固定标语30条；利用镇村工作微信群平台，转发次数达670余次，实现微信全覆盖。公众号“沾尚发布”微信平台发布相关专项斗争活动以及摸底排查举报热线；利用村级“小喇叭”，提升宣传效果；5月份组织镇村两级干部和村级综治员开展扫黑除恶专项斗争业务培训和知识答题活动；还开展为期1个月的涉黑涉恶线索大起底大排查活动。

【生态旅游开发】 2018年，沾尚镇依托“青山绿水潇河川”，以“四游一提升”为指引，发展生态乡村旅游产业。以中山自由呼吸为龙头，打造生态氧吧，发展乡村生态休闲游。全年继续投资，增加玻璃栈道等部分景区休闲设施；红色文化游。以广阳伏击战为突破口，建设国防教育红色基地，发展红色文化游。相关资料收集已经完成，相关申报和基地建设工作正在筹划开展中；徒步自驾游，以老庙山、沾岭山、龙门沟高山赛道为依托，修建16千米徒步线路。观赏体验游，以瑶村、龙门口为基础，打造独具特色的观赏休闲园区，发展观赏体验游。全面提升全镇的休闲旅游基地建设水平。

【中山自由呼吸生态园建设】 中山自由呼吸生态园位于中山村南部，317省道旁，潇河潺潺，山上林木茂盛，山下绿树成荫，7—9月是百亩油菜花盛开的季节，使整个园区相互映衬，景色秀丽宜人，是旅游观光休闲，健身运动的好去处。2013年，由自由呼吸生态园有限公司投资开发，园区占地面积2000亩，总投资6000万元，分三期实施，截至2018年年底，已投资500万元，完成一期项目建设，接待中心、人工湖、采摘园、生态鱼塘、网红浮桥、玻璃栈道、烧烤园、禽鸟园、栽植各类经济树种3000余株等。生态园建成后，可吸引周边城市人口到园区观光、游乐、休闲、运动，促进生态乡村的建设，可安排本村剩余劳动力150个，并带动周边村民致富，年增收1万余元。

【举办中国汽车拉力锦标赛】 2018年“一汽—大众”杯山西大寨中国汽车拉力锦标赛（以下简称CRC）赛季第三分站于12月17—18日在山西省昔阳县举行。本次中国汽车拉力锦标赛为CRC赛季第三分站的比赛，是经国家体育总局和国际汽车运动联合会批准的一项国际性汽车赛事，为国内级别最高，规模和影响力最大的汽车赛事，也是山西历史上首次举办的中国汽车拉力锦标赛。此次赛事吸引来自国内外40多支车队、110余辆赛车、220余名赛车手参加。来自英国、澳大利亚、芬兰、奥地利等多个国家和地区赛车手，以及作家、知名职业赛车手韩寒，一汽大众全动力庆洋车队首席车手陈德安等，也一起参加仪式。赛事总里程523.52千米，特殊赛段长144.52千米。比赛总共有2条砂石路面的赛道，分别是沾岭山和老庙山，每个赛段每天正反使用两次。其中，沾岭山的赛段长度是19.78千米，老庙山的赛段长度是16.35千米。

【德胜达化工厂建设】 山西德盛达化工股份有限公司始建于1993年6月，位于昔阳县沾尚镇广阳村。企业注册资本500万元，资产总额4100万元，法人代表齐培英。2004年根据国家产业政策的要求，开始建设年产1200吨糠醛项目，并于2005年6月正式投入生产。公司现有干部员工118人，拥有高、中、初级技术人员36人，2009年为促进企业规模发展，迁扩建年产2000吨糠醛项目，被批准为昔阳县首家清洁生产项目，项目总投资1200万元，项目于2009年3月动工建设，2010年11月投入试生产，设计指标达到预期目的，节能减排符合要求，锅炉全部燃烧糠醛渣，废水蒸发变成蒸汽再次利用。经过多年发展，德胜达化工厂积极改善生产工艺，更新生产设备、除尘设备、水处理设备、建设糠醛废渣全封闭库房，总投资4000万元，截至2018年年底，已完成投资600万元。公司各项管理制度日益趋于完善，生产技术水平日益提高，销售收入及盈利能力稳步上升，实现环境与经济的协调发展。企业曾被授予昔阳县“十佳企业”“优秀民营企业”“重合同守信用单位”“质量

工作先进单位”“绿色环保企业”“山西省纳税信用A企业”“山西省民营科技企业”等。（韩 钰）

西寨乡

【概述】 西寨乡地处昔阳西部沾岭山上，最高海拔1698.8米，国土面积199.95平方千米，辖21个行政村，2415户，5326口人，耕地1.5万亩，森林覆盖率52%，年均降水量700毫米，无霜期110~120天。西寨乡是清漳河东源，清漳河始于柳林背，境内河流长24千米，流域面积76平方千米；是龙门河发源地，全长13千米，始于东、西五川流经次峪沟入潇河。境内山多坡广，水源充裕，气候凉爽，昼夜温差大，绿色蔬菜是全乡的主要产业。西寨乡政府下设13个机构，其中包括财政所、纪检委、畜牧站、林业站、水利站、民政所、劳保所、计生站，农技推广站、合医办、妇联、文化站、土地所，共计29人。21个农村党支部，1个机关支部，1个农民经纪人联合会支部，共569名党员。其中，村党支部书记21人，其余支委68人，女性7人；村委主任21人，其余村委69人，女性18人。

2018年，西寨乡党委、政府围绕市委“三个三”工作思路举措和县委、县政府重大决策部署，建设“绿色蔬菜强乡、食用菌业大乡、全域旅游名乡”三大目标，坚持“改革创新、绿色生态、转型发展、民生保障”四个理念，抓好“结构调整、全域旅游、产业创新、脱贫巩固、‘三基’建设”五项重点。

【“三基”建设】 2018年，西寨乡围绕八个突出，推进“三基”建设。突出教育培训，扎实开展岗位能力、领头雁、乡村振兴、“三基”建设等培训。同年7月1日，西寨乡组织在职党员干部、入党积极分子和21个村支部书记、主任、会计奔赴西柏坡实地开展以“不忘初心，牢记使命”为主题的红色实践教育活动，感受革命前辈的乐观主义革命精神，立足岗位，增强责任担当。在各村推广“智慧党建”系统，运用智慧党建平台加强党建日常工作的开展，不断完善党的组织体系，壮大党员队伍，改善党员结构，推进党员工作智慧化、信息化。严肃开展主题党日活动，组织开展现场缴党费、西柏坡、庄窝烈士陵园等9次主题党日活动。突出作风建设，做到三明确一承诺，明确干部标准、工作清单、责任目标，对结果进行承诺践诺。强化乡村干部考核管理，增强“结果”意识，乡村干部的执行能力进一步提升。突出问题整改，针对巡视巡察反馈情况存在的三类12项问题，进行全面整改，班子成员带头示范，层层分解整改任务，人人压实整改责任，按期进行全面整改，整改率为100%。突出后进整顿，集中开展后进村整顿，对庄窝小都两个后进支部进行了专项整顿，小都村投资20万元，新建卫生室、整修村级活动室和红白理事会、硬化村级活动场所及通往村口主干道；庄窝村投资7万元修建磨坊、改建厕所，修垃圾池、购置灶具等，党组织的战斗力明显增强。突出集体经济，2018 年，全乡闹林沟、直峪寺、安家庄、漳漕、窑沟、七截、司家沟、宋家沟、三烈、贾庄、西五川等 11 个村，村集体经济达 5 万元以上。突出五小工程，投入财政资金 31 万元，改建水冲式厕所、维修会议室、办公宿舍全部铺设了暖气，已全部完工。投资 6.2 万元，购置衣柜、床头柜、办公桌等，实现宿办分离，改善乡干部工作生活条件。突出监督问责，注重监督，配备 21 名监督信息员，进一步完善村务监督和村级监督体系，并对村务监督成员和监督信息员进行集中培训。严格问责，加大案件查办力度，突出抓好监督、执纪、问责，处理党员干部两案两人。突出意识形态，按照学习计划严格开展中心组学习、交流研讨、专题调研等专项活动。坚决落实意识形态工作责任制，党委书记主动担当，坚持做到“三带头三亲自”。网络意识形态务实有效，建立网上重要情况通报、重大事项报告等五项制度。围绕培育和践行社会主义核心价值观，在直峪寺等村开展文明村创建工作，在三烈村开展了社会主义核心价值观示范村建设，取得良好效果。

【特色产业开发】 2018 年，西寨乡茴子白种植的面积达到 6000 余亩。发展西红柿、玉米套种豆角、北瓜、大白菜、紫甘蓝、菜花、西芹等高效蔬菜 2000 余亩，全乡蔬菜总面积达到 8000 余亩。发展桔梗、连翘、黄芪、柴胡等中药材 600 亩。打造宋家沟、闹林沟村藜麦、荞麦种植示范基地。

【特色项目建设】 2018 年，西寨乡大力发展设施蔬菜，在直峪寺、西寨两村建设了 23 个设施蔬菜大棚，种植西红柿等高效蔬菜，每棚收益在 8000 元以上，比露天茴子白种植每亩增收 5000 元。全乡食用菌共有 3 个基地 105 个棚。司家沟晋鲁种植专业合作社，占地 128 亩，建设大棚 79 个，种植香菇、球盖菇，年总收入可达 160 万元。全益双盈农牧种植专业合作社，投资 60 万元，建设大棚 23 个，种植黑白木耳，年总收入可达 100 万元。昔阳县俊生农牧专业合作社，投资 30 万元，建设大棚 3 个，种植羊肚菌，年总收入可达 13.5 万元。订单农业，贾庄和车道沟村与阳泉西河滩市场联系结对，发展订单蔬菜 200 亩，让农户直接受益，为增加农民收入创出了一条新路子。

【特色养殖】 2018 年，西寨乡利用山多坡广、牧草肥美、水源充足的天然优势，因地制宜建设多个特色养殖基地。其中漳漕、小都、司家沟、武家川、直峪寺、东五川等村建设了山羊、肉牛养殖基地；茶臼沟村建设土鸡、野猪养殖基地。特色养殖产业的发展，解决农村富余劳动力，带动农民增收致富。

【乡村振兴】 2018 年，西寨乡重点打造三烈、漳漕、直峪寺和安家庄 4 个乡村振兴示范村，通过示范带动推进全乡振兴。直峪寺村投资 42.6 万元实施 4 项工程，新建 20 个日光温室大棚、配套建设两个蓄水池、硬化附属道路。投资 3 万元对村内主干道沿线进行环境整治。漳漕村投资 380 万元重点实施 3 项工程。以“两河两桥一街一院”为重点，投资 80 万元，实施维修村级活动场所、修缮古戏台、河道清淤打坝、广场及主街道硬化、景点绿化和饮水管道等工程。投资 200 万元建设清漳源水上乐园、农家乐和田园旅游项目。投资 100 万元壮大集体经济，新建 10 个 2160 平方米黑白木耳棚。三烈村投资 30 万元进一步完善三烈生态休闲旅游基地、新建旅游厕所。安家庄村投资 60 万元重点实施 3 项工程。投资 20 万元新建入村景观、影壁、文化墙、文化广场；投资 33 万元对过村通道进行整治。投资 7 万元新建磨坊。

【开发全域旅游】 2018 年，西寨乡党委、政府坚持把发展全域旅游作为富民强乡的重要抓手，举全乡之力推进。明确“相约西寨，梦源清漳”的全域旅游发展理念，举办第一届消夏避暑文化节、帐篷节和青少年夏令营活动，以此为载体和平台，招商引资，聚集人气，扩大影响。构筑框架。即：一线、一圈、一环。一线即突出打造清漳河沿线自然风光游；一圈即突出打造闹林沟—东五川—庄窝红色教育游；一环即七截—老庙山—土垒山地越野游。培育亮点。先后培育以“水上乐园”为代表的漳漕村田园风光综合体、以昔西抗日政府旧址恢复为代表的闹林沟红色革命教育基地、以沾岭拖蓝为代表的三烈生态休闲旅游基地、以安家庄康养项目为代表的消夏避暑基地、以恋思水库为代表的直峪寺自然风光游。

【脱贫巩固】 2018 年，西寨乡在脱贫攻坚重点做了五项工作：脱贫摘帽反馈问题整改情况。整改落实农业项目扶贫资金 15 万元、光伏发电变压器的扩容和线路维修。开展“五洁净六要六有”工作，接受晋中市的督导检查和全县脱贫攻坚重点工作的督查。易地搬迁工作，漳漕村 41 户易地搬迁户，已入驻 37 户。贫困人口动态管理工作，按季度及时跟进。贫困户地理位置信息采集工作，完成率 100%。

【环境治理】 2018 年，西寨乡按照市委的新要求，推进五洁净六要六有工作。由乡村两级共同发力，对贫困村和贫困户进行集中整治，配齐院墙大门，美化人居环境，全部通过市级检查组的验收，贫困村的村容村貌、贫困户的户容户貌得到全方位的改善和提升。同年 6 月全面通过市级验收。

【生态保护】 2018 年，西寨乡严厉打击“散、乱、污”企业。全力以赴抓好森林防火。因地制宜处置秸秆污染，结合西寨养牛多的实际，将秸秆集中供给养牛大户和散户，禁止焚烧。扎实推进退耕还林工作，全年西寨乡退耕还林 1100 亩，其中油松 6 万株 500 亩，连翘 7 万株 600 亩，涉及 16 个村，已全部完成栽植任务；全面强化水源地保护，重点对齐家沟省考断面进行监管，积极推进清漳河流域规划保护治理。

【文化中心建设】 2018 年，西寨乡按照昔阳县创建国家公共文化服务体系示范区的要求，推进基层综合性文化服务中心建设，70%的村（14个村）综合文化服务中心都达到《山西省村综合文化服务中心建设服务标准》，且每个示范村都配备一名文化管理员，引导群众积极参与昔阳县广场舞比赛活动。提高公共文化服务水平。

【农村改革】　2018年，西寨乡全面推进土地确权工作，全乡21个行政村9个自然村已全部完成，完成率达100%；农村集体产权制度改革工作已全面展开，在清产核资，成员身份认定工作中，20个行政村，9个自然村已完成，完成选举8个村，示范村司家沟2018年产权制度改革已全部完成并进行档案整理；积极开展“并村减干”工作，窑沟并入安家庄工作已完成；咬定目标推进“增减挂”，二轮23.15亩拆造工作已完成，三轮39.24亩拆除已完成，四轮30.75亩完成测绘工作。

【经济普查】　2018年10月全国第四次经济普查工作开始。西寨乡的清查总量277户，规定在10月底完成清查工作，由乡长为组长，分管副乡长为副组长，组织西寨乡会计统计等36人，分组划片，细化职责，明确任务，加班加点，走街串巷，经过半个月的努力工作，按期按时间节点完成清查工作。

【实施民生工程】　2018年，西寨乡推行“一事一议”，在闹林沟、七截等15个村实施，累计实施项目13个，申请财政奖补额47.9万元，村民自筹资金5.18万元，村集体投入1.8万元。批复建设包括环境整治、公共设施建设、村内道路建设、水利设施建设等项目。投资10万元，在贾庄村建成一所老年日间照料中心。

【社会保障】　2018年，西寨乡发放计生奖励补助金38万元，高龄老人补贴金6.13万元，残疾人补贴金3.42万元，临时救助149户261人，17万元，医疗救助28人11万元，2018年度全面完成低保64户99人、“五保”72户72人，共补贴69.6万元。城乡居民医疗保险参保4527人，99.59万元，参保率达96%。城乡居民基本养老保险参保3392人，收缴参保金34.69万元。

【安全生产】　2018年，西寨乡全面落实“党政同责”“一岗双责”“齐抓共管”和“失职追责”责任制。抓责任分解，实行班子成员分工负责。抓关键领域，紧紧抓住企业、学校、食品、防火、地质灾害等关键，常抓不懈，确保安全。抓长效机制，建立周报告、月督查、严问责工作机制和台账，组织学习《山西省安全生产条例》《地方党政领导干部安全生产责任制规定》等文件精神，组织开展“安全生产月”活动，参加县组织的安全生产知识竞赛并获优秀组织奖。

【护林防火】　2018年，西寨乡党委、政府对护林防火工作高度重视，常抓不懈，全面落实防火安全责任制。强化乡村干部、专业巡逻、各村防火人员三支队伍。严管特殊人群、放牧、入山等三类人员。抓好宣传、设卡、包山包坟头三个重点。确保全乡护林防火工作扎实有效，全年无一起森林火灾发生。

【特色村庄】　西寨乡闹林沟村，地处

太行东麓沾岭山清漳河畔，在抗日战争时期，这里曾经是129师新10旅28团司令部驻地，昔西县委县政府学习、开会、办公的红色革命遗址。在抗日战争最艰苦的岁月，在极端艰苦的环境中，昔西县委县政府认真贯彻落实八路军总部有关根据地巩固和发展的大政方针，面对日军对根据地的分割、封锁、“扫荡”和“清剿”，不怕牺牲，浴血奋战，谱写中华民族独立和人民解放的壮丽诗篇。中国共产党领导下的昔西抗日民主政府在这里召开很多重要会议，部署和指挥多次对敌武装斗争。旧址恢复建设总投资70余万元，其中，县政府投资50余万元进行旧址维护修缮，西寨乡政府投资20余万元进行布展陈列。昔西抗日政府旧址分上下两个部分（院落），机构设置分别为民政科、财粮科、承审处，秘书科、锄奸科、军事科、教育科和会议室。闹林沟昔西抗日政府旧址恢复建设，作为大寨干部学院的现场教学点，开展党性教育，传承红色基因，重温抗战历史，接受革命熏陶，使广大学员干部既接受党性教育，又能提高西寨红色旅游的知名度，达到“双赢”的效果。

西寨乡直峪寺村，全村229户，524人，230个劳力，耕地650亩，种植业是全村的主要产业。2018年，直峪寺村推进农业供给侧结构性改革，发力开展结构调整，积极发展设施农业，建设日光温室大棚，取得良好效益。该工程建设，占地面积20亩，新建日光温室大棚20个，投资25.6万元。配套工程新建蓄水池2个，道路硬化600平方米，投资14万元。开展环境整治提档升级，投资3万元。工程建设总投资42.6万元。在种植品种上，种植西红柿大棚13个，种植葡萄大棚7个。

西寨乡漳漕村位于昔阳县城西南部，全村110户249人，现有耕地488亩，2014年被认定为贫困村，现共有贫困户69户155人，2015年实现整村脱贫。2018年，围绕“产业兴旺、生态宜居、乡风文明、治理有效、生活富裕”的总体目标，坚持巩固成效、提升质量、创优环境、建成小康的工作布局，聚焦乡村振兴，巩固发展并重，实现环境整治和基础设施同步发展，巩固提高和创优升级双赢的新局面。在工程建设方面，以项目带动，推进全域旅游。投资200万元，建设水上乐园。以工程推动，夯实基础设施。以“两河两桥一街一院”为重点，投资80万元，实施维修活动场所、修缮古戏台、河道清淤打坝、广场及主街道硬化、景点绿化和饮水管道等六大工程。以机制创新，壮大集体经济。投资100万元，扩建黑白木耳工程。漳漕示范工程建设，打造乡村旅游亮点，通过举办西寨乡消夏避暑文化节，带动全域旅游火热发展。（李雪梅）

城区社区管理委员会

【概述】 城区社区管理委员会位于县城中心，北接乐平镇、李家庄乡，南邻大寨镇，西与乐平镇毗邻，东与大寨镇相连。阳涉铁路、207国道纵贯南北，317省道横贯东西，交通极为便利。城区社区管委会属丘陵地带，地势西高东低，属温带干旱半干旱气候区，南、北两河汇入松溪河。

昔阳县城镇居民管理委员会于2011年6月更名为昔阳县城区社区管理委员会，2013年6月13日正式挂牌成立，为昔阳县人民政府直属财政拨款事业单位，正科级建制。辖区地域面积20.15平方千米，绿地面积3735.45公顷，现辖17个社区居委会，2个村民委员会，共有一个党工委，下辖20个基层党支部，包括1个机关党支部，7个社区联合党支部和12个社区党支部，1242名党员。辖区总人口为73456人、24930户。城区社区处城乡接合部，是县政府所在地，也是昔阳县的政治、经济、文化中心。辖区居民主要从事农作物种植、建材、铸造、运输、机电、饮食、商业等行业。2018年11月28日，昔阳县第十七届人大常委会第十七次会议通过关于西李家庄村、黄岩底村“撤村转居”工作的决议，将西李家庄村、黄岩底村并入县城区社区管委会管辖。2018年，城区社区固定资产投资已完成4.2亿元，服务业增加值完成5512万元，居民人均纯收入达13800元。工业企业共有11个，工业总产值615万元。城区社区农业以玉米、蔬菜种植为主。城区社区农作物播种面积达到8078.51亩，其中玉米播种面积6812.16亩，谷子播种面积1003.60亩，大豆播种面积192.70亩，杂豆播种面积2.80亩，糜黍播种面积67.25亩，杂粮种植面积1267.36亩。在赵家沟种植连翘1亩，在钟村种植柴胡和板蓝根共4亩，在河西种植射干4亩，在北关种植柴胡2.96亩。城区社区辖区内养鸡2.2万只，养羊1870只，养牛80头，养猪20头。城区社区林地保有量共计4144.26亩，宜林荒山共有424.71亩，其中武家坪、钟村、落雁头种有松树、柏树、柳树等品种。城区社区建立森林防火工作制度，巡查台账，健全巡查队伍，配备巡查专车，加大宣传力度，2018年无一起森林火灾发生。城区社区以农田水利设施建设为基础，不断改善社区生产生活条件。为河东社区重新修建塌陷涵洞60多米，树条峪社区修建饮水池一个，计划投资300余万元复垫北关社区地面塌陷。

【规范“一事一议”制度】 2018年，城区社区管委会按标准完成北关、落雁头、胡窝、河东、东关、南关六个社区的村内道路、公共活动场所、村容亮化、水利设施等“一事一议”惠民工程，受益人数6798人，集体代筹资96315元，集体投入441187元，得到上级财政奖补资金577890元。

【土地确权】 2018年，城区社区管委会下辖社区依法开展土地承包经营权确权13个社区，其中城中四个社区东关、南关、钟村、西大街因当初未签订三十年承包合同，故在这次土地确权工作中，以发包方确权。其余九个社区2121户居民，承包地块数5065块，实测面积5471.22亩，确权面积5471.22亩，全部依法确权并颁证。

【产权制度改革】 2018年，城区社区管委会在产权制度改革工作的每个工作节点上下功夫，在清产核资，成员认定工作中，城区社区下辖13个社区全部开展集体资产清产核资，成员身分界定完成12个。

【合作社管理】 2018年，城区社区管委会召集辖区范围内的23个合作社对各合作社的相关信息进行登记汇总完善，并对合作社财务规范化管理等事项进行交流。第一完善的信息包括各个合作社的注册地、注册时间、名称、联系电话、注册资金、主营项目、现经营情况等信息进行翔实登记，并对是否有非法集资情况进行排查。

【环境整治】 2018年，城区社区管委会积极开展“河长制”工作，对河长制落实工作涉及的河段总长为10.35千米的三条河流（城西河、城北河和洪水河）进行治理，做好辖区内的沿河流企业（个人）占用河道乱建、乱放、乱倒、乱挖等行为的制止、上报等工作，协调解决实际问题。

2018年，城区社区实行片长包干责任制，建立规范模式，整合辅助管理公司、股份公司、社区力量，实现执法力量全面下沉社区。针对二氧化硫超标现象持续开展专项行动，累计整治违法户外广告50余宗，投资26万元为居民配送环保煤球1031户618600块，对400余户用煤户进行煤改电工作。对非法采矿坑口进行关闭、填埋、取缔，并实行领导包案责任制，确保非法采矿不反弹。对食品、药品进行定期、不定期的检查、巡查，确保人民群众身心安全。

【社会保障】 2018年，城区社区管委会提高低保费每人每月30元，居民养老保险每人每月23元。规范低保“五保”等社会事业的申请、审核，公示审批等环节，完善评议、入户走访程序，加大监督检查力度，对困难人群应保尽保。2018年，城区社区不断完善托底线、救急需、可持续的社会保障体系，累计发放低保金、慰问金、优抚金等各类专项救助资金765.39万元。完成对往年的城市低保复核759户，1300人；2018年新办理低保92户156人，现城区社区共享受低保759户1237人（发放低保金39.5万元/月）。

城区社区为辖区307位城市困难残疾人（每人50元/月）和680位城市困难高龄老人（每人25元/月）、失能老人办理生活补贴（每人60元/月）以及为84位重度残疾人办理了护理补贴（每人50元/月）；为680位80岁以上高龄老人办理生活补贴21.64万元。

城区社区为101户困难家庭提供了医疗救助，救助金额56.6万元。为辖区内173人办理临时救助，救助金30余万元，60岁以上领取养老保险2694人，发放养老金346.4万元/年。

城区社区持续开展老年服务体系建设，协助社区卫生院为社区居民免费体检。

城区社区为辖区内874户居民办理保障性住房的申请、审核和复核手续（新办理廉租房71户）。

城区社区配合县居民养老中心追缴历年多领养老金涉及65人，82720元。

城区社区积极开展“普查普治”工作，为300余对计划怀孕大龄妇女提供免费孕前检查，积极落实节育奖励政策、独生子女奖励政策和困难计生家庭慰问工作。2018年辖区户籍人口出生756人，政策生育率98.6%；流动人口出生7人，政策生育率85.7%。在红旗街等四个社区创建慢性病防治示范社区，设立4个自助健康检测点，开展慢性病防治、三减三健和全民健康生活活动10场。

【妇联建设】　2018年，城区社区管委会积极推进妇联组织建设，广宣传、抓重点，在“三八”“五一”等时间节点，开展内涵丰富的主题活动，增强妇女组织活力。谋发展，发挥乡村振兴巾帼力量。是年，城区社区开展“一乡一业、一村一品”妇女创业就业技能培训，举办“以案说法　法官讲法”进乡村普法宣传活动等。开展免费“两癌”检查（35—64周岁），管委会妇联利用各种会议、集会、网络发动宣传资料等方式开展宣传，组织城区社区适龄妇女开展检查，对4100余名妇女进行“两癌筛查”检查工作。树典型，巾帼建功有行动。选树各岗位优秀女性，巾帼领头雁（1名），优秀女性调解员（1名），市级最美家庭（1户），市级平安家庭（1户），县级好家庭（1户）。2018年“点亮心灯　为爱行动　助力脱贫”，救助困难妇女7人、困难儿童9人。

【项目建设】　2018年，城区社区管委会完成江口西街原水利局两侧的改造工程，投资1亿元，建成1栋2层物业用房和2栋16层住宅楼（建筑面积3万平方米）。完成河东社区回迁改造一期工程，解决多年来几十户回迁户的回迁问题，启动二期4万平方米的拆迁改造工程。投资4亿元的南关社区新西街改造工程进展顺利，一期工程涉及的100户拆迁任务全部完成，赵家沟社区整村改造工程如期推进，学府街开通工程月内可望完成。2018年底完成212户居民的拆迁工作，累计投资8.9亿元，建筑面积41.2万平方米的整村改造工程至2021年将全面完工。

【基层党建】　2018年，城区社区管委会组建以社区党员、居民骨干为主要力量的志愿者服务队伍36支，大大提升党员干部干事创业热情。调整一名支部书记，一名支部副书记，选举产生钟兴商贸有限公司第二届股东代表，改选董事会和监事会领导班子。党建办开通社区党员风采群，开设微党课“宣传栏”，宣传国家大政方针、党的惠民政策、展示共产党人的家国情怀，传承传统美德。

城区社区分别在西大街、武家坪、红旗街等社区打造和建成8个面积超过800平方米的“六室两站两厅”的高标准城市社区活动中心和公益性服务场所。在有六个社区的党群活动中心达到并超过市定标准，争取到300万元党建奖励补助。城区社区设立“社区党务、文化宣传、综治维稳、民政救济、计划生育”等服务窗口，为群众办理各项事物，在县城主街道和居民集中区建立25个多功能居民服务中心（群众活动阅览室），包括图书、象棋、扑克、乒乓球、戏迷票友室开展日常服务内容。

城区社区党工委把改造软弱涣散社区党组织作为基层组织建设的一项重要任务，对武家坪党支部采取有力措施，通过全面整顿干部队伍，强化社区干部廉洁履职意识，对社区基层干部有计划、有步骤地开展警示教育，构建警示教育长效机制。

城区社区党工委委员对社区党支部书记和居委会主任开展谈心提醒10人次，引导被谈话人讲出以廉政为主、兼顾工作情况和作风方面存在的问题，达到教育、警示、批评、提醒党员干部的目的。紧盯时间节点，在“四风”问题易发多发期，强化监督中央八项规定精神落实的措施、力度，通过发通知、编发廉政短信、微信推送纪检信息、公布举报电话等方式，营造风清气正的气氛：加强警示和示范教育，组织全体党员干部参加“党员随身微教育”活动，组织观看廉政话剧、反腐警示剧及廉政教育主题影片，营造崇廉尚洁的政治氛围。

城区社区严肃工作纪律，狠刹慵懒散漫、拖瞒等违反工作纪律的不良之风，定期或不定期督查作风纪律建设情况，严查公车私用、寻衅滋事等违规违纪问题，发现问题当场责令整改，并视严重情况及时进行通报，实现监督无死角、执纪无例外。

2018年6月23—25日，城区社区组织在职党员干部、入党积极分子及十七社区书记、主任、会计、董事长、总经理赴延安、梁家河村实地开展以“不忘初心，牢记使命”为主题的红色实践教育活动，感受革命前辈的乐观主义精神，立足岗位，增强责任担当。在各社区推广“智慧党建”系统，运用智慧党建平台加强党建日常工作的开展，不断完善党的组织体系，壮大党员队伍，改善党员结构，推进党员工作智慧化、信息化。

【经济普查】 2018年10月全国第四次经济普查工作开始。城区社区担负着昔阳县普查3/5任务，清查总量6000余家，规定在10月底完成清查工作，由党工委书记为组长，管委会主任为副组长，组织社区会计统计等100余人的精练队伍，分组划片，细化职责，明确任务。各社区的工作人员加班加点，走街串巷，经过半个月的努力，按期按时间节点完成清查工作。

【社区创建】 2018年，城区社区管委会周密安排，精心组织，开展松溪路社区居委会创建省级文明社区申报工作，完成落雁头社区市级文明社区验收工作，新申报留庄、胡窝社区县级文明社区创建工作。2018年通过文明社区的成功创建，促进社区各项工作提档升级。

2018年昔阳县创建省级慢性病综合示范区，城区社区作为成员创建单位。按照县委、县政府的安排部署，结合社区的工作特点，专门成立由各社区书记主任为组长及社区主干卫生员为组员的工作领导组，开展慢病防治工作。制定规章制度，建立健全台账，定期聘请专业人士对慢性病患者及社区居民进行健康培训。发放宣传资料5000份，支持性工具1000余件。配备健康工作室，配置血压计、体重泵，定期为社区居民检测血压体重。一年为单位职工、社区慢病患者免费体检一次。给社区的慢病防治提供保障。积极落实节育奖励政策、独生子女奖励政策和困难计生家庭慰问工作。2018 年辖区户籍人口出生 756 人，政策生育率 98.6%；流动人口出生 7 人，政策生育率 85.7%，总体形势良好。完成县城人口摸底清查工作。由 40 名计生服务员组成的清查队伍，对县城常住人口进行清查，经过半年的清查，信息录入核对，截至 2018 年 11 月，县城常住人口 7.3 万人，为县城今后的发展管理提供依据。

【扫黑除恶】 2018 年，城区社区管委会成立“扫黑除恶”工作领导小组，确保扫黑除恶日常工作有人抓，有人管。城区社区所属辖区 17 个社区工作人员深入辖区居民小区、居民聚集处以宣传张贴扫黑除恶宣传知识为主，向居民广泛宣传打击黑恶势力的有关法律常识，鼓励引导居民群众遵守法律法规，积极踊跃揭发检举“扫黑除恶”黑恶势力违法犯罪线索。建立健全滚动排查整治机制和治安防控机制。对群众的实名举报即时进行核查和反馈，做到件件有回音，对涉黑涉恶苗头性问题进行警示、纠正和处理，为社会大局稳定保驾护航。是年，城区社区处理一批对群众影响恶劣的案件，坚持对涉黑涉恶行为“零容忍”态度，营造一个风清气正的环境。

【发展文化事业】 2018 年，城区社区管委会在一年两次的“八一”庙会和“两节”文化活动中，举办戏曲专场演出活动，为县城居民奉献若干场精彩的文艺演出。开展八一物资交流会、两节文化活动、社区棋牌大赛，为社区群众带来丰富多彩的文化活动。全面开展文化进社区、进学校、进小区活动，成立 60 支文化体育活动队伍，包括舞蹈队、合唱队、戏曲队及各类体育健身团队，指导协助创建西大街、红旗街两个社区为学习型社区。共举行文艺演出 10 场、体育活动 5 场，满足辖区群众日益增长的文化需求。2018 年 11 月，由县委组织部、县委宣传部主办，城区社区承办的昔阳县主体党日活动暨“我是共产党人现代戏名剧片段展演”，用有灵魂、有筋骨、有道德、有高度的文艺精品，教育广大干部群众，自觉践行社会主义核心价值观。

【特色社区建设】 城区社区管委会西大街社区是昔阳县典型的一个城中社区，社区拥有居民 1810 人，781 户，人均耕地 0.6 亩。该社区的前身是乐平社区的一个行政社区。2012 年经昔阳县人大常委会批准，划归新成立的城区社区管理委员会管理。2014 年通过撤社区转居，成立西大街社区居委会，通过资产量化和确权配股，组建乐西惠民有限公司，有 1404 个居民获得股权，由农民变成股民。乐西惠民公司主要收入来源是临街商铺出租、闲置房屋租赁和土地开发等。2018 年 9 月 27 日，城区社区管委会西大街社区党支部代表昔阳县接受全市“三基建设”观摩检查，观摩团在市委组织部副部长张宝贵的带领下，参观西大街社区的“党群活动中心”，观摩团一行对西大街社区“抓硬件，基础建设强堡垒；抓载体，文明建设树新风；抓和谐，平安建设创一流；抓保障，民生建设求实效”的“四抓四建设”社区党建工作方法给予充分肯定和高度赞扬。2018 年 12 月 5 日，市委组织部组织全市乡镇（社区）组织委员观摩团在昔阳县委、组织部副部长李强的带领下，对西大街社区的基层党建工作进行观摩、学习、交流。西大街社区党支部在社区党委、政府的正确领导下，继续强化党组织阵地建设和完善，累计投资 120 万元建设“八室、两站、两厅”1000 余平方米的党群活动中心，投资 30 万元改造和修缮 300 余平方米的便民服务中心。党支部坚持把群众满意不满意作为一切工作的出发点和落脚点，凝聚群众、服务群众，引导党员发挥先锋模范作用，在民生改善、产业发展、环境治理、教化民风等方面取得了可喜成绩，各项工作得到了社会的广泛认可和社区居民的一致好评，党支部连续四年被评为红旗党支部。

（王　阳）

昔阳美食

XI YANG MEI SHI

大寨国宾宴

【概述】　不同地区在历史的进程中，创造并发展了独特的饮食习惯，进而形成一种代表地域特色的饮食习俗，最终形成了饮食文化。昔阳的饮食虽不在名扬海内外的“八大菜系”之列，但在漫长　的历史演变中，自然不可例外地有其独特的地方。烧肉臊拉面、头脑扁食、枣糕、吊炉烧饼等都是地道的昔阳美食，乡人每每听之，便口舌生津，急欲找一处酒楼或小店大快朵颐。大寨国宾宴是昔阳美食的集中提炼和升华，对研究昔阳特定时代的饮食文化具有一定的社会意义与价值。在那段风云岁月里，独具昔阳特色、百姓饭菜也曾荣登国宴舞台，在各国政要口中留香。进入新时代，昔阳特色的美食依旧代代相传。饮食可以说是一个人对一个地方感受最为直接的重要载体。如何使昔阳美食能更好地被科学地合理开发与利用，以满足人民群众对美好生活的追求，是后来者义不容辞的责任。我们相信，经过几代人前赴后继的努力，舌尖上的昔阳必将成为美食家的新宠。

【烩全羊】　熟全羊肉二两、绍酒、酱油、湿粉面、胡椒面、香菜、食油各少许。将全羊按不同原料分别切成片、块、条、开水锅汆透。瓢里放两勺高汤，上火开锅，把全羊肉放入，加味精、绍酒、酱油，勾米汤芡即成。上菜时随带香菜、胡椒面由顾客选用。

【冶头羊杂割】　冶头羊杂割具有非常悠久的历史。春秋时期，东冶头村是古肥子国的都城所在。相传肥子国君喜食羊杂而且非常重视农牧业，所以，山羊养殖发展很快，羊杂割逐渐成为传统美食。冶头自然生态十分优越，村南有一大湖，湖边水草丰美，山上植被茂密，尤其是有各类优质水草和中药材，使长出的羊肉肉质鲜美，回味悠长，是滋补身体，强健筋骨的佳品。东冶头村自古以来就是商贸流通集散地，每逢农历初三、十三和二十三开集，人员往来络绎不绝，买卖成交不胜枚举，餐饮服务日益昌盛，东冶头羊杂远近闻名。东冶头羊杂割选取毛色明亮、体格健壮的山羊，宰杀之后，羊杂经过炖煮之后再经热炒而成。羊架（羊全身的骨头）经慢火炖煮4个多小时熬制成汤色乳白、香味浓郁的骨头汤。每有羊杂售出，店家都会额外随赠一份香气扑鼻的骨头汤配以羊杂食用。冶头羊杂割因其肉质优良、加工独特深得县内外食客好评。原料：羊下水一副，葱、姜、干辣椒、香菜、精盐各适。制法：将羊头及下水（心、肝、肺、肚、肠等）洗净，一锅煮沸，撇浮沫，改小火煮，同时放入葱、姜、干辣椒，后捞出，头去骨，下水切成碎块。羊血加工好，切成细条，食用时，汤中加入精盐，将下水及肉块放入碗中，热汤，再控去汤，然后在碗中放入香菜，加上沸汤即成。

【香酥鸡】 鸡1只、猪油1000克、味精3克、绍酒25克、姜片25克、白糖10克、花椒3克、花椒盐3克、八角3克、精盐15克、丁香2克、葱段25克。将鸡洗净，从脊背砸断鸡翅大转弯处，剁去翅尖、鸡爪、嘴、眼，用清水洗净，然后用花椒、精盐、味精将鸡身搓匀，再把葱姜拍松，加上丁香、八角、绍酒、白糖一起放在鸡内腌渍2~3小时。将腌好的鸡放在盆内，蒸烂（约40分钟）取出，把葱、姜、花椒、丁香、八角去掉。油锅内加上猪油，在旺火上烧至八九成熟，将蒸烂的鸡放入漏勺内，在油中冲炸，至鸡皮显枣红色时翻过来再稍炸即可捞出。食用时切成宽1.7厘米、长4厘米的块。摆在盘内，外带花椒盐料碟上席即可。

【锅塌豆腐】 主料：卤水豆腐250克。配料：鸡蛋3个，水发海米25克。调料：烹调油、香油、料酒、味精、盐、淀粉、葱姜末、鸡汤均适量。豆腐洗净，切成骨牌块（片）状，入开水勺内，加点盐煮制后捞出，码入盘内，鸡蛋打入碗内，抽打均匀；海米洗净，剁切成细粒状共同待用。炒勺上火，加入适量油，豆腐块（片）先沾匀淀粉面，再挂均蛋液，入油勺内煎炸至金黄色取出码入盘内待加工。炒勺上火，加入底油，下入葱姜末、海米粒，煸炒后加入适量鸡汤，下入煎好豆腐、调料；烧开后调好味，文火煎塌至汤汁收尽，淋入香油出勺，码入盘内后即好。

【酱酥桃仁】 主料：干桃仁250克，调料：白糖150克，甜面酱25克，猪油500克（约耗50克）。将干核桃仁置锅中，掺入沸水，加盖焖2分钟，待桃仁皮起皱，用手撕去表皮。炒锅置中火上，下猪油烧至五成热时，下桃仁炸至金黄色时，捞出沥干油。炒锅置小火上，加入清水约75克，下白糖、不断搅动，使糖溶于清水中。待糖液浓缩翻白泡时，加入甜面酱，搅拌均匀，待再翻大泡时，将锅端离火口，把炸酥的桃仁倒入，轻轻翻炒，使其上糖均匀，表面翻炒后，起锅晾冷装盘即成。

【昔阳枣糕】 据考证，明嘉靖二十二年（1543），枣糕是昔阳独有的，昔阳人民爱吃的，接待宾客、婚丧嫁娶节日接待宾客的主食。其特点是甜香，有一定的黍香。优质黍米16千克，红枣6千克，植物油适量。将黍米用清水洗净，浸泡3~4天捞出放入竹筐控去水，使米自然风干用石碾碾，过粗箩，再用温水拌面。烧至炭火，将大铁锅放在大火上，加入适量的水，放上自制的竹箅，撒上去核的大枣，然后团成面团蒸20分钟（蒸制时用炭火和柴火最佳），拿筷子拨散后再撒一层大枣及面粉，扣上笼冒大火蒸熟，下笼用铁铲取出放在大瓷盆，盆内抹一些油，盖上棉被。食时，随吃随切，如经油锅炸出，为油炸枣糕。

【葱花脂油烙饼】 葱花脂油烙饼是昔阳大寨国际旅行社独有的，受到过许多贵宾的好评，被称为“山西第一饼”，在20世纪80年代晋中市政府接待办组织的面食比赛中获一等奖，其特点是色泽金黄，外焦里嫩、柔润可口、酥香味美。主料：精粉面5千克，葱2千克，猪板油1.5千克，昔阳核桃油、精盐各适量。将猪板油切成黄豆大的丁，葱切成碎花，加精盐和匀。将精粉面用温水和面（水温比例：春秋季热7冷3，夏季热6冷4，冬季热8冷2），用冷水扎好、醒好揪成剂子并搓成粗1.5厘米、长8厘米的条，刷上油码在一起用湿布盖住。制饼时，将剂子滚上面扑，先顺长擀，再横擀，擀成长约30厘米、宽10厘米的薄片，然后用右手按住面片一头，用左手趁面劲往长抻，拉成约100厘米长、宽5厘米的薄如纸的面片。将猪板油葱花馅用右手抓一点放在面片头上，用右手由外向里卷滚成墩形状的圆饼，再用右手拇指在饼中心按一下，擀成圆形状一厘米厚的饼，放少许核桃油。鏊子或大柴锅上火，将饼坯上鏊约7~8分钟后，饼两面呈金黄色时出锅装盘即可。

【昔阳头脑】 昔阳头脑是由明末清初著名文人，医学家傅山发明，为药膳食品，对人体有着滋补作用，效果甚佳。是由太原头脑演变而来的，至今已有300年历史。主料：葱姜蒜、豆腐、食盐、红薯、胡萝卜丁、粉条、菠菜、鸡蛋、红糖（白糖）、黑木耳、白酒、羊板油、当归、黄芪、湿淀粉各适量。将炒锅上火，倒入切碎羊板油加热，把豆腐切成一厘米见方的块炸成金黄色；红薯去皮也切成三厘米见方的块炸成金黄色。将锅上火，炒瓢置火上，锅内留油，放葱姜煸炒出香味，然后下入豆腐、红薯、胡萝卜丁煸炒，放入适量的开水，用纱布包入两片黄芪、当归，放入锅中，烧沸后加入粉条，待粉条煮软后，用湿淀粉勾入锅内呈浓汁状，再把木耳、菠菜及作料加足，把鸡蛋打入碗中，搅散后用炒勺将蛋液倒入锅内即成。把煮好的羊肉饺子盛在碗中，浇上头脑，然后滴上几滴烧酒，不能搅动（否则会发苦），顺着一边食用。

【昔阳国庆饼】 昔阳国庆饼原名叫昔阳月饼，是昔阳民间传统的中秋佳节的名点，其历史非常悠久。据传说糖浆月饼是山西独创于唐代，以技艺精湛、用料纯正、工艺考究，被民间推为月饼之首。在清朝光绪二十六年（1900）传入昔阳。在20世纪70年代大寨国际旅行社聘请了晋祠宾馆与迎泽宾馆的面点师进行了技术指导，宴请了许多国内外贵宾。1974年，为庆祝中华人民共和国成立25周年，陈永贵把昔阳月饼改名为昔阳国庆饼。主料：精粉18千克，熟面6千克，白砂糖12千克，香油8千克，米粞3千克，核桃仁1.5千克，玫瑰1.5千克，青梅750克，红丝750克，冰糖1千克，桂花、葡萄干、瓜子仁各适量。5千克白砂糖加1.75千克水上火熬成糖浆水，熬到不沉淀离火，晾凉倒入5千克香油和米粞3千克，搅匀倒入1/3的精粉搅拌，剩余的精粉分次加入，搅成细致有柔劲的面团稍醒。过罗熟面加入7千克白砂糖拌匀；将青梅切碎，桃仁和冰糖压碎也放入，然后将玫瑰、桂花、葡萄干，红丝等料一并放入，搅匀制成馅。将面团分块上案，搓成条按60克1个揪成剂子，包入馅心，面朝下压入模具，再平稳磕出，防止凹心、偏头、出飞边。要求花形真模正。然后码入烤盘，入炉烘烤，在炉温250℃—260℃的情况下，烤制10分钟左右即可出炉。按以上方法可做五仁月饼、桂花月饼、莲蓉月饼、豆沙月饼等各种馅料。

【铁肩膀红烧肉】 主料：鲜猪硬五花肉1000克、大葱白250克，鲜姜50克、香油、酱油、山西汾酒、冰糖、味精、盐适量。五花肉用快刀刮净毛，切成5厘米×5厘米大方块，入开水锅内焯透捞出；大葱择洗干净，切成大长段；姜洗净拍碎（松散）共同待用。锅上火，先码入葱段（垫锅底），再把肉皮向下码入锅内，最后放上姜块，按2勺汾酒、1勺酱油、3勺开水比例加入锅内，直至淹过肉3—5厘米，烧开后加入调料、调好味（甜咸），用文火煮制60—70分钟后逐块挑出，皮向上码入专用坛内，加点香油，盖严后上锅再蒸至酥烂（20—30分钟左右）取出，美化后原坛上桌即好。

【凉拌大寨虎头山鹿肉】 主料：净鹿腿肉500克。配料：葱白75克。调料：蒜泥5克，姜15克，红油辣椒30克，花椒粉2克，绍酒30克，酱油45克，白糖5克，味精1.5克，清汤750克，芝麻油20克。将鹿肉放在温水中洗净杂质，盛入大蒸碗内，加入绍酒、葱白（25克）、姜（拍松）、清汤，上笼用旺火蒸约30分钟至熟，取出趁热去筋后晾凉，改切成5厘米长、0.3厘米粗的丝，盛入盘中。葱白切成与鹿肉同样长短粗细的丝，镶在鹿肉的旁边。取碗1只，放入酱油、芝麻油、辣椒油、花椒粉、蒜泥、白糖、味精调匀，淋在鹿肉丝上即成。

【酥皮月饼】 酥皮月饼又称炉煮。月饼作为中秋节令食品，大约始于唐朝，北宋在宫廷内流行，发展至明朝则成为全民共同的饮食习俗。北宋大诗人苏东坡有诗句“小饼如嚼月，中有酥与饴”赞美月饼，明朝田汝成《西湖游览志余》亦有记载：“八月十五谓之中秋，民间以月饼相遗，取团圆之意。”综合月饼与中秋节民俗资料，月饼寓意团圆，也应该是从明朝开始的。中秋节祭月后，全家人都围坐一起分吃月饼（祭月供品）。因为月圆饼也圆，又是合家分吃，所以逐渐形成了月饼代表家人团圆的寓意。据传，月饼从清代传入昔阳，具体由何人何时传至已无从考证，但月饼自传入昔阳始，与本地饮食相结合，历经变化，根据原料、调制方法、形状等的不同，月饼在质量、品种上都有新发展。酥宴糕皮饼，俗成“炉煮”，就是其中的一种，是昔阳的传统名吃，色微黄，油而不腻，清香利口。1973年4月23日，周恩来总理和邓颖超陪同墨西哥总统埃切维利亚及夫人一行65人访问大寨，其中大寨国宴的糕点就有“炉煮”。“炉煮”既能吊炉烤，又能油锅煮，故称炉煮。原料：精粉800克，核桃油300克，白糖300克，熟白面200克，芝麻120克，桃仁40克，花生仁20克，饴糖100克。冰糖20克，玫瑰20克。制法：将精粉与200克核桃油、白糖100克、饴糖80克，加适量的清水拌匀揉成面团稍醒；另取盆放100克核桃油、200克白糖、20克饴糖以及切碎的桃仁、花生仁和捣碎的冰糖、玫瑰、芝麻，再加上200克熟白面搅匀成馅。将面团搓成条，揪成16个面剂，逐个揉圆按扁包入馅。收口后按扁，面上沾少许芝麻，中间点一小红点，入烤炉在170℃—200℃的炉温下烤至金黄色即成。

附　录

FU　LU

机构设置及其负责人名录

中共昔阳县委员会

书　记：王根元

副书记：许利伟　郭丰慧

常　委：李　军　郭春林　李怀仁

赵海斌　张扣生　张月清（女）

柴颖则（2018.4 离任）

陈建鹏（2018.4 任职）

昔阳县人大常务委员会

主　任：李显鸣

副主任：耿计良（女）　李维新

王志勇　赵继胜

昔阳县人民政府

县　长：许利伟

常务副县长：李　军

副县长：王瑞明（至 2018.9）

江旭燊（2018.9 开始）

李朝龙（至 2018.8）

陈立军　成建忠　张建岗

李丽萍（女）

张瑞芳（女）（挂职）

张　军（挂职 2018.8）

政协昔阳县委员会

主　席：石立军

副主席：杨海燕（女）　梁素平

吴战军　陈振林

中共昔阳县纪委监委

纪委书记、监委主任：张扣生

纪委常务副书记、监委副主任：

李玉萍（女）

纪委副书记、监委副主任：

李军华

纪委常委、监委委员：马丽华（女）

眭国亮

纪委常委：王彦涛　李保胜

监委委员：王秀青　王素清

办公室主任：翟晓青

昔阳县人民检察院

党组书记、检察长：尹教礼（至 2018.8）
宋玉海（2018.8 代检察长）
常务副检察长：吕怀斌
副检察长：李建国　石韫军

昔阳县人民法院

党组书记、院长：裴志东（至 2018.8）
段德姝（2018.8 代院长）
常务副院长：齐新胜
副院长：史兰生　孔素林

县委工作部门及其事业单位（正科）

县委办公室

主　任：乔新军
副主任：郝田福　李　纲　王晓红　王东凯

县委组织部

部　长：郭春林
副部长：王世红　岳素艳（女）　李　强

县委宣传部

部　长：张月清（女）
副部长：李永青　张旭琳（女）
文明办主任：王国宏
网信办主任：孔鹏玮

县委统战部

部　长：李怀仁
常务副部长：张东锋
副部长兼工商联党组书记：张东锋　耿建明
侨联党组书记：韩旭鹏
昔阳县民族宗教事务局局长：尹华勇
昔阳县民族宗教事务局副局长：卜晓娟（女）

县政法委

书　记：赵海斌
副书记：乔斌录　郝晓东　池晓云（女）

县机构编制委员会办公室

主　任：耿清泉
副主任：张和平　郭志强

县委老干局

局　长：李宝兴
副局长：李　娟（女）　杨巨龙

县委、县政府信访局

局　长：张建华
副局长：马彦英　翟媛媛（2018.3）

县委直属事业单位

县委党校

校　长：郭丰慧
常务副校长：王志军
副校长：贾定龙　刘　娟（女）

县史志研究室

主　任：任立斌
副主任：刘利国（2018.12）
张文娟（女）

县委信息化中心

主　任：吴立先（至 2018.3）
赵逢斌（2018.8）

关心下一代工作委员会

主　任：王富来（至 2018.9）　李明科
副主任：岳保定

昔阳县人大常务委员会工作机构

办公室主任：宋以明
办公室副主任：陈宝玉

财经工作委员会主任：张庆军
法制工作委员会主任：马洪涛
教科文卫工作委员会主任：李成华
人事代表工作委员会主任：赵希莲（女）
信访室主任：焦晓峰
农业农村工作委员会主任：乔卫喜
城建环保工作委员会主任：路红卫
代表联络中心主任：宋志斌

政府组成部门及其直属机构（正科）

县政府办公室

办公室主任：裴素青
副主任：延晓东　李东杰　李宝祥
　　　　赵　彪（2018.3）　李玉欣（2018.3）
治超办主任：王世清
县政务中心主任：吕振荣
副主任：翟媛媛（女）（至 2018.3）

昔阳县发展和改革局

局　长：王业伟
副局长：赵怀义　王京梅（女）　杨文英

昔阳县人力资源和社会保障局

局　长：李　军
副局长：李军明　翟鹏飞
人才开发交流服务中心主任：孔令敏
医疗保险管理服务中心主任：郭瑞红
社会劳动保险事业所所长：张胜平
就业指导中心主任：李观江
机关事业单位养老保险所所长：冯怀郡
城乡居民养老保险中心主任：安玉明

县公安局

局　长：王瑞明（至 2018.8）
　　　　江旭燊（2018.9）
政　委：孙海毅（至 2018.9）
副局长：马海平　陈占杰
　　　　赵建军　毛丽峰

交警队

大队长：赵　强
副大队长：赵旭鹏　王　宏

县民政局

局　长：贾旭东
副局长：王庆华　赵庆山

县司法局

局　长：光红明
副局长：李立新　高文君（女）

县教科局

局　长：李秀军
副局长：乔志斌　闫变香（女）
　　　　翟　英（女）
昔阳中学校长：李保荣
副校长：薛　剑　李志刚
昔阳县高级职业中学校校长：王维斌
副校长：葛海云　李志俭
乐平一中校长：王海青（至 2018.8）
　　　　　　　董彦军
副校长：张建军　聂维元　翟晓军
乐平二中校长：张志明（至 2018.8）
　　　　　　　王海青
副校长：贾彦文　武茂胜　马保卫
示范中学校长：赵建新（至 2018.8）
　　　　　　　王志宏
副校长：张建华　张滨红
　　　　郭红芳（女）
示范小学校长：王宝林（至 2018.8）
　　　　　　　刘育红

副校长：王　峰　李素贞（女）
高志林（女）

县文化局

局　长：赵海柱
副局长：申瑞红　王志宏
邓建梅（女）　张慧慧（女）

县广播电视台

台　长：赵贵文
总　编：赵瑞林
副总编：李凤永　樊海燕（女）

县文化馆馆长、文管所

所　长：史永红

文化执法队

队　长：吴文星（女）（至2018.2）
程世军（2018.3）

县体育中心

主　任：李呈祥
副主任：贾志勇　任润琳（至2018.3）

县卫生和计划局

局　长：尹洲涛
副局长：赵荭红　焦瑞江
爱国卫生运动委员会办公室主任：李　纲
爱国卫生运动委员会办公室副主任：李树仁
县妇幼保健和计生服务中心主任：刘　杰

县食品药品监督管理局

局　长：马春云
副局长：王怀东　孔丽华（女）
纪检组长：
王华鹏（2018.1调至纪委监委监察二室）

疾病预防控制中心

主　任：张玉丽
副主任：王卫华　曹成芳（2018.8）

县人民医院

院　长：梁晓国
副院长：焦海青　宋庆芳（女）
乔乃曦（工会主席）
刘秀峰（女）　张秋胜
赵鸿卫　崔海军

县中医院

院　长：赵志德

县农业委员会

主　任：王拥军
副主任：张玉军　张长明　马贵明
王海春（2018.3）
总农艺师：任润琳（2018.3）

县畜牧中心

局　长：武便兰（女）
副局长：赵迎庆　武彦芳（女）

县农村经济经营管理中心

主　任：白海云
副主任：潘江红　田晓光

县农业机械中心

主　任：王占国
副主任：孙志青　焦怀恩

县扶贫中心

主　任：田彦斌
副主任：吴立先（2018.3）

粮食储备中心

主　任：郭朝颖
副主任：王宇红　刘亚平

县林业局

局　长：丁海斌
副局长：贾成刚　张鹏鹏
总工程师：刘文山

县水利局

局　长：翟宏伟

副局长：郑五荣　李国平（2018.8）

县国土资源局

局　长：王志刚

副局长：王瑞波　葛卫彬
　　　　郑越霞（女）　周爱柱

县住房保障和城乡建设管理局

局　长：郭立平

副局长：王　瑛（女）　王元兵
　　　　常俊英

总工程师：王小平（2018.1）

城乡规划办主任：程劲松

县供热供气中心主任：刘继红

自来水公司经理：李邦荣

县园林局

局　长：李　刚

副局长：张彦平

县环境保护局

局　长：翟素明

副局长：毕玉鸿　王志勇

总　工：刘换良

县投资促进局

局　长：刘立斌

副局长：张　宏　商　佳

县经济和商务粮食局

局　长：翟世青

副局长：张志刚　李晶晶（女）　张新华

总经济师：张瑞秀

煤炭工业局

局　长：陈建胜

副局长：焦怀瑞　王素兵

县统计局

局　长：尹彦斌

副局长：吴建国　贾敬允

总经济师：武玉凤

县旅游局

局　长：李晓东

副局长：翟晓梅（女）　宋希宏

县交通运输局

局　长：乔永宏

副局长：张如林

主任科员：张爱如　程海滨　郑敬东

交通战备办主任：李怀英

交通战备办副主任：梁永新　耿怀新

交通运输综合行政执法大队大队长：张志峰

县道路运输管理所

所　长：程海滨

副所长：李永明　刘喜庆　刘慧春　王江平
　　　　孔德峰　李喜涛　宋小栋

县安全生产监督管理局

局　长：杨东晗

副局长：常美瑞　李彦林（女）　宋以刚

县财政局

局　长：张胜利

副局长：张庆成　杨玉萍（女）

总会计师：商云芳

县审计局

局　长：邓庆善

副局长：史文祥

总审计师：赵冠春

县工商质监局

局　长：马志军

副局长：李立兵　田志兵

中小企业服务中心

主　任：和彦林

副主任：赵晓亮　郭建荣

县政府直属事业单位

县新闻中心

主　任：任秀萍

副主任：张冰清（女）　张婷婷（女）

县政府采购中心

主　任：姬立华

副主任：翟义铣

县农发办

主　任：张　军

副主任：王忠红

县供销合作社

主　任：魏　伟

副主任：李成明　王占荣　李建华

县机关事务管理局

局　长：赵　鹏

副局长：王小江　常维兰　孔鹏亮

县国库集中支付中心

主　任：贾怀斌

副主任：李佳瑜　李忠明

县档案局

局　长：陈乃平

副局长：王继红（女）　乔洪昭（女）

县地震局

局　长：宋乃军

副局长：王淑萍（女）

县国资公司

主　任：耿海平

副主任：赵建莉（2018.3）

县汽车站

站　长：孙　博

副站长：张红萍（女）　彭晓军　刘志江

群团组织

县总工会

主　席：李维新

副主席：崔雪峰　刘五锁

共青团昔阳县委员会

书　记：田晓菲

副书记：王　敏（女）

县妇女联合会

主　席：陈红梅（女）

副主席：赵艳凤（女）

田　鑫（2018.10）

县科学技术协会

主　席：赵珍珠

县残疾人联合会

理事长：李惠中（至 2018.2）

副理事长：吴文星（2018.2）　姚忠明

县工商业联合会

主　席：黄祥苗

副主席：王晓丽（女）

县文学艺术界联合会

主　席：李余彬

垂直部门管理机构

国税局

局　长：温雅晶

副局长：王计全　尚斌柱

李建平　李显忠

纪检书记：张学艺

地税局

局　长：袁惠忠
副局长：于锋锐　刘进军　毕新军
　　2018 年 7 月 20 日合并为税务局
局　长：温雅晶
副局长：王计全　尚斌柱　李建平
　　李显忠　袁惠忠　于锋锐
　　刘进军　毕新军

中国人民银行股份有限公司昔阳支行

行　长：郭建红
副行长：陈乃华

中国银行股份有限公司昔阳支行

行　长：王　震（至 2018.7）
　　申丽丽（2018.7）（女）
副行长：王佳雄

中国农业银行股份有限公司昔阳支行

行　长：冀伟庆
副行长：刘海祥　王虎平　王爱军

中国工商银行股份有限公司昔阳支行

行　长：张满瑞（至 2018.11）
　　张进军（2018.11）
副行长：李　利　高　欣（女）

中国建设银行股份有限公司昔阳支行

行　长：邢　强
副行长：李小龙

晋中银行股份有限公司昔阳支行

行　长：尚志明
副行长：李旭梅（女）　霍岭鑫

昔阳农村信用合作联社

理事长：赵　钰（至 2018.5）
　　王亚鹏（2018.5）
主　任：任瑞梅（女）
副主任：赵光辉　李晓刚
监事长：安东生
副科稽核员：赵维明

昔阳银监办

主　任：李志强
副主任：张国红

中国人民保险股份有限公司昔阳支公司

总经理：张化强（至 2018.5）
　　张　智（2018.5）
副经理：张晓君（女）
　　翟海涛（2018.5）

中国移动昔阳县分公司

总经理：郭晓玉（女）
副经理：李　明

中国联通昔阳县分公司

总经理：胡晋生
副经理：任红梅（2018.2）　闫元玉
　　尹旭波　张怀冬（2018.2）

中国电信昔阳县分公司

总经理：王卫云
副总经理：李　娟

中国邮政集团公司山西省昔阳县分公司

总经理：张代民（至 2018.10）
　　岳二保（2018.10）
副经理：侯子玉

阳涉铁路有限责任公司

党委书记、董事长、总经理：王常久
副经理：张　伟　司志明　敦志增
党委副书记、纪检书记：杨　哲

公路段

段　长：张卫平
副段长：翟新胜　陈树兵

电业局
经　理：赵　强
副经理：王怀柱　王志亮

武装部
部　长：陈建鹏
政　委：郑海明
副部长：张　静

昔阳公安消防大队
大队长：段瑞慧
教导员：李晓帆

住房公积金管理中心
主　任：乔德云
副主任：任　军

气象局
局　长：眭晋华（女）
副局长：翟国芳（女）

昔阳县烟草公司
经　理：江宝臣
副经理：乔　隶

石油公司
总经理：郑　强（至 2018.7）
　　　　赵　滨（2018.7）
书　记：段学宏（2018.7）
副经理：张镇安（至 2018.7）
　　　　张　伟（2018.7）

昔阳县乡镇（城区社区）负责人

乐平镇
党委书记：程海华
党委副书记、镇长：常艳军
党委副书记：李成亮
人大主席：李秀青
纪委书记：耿　达
武装部部长：郑晓亮
副镇长：武　强　申　利
　　　　张志鹏　王春鲜（女）
组织委员：张　芳（女）

大寨镇
党委书记：刘育锋
党委副书记、镇长：张志刚
党委副书记：尹建军
人大主席：李爱文
纪委书记：李淑华（女）
武装部部长：李瑞贤
副镇长：乔海军　翟华华
　　　　张永新　田　甜（女）
组织委员：毛竹青（女）

李家庄乡
党委书记：张彦臣
党委副书记、乡长：史怀军
副书记：尚海田
人大主席：张海明
纪委书记：石海雷
武装部部长：凌瑞强
副乡长：闫慧杰　郭文杰
　　　　王晓波　韩纲纲
组织委员：冯　娇

东冶头镇
党委书记：张向明
党委副书记、镇长：侯庆荣
党委副书记：王丽芳
人大主席：杨树平
纪委书记：李显耀
武装部部长：王　震

副镇长：张晓栋　张　宇　杨淑雅
组织委员：翟瑞华

界都乡

党委书记：周江平
党委副书记、乡长：杨卫东
党委副书记：赵瑞梅（女）
人大主席：王　亮
纪委书记：刘　钊
武装部部长：高天杰
副乡长：张　斌　王　静　李玉亮
组织委员：李海刚

孔氏乡

党委书记：张兴华
党委副书记、乡长：赵晓波
副书记：赵华美
人大主席：张静波
纪委书记：陈文杰
武装部部长：孔　亮
副乡长：乔　石　常向明
　　　　聂　嘉　赵晓飞（2018.3）
组织委员：王锦芳

赵壁乡

党委书记：常晋文
党委副书记、乡长：张芳芳（女）
党委副书记：
　　　　冯奋强（2018.3 任人大主席）
　　　　宫海青（2018.3）
纪委书记：贾奋琪
武装部部长：王春雨
副乡长：宫海青（2018.3 任副书记）
　　　　赵旭亮　赵京雁（女）
　　　　韩云维　王志宏（2018.3）
组织委员：田志芳（女）

闫庄乡

党委书记：张哲清
党委副书记、乡长：毛瑞涛
副书记：秦　妤（女）
人大主席：陈立斌
纪委书记：董志生
武装部长：王　星
副乡长：张玉良　马翠红（女）
组织委员：王　震

皋落镇

党委书记：王江平
党委副书记、镇长：庞占刚
副书记：庞占刚　刘晓东
人大主席：杜晓东
纪委书记：乔显芳
武装部部长：李　斌
副镇长：邓晓霞　王丽军　李晓宇

沾尚镇

党委书记：冀宝元
党委副书记、镇长：赵海峰
党委副书记：赵　鑫
人大主席：翟颖正
纪委书记：刘冬梅（女）
武装部部长：闫慧军
副镇长：樊庆华　李佳峰
　　　　田　鑫（女　至 2018.10）
组织委员：胡啸宇

西寨乡

党委书记：郝海平
党委副书记、乡长：张业杰
人大主席：翟素平

纪委书记：乔　亮
武装部部长：李　鹏
副乡长：赵永宏　王红莉　李雪梅
组织委员：王　慧

三都乡

党委书记：尚田柱
党委副书记、乡长：宋刚刚
党委副书记：巩卿伟
人大主席：赵　健
纪委书记：王志红
武装部部长：李志春
副乡长：王忠庆　杜俊杰
　　　　白旭亮　宋晓梅（女）
组织委员：王叶金（女）

城区社区

党工委书记：王怀庆
管委会主任：翟旭峰
党工委副书记：焦红涛
管委会副主任：卫　鑫（至 2018.3）
　　　　　　　赵建华（2018.3）
　　　　　　　张　鹏
旧城改造副总指挥：王怀明

2018 年受省、市、县表彰的单位

表 1

工作单位	奖　项
昔阳县大寨镇人民政府	昔阳县“五一劳动奖状”
昔阳县界都乡人民政府	昔阳县“五一劳动奖状”
昔阳县孔氏乡人民政府	昔阳县“五一劳动奖状”
昔阳县民政局	昔阳县“五一劳动奖状”
昔阳县住房保障和城乡建设管理局	昔阳县“五一劳动奖状”
昔阳县交通运输局	昔阳县“五一劳动奖状”
昔阳县水利局	昔阳县“五一劳动奖状”
昔阳县财政局	昔阳县“五一劳动奖状”
昔阳县卫生和计划生育局	昔阳县“五一劳动奖状”
昔阳县国土资源局	昔阳县“五一劳动奖状”
山西昔阳丰汇煤业集团有限责任公司	昔阳县脱贫攻坚特别贡献奖
阳煤集团寺家庄煤业有限责任公司	“五一”表彰特别贡献奖
昔阳县平西实业有限责任公司	“五一”表彰特别贡献奖
昔阳县斯能新能源有限公司	“五一”表彰特别贡献奖
山西昔阳安顺三都煤业有限公司	“五一”表彰特别贡献奖
山西昔阳安顺乐安煤业有限公司	“五一”表彰特别贡献奖
晋中市鑫阳顺建筑工程有限公司	“五一”表彰特别贡献奖

续表

工作单位	奖　项
山西昔阳安顺北坪煤业有限公司	“五一”表彰特别贡献奖
山西延青商贸有限公司	“五一”表彰特别贡献奖
山西天泉建设开发有限公司	“五一”表彰特别贡献奖
中煤昔阳能源有限责任公司	“五一”表彰特别贡献奖
山西瑞安邦房地产开发有限公司	“五一”表彰特别贡献奖
阳泉万成房地产开发有限公司	“五一”表彰特别贡献奖
山西厚基伟业商贸有限公司	“五一”表彰特别贡献奖
山西延青商贸有限公司	山西省财贸轻纺烟草五一劳动奖状
山西晋粮农业开发有限公司面粉车间	2018 年山西省工人先锋号

2018 年受省、市、县表彰的个人

表 2

姓　名	工作单位及职务	奖　项
张向明	昔阳县东冶头镇党委书记	昔阳县“五一劳动奖章”
张哲清	昔阳县闫庄乡党委书记	昔阳县“五一劳动奖章”
田彦斌	昔阳县扶贫开发中心主任	昔阳县“五一劳动奖章”
武便兰	昔阳县畜牧兽医中心主任	昔阳县“五一劳动奖章”
白瑞斌	昔阳县委办科员、孔氏乡马鞊岩村第一书记	昔阳县“五一劳动奖章”
刘晓婷	昔阳县治理车辆超限超载工作办公室科员、沾尚镇新口上村第一书记	昔阳县“五一劳动奖章”
韩海燕	昔阳县发展和改革局价格认定中心主任、界都乡北界都村第一书记	昔阳县“五一劳动奖章”
田　鑫	晋中市煤炭工业局质监站副科长、界都乡石门村第一书记	昔阳县“五一劳动奖章”
王　勇	晋中市财政局国库科科长、赵壁乡川口村第一书记	昔阳县“五一劳动奖章”
吴小俊	晋中市审计局主任科员、三都乡黑洼村第一书记	昔阳县“五一劳动奖章”
赵旭亮	昔阳县赵壁乡人民政府副乡长	昔阳县个人一等功
王忠庆	昔阳县三都乡人民政府副乡长	昔阳县个人一等功
赵瑞梅	昔阳县界都乡党委副书记	昔阳县个人一等功
乔海军	昔阳县大寨镇人民政府副镇长	昔阳县个人一等功
乔　石	昔阳县孔氏乡人民政府副乡长	昔阳县个人一等功
赵　鑫	昔阳县沾尚镇党委副书记	昔阳县个人一等功
王淑萍	昔阳县地震局副局长、大寨镇小南山村第一书记	昔阳县个人一等功

续表

姓　名	工作单位及职务	奖　项
郭志强	昔阳县机构编制委员会办公室副主任、东冶头镇天圣庙村第一书记	昔阳县个人一等功
于锋锐	昔阳县地方税务局副局长、界都乡长岭村工作队队长	昔阳县个人一等功
廉小风	昔阳县教育科技局仪器站主任、沾尚镇土垡村第一书记	昔阳县个人一等功
葛永忠	昔阳县示范中学副校长、赵壁乡东平原村第一书记	昔阳县个人一等功
张志宏	中国人寿晋中分公司团险部经理、孔氏乡松树岩村第一书记	昔阳县个人一等功
马　峰	晋中市工商局榆次分局科长、赵壁乡楼坪村第一书记	昔阳县个人一等功
白树林	晋中市地税局直属二分局综合科科长、东冶头镇北庄村第一书记	昔阳县个人一等功
王建冬	晋中市商务粮食局主任科员、东冶头镇前岩村第一书记	昔阳县个人一等功
赵乃红	中国工商银行晋中分行二级客户经理、三都乡翟絮村工作队员	昔阳县个人一等功
韩云维	昔阳县赵壁乡东平原村支书	昔阳县个人一等功
刘春兰	昔阳县三都乡西峪村主任	昔阳县个人一等功
丁海斌	昔阳县林业局局长	昔阳县个人一等功
赵瑛琳	昔阳县政府办干部	昔阳县个人一等功
武　强	昔阳县乐平镇人民政府副镇长	昔阳县个人二等功
尚海田	昔阳县李家庄乡党委副书记	昔阳县个人二等功
赵永宏	昔阳县西寨乡人民政府副乡长	昔阳县个人二等功
乔永智	昔阳县皋落镇人民政府民政低保员	昔阳县个人二等功
焦志伟	昔阳县煤炭工业局办公室副主任、界都乡南界都村第一书记	昔阳县个人二等功
漆　艳	昔阳县工商和质量监督管理局科员、赵壁乡黄岩村第一书记	昔阳县个人二等功
翟　鹏	昔阳县医保中心科员、孔氏乡活利坡村工作队长	昔阳县个人二等功
翟承红	中国农业银行晋中分行资产处置处处长、沾尚镇北庄沟村第一书记	昔阳县个人二等功
毛东海	中国人民银行晋中市中心支行副部长、闫庄乡河下村第一书记	昔阳县个人二等功
孟丽芳	中国农业发展银行昔阳县支行业务副经理、赵壁乡东横山村工作队队员	昔阳县个人二等功
王怀福	昔阳县闫庄乡闫庄村支书	昔阳县个人二等功
朱蝉良	昔阳县界都乡柏叶底村支书	昔阳县个人二等功
翟瑞林	昔阳县东冶头镇里峪掌村支书	昔阳县个人二等功
田海青	昔阳县孔氏乡孔氏村主任	昔阳县个人二等功
王东凯	昔阳县委办副主任	昔阳县个人二等功
赵　彪	昔阳县政府办副主任	昔阳县个人二等功
孟丽芳	中国农业发展银行昔阳县支行业务副经理、赵壁乡东横山村工作队队员	昔阳县个人二等功

续表

姓　名	工作单位及职务	奖　项
张华荣	昔阳县人民医院办公室副主任、赵壁乡后东峪村工作队队长	昔阳县个人二等功
王佳敏	昔阳县委组织部科员	昔阳县个人二等功
李军明	昔阳县人力资源和社会保障局副局长	昔阳县个人二等功
王志亮	国网昔阳县供电公司副经理	昔阳县个人二等功
张玉军	昔阳县农业委员会副主任	昔阳县个人二等功
焦怀恩	昔阳县农业机械中心副主任、闫庄乡杏庄村第一书记	昔阳县个人二等功
王亚鹏	昔阳县农村信用合作联社主任	昔阳县个人二等功
李小军	昔阳县脱贫攻坚领导组办公室科员	昔阳县个人二等功
王珍录	昔阳县委宣传部网信办副主任	昔阳县个人二等功
乔广军	昔阳县广播电视台记者	昔阳县个人二等功
白贵云	昔阳县农业广播电视学校教师	昔阳县个人二等功
鲍　博	晋中市投资促进局合作交流科科员、沾尚镇西峪口村第一书记	昔阳县个人二等功
樊玉建	晋中市供销社副科长、沾尚镇瑶会村第一书记	昔阳县个人二等功
乔乃平	晋中市烟草公司协理员、大寨镇水泉村第一书记	昔阳县个人二等功
王新喜	山西大寨农产品加工有限公司	昔阳县“五一劳动奖章”
王秀国	中煤昔阳能源有限责任公司白羊岭煤矿	昔阳县“五一劳动奖章”
范力生	中煤昔阳能源有限责任公司安平发电厂	昔阳县个人一等功
杨宏宾	中煤昔阳能源有限责任公司安平发电厂	昔阳县个人一等功
鹿　强	中煤昔阳能源有限责任公司安平发电厂	昔阳县个人一等功
陈建徽	中煤昔阳能源有限责任公司黄岩汇煤矿	昔阳县个人一等功
宋彦峰	中煤昔阳能源有限责任公司安平发电厂	昔阳县个人一等功
胡瑞刚	中煤昔阳能源有限责任公司安平发电厂	昔阳县个人一等功
边文均	山西昔阳丰汇煤业丰汇煤矿	昔阳县个人一等功
王志明	中煤昔阳能源有限责任公司白羊岭煤矿	昔阳县个人一等功
胡瑞刚	中煤昔阳能源有限责任公司安平发电厂	昔阳县个人二等功
王海亮	中煤昔阳能源有限责任公司白羊岭煤矿	昔阳县个人二等功
杜海明	中煤昔阳能源有限责任公司黄岩汇煤矿	昔阳县个人二等功
王岳博	中煤昔阳能源有限责任公司设备维修中心	昔阳县个人二等功
郑　军	中煤昔阳能源有限责任公司设备维修中心	昔阳县个人一等功
宫建武	中煤昔阳能源有限责任公司设备维修中心	昔阳县个人一等功

续表

姓　名	工作单位及职务	奖　项
张　钊	中煤昔阳能源有限责任公司设备维修中心	昔阳县个人一等功
郝玉虎	中煤昔阳能源有限责任公司设备维修中心	昔阳县个人一等功
陈　阳	中煤昔阳能源有限责任公司安平发电厂	昔阳县个人一等功
范力生	中煤昔阳能源有限责任公司安平发电厂	昔阳县个人一等功
杨宏宾	中煤昔阳能源有限责任公司安平发电厂	昔阳县个人一等功
师晓龙	中煤昔阳能源有限责任公司瓦斯发电厂	昔阳县个人一等功
刘彦兵	中煤昔阳能源有限责任公司安平发电厂	昔阳县个人一等功
鹿　强	中煤昔阳能源有限责任公司安平发电厂	昔阳县个人一等功
赵　岐	中煤昔阳能源有限责任公司安平发电厂	昔阳县个人一等功
贾新文	山西大寨森林公园虎头山生态园种植专业合作社	昔阳县个人一等功
任立萍	昔阳县永兴菌业有限公司	昔阳县个人一等功
刘进学	山西阳煤电石化工有限责任公司	昔阳县个人一等功
薛保军	山西阳煤电石化工有限责任公司	昔阳县个人一等功
吴保军	昔阳县四通润农菌业有限公司	昔阳县个人一等功
王宜文	昔阳县晋蔬山珍种植专业合作社	昔阳县个人一等功
王志录	昔阳县煜峰种植专业合作社负责人	山西省“五一劳动奖章”
郑　军	中煤昔阳能源有限责任公司设备维修中心	山西省个人一等功
赵　勇	中煤昔阳能源有限责任公司安平发电厂	山西省个人二等功
任瑞梅	昔阳县农村信用合作联社	山西省金融系统优质服务竞赛先进个人

第六届“昔阳好人”

王二棉　1952年8月生，昔阳县沾尚镇前小寒村人。是一名地地道道的农村党员，深爱着村里的一草一木一水一土，更珍惜那条村里来之不易的路。由于小寒沟属于山岭土石地带，在没有通水泥路之前，路面是大大小小的红砂石和泥土混合而成的，下雨泥泞粘似胶，天晴日晒硬如刀，过往车辆行人吃尽了苦头……村村通水泥路工程，彻底改变了村民出入村的拮据局面，让他下定决心守护好这条道路。养护道路，不分春夏秋冬，没有天气好坏。夏季暴雨泥泞中，他手握扫帚清扫路面积水，或深或浅；挥动铁锹铲除山上滑落的土石，或多或少。他护送着车辆行人安全往返，维护着通往千家万户的生命线。冬季暴风雪把路面一层层覆盖，他就挥舞着工具，从开始下雪就不停地清扫，一遍又一遍，如此往返在那条道路上。有些人不理解，说“你不是养路工，不挣一分钱，出来臭显摆什么。”他黝黑的脸上总是绽出憨憨的笑容，不解释不辩驳。因为他深深地了解，小寒沟的发展离不开那条路，全村人民的出行更离不开那条路，护好路才能为村民发家致富护航，护好路才能守护全村人的幸福。

马振东 1932 年生，昔阳县东冶头镇静阳村人。强烈的怀乡恋乡情结是爱国的具体表现，马振东离职后，一心想把自己的余热挥洒在生他养他的静阳这块热土上。1996 年，为了激励青少年成为国家的栋梁，他拿出自己的稿酬建立了“马振东教育奖励基金会”，每年用其利息奖励静阳小学品学兼优的学生。截至 2018 年年底，已奖励 13 届，受奖学生 2346 名。2002 年，他为了提高乡村群众的文化教育，提供再学习的机会，将自己家庭藏书的一部分约一万五千余册运回老家，建起了“马振东藏书馆”，供村民借阅，为静阳村构建学习型家庭奠定了基础。2003 年，他为了改变本村小学长期在危房中上课的局面，积极参与了在外退休老干部为新校建设的筹款工作，为静阳建起了一幢 2 层的教学楼，彻底解决了校舍破旧的问题。国学经典是中国传统文化的根，为了进一步发扬光大中华民族的传统文化，进一步提高静阳村民的思想道德与素质，促进静阳青少年健康成长，2009 年，马振东在静阳村创办了“马振东国学书院”，办学方式为松散型，免费读书，静阳 2000 多名村民均属于应该接受中国传统文化教育的对象。他就是想通过办学这种形式，力求把静阳建设成文明静阳、文化静阳、书香静阳等特色的幸福和谐的新农村。

杨凤良 1956 年 10 月生，昔阳县大寨镇小南山村人。杨凤良为人谦和、善良，结婚开始便勇于挑起家庭的重担，照顾公婆、相夫教子、操持家务，甚至对身有残疾大伯的照料都无微不至，又含辛茹苦照顾身患重病儿媳，任劳任怨直至儿媳去世。杨凤良在家庭的琐碎中勤勤恳恳，在困难和变故中坚强勇敢。如今她已近暮年，虽疾病缠身却还保持乐观向上的心态，默默无闻地付出。无节制忙碌和透支，身体一向硬朗的杨凤良患上了严重的高血压和心脏病，双腿关节增生，走路一拐一拐，每天必须吃止痛药，但她还是坚持每天做好饭给大伯把饭端到手上。

刘虎林 1991 年 3 月生，昔阳县三都乡西峪村人。生父因车祸去世，2011 年，母亲因患乳腺癌离世，2012 年，继父患上了严重的静脉炎，两腿不能走动，完全丧失了劳动能力，家庭没有任何经济来源。刘虎林外出打工挣钱供弟弟上学、帮爹爹看病。其间一边打工，一边隔一段时间回家帮父亲干家里的活。7 年来从未间断过，小小年纪撑起一个家庭。

梁怀元 1940年9月生，生活在一个只有120口人的自然村昔阳县闫庄乡河下村张家喜组。张家喜组是昔阳县闫庄乡河下村的一个自然村。年轻人常年不在家，村里也没有任何门店、小卖部，村里人们的日常生活用品都要在2.5千米外的河下村购买，或者去县城购买，非常不方便。也记不得是从什么时候开始，村里人们的日常生活用品，都是由梁怀元老人在河下村代购回张家喜村的。村里的人们有任何需要的用品就告诉这位老人，老人每天来来回回好几趟。如今，老人已近80岁，记忆减退，每次买东西都要把准备购买的东西记在小纸条、小本子上，随口问过“大爷你这‘代购员’当了多久了”，他说“记不清了，从30几岁开始的”。为大家服务了50年，老人这份坚持值得大家学习与尊敬。

巩瑞明 女，1965年9月生，昔阳县界都乡石门村人。诚信人巩瑞明是地地道道的农民家庭，在2009年4月由于外甥女投资冰激凌商店，需要周转金，打听到她姨妈（巩瑞明）是当时信用社评定的信用户，就多次上门求姨妈帮忙。实在熬不过，巩瑞明本人就在当地信用社贷了5万元信用贷款，全部交给了外甥女做生意，并嘱咐她好好经营，挣了钱千万到期还上。但天有不测风云，外甥女及女婿由于触犯法律双双入狱，店铺也关门了。5万元贷款对一个家庭困难的巩瑞明来说是一个天文数字，但生活还得往下过，还得想方设法还贷款。全家进城里租房找活干。巩瑞明干清洁工，丈夫当装卸工，省吃俭用，攒钱。但祸不单行，她龙凤胎子女夭折，8岁儿子因肝病离世，但他们坚守诚实守信的做人底线，在这样艰难的困境下攒钱还贷。至2017年9月22日，8年时间分三次还清了农村信用社所欠贷款。

程天元 1951年12月生，昔阳县皋落镇库城村人。27年来，程天元和他妻子一同照顾从小患有精神病，生活不能自理的妹妹，他们不嫌脏、不嫌累，总有一人要陪伴在妹妹身边看护。现在已是花甲之年的程天元夫妇，仍然是没有怨言地继续照料妻妹。在此期间，程天元夫妇还承担起照料程天元叔叔、父亲，妻子赵秀荣爷爷、母亲，四位长辈的重任。作为一个农民，他做了一件别人很难做到的事情。他的善良和包容令我们动容。

王红芳 女，1972年3月生，东冶头镇白沙岩村人。其丈夫兄妹五人。二哥、大姐因病去世。大哥杜海义，现年67岁，在家务农，体弱多病。弟弟杜双义，现年51岁，自幼残疾（有二级残疾证书），根本没有生活自理能力，其父母在世时，弟弟由父母抚养。2010年、2011年其父母相继离世后，夫妇二人就把残废弟弟杜双义接到了自己家抚养。一个本来自在幸福的三口之家（女儿杜沁河在小学读书），一下子又多了一个残疾人，无疑给夫妇二人增添负担。丈夫每天负责弟弟的大小便，端屎倒尿，帮助弟弟洗头、洗脚；妻子每天给弟弟做饭、端饭、烧水、端水、洗衣服、拆洗被褥床单。弟弟病了，她亲自请医生给弟弟看病，到药店买药，为弟弟熬中药、喂药。每年春节前，都到商场为弟弟购买新衣服。还在弟弟房间购买了小电视，让弟弟看电视，解解闷；又购买了小收音机，让弟弟解闷开心。弟弟指甲长了，为他剪指甲。

张怀荣 1955 年 3 月生，昔阳县李家庄乡黄龙辿村人。张怀荣一辈子没有成家，照顾自己身患残疾、瘫痪在床的弟弟张卫红 30 年，无怨无悔，任劳任怨。白日黑夜喂水喂饭，倒屎倒尿；夜深人静了，弟弟不舒服大喊大叫，张怀荣拉着弟弟的手给弟弟按摩，陪着弟弟熬到天明。由于要在家照顾弟弟，张怀荣一直在村务农，主要收入也是靠种 3 亩地，除了俩人的吃喝，还得给弟弟买药输液。日复一日年复一年，人们没有见过哥哥穿过一件新衣服、去过一次饭店、去过一次商场。兄弟俩都是穿好心人或亲戚送给的旧衣服，不管是否合适，只要遮体就行。

赵爱明 女，1965 年 12 月生，乐平镇巴洲村人。1987 年，赵爱明与巴洲村青年李如林结婚，婚后她辛勤务农劳作，抚养儿女，孝敬公婆，是个贤惠的媳妇。2009 年 2 月，公公因患肝癌去世。婆婆王海鱼 1998 年患上高血压、脑梗塞，随后生活不能自理，她给婆婆穿衣、叠被、梳头、洗脸、喂饭、吃药、擦身、搓背，体贴入微，陪侍至 2008 年送终。她本应过相夫教子的平静日子，不想公婆丢下的两个女儿，也就是她的两个小姑子成为她一道难题。她的两个小姑子是一对孪生姐妹，是两个智障的残疾人，由于生活不能自理，30 多岁也没嫁出去。偏偏在这个节骨眼上，其丈夫李如林又身患高血压、糖尿病，经常打针吃药，还得带病在外打工维持生计，家里的 6 亩地全靠赵爱明养种，并照料两个残疾小姑子。两个小姑子不仅 46 岁的人了，还出现了精神分裂症现象，整天游手好闲，东跑西窜，狂言乱语，惹是生非，但赵爱明仍悉心照顾他们。赵爱明用一个普普通通的坚强妇女形象，传递着人间大爱。

《飞越昔阳》解说词

第一部 山 河

昔阳，因居太行山之西而得名。这是一块古老而丰厚的土地。太行山横贯全境，支脉衍生，构成了这里的葱茏秀色和涓涓细流。在漫长的岁月里，这块土地，养育了一代又一代的昔阳人。昔阳人积淀出厚重的情感，并在这种情感之中创造出 5000 年的文明。从旧石器时代开始有先民生息劳作，到距今 1900 余年前的东汉建安末年（219）建县，悠久的历史，丰富的遗存，让这方钟灵毓秀的土地沉淀下了深厚的底蕴。让我们换一个视角，凝视这片养育我们的黄土地。

昔阳县位于山西省东境中部，隅于太

行西麓的丛峦之中。东西长约 70 千米，南北宽约 41 千米，东与河北省赞皇县、内丘县、井陉县、邢台市接壤，西与寿阳县为邻，南与和顺县毗连，北与平定县相衔。

昔阳，地处温带，四季分明，森林覆盖率达到 20.6%，传说，这里曾经林海广袤，被称为“金山玉带”。这里曾经是古肥子国所在地，在广袤的山川下，蕴含着煤、铁、铝、铜、铅、锌、钴、银、镍、云母、大理石、石灰石、辉绿岩、玄武岩、石英砂等五十多种矿藏，煤层气、风能、太阳能资源也十分丰富，发展新兴产业，市场前景良好，潜力十分巨大。

昔阳属太行山系，山地丘陵面积占全县总面积的 94%，平均海拔在 900—1300 米。最高点为东南部的白羊山 1833 米，最低点为松溪河出境处，海拔只有 560 米。整个地势西高东低，山多川少，沟壑纵横，崎岖不平。东部是本县主要产粮区；西部为本县重要林区。

大约 6 亿年前，太行山还是一片汪洋大海，频繁的地壳活动，使太行山逐渐隆起，褶皱带逐渐发育为大断裂带。独特的地貌造就了昔阳境内多奇峰异景。总面积 140 平方千米的龙岩大峡谷旅游区位于太行山中段主脊西侧，昔阳东南部孔氏乡境内，大峡谷沟壑纵横，奇峰异绝，森林茂密，溪流潺潺，民风独特，集奇、险、幽、峻、特于一体，天然造化，风光旖旎。三教河清澈泉水映照着红色的丹霞岩，群峰之巅耸立着奇形怪状的石头，传说“八仙过海”后，八仙从此处飘然升天，走进了仙界。

现代文明无处不在的今天，村庄并不寂寞，在太行山深处的里沙瑶村中，人们在这里更能找回返璞归真的生活态度。里沙瑶是太行山中一座小山村，当金色的阳光洒向村旁高耸的巨大山崖，红色的嶂石岩陡壁被染上了一抹淡淡的金黄，令人陶醉其中。此时的太行山仿佛不再是一条横亘在你面前的山脉，而更像一道巨大的幕墙，一望无际，绵延不绝。

昔阳地处太行山断裂带，地势险要，历来是兵家必争之地，这里辈出英哲，当中华大地遭遇灭顶之灾的时候，这片土地挺起了民族的脊梁。这里是《亮剑》主战场原型地，抗战岁月，这里留下了刘伯承、邓小平、秦基伟等老一辈革命家、军事家的足迹。

有人研究过昔阳的山和昔阳的水。在昔阳境内很少看到直立的悬崖，坡面总是那样地平缓，外貌都是圆圆的。外圆内方是儒家思想的内涵，昔阳人具有这样的特征，所以昔阳人也具有直面一切历史磨难的承受力。

虎头山，是一座坐落在太行山上个头并不很高的山，它苍松翠柏，郁郁葱葱，富有一种生气。

1963 年，住在虎头山下的昔阳大寨人，自力更生，艰苦奋斗，向山要地，开始了搬山造地运动，参与这次搬山运动的远不止一个人一家人，而是由几万人到十几万人。昔阳大地到处红旗猎猎，炮声隆隆。搬山的人们披星戴月、风雨无阻地搬了整整 15 年。这次感动了一个伟人，他就是红色中国的缔造者——毛泽东。

这座山的肩曾高擎着一面农业大国沉重的旗帜，这座山上的路曾承载过周恩来、叶剑英、邓小平、李先念诸多世纪伟人的脚步；这个人的手曾握过新中国缔造者毛泽东的手，也曾握过墨西哥总统、荷兰女王等世界巨头的手。

白羊山，植被茂密，海拔1884米，昔阳最高峰，白羊山为风化岩，远望群山呈乳白色，似群群白羊放牧山间，故得此名。白羊山周边是国有白鹤林场，以落叶松、白桦林为主，里面的野生植物、动物很多，抗日战争时期，这里是晋东抗日根据地的主要依存点。

高山出峻岭，因此也造就了昔阳多景观。明嘉靖二十七年（1548）所修的《乐平县志》里，所记载的昔阳著名景观有：蒙山烟雨、石马寒云、昔阳花木、皋落奇峰、古寺园林、沾水青蓝、洪水池塘、松峰积雪八大景。

“俯瞰荒原一掌中，乱山迢递走西东。路盘绝顶羊肠险，势压层城虎踞雄。”这是乔宇游蒙山走此路留下的一首诗篇，蒙山位于县城东10千米，海拔1327米，山势耸拔，一峰孤秀。沿高速路口，到三岔沟、登上山顶便可俯瞰昔阳县城。夏秋之季，有雨则峰峦吞云吐雾，雨过则半山云飘如练，故有“烟雨蒙山”之称。凡是在阴雨之天登临蒙山的人，都会有一种天离你越来越近，地离你越来越远的感觉。登临峰顶，你会看到行云擦身而过，伸手可搂。

“千尺灵渊绝涧旁，神龙足迹故非常。盘空岭峻连皋落，蔽日林深接太行。”皋落奇峰，昔阳八景之一，当明朝尚书乔宇在300多年前云游昔阳车寺瓮山风景区，就被大自然的神斧之作和昔阳人的艺术创造震惊了。从《昔阳县志·山川》有关瓮山和石瓮潭的记述：“县东七十里车寺村东山峡间，广一亩，深不可测，巨石覆其上，天凿孔窍，皋落诸水由此流入，迅急则遥，巨石径下，多白石，甃中胥，空洞而碧湍注之。”瓮山惊涛和瓮山神庙是昔阳自然与人文完美结合的又一产物，它让我们从另一个层面看到昔阳深厚的文化。“石瓮惊涛”，是大自然创造出来的杰作。毗邻瓮山，是著名的黄庵垴、嶂石岩风景区，风景区内气候宜人，绿草如茵、奇峰险峻，怪石嶙峋。登上黄庵垴顶可以观日出、望云海、听松涛，明朝尚书乔宇登峰作出了“岩半花宫千仞余，遥观疑是挂空虚。丹崖翠壁相辉映，纵有王维画不如。”之诗篇。

昔阳的河，总是汇溪成流，松溪河、潇河、清漳河无一不是这样。所以这样的河又养育了感情细腻的昔阳人，他们懂得爱，懂得如何表达自己的情感而又避免伤害他人。

昔阳境内共有大小河流10余条，主要河流有3条，分别是松溪河、潇河、清漳河。最长的河流和流域面积最大的河流是松溪河，属海河流域子牙河水系，境内流长73.25千米，总流域面积1473.2平方千米，占全县面积的75.6%。潇河属黄河流域汾河水系，境内流长22.5千米，流域面积 356.8 平方千米。清漳河，海河源头。境内流长 19.75 千米，流域面积 76 平方千米，发源于山西省昔阳县潘掌村与西寨交界的大山里，自古以来人们就纷纷来此寻根溯源。海河源头，美在山水。走进茂密的林区、聆听潺潺溪流的小溪、鸟鸣山间、野兔飞掠、回归自然之感油然而生。海河源头，秀在家园。潘掌生态园，嫣然一幅“落英缤纷”的桃源美景图。是强身健体的天然氧吧、休闲娱乐的静心之地、旅游度假的绝好去处。

走进昔阳，黄土高原，层层梯田是昔阳留给我们最为深刻的印象。

昔阳人与所有中国人一样，几千年来，他们祖祖辈辈面朝黄土，背负青天，土里刨食。黄色的土地是他们的家，是他们的命根子，是他们的传家宝，是他们生命的全部意义。

有人曾说，昔阳这片土地虽然单薄，但这片土地用母亲一样的慈祥和善良养育每一个昔阳人，也一视同仁地养育每一个寻她庇护的人，不论贫富贵贱，不论老少妇孺，只要踏上这片土地的外地人就会出彩。杨云翼的先祖从河北赞皇逃荒而来，昔阳收留下他们，杨云翼在金章宗明昌五年，以殿试一甲第一高中状元。

旱与涝像噩梦一样，千百年来萦绕在昔阳人的心头。昔阳的河名不见经传，洪涝灾害给昔阳人民在经济上造成的巨大损失、心灵上造成的深刻伤害，却远不止十次百次了。

1958 年，昔阳人在昔阳郭庄发起了第一个水库建设战役，20 世纪 60 年代发起了南河改道战役，70 年代初期发起了界都城河筑坝战役，80 年代发起了著名的“西水东调”工程。看看横截潇河、松溪河、杨赵河的关山水库、杨家坡水库、郭庄水库、车寺水库，看看为拦河而建的南河大坝、界都河大坝，这些都是昔阳人与自然对抗的结果。

高山和河流属于生命，苍凉和寂寞属于历史，山水相依，有山就挺起了脊梁，有水就孕育了灵气，或许我们永远也说不清，究竟是人改变了环境，还是环境塑造了人……

第二部　岁　月

昔阳历史悠久，早在旧石器时代这里就有人类开拓耕耘，夏朝属河西，商朝属微，周属肥子国。春秋时为东山皋落氏之国，秦时属上党，东汉建安末年（219）为乐平郡。隋大业初年改为乐平县。后几经演变，到辛亥革命后的 1912 年，定名为乐平县，1914 年，改为昔阳县。

昔阳博物馆，存有许多珍贵藏品。它们是凝结起来的昔阳古老的文化。粗糙的石器、陶器、铁器和精美的铜器、瓷器，让人看到久远的文化是那样的苍老，以至于我们没有勇气去触摸它们，在这里，人们不但可以追寻昔阳从刀耕火种时代一路走来的漫长历史足迹，更可以领略农业学大寨时期激情燃烧的火红岁月。

“红旗一条街”是昔阳旧城所在地，位于县城西北高坡之巅，这里整体还原了学大寨时期县城上城主街道的历史风貌，来这里参观的人们，或带着探究的眼光端详一段特殊的历史，或抱着朝圣的心理感触那面永恒的旗帜，由于和大寨结缘，“红旗一条街”已成为昔阳县响亮的旅游文化品牌。

当我们站在昔阳东冶头村的脚下，仰望古肥子国国都——昔阳城那带有明显夯打痕迹的土城墙遗址，心里会陡然泛起一种肃敬之情。这是经历过两千年风风雨雨的土城啊，没有基石，没有表砖，就在突兀的黄土坡上，矗立了两千多年。虽然昔日的城池早已荒芜，但这残断的城墙告诉我们，这里最早曾经是一个国家的都城。

今天的我们已经很难看到宋代以前的建筑物了，能看到的只有那些彩塑石雕、石阶碑刻。从北掌城、仓角城、沾化城这些昔阳置郡设县所在地的更替沿革，会自然地体察到昔阳在历史的发展进程中步履之艰难。

乐平镇北掌城村，西汉时县治所在地，村落坐北朝南，依山而建，红色的石头被风雨蚀去了棱角，使我们很难再清晰地看到它昔日的雄威。那一道道厚实的石墙中，用石头圈起的是一个个深深的门洞，门洞里是深邃的石道，隧道两侧是狭隘的院门，通过院门才能进入院子，要入其室还有一道家门。这完全是一个防御工事式的建筑群。这些甬道没有一条是被封死的，条条都通往山上，如果把临街的洞关闭，整个古村就是一个可守可退的城堡。

昔阳旧县衙建于明洪武二十二年(1389)，正殿坐南朝北，基方梁正，斗拱挑檐，虽经千年风雨，仍不失昔日之典雅。我们可以猜想，古人临高筑城的用意，除了高险易守之外，一定还有高瞻远瞩的成分。

在昔阳洪水、北关、钟村、北思贤，至今我们还能看到荫冠苍然的千年古槐。这些古老的槐树是不是与山西洪洞的大槐树有着某种联系，尚不清楚，它们却与洪洞古槐一样枯枯荣荣，共同见证橙色情感是怎样无息地传承，又怎样地演绎一个又一个真实而感人的故事。

明代统治者特别重视边塞防守，嘉靖朝前后，曾在太行深山区修建了长城，史称明长城。它位于太行山山脊分水岭上，呈东北西南走向；时断时续，时起时伏，沿太行山脊分水岭走势，回旋穿插，高低错落，绵亘于昔阳的崇山峻岭之间。至今仍存有石墙、关口、烽火台多处。号称“太行五大雄关”之一的马岭关，马岭关以其宏伟庄严的雄姿和秀丽奇特的景观，为太行山区不多见的一处历史名胜。鹤度岭，宛如一只展翅的雄鹰。“万年天险”“鹤度仙踪”两处苍劲飘逸的摩崖石刻更给人留下无限的遐想。

始建于北齐的白皮关是昔阳县东部的咽喉要地。这里历来是兵家必争之地。唐代尉迟恭曾经率军在此驻守，清代设关卡，1900年八国联军进攻中国时曾有一营驻防。1938年11月，八路军129师385旅769团在陈锡联的带领下曾在此激战三昼夜，彻底粉碎了日军的六路进攻。关下有峡，松溪河穿峡而过，形成了壮美的峡谷地貌。幽幽古道，潺潺流水，寻访古战场，重走抗战路。踏着前辈的足迹，听着潺潺的水声，登上关门，太行的雄、美、奇、险、秀尽收眼底。

在依山临水处，在深山幽谷间，在民居包围中。佛教，是昔阳历史文化不可分割的一部分。石马寺，始建于北魏永熙三年，国家文物保护单位，是一座石窟造像与寺庙殿堂融为一体的宗教建筑群，巨大石佛的那张丰腴秀美的脸庞，那双夺人心魄的眼睛，那副雍容大度的气派，使所有站到他面前的人，都会在刹那间被震撼。踏云驾雾来飞仙，千百年来他们带到人间的霞光流彩，至今绚丽如霓。一切似乎都在说明，当河南洛阳开凿龙门石窟、山西大同开凿云冈石窟、西北敦煌开凿莫高窟并创造石窟文化的时候，昔阳人也在创造石马寺石窟文化，并独特地把雕刻、彩绘、泥塑不同的艺术融于一体。

崇教寺，国家级文物保护单位，位于县城东北隅。始建于公元1069年，寺内前后大殿与左右配殿围成天井式院落。

大寨普乐寺，虎头山顶上的一道靓丽风景，重修于2007年，天齐庙，与普乐寺遥相呼应。游客在山下看到的是艰苦奋斗，山上欣赏的是历史传说。

池塘寺院好温塘。洪水池塘，昔阳八景之一，寺中有一棵古槐树站在一起10人方可合抱。

在层峦叠嶂之间依偎，在林木葱茏中包围，昔阳的寺院大都建筑在古木参天、云蒸霞蔚、花草丛林的人间仙境中，“寺因山而钟灵，山以寺而闻名”。昔阳的佛教文化早已融入到了昔阳文化的血液当中。昔阳佛教文化生态旅游依托主体文化，吸收着现代科学文明进步的新内容，为昔阳的旅游发展开拓着新的服务。

一条抵御列强的长城，由于和平年代没有人去延续，残败了，一个供人瞻仰的寺庙，因为不断有人修缮续建，完整地保存下来。在这里姑且不去探究长城与寺庙在人们心目中的位置和分量，我们至少可以肯定，先辈们富有创造精神。他们不仅创造过，而且创造出了这样令世人叹服的历史和灿烂的文化。这些匠心的艺术瑰宝和浩瀚旷久的工程，都与太行山的石、太行山的土、太行山的水紧紧地联系在一起。

乐平镇西南沟村的毛家老宅位于昔阳县城西6千米，始建于清嘉庆年间，至今已有200多年历史。毛家大院背山面水、依山而建，整个建筑群由一街两巷六组大院、十五个相互贯通的小院组成，宅院落集轴线布局前堂后院，坐西向东为基本特征，主体建筑居中，左右厢房对称，前中后三园逐级递升，院院相通，充分体现了以礼为本的儒文化内涵。

长岭村，国家级传统古村落，村庄地形东高西低、北高南低，形似一条长龙，有“龙岗”“龙脉”之说。村落依山而建，与地形有机结合、呈阶梯状，属典型的山地四合院型制。整体建筑雄踞在一面向阳的坡上，由西到东，大大小小、错落有致排列，中部为集中连片的传统建筑区，约占全村建筑的65%，东部、西部为新旧建筑结合区，其中古建筑占65%。古建筑融封闭性、等级性、坚固性、审美性为一体，属多进式山地四合院，院院相通、院院不同、高低错落、别有韵味。

在昔阳车寺村的一所宅院里，房脊之上有一组龙头砖雕。那条青色的龙应当是皇家象征，但它却出现在昔阳的民居里。像这样图案酷似清朝龙币砖雕艺术品，是非常少见的，昔阳人却把它高雅地装饰到自个儿的屋檐之上。在昔阳南关宋家、车寺李家、东寨王家留下的古老宅院的建筑群，都能看到这类价值极高的艺术品的存在。有人认为昔阳文化带有一点野性，有人则说昔阳的文化非常传统。事实上昔阳的文化在几千年的发展过程中，那种民间的野性与大众的正统无时不在艰难地融合着。

看一看昔阳那些石基方整的戏楼、牌楼，那些方整的四合院落，那些方圆结合的无比完美的亭台楼阁。昔阳的先人们看到了赖以生存的花草树木，于是，运用一切手法，不遗余力地表现它们。在车寺民居，在东寨王家，在南庄著名作家二月河故居留下的古老宅院的建筑群，都能看到这类价值极高的艺术品的存在。

一切都在证明，昔阳人是善于创造，而且是在方圆之间创造。他们为了生存而创造，为了幸福而创造，为了完美而创造属于他们独特风格的文化……

第三部　家　园

多少年来，昔阳人一直在做一个蓝色的梦。这个梦就是对美好生活的追求。在昔阳保存下来的东冶头春秋城墙，马岭关北齐长城、泥澄关唐代关隘、旧县衙明朝建筑以及清时筑起的蒙山塔，都记录着昔阳在不断地建造着自己的生活，实现着自己的梦想，并把他们美好的梦固化成艺术珍品，留给后世的我们。

21世纪的第一缕曙光穿过层层雾霭，照到这里，照亮松溪河畔，昔阳——这座古老的城市焕发出前所未有的生机，在奋进的大道上不断加速，疾步如飞。

飞越昔阳，寻梦大寨，这是一块朝气蓬勃，充满活力的土地。历经世纪更替，岁月变迁，它的盛衰和祖国华夏荣辱与共。改革开放后，大寨人充分利用特有的人文和自然景观，建成了集生态风景、红色文化、民俗风情、疗养健身、休闲度假为一体的国家级森林公园，在郭凤莲的带领下，以经济建设为中心，解放思想、更新观念，积极推进新农村建设，智慧大寨的建设，建立了养老金和奖学金制度，艰苦奋斗和信息产业发展相结合，不断开拓创新，以实现信息惠农、信息惠民、信息兴业，目前，大寨虎头山森林公园、大寨现代农业观光园、大寨汽车文化主题公园“三园的建设”取得明显成效。现在的大寨已成为全国农业休闲观光示范区、全省五大著名特色旅游景区和全省爱国主义教育基地。使大寨的经济建设和精神文明建设步入了同步快速健康发展的轨道。

近年来，县委、县政府团结带领全县广大干部群众，积极践行“自力更生、艰苦奋斗”的大寨精神，凝心聚力调结构，不遗余力促转型，把推进生态文明建设作为经济转型升级的核心来抓，依托生态优势，坚持走可持续发展道路，精心培育特色旅游，温泉度假、森林养生、乡村旅游等为主的生态服务业建设如火如荼。打造了红色记忆旅游线、太行风光旅游线、宗教文化旅游线为轴的“一点三线”乡村旅游新格局，坚持以庙会促旅游、赛事促旅游、节庆促旅游，高规格举办了汽车拉力赛、场地越野赛、锦标赛等各类旅游文化活动十余次，昔阳县荣登2016中国避暑休闲百佳县，“山水昔阳、户外天堂”的旅游品牌越叫越响，昔阳，一个集旅游、徒步、攀岩、自驾、探险、越野、文体演艺于一体的理想之地。这里，已是周边城市假日休闲的后花园。

天蓝、水清、地绿、路畅、城靓。昔阳，古朴中透着红色和现代都市的气息，漫步城区，绿意醉人；走街串巷，亮丽整洁。好人广场、文化公园、红旗一条街、英雄一条街、廉吏一条街等“官厚德、民厚道、人向善”的中国传统文化扮靓了县城的大街小巷，成为昔阳的“独特风景”。省级文明县城、国家级园林县城、国家级卫生县城，一项项荣誉背后凝聚的是心血、勇气和汗水。建高楼、腾空间，增绿地、造景观，不断拓展增绿渠道及空间，昔阳以前所未有的能量和勇气推进城市建设、美化人居环境，而今，三水环城、鲜花上路、大树进城、奇石进园、小品入林的一座亮丽、宜居、和谐，有特色、有品位、有魅力的新型县城展现在面前。

遵循可持续、解民情、没负担的理念，教育、卫生、医疗、住房保障全面进步，城乡低保、“五保”、养老保险、社会救助逐年扩大，实行十二年义务教育、开通了免费公交，实施了全省标准最高、规模最大的晋祥养老院工程建设；在农村实施了“六个一”工程、卫生室改造和老年日间照料中心建设，老百姓的幸福感和满意度明显提升。

千百年来，昔阳文化在松溪水的滋养中，生生不息，弦歌不绝。20世纪五六十年代，昔阳就以全国文化县而闻名四方。素有“虎头山下多英杰”的美誉，近年来，其文化更加熠熠生辉，焕发出了蓬勃活力。实力看经济，魅力在文化。文化底蕴的异常深厚让昔阳这个山区小县在世人面前展现出绚丽夺目的风采。

“四月里，养蚕忙，姐妹二人去采桑……”这是形成于元末明初昔阳的《拉话采桑》。昔阳《拉话》以生、旦、净为角色，以现实主义的表现方式，充分地张扬着昔阳文化的野性。即使是像人们所说，《拉话》这种地方文化，是从河北一带流传过来的，但它也被昔阳的方言、昔阳人的情感同化了。

正月十五的红灯挂在昔阳的大街小巷。每当这个节日来临时，昔阳人总要以最古老的方式进行庆祝，他们在大街上垒起“棒槌火”，搭起彩牌楼，提灯会，打铁火。

只要是年过50的人，当他们再次听到《唱得幸福落满坡》这首歌时，都会在内心深处翻腾起一阵激动。这是出自昔阳民间作曲家史掌元笔下的一首民歌，在20世纪70年代，唱红了中国的大江南北，至今不衰。

昔阳历史悠久、文化灿烂、山水秀美，是休闲度假的胜地，户外运动的天堂、徒步自驾的乐园。近年来，昔阳县委县政府顺改革之势，提出了把旅游文化打造成县域经济支柱产业的战略构想，全力打造大寨AAAA级景区，开发佛教文化石马寺、鱼乡水磨头等一大批旅游景点，以“爱我家乡、走遍昔阳”为主题，积极倡导全面健身、开辟了体育旅游徒步线路和自驾游线路，这些线路沟壑纵横，奇峰异绝，森林茂密，溪流潺潺，民风独特，集奇、险、幽、峻、特于一体，天然造化，风光旖旎。昔阳，一个集旅游、徒步、攀岩、自驾、探险、越野、文体演艺于一体的理想之地。

每个人都能在昔阳获得一个与大自然相对而坐的席位，倚天望云、品咂岁月，于天地间，揽得一份淡然的神采；向历史深处，拓展内心的疆域——昔阳，这般人文生态与自然生态兼修的山城，让旅行成为出世与入世间的潇洒往返。

在这里，水是清的，天是蓝的。梦想也是蓝的。国家级农业生态县，国家级园林县城，国家级卫生县城，省级文明县城，旅游避暑百强县，透过一个个荣誉，我们可以看到生态文明理念在这里的深入人心，休闲旅游、户外体育、民俗文化等产业在这里的遍地开花。

这里，宜居县城已具规模。坚持“环境就是形象、创新就是特色、文明就是美丽、宜居就是幸福”的城市建设理念，巧做“绿化、净化、亮化、美化、文化”五篇文章，精做“基础建设、功能完善、免费服务、市场管理、环境保洁、民风教化”六大工程，共建共享办实事，老百姓得到了更多的获得感。

这里，乡村建设颇具特色，以“三有四化五美”为标准，加快农村基础建设，强化环境综合整治，完善公共服务，提升整体形象，乡村面貌显著改观，大寨镇顺利通过国家级卫生乡镇创建验收，并成功入围中国特色小镇，长岭村入选第七届“中国景观村落”，大寨、西南沟、北岩、楼坪、东寨、三教河6个村入围第四批中国传统村落，乡村建设进入了一个崭新发展阶段。

这里，新型工业集聚发展，“煤电气化”四大支柱产业齐头并进，这里，特色农业纵深推进，“菜果猪菇药”五大特色产业发展势头强劲，规模日益壮大，依托阿里巴巴等知名电商平台，全县农业步入了“互联网+”时代。

这里，人与自然和谐相处，这里，润物无声中教化着民风。好人好事层出不穷，良好的社会风气在全县逐步成为时尚，成为追求，成为主流。

他们，诗意地栖居在这里，刻画着昔阳的风采。城市，点亮了芸芸众生的万千梦想，仍在孕育着无限的可能。一个充满希望的幸福未来正向我们走来，一个更加美好的家园正一步步变为现实。

魅力昔阳，还在路上……